인생의 여정

인생의 여정

초판 1쇄 발행 2021년 8월 2일

지은이 김범영, 박비현
펴낸이 장길수
펴낸곳 지식과감성#
출판등록 제2012-000081호

교정 정은지
디자인 정윤솔
편집 정윤솔
검수 백승은, 이현
마케팅 고은빛, 정연우

주소 서울시 금천구 벚꽃로298 대륭포스트타워6차 1212호
전화 070-4651-3730~4
팩스 070-4325-7006
이메일 ksbookup@naver.com
홈페이지 www.knsbookup.com

ISBN 979-11-6552-975-8(03180)
값 24,000원

- 이 책의 판권은 지은이와 지식과감성#에 있습니다.
- 이 책 내용의 전부 또는 일부를 재사용하려면 반드시 양측의 서면 동의를 받아야 합니다.
- 잘못된 책은 구입하신 곳에서 바꾸어 드립니다.

지식과감성#
홈페이지 바로가기

인생의 기회와 위기에서 꼭 필요한 인생의 필독서

인생의 여정

연애심리/결혼심리/이혼심리/재혼심리/사별심리

共著   김범영, 박비현

지식과감정

김범영(金範泳)

마음이론과 성마음이론을 개발한 후, 비대면 온라인 치료 기법인 심리테라피, 외도테라피, 제스테라피, PTSD 테라피를 개발하여 심리장애와 성기능장애를 치료하고 있다. 한국심리교육원과 일본심리교육원의 대표로 재직하고 있고, 인하대학교 정책대학원에서 '외상후스트레스장애'를 강의했다. 저서로는 《학부모의 힐링》, 《일과 업무의 힐링》, 《마음이론》, 《성마음이론》, 《마음의 근원》, 《인간의 마음》, 《패션테라피》, 《심리치료기법》, 《혁명적인 성기능 장애치료법: 제스테라피》, 《나는 누구인가》, 《외도는 심리장애》, 《갈등의 힐링》, 《마더테라피》, 《마음의 감기, 우울증》, 《외도테라피》, 《갈등 버리기》 등이 있다.

박비현(朴妃鉉)

한국심리교육원과 일본심리교육원의 교육원장으로 재직하고 있다. 마음이론과 성마음이론을 기초로 치료교육 프로그램을 만들어 심리장애와 성심리장애를 치료하고 있다. 해외사업부를 총괄 운용 중이며 이론과 치료교육을 해외에 보급하고 있다. 특히 성수련, 부부테라피, 외도테라피, 제스테라피를 영어, 일본어, 중국어로 진행하고 있다. 또한 KIP 전문가 과정을 운영하면서 전문가를 양성하고 있으며, 저서로는 《갈등의 힐링》, 《마음의 감기, 우울증》, 《외도테라피》, 《갈등 버리기》 등이 있다.

홈페이지   http://www.kip.ac
이메일   kip@kip.ac

목차

여는 말   8

제1장 연애의 심리

01 열정과 사랑   14
02 마음은 다른 곳에   21
03 핑크렌즈 효과   31
04 스트레스와 상처가 주는 행복   40
05 데이트 폭력은 광기가 아니다   47
06 행복한 자아실현   53
07 질문과 답변   59

제2장 결혼의 심리

01 행복한 결혼   74
02 마음의 유혹   82
03 오아시스 찾아가기   90
04 희로애락의 삶   99
05 자신을 사랑하라   108
06 나에게 집중하기   116
07 질문과 답변   130

제3장 이혼의 심리

01 벽과 마주하다   148
02 오해와 편견   159

03 혼자만의 행복　　　　　　　　　166
04 길 찾기　　　　　　　　　　　174
05 폭력과의 결별　　　　　　　　181
06 이혼 뒤에 오는 것　　　　　　193
07 자기 앞의 인생　　　　　　　　199
08 질문과 답변　　　　　　　　　208

제4장 재혼의 심리

01 자기성찰　　　　　　　　　　　222
02 재혼을 생각하다　　　　　　　231
03 초혼과 재혼　　　　　　　　　240
04 자신으로 돌아가기　　　　　　245
05 재혼과 심리장애　　　　　　　252
06 경험의 함정　　　　　　　　　258
07 질문과 답변　　　　　　　　　263

제5장 사별의 심리

01 만남과 이별　　　　　　　　　282
02 사별을 말할 때　　　　　　　290
03 사별 트라우마　　　　　　　　296
04 사랑과 이별　　　　　　　　　303
05 사별 후의 삶　　　　　　　　309
06 마지막 의식　　　　　　　　　316

07 이제 안녕   322
08 질문과 답변   328

부록 1 **감정과 행복**

01 감정의 기억   344
02 감정의 발생   353
03 심리와 마음에너지   357
04 심리의 과유불급   362
05 행복의 원리   367
06 상처와 행복   376
07 교감과 행복   381

부록 2 **남자와 여자의 행복**

01 행복심리   390
02 기혼여성의 행복   398
03 미혼여성의 행복   401
04 이혼여성의 행복   403
05 사별여성의 행복   406
06 남자의 행복추구   408
07 남자의 사랑   411
08 여자의 행복구조   414
09 위로와 행복의 착각   416

맺는 말   418

여는 말

　이 책은 태어나서 죽기까지 통과하게 되는 인생의 여정을 마음이론으로 해석한 책이다. 생애주기에서 매우 중요한 기회와 위기를 겪게 되는 것을 크게 5가지로 나눠 보면 연애, 결혼, 이혼, 재혼, 사별이 되겠다. 이 5가지의 여정은 인간으로 살면서 겪을 수 있는 과정이지만 살아가는 라이프 스타일(Life Style)에 따라 결과는 천차만별이다.
　인생의 여정을 걸어가는 길은 순탄하지 않다. 탄탄해 보이는 길을 안심하고 걷다가 싱크홀(Sink Hole)에 빠지기도 하고, 아름다운 경치에 한눈을 팔다 보면 자신도 모르게 절벽의 끝에 서 있기도 한다.
　인생의 여정에는 자신을 위험에서 보호해야 할 것들이 많다. 그래서 세상을 신뢰하기보다는 의심을 더 많이 하게 된다. 사람은 의심하기 시작하면 부정감정과 부정기분이 앞서기 때문에 모든 것에 예민해지고 날카로워진다. 삶은 내가 주인일 때 현실을 정확하게 파악할 수 있다. 내가 어떻게 존재할지, 어떻게 살아 나갈지 결정하는 것은 다른 사람이 아니라 나의 마음이다.
　많은 시행착오 끝에 자기중심을 찾은 사람은 자신이 가야 할 길을 정확히 알 수 있게 된다. 자신을 보호할 수 있는 길은 어디로 나 있는지, 그 길로 가기 위한 방법이 무엇인지 미리 알고 대비해야 한다.

인생의 관문을 안전하게 통과하기 위한 가장 중요한 정보는 현재 자신이 서 있는 위치이다. 자신이 서 있는 위치를 잘 아는 사람은 자신의 능력과 한계를 잘 알기 때문에 결코 무리수를 두지 않는다. 무리수를 두지 않는 인생은 최소한 실패하지 않는다.

관문을 통과하는 인생의 주인은 자기 자신이다. 자신 앞에 놓인 온갖 장애물을 극복해야 하는 것도 자신이고, 인생을 멋있게 장식하는 것도 자신이다. 인생의 관문을 통과하기 위해서는 엄청난 열정이 요구되기도 하지만 예측할 수 없는 변화로 인한 불안도 무시할 수가 없다. 한 번도 가보지 않은 미래는 낯설고 불확실해서 항상 위험이 따르지만, 희망 또한 그곳에 있다. 현재 서 있는 위치가 힘들고 고통스럽다면 새로운 가치와 의미를 부여해서 또 다른 관문을 통과하면 된다. 변화되는 삶은 자기의 확신과 용기가 필요하다.

지금은 자신의 노력 여하에 따라 인생이 180도를 바꿀 수 있는 시대이다. 서울역 앞의 노숙자가 부랑자들을 대변하는 비례국회의원이 되기도 하고, 성매매를 하던 여성이 취약계층을 대변하기 위해 인권변호사가 되기도 한다. 이와 반대로 지구촌의 많은 대통령들이 부정부패로 재판을 받기도 하고, 미성년 성매매로 종신형을 받은 할리우드의 거물 영화제작자가 감옥에서 자살하기도 한다.

역경을 뚫고 나와 성공한 사람은 자신의 마음을 어떻게 다뤄야 하는지 아는 사람이고, 높은 권좌에서 나락으로 떨어진 사람은 자신의 마음을 다룰 줄 몰라서 무너진 것이다. 이런 일들을 볼 때 마음의 작용이 얼마나 대단하고 위대한지를 알 수가 있다.

마음과 심리는 몸과 연결된다. 그래서 몸이 고장이 나면 심리도 고장이 나고, 심리가 고장이 나면 몸도 고장이 난다. 심리에 문제가 생겨서 육체적 정신적으로 황폐해지면 삶도 엉망이 된다. 경험과 지식이 아무리 많아도 자신의 마음과 심리를 다룰 줄 모르면 자신을 돌볼 수 있는 방법이 없다.

인생의 관문을 무사히 통과하려면 자신이 어떤 마음가짐으로 존재해야 하고, 어떻게 살아가는 것이 올바르게 살아가는 것인지를 알고 실천해야 한다. 실천은 꾸준히 노력해서 만들어지는 좋은 습관이다. 좋은 습관은 타고난 재능이 아니다. 목표를 향해 가는 길이 힘들어도 포기하지 않고, 결과가 없다고 비난을 받아도 피하지 않는다. 자신을 믿고 꾸준한 노력을 반복하면서 좋은 행동과 태도를 습관화시키는 것이다. 좋은 습관이 만들어지면 캄캄한 어둠이라 할지라도 자신이 걸어갈 길을 알고 있기 때문에 목표에서 이탈하지 않는다.

좋은 습관의 라이프 스타일은 자신의 행동에 주체성을 가지고 자신만의 인생을 살아가기 때문에 생각을 하지 않고 사는 사람들과는 인생의 행로가 다르다.

같은 결혼이라 하더라도 누구는 행복한 삶을 살고, 누구는 불행한 삶을 산다. 이런 차이는 태어나서 지금까지 살아온 생활양식, 행동양식, 사고양식의 습관이 심리를 만들기 때문에 결과가 달라지는 것이다. 결국 자신의 경험에 의하여 만들어진 심리에 따라 어떤 사람은 삶을 긍정감정으로 받아들이고, 어떤 사람은 삶을 부정감정으로 받아들인다. 행복한 삶과 불행한 삶은 마음먹기에 달린 것이다.

이 책은 연애, 결혼, 이혼, 재혼, 사별과 마주했을 때의 심리를 마음이론의 관점에서 다루었다. 변화된 환경이나 낯선 상황에 직면했을 때 마음과 심리가 어떤 작용을 하는지, 그로 인하여 심리가 마음에 미치는 영향은 무엇인지를 알고 이해하는 과정을 담았다. 생애주기의 관문을 통과할 때마다 마음과 심리가 어떻게 작용되는지만 알아도 결코 불행한 삶은 살지 않는다.

이 책이 출간되기까지 많은 도움과 마무리 작업을 도와준 이경은 님에게 감사를 표한다. 또한 함께 마음을 알리고 있는 송윤수 님, 황유미 님, 김경미 님, 이진희 님 그리고 인생의 여정 속에서 마음을 알아 가고 계신 많은 분들에게 진심으로 감사드린다.

평생 가족을 위해 살아가는 모든 사람들에게 가장 좋은 책 선물이 되기를 바란다.

2021년 6월
한국심리교육원 원장 **박비현**

제1장
연애의 심리

◇01◇
열정과 사랑

연애는 서로를 좋아하고 아끼는 마음이 있는 친밀한 인간관계를 말한다. 그러나 연애의 심리는 정반대의 감정을 갖고 있다. 달콤하면서도 쓰고, 매력을 느끼면서도 아프다. 연애가 매혹적인 것은 이러한 이중성 때문이다. 그래서 많은 사람들이 자신의 연애만큼은 다른 사람들과는 다르고 특별하다고 생각한다.

처음 만나는 남자가 괴팍하고 독선적이면 여자는 남자의 강렬한 이미지가 독특한 매력을 발산한다고 느낀다. 처음 만나는 여자가 떼를 쓰면서 투정을 부리면 남자는 여자의 아이와 같은 순수함에 끌린다. 즉 연애는 다른 사람들이 뭐라고 하던 자신이 상대에 의하여 즐겁고 재미있으면 된다. 이것이 연애의 심리이다.

그러나 서로에게 끌릴수록 스트레스와 상처가 만들어지게 되고 이는 그만큼 관심이 많다는 증거이다. 상대가 참을 수 없을 정도로 자신을 힘들게 하거나 이해할 수 없는 행동을 하더라도 상대를 갈망하고 욕망을 갖는 것이 연애이다.

연애에도 희로애락이 존재한다. 오랜 기간을 사귀다 보면 상대의 기준과 자신의 기준이 너무 달라서 스트레스와 상처를 받게 되면서 남자는 열정이 사라지고 여자는 사랑의 욕구가 시들해진다. 그렇게 되면 남자와 여자는 연애에 종지부를 찍는다. 그러나 막상 헤어지고 나면 뒤늦은 후회로 자책하는 경우가 많다.

연애를 스쳐 지나가는 바람처럼 가볍게 생각하는 사람들이 많다. 그러나 연애에도 인생의 희로애락이 그대로 적용된다. 여자는 남자와의 만남을 행운이라고 생각할 정도로 행복을 느끼다가도 공연한 질투로 고통의 시간을 보내기도 한다. 남자가 세상에 하나밖에 없는 여자인 듯 자신을 소중하게 대하고 관심을 갖게 될 때는 눈물이 날 정도로 감동을 받다가 어느 날 자신을 무심하게 대하면 서운함으로 인하여 상처를 입고 감정이 상한다. 연애의 심리는 이렇게 복잡하면서도 단순하다.

연애가 늘 즐겁고 행복하다고 생각하지만 그것은 표면적인 모습이다. 마음과 심리의 작용을 보면 지옥과 천국이 공존하고 있기 때문에 스트레스와 상처는 필연적일 수밖에 없다.

연애하다가 헤어지는 이유의 대부분은 스트레스와 상처를 힐링하지 못하기 때문이다. 두 사람 사이에 생기는 갈등의 원인이 무엇인지를 알고 이해하게 되면, 스트레스와 상처는 저절로 사라진다. 대부분의 갈등은 상대를 모르기 때문에 발생한다. 이때 상대를 알기 위해서는 자신부터 알아야 한다. 자신을 알면 스트레스와 상처가 생기지 않는다. 연애는 서로에 대한 이해를 바탕으로 인간관계를 맺어 나가야 진정한 열정과 사랑이 만들어진다.

연애는 인연과 사랑을 의미한다. 여기서 말하는 인연이라는 것은 마음이 결합된 인간관계를 뜻한다. 즉 여자의 마음과 남자의 마음이 합쳐진 것이 인연이다. 연애라는 것은 남자의 마음인 열정과 여자의 마음인 사랑이 결합할 때를 말한다.

친구와 애인의 인간관계를 구분해 보면, 친구는 일반적인 인간관계이고, 애인은 남자의 열정과 여자의 사랑이 결합되는 인간관계이다. 그러나 요즘 사람들은 친구와 애인을 구별하지 않고 혼용해서 쓰는 경우도 많다. "이쪽은 친구, 저쪽은 사람 친구야"라고 소개하면 이 말을 이해하지 못하는 경우도 많다. 친구는 일반적인 인간관계지만, 사람 친구는 자신의 진정한 친구라는 의미로서 애정관계를 뜻한다. 친구와 사람 친구는 연애의 심리로 볼 때 정반대의 개념이다. 상처와 행복도 정반대의 개념이고, 친구와 애인도 정반대의 개념이다. 만약 내가 상처로 아파한다면 그 반대편에는 행복의 욕구가 존재한다. 친구도 그 반대편에는 애인이 존재한다. 결국 사람 친구는 열정과 사랑이 결합된 각별한 사이라는 의미이다.

"얘는 그냥 친구야"라고 하면 심리에서는 그 이상은 안 넘어간다. 그냥 친구일 뿐이다. 그러나 "얘는 사람 친구야"라고 하는 것은 마음의 무의식은 정반대로 작용한다. 의식은 무의식의 반대작용에 의해 자각되기 때문이다.

연애의 감정은 남자의 열정과 여자의 사랑이 결합되었을 때 만들어진다. 남자의 열정은 마음에서 작용하는 좋은 기분이고, 여자의 사랑은 마음에서 작용하는 좋은 감정이다. 인간의 마음에서 기분과 감정이 작용하면 기분과 감정이 인식되면서 기억되고, 기억하는 것을 표현하게 된다. 이는 마음이 심리로 작용하기 때문이다.

좋은 기분이 느껴지려면 다섯 개의 감각기관을 통하여 들어오는 인식이 좋은 느낌이어야 한다. 즉 상대에 의해 들어오는 인식이 좋아야 재미있고 즐거운 기분에 몰입할 수가 있다. 여자를 만나는 것이 즐겁고 재미있으면 남자에게 열정이 만들어진다. 반면 여자는 인식되어 들어오는 것과 기억되어 있는 것이 결합되어야 무의식에서 감정을 만들어 낸다. 무의식의 좋은 감정이 의식으로 자각되면서 느껴지는 것이 여자의 사랑이다.

여자가 느끼는 사랑의 감정은 관심이다. 관심에는 사랑을 만들어 내는 좋은 관심도 있고, 목적이 있는 나쁜 관심도 있다. 여자는 두 개의 관심을 모두 받아들인다. 그 이유는 둘 다 관심이기 때문에 일단 수용해서 기억으로 쌓아 둔다.

여자들은 연애를 하는 동안 남자에게 관심을 받기 위해 외모에 많은 신경을 쓴다. 정성껏 화장하고 자신에게 가장 잘 어울리는 옷을 고르기 위해 몇 시간씩 옷을 입었다 벗었다 반복한다. 그러나 남자들은 자신이 좋아하는 여자의 외모나 몸매에 크게 신경을 쓰지 않는다. 오로지 자신의 감각기관을 통해 들어오는 자극에 민감할 뿐이다. 특히 남자는 시각이 가장 예민하기 때문에 여자의 표정이 그날의 기분을 좌우한다. 만났을 때 여자가 자신을 보고 기뻐하는지, 자신이 하는 말에 얼마나 반응을 하는지에 따라 기분이 좋고 나쁜 것이 결정된다. 여자가 잘 웃지도 않고 남자가 하는 말에 별 반응을 보이지 않으면 여자가 아무리 잘 가꾸고, 잘 차려입고 나가도 남자는 기분이 나빠진다. 여자가 남자의 마음을 얻으려면 반응을 보여야 한다. 그렇지 않으면 남자는 지루하고 재미가 없어서 여자에게 등을 돌린다.

남자는 연애할 때 재미와 즐거움을 찾는다. 연애할 때 남자의 심리는 결혼을 할 여자보다는 연애에 적합한 여자를 찾는다. 그 이유는 즐겁게 놀고 싶어서이다. 여자는 연애할 때 떨림과 설렘으로 긴장하지만, 그 안에서 자신만의 즐거움과 행복을 느낀다.

남자와 여자가 처음 연애할 때 경험 부족으로 뜻하지 않은 실패를 겪는다. 일종의 시행착오이다. 여자는 감정을 가지고 있기 때문에 자신이 남자를 좋아하면 남자도 자신을 좋아한다고 생각한다. 그래서 자신이 좋아하는 것은 남자도 당연히 좋아한다고 생각하고, 자신이 싫어하는 것은 남자도 당연히 싫어한다고 단정한다. 이것이 여자의 연애심리이다. 그러나 남자의 연애심리는 다르다. 현재 자신의 기분이 좋으면 모든 것이 다 좋다.

오늘 남자는 여자를 만나서 한강에서 신나게 제트보트를 탄 뒤 납량영화를 보러갔다고 해 보자. 여자는 남자가 이끄는 대로 따르면서 매우 즐겁고 재미있어했다. 남자는 여자의 반응에 신이 났다. 저녁에 남자는 여자를 데리고 단골 곱창구이 집에 갔다. 한강에서 제트보트를 탄다고 에너지를 소진해서인지 소주에 곱창구이가 당겼다. 그래서 여자에게 의사도 묻지 않은 채 자신이 잘 알고 유명한 곱창구이 집으로 갔다. 조금 전까지만 해도 깔깔대며 즐거워하던 여자가 곱창구이 집에 들어와서부터는 잘 웃지도 않고 말도 잘 하지 않는다. 남자가 어색한 분위기를 띄우려고 실없는 농담도 몇 번 던져 보지만, 여자는 눈을 내리 깔고 경멸의 미소를 짓는다. 순간 남자는 강한 스트레스를 받는다.

"평소 뭐든지 잘 먹는다고 해서 맛있는 것을 사 주려고 왔는데, 그만 나가지요"라고 하면서 남자는 여자의 반응을 보지도 않은 채 앞서 나가서 계산한 뒤 문밖의 흡연실에 들어가서 담배를 피운다. 기분이 몹시 나쁘다. 여자와 한강에서 보트를 탄 것도, 납량영화를 보러간 것도 모두 기분이 나쁘다. 여자가 흡연실 바깥에서 기다리는 것도 아랑곳 않은 채 계속 줄담배만 피운다.

반면 여자는 남자가 자신의 의중을 물어보지도 않고 일방적으로 곱창구이 집에 데려갔다는 사실에 화가 난 것이다. 남자가 여자를 호텔의 이태리 식당에 데리고 갔어도 화를 냈을지 생각해 보아야 한다.

남자는 여자가 굳이 자신의 상한 감정을 말하지 않아도 여자가 왜 화가 났는지 알고 있다. 자존심이 상한 남자는 여자를 집까지 바래다 줄 생각도 않고 곱창구이 집 앞에서 여자와 그대로 헤어진다. 여자는 남자와 헤어지고 나서야 자신의 경솔한 행동을 자책하기도 하고, 남자를 원망하기도 한다.

남자와 여자가 연애를 실패하는 이유는 남자와 여자의 마음이 같다고 생각하기 때문이다. 남자의 마음과 여자의 마음은 전혀 다르다. 그래서 상대가 자신의 기준에 어긋나면 스트레스와 상처가 만들어지면서 갈등을 겪는다. 첫 연애가 실패로 끝나면 여자들은 불안하고 막막한 감정에 휩싸인다. 그래서 다시 연애하는 것이 긴장되기도 하고 두렵기도 하다.

연애할 때 서로의 기준에 맞지 않으면 많이 싸운다. 자신의 잘못은 인정하지 않으면서 상대를 탓하는 사람들이 많다.

여자와 남자가 사소한 일로 싸우고 헤어지면 남자와 여자는 일정 시간 연락을 하지 않고 지낸다. 상한 기분과 감정을 원래대로 회복하기 위해서는 시간이 필요하기 때문이다. 즉 각자의 방법으로 스트레스와 상처를 힐링하는 것이다. 힐링하면서 자신의 말과 행동과 표정이 어떠했는지, 자신의 표현으로 인해 상대의 심리가 어떻게 작용했는지, 그래서 어떤 반응을 일으켰는지를 깊이 생각해 본다.

　상대의 기준이 마음에 들지 않을 때 자신의 감정을 억압하는 것이 좋을까? 아니면 상대가 민망해도 솔직하게 표현하는 것이 좋을까?
　기분이 나쁜 상태에서 자신의 마음을 솔직하게 말한다는 것은 용기가 필요하다. 만약 말한다면 상대의 입장을 전혀 고려하지 않은 것이다. 자신의 기분 나쁜 마음을 이야기하려면 일단 부정감정을 가라앉힌 뒤에 웃으면서 말을 해야 남자가 스트레스를 받지 않는다. 남자의 자극이 가장 민감한 부분이 시각이라고 했다. 기분 나쁜 얼굴로 자신의 기준을 강요하면, 여자의 연애는 오래가지 못한다. 이런 여자를 만나는 남자는 자신의 말과 행동과 표정에 제약을 받는다. 자칫 잘못하면 여자가 어떻게 나올지 몰라 전전긍긍하기보다는 차라리 헤어지고 재미와 즐거움을 주는 다른 여자를 만나는 것이 낫다고 생각한다.
　여자가 아무리 매력적인 여성이라 하더라도 만남에 재미와 즐거움이 없으면 매력을 전혀 느끼지 못한다. 이것이 남자의 연애심리이다. 연애하면서 상대의 입장은 고려하지 않고 자신이 하고 싶은 말과 행동을 다 하면 여자의 감정도 남자의 기분도 당연히 나빠질 수밖에 없다.
　여자는 여자마다 사랑의 생각기준이 다르고, 남자는 남자마다 열정의 생각기준이 다르다. 여자든 남자든, 젊은이든 노인이든 각자 자기 나름대로의 생각기준을 가지고 살아간다. 상대가 자신의 생각기준에 맞지 않으면 스트레스와 상처가 생긴다. 남자는 스트레스가 지속되면 열정이 사라지고, 여자는 상처가 쌓이면 사랑이 사라진다. 연애할 때 스트레스와 상처를 힐링할 줄 알아야 열정과 사랑이 오래 지속된다.

마음은 다른 곳에

 남자와 여자의 인간관계에서 늘 손해를 보는 경우가 있다. 일에 대한 능력은 뛰어나지만 연애의 능력이 없는 사람은 마음과 심리가 어떻게 작용하고 어떤 영향을 미치는지를 알아야 연애의 실패율을 줄일 수가 있다. 이럴 경우 인간의 심리가 어떻게 상호 작용하는지만 알아도 상대의 감정과 기분을 다치게 하지 않는다.

 사람과 사람 사이에 마음이 통하는 것만큼 매력적인 것은 없다. 마음이 통하려면 서로 간에 신뢰가 형성되어야 한다. 요즘 여자들은 미지근한 관심을 보이는 남자보다 적극적인 관심을 보이는 남자를 더 좋아한다. 남자도 소심하게 반응하는 여자보다 적극적으로 반응하는 여자를 더 좋아한다.

 옛날처럼 열 번 찍어 여자와 연애하기보다는 서로 한눈에 반해서 연애하는 것을 더 좋아한다. 옛날에는 차마 좋아한다는 말을 못 하고 몇 년씩 짝사랑하다가 상사병으로 드러눕는 일도 많았다. 그러나 이제는 대놓고 사귀자고 하는 시대이다.

 남자는 자신의 관심에 반응을 보이는 여자를 좋아한다. 남자가 모든 열정을 다 쏟아부었는데도 마음을 열지 않는 여자도 있다. 자기애에 빠진 여자라고 할 수 있다. 자기애는 다른 사람들의 평가에 의해서 만들어지는 것이지 스스로 만드는 것이 아니다.

　사랑을 많이 받으면서 성장한 여자는 모든 것에 긍정적이고 겸손하다. 이런 태도가 자기애이다. 자신이 대단하다고 착각하는 여자는 속은 비었으면서 눈만 높다. 이런 여자는 건강한 심리의 남자를 만나지 못할 가능성이 높고, 설령 사귀더라도 남자가 떠난 뒤에 후회한다.

　남자는 여자를 위해 연애하는 것이 아니다. 오로지 자신의 재미와 즐거움을 위하여 시간과 노력을 투자하는 것이다. 여자에게서 재미와 즐거움을 느끼지 못하면 남자는 더 이상 여자에게 몰입하지 않는다. 남자가 몰입할 때 여자에게서 재미와 즐거움의 반응이 있어야 열정을 만들어 내기 때문이다.

　여자의 연애심리는 남자와 정반대로 작용한다. 남자를 좋아하면서도 싫은 척한다. 그래서 자신의 속마음을 잘 드러내지 않는다.

　흰 옷을 입고 나온 남자가 오늘따라 굉장히 멋있어 보인다. 그래서 여자는 남자와 밤늦도록 함께 있고 싶은 마음이 간절하다. 그러나 여자는 자신의 속마음이 들킬까 봐 자꾸 시계를 들여다보는 정반대의 행동을 한다.

　"집에 빨리 들어가야 되나 봐요?"

　"집에 열 시까지 들어가기로 엄마와 약속하고 나왔어요."

　"그럼 지금 일어나야 되겠네요."

　와인 바에서 나온 남자는 차도까지 내려서서 열심히 택시를 잡는다. 여자는 남자의 눈치 없는 행동에 자신의 머리를 쥐어박는다.

　'저런 바보. 억지로라도 여자를 잡아야지, 순둥이처럼 그냥 보내?'

　이것이 여자의 연애심리이다.

연애는 일방적으로 할 수가 없다. 서로 마음이 소통되어야 열정과 사랑이 만들어진다. 상대에게 무작정 받기만 하고 아무런 반응도 보이지 않으면 남자는 여자에게 신경을 꺼 버린다. 그러나 여자는 남자의 마음을 알지 못한 채 그런 남자를 비난하기만 한다.

'진심으로 나를 좋아했다면 열 번이고 백 번이고 찍어야지. 이제 보니 순 바람둥이네.'

이런 여자는 연애가 감나무에서 저절로 떨어지는 감으로 착각하고 있다. 아무리 혼자 감나무 밑에서 입을 벌리고 있어 봤자 자신의 입만 아플 뿐이다.

연애는 신기루가 아니다. 부딪쳐서 아파도 보고, 괴로움에 힘들어하기도 하면서 사랑의 감정을 만들어 나가는 것이다.

괜찮은 남자를 붙잡지 않고 그냥 떠나보내는 여자들에게 그 이유를 물어보면 "상처받기 싫어서요"라고 대답한다. 이런 여자들은 다분히 계산적이다. 연애할 때 서로의 마음을 알기 위해서는 소통을 해야 한다. 소통하는 과정에서 남자와 여자는 서로 생각하는 기준이 달라서 스트레스와 상처를 받는다.

자신이 좋아하는 사람에게서 상처받는 것이 겁이 난다면 아예 연애를 접고 애완동물을 키워야 한다. 애완동물은 말을 못하기 때문에 자신의 주인에게 상처를 주지 않는다. 그러나 소통이 되지 않는 관계는 마음을 나눌 수가 없다. 남자가 아무리 여자에게 열정을 쏟아붓는다고 해도 여자가 마음을 굳게 닫고 있으면 더 이상 열정이 스며들 공간이 없다. 그래서 남자는 여자를 포기하고 또 다른 여자를 찾아 나선다. 이것이 남자의 연애 심리이다.

오래전부터 혼자서만 좋아하던 남자가 있었는데 어느 날 그 남자가 여자에게 좋아한다고 고백을 하는 경우도 있다. 그토록 오랫동안 사랑을 갈망했으면서도 사랑을 얻는 순간 여자는 남자가 싫어진다. 왜 그럴까? 이는 여자의 상처 때문이다.

예전에 남자로부터 상처를 받은 기억이 있거나, 어린 시절 남자에 대한 안 좋은 트라우마가 있는 경우에는 상대가 사랑에 발을 담그자마자 먼저 발을 빼 버린다. 지난 시절의 상처 때문에 이성에 대한 좋은 감정보다 불안과 공포가 앞서기 때문이다. 이런 여자는 상처를 치료하여 정상심리로 회복해야 한다.

일주일에 한 번 박물관에서 실시하는 무료 강좌에 여자가 등록했다. 첫 강좌가 시작되던 날 강연장의 로비에서 한 남자가 여자에게 다가오더니 다짜고짜로 대시한다.

"인상이 굉장히 좋은데 강연 끝나고 커피 한잔 어때요?"

여자는 남자의 제안을 무시하고 그대로 강연장 안으로 들어갔다. 남자가 자신을 가볍게 보는 것 같아서 화가 났지만, 이상하게 기분이 나쁘지 않다. '남자가 대시하는 걸 보니 아직까지 내게 매력이 남아 있나 봐'라고 생각하는 것이 여자의 마음이다.

여자는 매주 강연을 들으러 갈 때마다 남자와 마주치지만 여자는 시선조차 주지 않는다. 그럼에도 남자는 끈질기게 이것저것 구실을 만들어서 말을 건다.

"귀찮게 하지 마세요. 전 댁한테 전혀 관심이 없어요!"

여자는 남자가 사귀자고 했을 때 거부하든지, 받아들이든지 둘 중의 하나다. 여자는 감정을 가지고 있기 때문에 좋든 싫든 남자가 계속해서 관심을 주면 관심을 주는 것 모두가 기억 속으로 들어간다. 남자에 대한 안 좋은 기억이 머릿속에 남아 있다가 어느 순간 상처가 치료되면 그 남자가 좋아진다. 즉 남자가 나에게 안 좋다는 것을 기억하면 '저 남자 정말 밥맛이야!'라고 생각하면서 툴툴거린다.

그러나 연애의 심리는 정반대라고 했다. 여자가 남자에게 관심이 없다면 툴툴댈 이유가 없다. 자신의 마음과는 상관없이 무의식에서는 이미 그 사람에 대한 관심이 작용하기 때문에 의식에서 싫다는 것을 느끼는 것이다. 무의식에는 남자에게 관심을 갖고 있지만 기억에는 싫은 감정이 있는 것이다. 그래서 여자는 남자를 보면 기분이 나빠지는 것이다.

여자가 사랑을 만드는 과정은 두 가지이다. 자신이 갖고 있는 생각기준에 맞거나 전혀 맞지 않는 경우이다. 이 둘 중에 하나로 인해 여자에게 사랑의 감정이 만들어진다. 즉 남자의 관심이 마음에 들어도 사랑의 감정이 만들어지고, 남자의 관심이 마음에 들지 않아도 사랑의 감정이 만들어진다. 그 이유는 여자의 사랑은 관심이기 때문이다.

감정에는 좋은 감정과 나쁜 감정이 있다. 좋은 감정일 때는 사랑이지만 나쁜 감정일 때는 상처이다. 여자는 상처를 치료하면 사랑의 감정과 행복의 감정이 만들어진다. 아무리 좋은 감정, 나쁜 감정이라 하더라도 여자는 감정이 작용하면 사랑이 만들어진다.

여자가 남자친구에게 화를 내고 짜증을 내는 것은 싫어서가 아니라 좋아하기 때문이다. 즉 한눈팔지 말고 자신에게 열정을 좀 더 쏟아 달라는 마음의 요구이다. 반대로 여자가 남자를 싫어하는데도 남자가 계속 관심을 보이면 어느 순간 여자는 자신도 모르게 사랑의 감정이 만들어진다. 이미 기억 속에 남자가 들어 있기 때문이다. 이때 구분해야 하는 것은 남자의 집착이다. 남자의 집착은 관심이 아니라 심리장애에 의한 자기욕구를 충족하려는 것뿐이다.

한 여자가 있다. 타 부서의 남자 직원이 사귀자고 몇 달째 여자만 쫓아다닌다. 퇴근 후에 여자가 친구들과 카페에서 커피를 마시고 있으면 어느새 남자가 여자 맞은편에 앉아 있다. 처음에는 이런 남자가 무섭고 두려웠지만 이제는 무덤덤하다.
'내가 반응을 보이지 않으면 저러다가 제풀에 떨어져 나가겠지, 뭐'라고 생각하면 그만이다.
여자는 자신이 어디를 가도 그림자처럼 따라다니는 남자가 측은하기도 하고 징그럽기도 했다. 그러다가 어느 날부터 남자가 나타나지 않는다. 여자는 친구들과 만나도 그 남자가 나타나지 않을까 하는 조바심에 친구들과의 이야기에 집중하지 못한다. 커피숍 문이 열리면 습관적으로 출입구를 바라본다. 결국 그 남자의 무조건적인 관심이 여자에게 사랑의 감정을 만들어 냈던 것이다.

여자는 스트레스가 들어오면 무조건 수용해서 상처로 쌓아 둔다. 이때 목적이 없는 순수한 남자의 관심이 들어오면 무의식이 상처를 치료한다. 그러나 목적이 있는 남자의 계산된 관심은 상처를 치료하지 못하고 상처만 키운다.

여자에게 상처가 작용하면 아프고 힘들다. 이런 심리적 통증을 느끼는 것은 상처를 치료하라는 무의식의 신호이다. 여자가 남자에게 수시로 화를 내고 짜증을 부리는 것도 자신의 상처를 치료해 달라는 표현이다. 이때 남자가 관심을 주고 위로를 해 주면 여자의 상처가 치료되면서 사랑의 감정과 행복의 감정이 만들어진다.

여자의 무의식은 감정을 만든다. 그래서 남자의 관심은 여자로 하여금 사랑의 감정을 느끼게 하는 것이다. 여자에게는 남자의 관심이 좋든 싫든 상관없이 사랑의 감정을 만든다. 여자는 이런 마음을 가지고 있기 때문에 여자에게 가장 나쁜 것은 무관심이다.

남자는 기분을 가지고 있고 여자는 감정을 가지고 있다. 감각기관을 통해 들어온 인식이 좋으면 남자는 저절로 기분이 좋아진다. 즉 상대의 반응을 기분 좋게 느끼는 것이다. 이때 남자가 좋은 기분에 몰입하면 열정이 생긴다. 여자는 자신의 이야기에 귀 기울여주는 남자를 신뢰한다. 남자가 어떤 태도로 자신의 이야기를 듣는지를 보면서 이야기를 이어 나간다. 이야기를 하는데 딴청을 피우거나 시선이 산만하게 움직이면 여자는 더 이상 말을 하지 않는다.

여자는 남자가 자신을 정말 사랑한다는 확신이 있어야 행복을 느낀다. 그러나 남자는 이런 여자의 마음을 모르기 때문에 그냥 재미있고 즐겁게만 해 주면 된다고 생각한다. 여자는 감정을 가지고 있기 때문에 재미와 즐거움만 추구하는 남자를 신뢰하지 않는다.

여자가 사람을 알아볼 때 상대의 말과 행동을 보고 그 사람을 평가한다. 예의가 없거나 정직하지 못하면 경망스럽다고 생각한다. 사리분별도 못하고 어리석게 굴면 무능하다고 생각한다. 여자는 남자에게 사랑에 대한 신뢰가 느껴지지 않으면 실망하고 상처를 받는다. 여자는 남자를 만날 때보다 나은 방향으로 가기를 원한다. 그러나 남자가 늘 똑같은 행동으로 재미와 즐거움만 추구하면 여자는 실망스러워하면서 결국에는 이별을 선택한다.

여자는 남자의 관심에서 멀어지면 상처를 받는다. 연휴 때 남자는 친구들과 동해안으로 서핑을 하러 간다. 여자도 친구들과 섬에 있는 수목원으로 여행을 간다. 그러나 여자는 친구들과 연휴를 보내는 것보다 남자와 연휴를 보내는 것을 더 원한다. 그래서 여행지에서 친구들과 어울려도 즐겁지가 않고 우울하기만 하다. 연휴가 끝나고 남자를 만났을 때 여자는 자신의 힘들었던 상처를 표현한다.
"네가 연휴를 나와 보내지 않고 친구들과 보내서 나 엄청 상처받았어!"
"무슨 소리야? 너도 친구들과 섬에 가서 재미있게 놀았으면서!"
"친구들보다 너랑 같이 있고 싶었다고!"
여자는 계속 자신이 받은 상처에 대해 말한다. 남자가 그만하라고 해도 여자는 계속해서 상처를 표현한다. 남자는 여자의 상처표현에 화가 나서 자신도 모르게 버럭 소리를 지른다. "그만하라고 했지?" 남자의 행동에 상처를 받은 여자는 그대로 음식점의 문을 박차고 나와 버린다.

연애는 상대에 대한 기대감이 크다. 그러나 남자는 여자의 마음을 모른 채 자신의 기분대로만 하려고 한다. 그래서 여자는 남자를 만날 때마다 행복의 감정도 느끼지만 상처의 감정도 느낀다.
여자가 남자로 인해 상처를 입으면 말을 잘 하지 않는다. 부정감정에 휩싸였기 때문이다. 이런 여자의 마음을 모르는 남자는 여자가 변덕을 부린다고 생각한다. 이때 여자는 자신에게 끊임없이 상처를 주는 남자와 계속 만나야 될지, 헤어져야 될지를 갈등하기 시작한다.

　남자와 여자의 마음이 다르기 때문에 서로 바라보는 것이 다를 수밖에 없다. 남자는 여자를 만나 재미있고 즐겁지가 않으면 스트레스를 받는다. 여자는 남자가 자신의 애정욕구를 채워 주지 못하면 상처를 받는다. 이런 기분과 감정을 그때그때 힐링하지 못하면 연애하는 것이 힘들다고 하면서 두 사람은 헤어지는 것을 선택한다.

　남자는 스트레스가 들어오면 무조건 제거하거나 차단하지만, 여자는 스트레스가 들어오면 무조건 수용해서 상처로 쌓아 둔다. 스트레스와 상처는 자신의 생각기준에 어긋날 때 생긴다. 남자가 여자에게 오늘 만나자고 하는데 여자는 내일 만나자고 하면 남자는 스트레스를 받는다. 그래서 남자가 짜증을 낸다.

　"넌 항상 내가 만나자고 하면 기분 좋게 만나는 법이 없더라. 어차피 만나는 거라면 오늘 만나는 거와 내일 만나는 것이 뭐가 다른데?"

　"오늘은 약속이 있으니까 내일 만나자고 하는 거잖아. 넌 항상 네 멋대로야!"

　남자는 여자의 거절로 스트레스를 받고 여자는 남자의 스트레스로 인해 상처를 받는다. 이런 상황이 반복되면 서로가 힘들어진다.

　연애를 하면서 남자와 여자가 상대의 입장을 생각해 주지 않고 자기의 생각기준만 내세우면 남자는 열정이 사라지고 여자는 사랑이 사라진다.

연애를 할 때는 항상 상대의 입장에서 생각하고 이해를 해야 서로 간에 신뢰가 생기면서 마음이 열린다.

사랑과 상처, 열정과 스트레스는 불가분의 관계이다. 연애를 하는 동안 자신만의 즐거움과 행복을 추구하다 보면 남자와 여자는 서로 갈등이 생길 수밖에 없다. 이때 갈등을 피하거나 억압하면 스트레스와 상처가 커져서 연애에 문제가 생긴다. 갈등이 생기면 갈등이 왜 생겼는지 원인을 찾아서 이해하고 배려해야 연애의 심리가 건강해진다. 그렇지 않고 방치하면 갈등이 또 다른 갈등을 불러들여서 오해가 오해를 낳는 상황이 된다. 오해가 쌓이면 신뢰가 무너진다. 신뢰가 무너지면 모든 만남은 끝을 향해 달린다.

핑크렌즈 효과

　남녀가 연애할 때 '핑크렌즈 효과'라는 말을 많이 쓴다. 실제 상대는 단점도 많고 허점도 많지만 일단 자신의 눈에 핑크렌즈가 끼어지면 상대에 대한 평가는 온통 핑크빛이다. 즉 핑크렌즈는 '제 눈에 안경'이라는 말과도 같다.

　남자나 여자나 연애가 시작되면 모든 것이 즐겁고 재미가 있어서 거의 매일 만나다시피 한다. 하루 종일 붙어 있다가 금방 헤어졌는데도 남자는 좋은 기분을 유지하고 싶어서, 여자는 좋은 감정을 느끼고 싶어서 새벽이 올 때까지 문자나 통화를 하기도 한다. 때로는 여자가 남자의 행동이 마음에 들지 않아 신경질을 내고 까다롭게 굴어도 남자는 화를 내기는커녕 여자의 그런 까칠한 모습조차도 사랑스럽게 느껴진다. 상대의 단점조차도 매력으로 느껴지는 것이다.

　남자는 연애 초기에 무턱대고 여자를 좋아한다. 그 이유는 자신이 하는 말과 행동에 대하여 여자가 반응을 보이기 때문이다. 남자는 여자가 아무리 예뻐도 반응이 없으면 재미가 없어서 열정을 만들어 내지 못한다.

　남자들은 여자와 연애를 할 때 실없는 장난을 잘 친다. 장난을 치면 여자에게서 반응이 나오기 때문이다. 남자는 여자의 반응에 따라 기분이 좋거나 나쁘거나 한다.

남자의 장난에 여자가 몇 번 반응을 해 줬더니 눈치 없이 남자가 계속 장난을 친다. "그만해! 정신 사나워" 여자는 더 이상 참지 못하고 팔을 내저으며 소리친다. "좋으면서 뭘 그래?"라며 남자는 여자의 손사래도 반응이라고 생각하고 장난이 점점 더 심해진다.

남자와 여자의 마음은 다르다. 그러나 사람들은 남자와 여자의 마음이 같다고 생각하기 때문에 남자는 자신이 재미가 있으면 여자도 재미가 있는 것으로 착각한다. 그러나 지금 여자는 남자의 장난에 화가 많이 난 상태다. "한 번만 더 장난치면 그냥 집에 갈 거야!"라고 여자가 신경질을 내면서 돌아앉으면 장난을 멈춰야 하는데 이를 모르는 남자는 "자긴, 화낼 때가 더 매력적이야!" 하면서 예의 없이 더 심한 장난을 친다. 결국 여자가 참지 못하고 "뭐 이런 인간이 다 있어?"라면서 여자가 핸드백으로 남자를 내리치고는 커피숍을 나와 버린다.

남자는 자신이 재미있고 즐거우면 여자도 기분이 좋을 것이라고 생각한다. 여자는 자신이 남자를 좋아하는 만큼 남자도 자신을 좋아한다고 단정한다. 이것이 '핑크렌즈 효과'이다.

'핑크렌즈 효과'는 서로를 엄청난 착각 속에 빠뜨려서 두 사람 사이에 나쁜 것은 전혀 없고, 좋은 것만 보이는 현상이다. 이런 착각이 지속되면 '핑크렌즈 효과'는 심리장애로 발전한다. 그래서 연애하는 사람들은 모두가 일시적으로 심리장애에 빠진다.

남자는 좋은 기분에 몰입하여 열정을 사랑으로 착각하고 기분이 좋을 때마다 여자에게 사랑한다고 말한다. 그러나 사랑은 기분이 아니라 감정이다. 남자는 좋은 기분에 지속적으로 몰입하게 되면서 마치 자신의 감정처럼 느껴져서 자신이 여자를 사랑한다고 착각한다. 이것은 사랑의 감정이 아니고 좋은 기분일 뿐이다.

남자는 기분 좋은 열정에 빠져 있다가도 나쁜 기분이 들어오는 순간 열정이 사라진다. 남자의 열정을 사라지게 하는 최고의 느낌은 여자의 간섭이다. 남자가 아무리 기분 좋은 재미에 빠져 있어도 여자가 간섭하면 그 순간 남자의 열정은 사라진다. 그래서 남자는 스트레스를 견디지 못하기 때문에 바쁜 기분이 들어오면 무조건 이를 제거하려고 한다. 이때 남자의 열정도 사라진다.

남자는 오전에 아무리 기분 좋은 일이 있었어도 현재 기분이 나쁘면 오전에도 기분이 나빴을 것이라고 느낀다. 남자는 현재의 기분에 좌우되는 마음을 가지고 있기 때문이다.

반면 여자의 사랑은 지속적이면서 일관적이다. 좋은 것이 들어오면 전보다 더 좋아지고, 나쁜 것이 들어오면 전보다 더 나빠지지만, 사랑의 감정은 변하지 않고 지속된다. 그래서 여자는 상처를 쌓아 가면서도 남자를 사랑한다. 이것이 여자의 마음이다.

남자들은 기분이기 때문에 모든 것이 즉흥적이고 일시적이다. 그래서 남자의 기분이 상승되어 있을 때 가능하면 흥을 깨지 않는 것이 좋다. 여자는 남자와는 달리 감정이 작용하기 때문에 기분 나쁜 일이 생기면 일단 상처를 입는다. 아무리 기분 좋은 상황이라 하더라도 남자가 다른 여자에게 친절하게 대하는 것을 보는 순간 상처가 발생한다.

기분을 가지고 있는 남자들은 뜬구름 잡는 말이나 과장된 행동을 잘하고, 감정을 가지고 있는 여자들은 어느 것 하나도 놓치지 않고 모두 기억해 둔다. 이렇듯이 남자의 마음과 여자의 마음이 본질부터 다르기 때문에 서로 스트레스를 받고 상처를 입는 것은 당연하다.

남자와 여자가 연애할 때 문제가 생기는 것은 남자의 마음과 여자의 마음이 다르다는 것을 모르기 때문이다. 상대의 마음을 알면 상대의 심리도 알 수가 있다. 상대의 심리를 알고 이해와 배려를 한다면 스트레스와 상처를 주고받는 일은 거의 없다.

남자가 만들어 내는 열정의 본질은 지속되는 좋은 기분이다. 남자가 지금 열정을 갖고 있다는 것은 여자에게 스트레스를 안 받고 있다는 뜻이다. 여자가 남자의 관심에 반응을 보이면 기분이 좋아진 남자의 열정은 계속 에너지를 생성한다.

여자가 만들어 내는 사랑의 본질은 지속되는 남자의 관심이다. 여자는 남자가 주는 관심을 사랑이라고 생각한다. 그래서 남자가 여자에게 열정을 쏟으면 쏟을수록 여자는 더욱 남자에게 깊이 빠진다. 각자 자신만의 기분과 감정에 빠지는 것이 연애의 심리이다. 이런 일시적인 심리장애를 '핑크렌즈 효과'라고 한다.

두 사람이 자신만의 기분과 감정에 빠져 실체를 제대로 보지 못해도 '핑크렌즈 효과'는 6개월에서 3년 사이에 자연적으로 사라진다. 남자와 여자가 이런 '핑크렌즈 효과'가 없으면 결혼을 할 수가 없다. 그래서 무의식이 남자의 기분에 여자의 감정을 결합시키기 위해서 일시적으로 심리장애에 빠트린다. 무의식이 이렇게 하지 않으면 남자의 열정과 여자의 사랑이 만들어지지 않는다. 그래서 일시적 심리장애인 '핑크렌즈 효과'는 건강한 심리장애이다. 이때 일시적인 심리장애이기 때문에 해결하려고 노력하지 않아도 자연치유가 된다.

시간이 지나면 무의식이 남녀에게 발생한 핑크렌즈를 천천히 벗겨 내기 시작한다. 핑크렌즈가 벗겨지면서 남자와 여자는 서로 보이지 않았던 상대의 단점이 보이기 시작하면서 여자의 불평불만이 쏟아지기 시작한다. 남자는 여자의 불평불만으로 인하여 스트레스를 받게 된다.

"넌 제멋대로 하는 것이 문제야. 이런 태도 바꾸지 않으면 더 이상 너랑 안 만날 거야!"

"돈키호테 같은 성격이 매력이라고 떠들 때는 언제고 지금 와서 딴소리야!"

핑크렌즈 덕분에 만나는 내내 좋은 것만 보다가 핑크렌즈가 벗겨지는 순간 상대의 허물이 보이면서 남자와 여자는 스트레스와 상처를 받는다.

남자와 여자가 3년 이내에 이별을 많이 하는 이유가 핑크렌즈의 수명이 다해서이다. 이것과 무관하게 10년이 넘도록 연애하는 사람들도 있다. 그 이유는 완전한 심리장애이거나 남자에게 무한책임이 생기고 여자에게 모성애가 생긴 것이다. 완전한 심리장애는 '핑크렌즈 효과'가 아니라 즐겁고 재미있는 것이 오래 지속되는 것뿐이다. 무한책임과 모성애는 오래 사귀다 보니 자신도 모르게 만들어진 것이다. 그래서 헤어지지 못한 채 사랑도 열정도 없이 그저 친구처럼 오늘도 만나고 내일도 만나는 것이다.

연애의 심리는 '핑크렌즈 효과'로 일시적인 심리장애에 빠진다는 사실이다. 하지만 이것은 남자와 여자가 모두 건강한 심리를 가졌다는 증거이기도 하다. 순수한 남자의 열정과 순수한 여자의 사랑이 결합된 것이 연애이다. 그러나 순수함과는 무관하게 목적을 가지고 접근하는 사람들도 있다.

"저 여자애 집이 무지무지 부자래. 난 저 여자와 기필코 연애를 할 거야."

이런 목표를 갖고 연애를 하는 사람은 심리장애이다. '핑크렌즈 효과'처럼 일시적인 심리장애가 아니라 목적을 이루기 위하여 지속하거나, 목적을 이루는 것이 불가능하면 즉시 대상을 바꿔 버린다.

여자의 집이 부자가 아니라서 헤어지고, 한 밑천 챙겼기 때문에 헤어진다. 목적을 가지고 의도적으로 하는 연애는 목적을 이루는 순간 연애가 끝난다. 그러나 순수한 열정과 사랑으로 만나서 하는 연애가 오래가지 못하고 이별과 만남을 반복하는 것은 원인이 상대에게 있는 것이 아니라 자신에게 있다는 것을 알아야 한다.

자신과 헤어진 A도, B도, C도 그들의 잘못으로 헤어진 것이 아니라 자신과 생각기준이 안 맞아서 헤어진 것뿐이다. 자신의 생각기준이 턱없이 높거나 지나치게 자기중심이면 주변에 사람들이 함께 있지 못한다. 만족을 모르는 사람은 아무리 상대가 열정이나 사랑을 쏟아부어도 채워지지 않는다고 트집을 잡기 때문이다.

사람은 자신과 생각기준이 맞지 않으면 스트레스와 상처를 받는다. 그러나 자신과 생각기준이 맞는 사람은 전 세계에 단 한 명도 없다. 살아온 환경이나 문화는 물론이고 자신이 경험한 기억을 그 누구도 갖고 있지 않다. 자신이 경험한 기억은 전 세계를 통틀어 오로지 자신뿐이기 때문에 당연히 자신이 가진 생각기준도 전 세계에 자신뿐이다. 그래서 자신의 생각기준과 맞는 사람은 아무도 없다. 따라서 상대와 생각기준이 맞지 않아서 생기는 스트레스와 상처는 필연적일 수밖에 없다.

스트레스와 상처를 받지 않기 위해 자신과 생각기준이 맞는 사람을 만나야 한다는 생각을 하면, 자신의 심리에 문제가 생긴 것이다. 처음부터 상대가 자신과 잘 맞는다고 생각하는 순간 심리장애가 발생하는 것이다.

연애의 심리를 보면 상대와 한두 번 헤어지는 것은 시행착오일 수도 있다. 연애도 시행착오를 겪어 봐야 연애의 심리를 자연스럽게 배우게 된다. 그런데 이런 시행착오가 두세 번을 넘어서 계속 반복된다면 심리장애가 발생한 것을 점검해야 한다.

요즘 남자와 여자의 만남은 즉흥적이고 일시적이어서 연애를 시작하면 며칠을 갈지 모른다. 오늘 만나서 내일 헤어지는 커플도 많다.

옛날에는 역병이 많이 돌아서 아기들이 100일을 넘기지 못하고 죽었다. 그래서 100일을 넘기면 부모가 백일잔치를 성대하게 열어 줬다. 요즘 남자와 여자도 이런 맥락에서인지는 몰라도 만남 100일을 기념하는 이벤트가 흔하다. 그러나 핑크렌즈 효과도 100일이 지나면 효력을 서서히 상실되기 때문에 남자와 여자의 갈등이 발생하기 시작한다. 100일이든 1,000일이든 두 사람 사이에 갈등이 생기기 시작했다면 일시적 심리장애에서 벗어나는 것이라 할 수 있다.

눈에 낀 콩깍지가 완전히 사라지면서 비로소 남자와 여자는 인간과 인간으로 마주하게 된다. 스트레스와 상처로 기분과 감정이 좋았다 나빴다 반복하는 만남이 진정한 연애이다. 그러나 자신의 연애상대가 자주 바뀐다면 자신의 마음과 심리에 문제가 생겼음을 생각해야 한다.

사랑하는 남녀관계에서 눈에 콩깍지가 씐 듯 상대방의 단점이 장점으로 보이는 것을 '핑크렌즈 효과'라고 하는데, 핑크빛은 분위기 있는 색상으로 흔히 핑크빛 렌즈를 끼고 상대를 바라보는 까닭에 사랑에 빠지면 모든 것이 아름답게 보이기 시작한다. 사람의 뇌 속에 있는 미상핵

(尾狀核)은 사랑에 민감한 도파민(dopamine)이라는 호르몬의 분비를 촉진시켜 사람을 즐겁게 만들기도 하고 양 볼에 홍조를 띠게 하기 때문에 사랑을 하면 예뻐진다는 말이 생겨난 것이다.

이때 남자는 마음의 열정에 의하여 만들어지고 습관을 통하여 심리작용의 욕구와 헌신의 욕구가 표출되고 이를 충족하게 되면 마음은 열정, 성욕(Libido), 성취욕 등이 발생하면서 행복의 희망과 기대감을 만들게 된다. 그러나 이 핑크렌즈 효과는 6개월에서 3년 사이에 의식이 작용하여 장단점이 인식되기 시작한다.

따라서 사랑에 대한 긍정감정은 연애 후 1년 뒤 50% 가까이 떨어지면서 점차 소멸해 가는데 약 900일 후에는 그 긍정감정이 완전히 사라지게 된다는 연구도 있다. 결국 사랑의 긍정감정은 900일간의 폭풍(暴風)과도 같다. 이것이 '핑크렌즈 효과'이다.

정상심리에서는 핑크렌즈 효과가 작용되지만, 의식과 습관에 문제로 인하여 심리장애가 발생하면 핑크렌즈 효과가 지속된다. 이는 과유불급(過猶不及)과 같이 자신과 상대 모두에게 심리장애와 신체문제를 유발하게 되어 몸과 마음이 파괴되는 현상이 발생한다.

핑크렌즈 효과는 상대의 장점과 매력만 보이기 때문에 상대의 단점도 장점으로 왜곡되어 인식되는 현상이라 할 수 있다. 이는 상대의 장점과 단점이 모두 매력으로 인식되면서 긍정감정이 만들어지고 열정이 극대화되면서 긍정감정이 극대화된다. 이를 100% 의식인 생각으로 받아들이게 된다.

핑크렌즈 효과는 일시적인 현상으로서 시간이 경과할수록 점점 익숙하고 편안해지면서 상대의 단점이 하나씩 인식되기 시작하고, 사소한 문제에 대하여 감정대립과 스트레스 또는 상처가 발생하면서 부정감정이 만들어지게 된다. 이때가 핑크렌즈 효과가 사라지기 시작한다. 이 부정감정이 발생하기 시작하면 열정이 줄어들기 시작하는데 열정이 소멸되기까지는 6개월에서 3년의 시간이 소요된다고 한다. 그래서 핑크렌즈 효과는 3년 이내에 사라지게 된다.

핑크렌즈 효과를 갖게 되면 이 세상이 자신과 상대를 중심으로 형성되어 있다는 착각현상이 발생하기 때문에 주변 사람들의 이야기와 조언은 모두 거부되어 받아들여지지 않게 되고 오롯이 자신의 생각과 상대의 말과 행동에 의해서만 심리작용을 하게 되고 무조건 긍정감정이 발생하도록 만든다. 그래서 심리작용의 의미가 없도록 만들기 때문에 과도한 긍정감정이 형성되어 인간관계가 오롯이 자신과 상대의 애정관계만 존재하는 왜곡된 생각이 형성된다. 따라서 남자는 열정이 왜곡되면 심리장애가 발생하고, 여자는 사랑이 왜곡되면 심리장애가 발생한다. 이때 마치 자신들이 '핑크렌즈 효과'인 것처럼 착각하는 현상이 생긴다.

스트레스와 상처가 주는 행복

　연애가 시작되면 남자의 눈에는 여자의 모든 것이 예쁘고, 마음에 들어서 언제나 기분이 좋다. 그래서 남자는 더 많은 열정을 만들어 낸다. 이는 여자도 마찬가지이다. 열정적으로 자신에게 관심을 쏟는 남자를 보면서 여자는 더욱 남자를 사랑한다. 그러나 시간이 지나 두 사람 사이가 격의 없을 정도로 친밀해지면 여자는 남자에게 끊임없이 스트레스를 주고 남자는 여자에게 끊임없이 상처를 준다.

　남자는 여자의 반응에 기분이 좋으면 목숨까지 바치지만 여자가 끊임없이 잔소리하면 엄청난 스트레스로 인하여 자신도 모르게 폭언을 하기도 하고 폭력을 행사하기도 한다. 이런 행동은 여자가 싫어서가 아니라 스트레스를 견디지 못해서이다.

　조금 전까지만 해도 서로 장난을 치며 깔깔 웃던 여자가 갑자기 말도 안 하고 인상만 쓰고 있으면 남자는 신경이 쓰인다. 그래서 남자가 무슨 일이 있냐고 물어봐도 여자는 경멸하는 눈빛으로 쏘아보기만 할 뿐 반응이 없다. 순간 남자는 강한 스트레스를 받는다.

　남자는 스트레스가 들어오면 이를 차단하든지, 다시 좋게 만들든지 둘 중에 하나를 하게 된다. 남자는 상대의 기분을 풀어 주기 위해 영화관에도 데려가고 백화점에 데려가기도 하지만, 여자의 얼굴에는 여전히 웃음기가 없으면 남자는 시각적으로 부정기분이 인식되면서 빨리 원인을 알고 제거해야 된다.

"사람 속 터지게 하지 말고 도대체 뭐 때문에 화가 났는지 말을 좀 하라고!"

남자가 답답함에 소리를 쳐도 여자에게서 여전히 좋은 반응이 나오지 않는다. 이렇게 되면 남자는 지속되는 스트레스를 견디지 못해 "다음에 만나서 이야기하자"라면서 여자를 피한다. 그러고 나서 남자는 여자와의 연락을 끊어 버린다.

여자는 남자로 인해 마음이 상했지만 남자에 대한 감정은 지속된다. 그래서 행여 남자에게 연락이 왔나 싶어서 수시로 휴대전화를 열어 보고 이메일도 열어 보지만 여전히 연락이 없다. 남자에게서 전화가 올 때까지 기다려 보지만 일주일이 넘도록 문자 하나 보내지 않는다. 여자는 조금씩 불안해지기 시작한다. 그래서 자존심을 버리고 남자에게 전화한다. 그러나 남자는 전화를 받지 않는다. 문자를 보내도 답장이 없다. 결국 남자는 여자라는 스트레스를 아예 차단하기로 마음을 먹은 것이다.

남자는 재미와 즐거움이 없으면 여자를 만날 이유가 없다. 지속되는 스트레스는 남자의 열정을 사라지게 한다. 재미와 즐거움의 열정이 사라지면 남자는 여자에게 관심도 갖지 않는다. 이것이 남자의 마음이다.

남자에게 스트레스는 중요한 역할을 한다. 감각기관으로 안 좋은 인식이 들어오면 남자는 무조건 스트레스를 받는다. 그래서 즉시 스트레스를 해소하고 나서 안 좋은 기분을 잊기 위해 좋은 기분에 몰입한다.

연애할 때 남자들이 받는 스트레스는 대부분 여자가 만든 것이다. 그래서 남자는 여자를 데리고 다니는 것이 아니라 스트레스 덩어리를 데리고 다닌다는 농담 아닌 농담을 하기도 한다. 그만큼 남자는 스트레스에 취약하고, 여자는 상처에 취약하다.

오늘 여자와 남자가 대학로에서 연극을 보기로 했다. 약속시간이 지났는데도 남자가 오지 않는다. 전화를 해도 연결되지 않는다. 조금 전까지만 해도 남자를 만난다는 설렘에 기분이 좋았는데 지금은 안 오는 남자 때문에 여자의 감정이 안 좋다. 시계를 보니 이제 남자와 함께 저녁을 함께 할 시간도 물 건너갔다. 그래서 여자는 더욱 기분이 상한다. 여전히 전화는 연결되지 않고 시간은 속절없이 흘러가기만 한다. 그러다가 여자는 서서히 불안해지기 시작한다. '혹시 사고가 난 것이 아닐까?' 하는 생각이 드는 순간 괜스레 눈물이 나고 마음이 아파 오기 시작한다. 그때 남자가 헐레벌떡 커피숍으로 뛰어 들어온다. 심리는 정반대로 간다는 말이 여기서 확인된다.

"지금 몇 시인 줄 알아? 늦으면 늦는다고 전화를 해 주던지. 전화는 왜 안 받아? 너 때문에 이제 연극도 못 본단 말이야!"

"누구는 늦고 싶어서 늦은 줄 알아? 너보다 내 마음이 더 까맣게 탔다고!"

남자가 오면 몇 시간을 기다려 준 자신에게 사과하고 위로해 줄 것이라고 단정했다. 그러나 이런 기대와는 달리 남자는 화부터 냈다. 기대가 무너진 여자는 상처를 입고 뒤도 돌아보지 않고 커피숍에서 나왔다. 남자도 화가 많이 났는지 여자를 잡지 않는다.

여자는 걸으면서도 남자가 뛰어와서 자신을 잡아 주기를 기대했지만 남자는 요지부동이다. 지하철역이 바로 보이는데도 남자는 전화도 없고,

달려오지도 않는다. 여자는 미련 때문에 차마 지하철역으로 내려가지 못한다. 그래서 여자는 다시 뒤돌아서서 커피숍으로 발걸음을 옮긴다. 걸으면서 여자는 곰곰이 생각해 본다. 남자가 무엇 때문에 늦었는지, 남자가 잘못했음에도 왜 여자에게 화를 내고 짜증을 내는지 남자의 입장에서 이해를 해 보려고 노력한다. 이것이 여자 스스로 상처를 치료하기 위한 노력이다.

상처가 이해되지 않으면 여자는 자신도 모르게 상처를 억압하게 된다. 상처를 억압하면 상처는 배로 쌓인다. 상처가 치료되지 않은 채 쌓인 상처가 너무 많으면 여자는 남자를 만날 때마다 많이 아프고 힘들다. 그래서 연애를 포기해야겠다고 생각한다. 연애할 때는 분명 재미와 즐거움도 크지만 그에 못지않게 힘들고 속상한 일도 많다. 상처와 행복, 즐거움과 고통, 설렘과 실망 등 연애의 심리는 항상 정반대로 작용해서 사람을 아프게 한다.

여자는 상처를 이해해서 남자의 관심과 위로를 받으면 상처가 치료되면서 사랑의 감정과 행복의 감정을 만들어 낸다. 남자는 지속되는 스트레스를 무의식의 좋은 습관으로 바꿔 놓으면 스트레스가 힐링된다. 남자는 스트레스가 힐링될 때 강한 에너지가 만들어지면서 강력한 열정이 만들어진다. 남자와 여자는 더 큰 열정과 사랑을 느끼기 위해 스트레스 덩어리와 상처 덩어리를 옆에 두는 것이다. 이것이 연애의 심리이다.

연애할 때 서로 스트레스를 받고 상처를 받아야 서로를 이해하고 배려하게 된다. 이렇게 되면 더 큰 사랑과 열정을 함께 가져간다. 즉 스트레스와 상처가 힐링되는 것이다. 문제가 생겼을 때 서로를 이해하고 배려하면 남자에게는 여자가 힐링시스템이 되고, 여자에게는 남자가 힐링시스템이 되는 것이다. 그래서 나만의 힐링시스템을 곁에 두고자 하는 욕구가 연애의 기본적인 심리이다. 그러나 서로에게 힐링시스템이 되지 않으면 남자와 여자는 지속되는 스트레스와 상처를 견디지 못해서 헤어지게 된다. 그만큼 연애할 때는 서로에 대한 이해와 배려가 중요하다.

연애는 남자의 열정과 여자의 사랑이 결합된 것이다. 남자는 여자를 향한 좋은 기분의 열정으로, 여자는 남자의 관심으로 사랑의 감정을 느낀다. 이런 기분과 감정으로 서로에게 진심으로 다가갔는지를 돌아보는 것이 연애의 심리이다. 여자는 좋은 것도, 나쁜 것도 사랑으로 받아들인다. 무관심한 것보다 나쁜 관심이라도 들어오는 것이 좋다. 관심이 없다는 것은 인간관계가 아닌 사람관계이다. 좋은 소리든, 싫은 소리든 사람관계인 타인에게는 잘 하지 않는다. 누군가가 나에게 관심이 있기 때문에 좋은 이야기든, 싫은 이야기든 하는 것이다. 그래서 관심을 좋은 것과 나쁜 것으로 구분하면 안 된다. 심리로 볼 때 상대가 관심에 있는지 없는지 반응을 보면 된다.

스트레스와 상처를 받기 싫다고 상대를 만나도 마음을 열지 않는 사람들도 많다. 그저 만나서 재미있게 놀다 헤어지면 그만이라고 클럽이나 헌팅포차에 가서 밤새 놀다가 온다. 인연을 원하지 않는 만남이라면 온라인에도 많다. 페이스북이나 SNS에서 진실이 없는 이야기를 쏟아내는 사람들과 소통하면서 재미와 즐거움을 찾는다. 모르는 사람들과 세상 돌아가는 이야기를 끊임없이 주고받지만, 개인적인 이야기는 잘 나누지 않는다. 각자의 생각기준으로 각자의 삶을 살면서 자신의 생각이나 의견을 피력할 수가 있어서 좋다. 언제 어디서나 네트워크가 형성되어 있기 때문에 최소한 사회에 대한 단절감이나 고립감은 없다. 그러나 행복은 사람과 사람의 관계에서 만들어지는 것이기 때문에 아무리 페이스북이나 SNS로 소통을 한다고 해도 제한된 경험밖에는 나눌 수가 없다. 사람은 인간관계에서 서로 부대끼면서 희로애락을 느껴야 건강하고 행복한 삶을 사는 것이다.

세상에는 나와 같은 기억을 가진 사람은 단 한 사람도 없다. 지금 내 마음이 행복하다고 해서 상대의 마음도 행복하다고 생각하면 착각이다. 남자와 여자가 아무리 좋아서 만났다고 해도 서로의 생각기준이 맞지 않으면 스트레스와 상처를 받게 되어 있다. 남자는 스트레스를 극복하고, 여자는 상처를 치료하면 더 큰 열정과 사랑을 만들어 갈 수 있는데도 그냥 헤어진다. 좀 더 손쉬운 연애를 하고 싶어서이다. 여자의 마음과 심리, 남자의 마음과 심리가 다르게 작용한다는 것만 알아도 남녀가 쉽게 헤어지는 일은 없을 것이다.

인생을 살아가는 모든 과정에 심리의 삼대요소인 인식, 기억, 표현이 기본으로 작용한다. 그래서 말과 행동과 표정에 관련된 표현 하나만으로 사람을 판단하면 안 된다. 표현은 무의식의 작용이다. 남자가 여자의 잔소리에 거친 말과 행동으로 반응했다고 해도 그 표현은 여자가 싫어서 의도한 것이 아니라 스트레스를 차단하기 위한 무의식이 작용한 것이다.

남자와 여자가 만나서 연애할 때 서로의 생각기준이 달라서 티격태격할 때 여자가 웃으면서 자신의 입장을 이야기하면 남자는 스트레스를 안 받는다. 남자는 여자가 아무리 싫은 소리를 해도 여자가 웃으면서 말하면 자신을 사랑하는 줄 알고 계속 열정을 만들어 낸다. 이때 여자가 원한다면 하늘의 별도 따다 줄 수 있는 것이 남자의 마음이다.

남자가 스트레스를 받지 않으면 여자에게는 상처가 생기지 않는다. 여자는 남자의 열정에 감탄하면서 남자를 더욱 사랑하게 된다. 이렇게 되면 서로 간에 신뢰가 생기면서 마음과 마음이 진정으로 통하게 된다.

롤러코스터를 타면 얼마 동안 평평한 선로를 천천히 이동한다. 아직 아무것도 일어나지 않아 여자는 주변의 풍경도 살피고 옆자리의 남자와 이야기도 한다. 그러다가 롤러코스터가 어느 한 지점에서 멈춘다. 앞으로 무슨 일이 일어날지 모르기 때문에 공포와 불안이 폭풍처럼 몰려온다. 앞날의 불확실성이 그만큼 무서운 것이다. 순간 롤러코스터는 정신없이 추락한다. 여자는 눈을 감고 비명을 질러 대면서 놀이기구를 선택한 자신을 탓하고 자신을 여기에 데려온 남자를 탓한다. '다시는 이런 멍청한 짓은 안 할 거야!'라면서 속으로 수도 없이 다짐한다. 어느 순간 놀이기구는 바닥에서 탈출해서 정상으로 올라간다. 조금 전에 느꼈던 불안과 공포는 어느새 잊어버리고 바닥에서 탈출했다는 안도감에 여자는 통쾌한 희열과 감동을 느낀다.

"다음에 또 여기 오자."

여자는 자신도 모르게 남자의 손을 꼭 잡는다. 이런 여자의 행동에 남자는 자신에게 열정으로 활활 타오르는 것을 느낀다. 롤러코스터처럼 희로애락이 순환되는 삶이 열정과 사랑의 에너지가 있는 삶이다.

스트레스와 상처를 극복하기가 힘들고 답답하다고 해서 롤러코스터의 즐거움을 포기하면 안 된다. 롤러코스터의 즐거움도 휘몰아치는 스트레스와 상처를 이겨 냈기 때문에 더 큰 감동의 열정과 사랑이 만들어진 것이다. 이것이 스트레스와 상처를 극복하고 난 뒤의 행복이다.

◇05
데이트 폭력은 광기가 아니다

 남자와 여자가 사귀는데 스트레스와 상처를 주는 것이 싫어서 헤어지지 않은 채 현재의 상황을 그냥 멈추고 싶을 때가 있다. 현재의 상황을 멈추게 하는 방법 중 하나가 데이트 폭력이다. 남녀가 사귀면서 친밀한관계가 되면 격의 없고, 허물이 없어서 예의에 어긋나거나 경거망동한 말과 행동을 많이 한다. 그럼에도 서로 익숙해져서 편하게 받아들인다.
 그러나 서로의 생각기준이 다를 때는 상황이 다르다. 여자는 남자가 자신의 기준에 어긋나면 잔소리를 많이 한다. 그럴 때 남자가 "그만해!" 하고 버럭 화를 내는데도 여자는 끊임없이 상처표현을 한다. 여자들은 상처가 많으면 당연히 상처표현도 많이 한다. 그만큼 아프고 고통스럽기 때문이다. 그러나 남자는 여자의 마음을 알지 못한다.
 "그만하라고 했지!"
 "그만 못 해. 나라고 감정이 없는 줄 알아?"
 여자는 남자가 기억을 못 하는 사실까지 끌고 와서 끊임없이 상처 이야기를 한다. 지속되는 스트레스를 도저히 견딜 수가 없어서 남자는 자신도 모르게 여자에게 욕을 하거나 폭력을 쓰게 된다. 남자는 여자의 상처표현으로 스트레스를 받았고, 여자는 남자의 폭언과 폭력으로 인하여 상처를 받았다. 이 두 사람은 스트레스와 상처를 힐링하지 않으면 연애하는 내내 갈등, 폭언, 폭력이 반복된다.

남자는 스트레스가 들어오면 무조건 제거하는 것이 남자의 마음인 기분이다. 그래서 스트레스가 들어왔을 때 자신도 모르게 욕을 하거나 폭력을 쓰는 것이다. 무의식적으로 스트레스를 해소하고 보니 여자의 얼굴에 멍이 심하게 들었다. 갑자기 미안한 마음이 든 남자는 여자의 얼굴을 달걀로 문질러 주면서 온갖 관심과 위로를 다 쏟는다. 여자는 이런 남자의 행동을 보면서 자신의 상처가 치료된 듯 행복을 느낀다.

여자는 스스로 상처를 치료하는 능력이 있다고 하지만, 자신에게 상처가 왜 생겼는지를 이해하지 못하면 아무리 남자가 관심을 주고 위로를 해 줘도 상처치료는 되지 않는다. 여자의 상처표현은 남자에게 자신의 상처를 치료해 달라는 메시지이다. 문제는 여자가 남자에게 상처표현을 하면 남자는 무조건 스트레스를 받게 된다는 것이다. 그래서 여자가 불만을 이야기할 때마다 폭언과 폭력을 쓰는 것이다.

여자는 아무리 화가 나고 짜증이 나도 남자가 기분이 안 좋을 때는 상처표현을 해서는 안 된다. 남자와 여자의 관계에서도 지혜가 필요하다. 남자의 기분이 좋을 때 웃으면서 마음속에 있는 상처를 말해야 남자가 스트레스를 받지 않고 이야기를 끝까지 들어준다. 이때 남자가 여자의 상처를 이해하고 위로해 주면 여자의 상처가 치료된다.

무슨 일이든 처음 길을 내기가 힘들다. 남자가 여자에게 어쩌다가 폭력을 썼는데 여자가 무난하게 받아주면 폭력은 자연스럽게 습관화된다. 그래서 남자는 여자의 행동이나 말이 자신의 생각기준에 맞지 않으면 그대로 폭력을 쓰게 된다.

　여자가 남자의 잘못을 지적했음에도 남자가 부당한 폭력을 사용하면 항거해야 한다. 그래서 잘못된 점을 바로잡아야 폭력이 습관으로 형성되지 않는다. 그러나 남자의 완력에 짓눌려 자신의 감정을 억압하면 남자의 폭력은 당연하다는 듯 익숙해진다.

　남자의 폭력에 여자가 고통스러워하면 남자는 폭력을 쓰기 전보다 더 큰 관심과 위로를 여자에게 쏟는다. 이렇게 되면 여자는 전보다 더 큰 사랑의 감정과 행복의 감정을 남자에게서 느낀다. 이런 상황이 반복되면 남자의 폭력은 갈수록 심해지고 남자의 관심은 더욱 깊어진다. 여자는 상처와 행복이 반복되기 때문에 남자와의 관계를 객관적으로 바라보지 못한다. 남자는 폭력을 통해 지배자가 되면서 여자 위에서 군림하고 여자는 군주의 사랑을 독차지한다는 환상에 빠진다. 이것이 스톡홀름 신드롬이다.

　폭력을 당하는 여자는 자존감이 상실된다. 자신의 가치를 남자가 정하기 때문에 모든 것을 남자에게 의존할 수밖에 없다. 자신의 가치는 자신이 정할 때 자존감이 생기는 것인데, 여자는 남자에게 모든 것을 의존하기 때문에 항상 불안하고 초조하다. 그럼에도 남자를 떠날 수 없는 것은 남자의 관심으로부터 멀어지는 것이 두렵기 때문이다. 즉 남자를 사랑한다는 생각에서 떠나지 못하고 있는 것이다.

　여자는 폭력을 당하고 난 후에는 남자의 관심과 위로가 들어오기 때문에 남자를 비난하지 않고 오히려 남자의 손길을 기다린다. 여자는 남자의 관심으로 자신의 상처가 치료되는 줄 알지만, 상처는 치료되지 않고 쌓이기만 한다. 폭력을 쓰는 남자나 폭력을 당하는 여자가 이렇게 위험하게 살아가는 것은 스트레스와 상처를 힐링하는 방법을 모르기 때문이다.

데이트폭력의 근원은 스트레스이다. 남자에게 스트레스를 힐링하는 방법을 만들어 놓으면 폭력은 저절로 사라진다. 요즘은 시대가 바뀐 탓에 여자도 남자에게 폭력을 쓰는 경우가 많아지고 있다. 여자도 남자에게 폭력을 가하고 나서 사과하고 위로해 주면 남자도 여자의 관심을 사랑으로 착각한다. 이렇게 되면 남자와 여자의 심리가 극과 극이 되면서 매우 이상한 인간관계가 형성된다.

데이트폭력이나 가정폭력도 알고 보면 스트레스를 해소하는 방법에 문제가 있어서이다. 스트레스를 받으면 스트레스를 준 사람에게 해소하는 것이 맞다. 그러나 대부분은 종로에서 뺨 맞고 한강에서 푼다. 상사에게 혼나면 부하직원을 못살게 굴고, 누나에게 맞으면 동생을 때린다. 그러나 데이트폭력은 스트레스를 준 상대에게 스트레스를 풀기 때문에 풀고 나서 죄책감을 느낀다. 그래서 관심과 위로라는 보상심리가 따라가는 것이다. 데이트폭력이 위태롭고 위험한 것도 보상심리로 인해 죄가 면죄됐다는 착각에 빠지는 것이다.

데이트폭력이 습관으로 형성되면 일단 상대로부터 스트레스가 들어오면 이성적으로 통제가 안 된다. 그래서 여자와 함께 밥을 먹다가도, 술을 마시다가도 조금만 기분이 나빠도 화를 참지 못해서 폭력을 쓰게 된다.

얼마 전 뉴스에 데이트폭력으로 남자를 긴급 구속한 사건이 일어났다. 밤늦게까지 여자친구와 술을 마시다가 여자친구가 혼자 집에 간다고 하자 스트레스를 참지 못한 남자가 길거리에서 무자비하게 여자를 폭행했다. 아무리 때려도 화가 안 풀렸는지 기절한 여자를 골목까지 질질 끌고 가서 폭행을 했다. 경찰이 제때에 오지 않았으면 여자는 죽었을 것이다.

이런 사람들은 반드시 힐링시스템이 필요하다. 힐링시스템이 만들어지지 않으면 기분이 조금만 나빠도 분노가 조절되지 않아 무차별적인 폭행을 하거나, 살인을 저지른다. 만약 이런 폭력 성향이 있는 남자와 일방적으로 헤어지려고 하면 매우 위태롭기 때문에 남자에게 심리적 안전장치인 힐링시스템을 만들어 놓으면서 헤어져야 한다. 그렇지 않으면 이런 남자는 여자가 종적을 감추더라도 끝까지 찾아가서 보복한다. 여자나 남자나 연애할 때 상대의 무의식인 습관을 세밀하게 살펴야 한다. 자아존중감이 없는 사람들은 다른 사람들을 존중할 줄 모른다.

여자는 열정이 없는 남자를 좋아하지 않는다. 남자도 사랑을 할 줄 모르는 여자를 좋아하지 않는다. 이런 남자와 여자가 아무리 오래도록 만나봐야 연애의 감정이 만들어지지 않는다. 연애를 하려면 남자는 열정을 만드는 스트레스와 여자는 사랑을 만드는 상처가 있어야 한다. 대신 스트레스와 상처를 받을 때 여자에게서 남자에게서 어떻게 힐링할 것인지를 알아야 사랑과 행복을 만들 수 있다. 이런 마음과 심리의 작용을 모르게 되면 데이트폭력이 발생할 수 있다.

남자가 여자에게 폭력을 가했을 때 잘못한 관점에서만 바라보지 말고 심리적 관점에서도 한번 바라보아야 한다. 그래야만 남자의 심리에 생긴 문제점을 이해할 수 있고, 배려할 수 있게 된다.

데이트폭력이라고 해서 무조건 남자를 범죄자로 몰고 가면 안 된다. 무엇 때문에 폭력을 쓰게 되었는지 심리를 분석해야 한다. 폭력을 가했을 때의 심리가 어떻게 작용했는지를 알면 쉽게 문제를 해결할 수 있다.

데이트폭력은 인성의 문제라고 많이 이야기한다. 그렇다면 남자에게 인성교육을 받게 하면 폭력이 사라질까? 그렇지 않다. 남자에게는 가르치는 교육은 그 자체가 스트레스로 작용한다. 가르치는 인성교육은 남자의 폭력 성향에 스트레스를 하나 더 얹어 주는 것과 같다.

남자의 폭력은 마음과 심리의 작용으로 인하여 발생한 것이다. 폭력에만 중점을 두다 보니 남자에게 왜 폭력적인 행동이 나타나게 되었는지 이해하려고 하지 않는다.

남자의 폭력은 스트레스를 즉시 해소하지 않으면 죽을 것 같은 느낌이라서 자신을 위하여 정당방위를 한 것이다. 그러나 아무도 그 말을 믿지 않는다. 남자의 마음과 심리가 작용하는 원리를 모르기 때문이다. 마음과 심리가 작용하는 원리를 알고 이해하면 폭력은 발생하지 않는다.

남자들의 폭력은 스트레스가 들어왔을 때 그것에서 벗어나기 위한 무의식의 표현이다. 무의식의 나쁜 습관을 좋은 습관으로 바꾸고 힐링방법을 찾게 되면 더 이상 폭력은 발생하지 않는다. 아무리 강력한 스트레스가 생기더라도 무의식에서 건강하고 올바른 표현으로 스트레스를 해소하기 때문에 연애할 때의 심리도 건강하고 행복해진다.

남자와 여자의 관계에서의 건강한 심리는 연애의 기초가 된다. 건강한 심리를 바탕으로 결혼을 하고, 이혼을 하고, 사별을 하고, 노후를 맞이하면 삶은 긍정적이 되고 행복해진다.

행복한 자아실현

　인간은 누구나 행복해지기를 원한다. 그러나 혼자서는 행복하게 살아가는 것이 매우 어렵다. 자신만의 행복을 누리는 것은 사람이지 인간의 삶이 아니다. 인간은 사랑하는 사람과 함께 행복해지고 싶어 한다. 그래서 함께할 사람과 어떻게 하면 행복하게 살 수 있을지 나름대로의 생각과 꿈을 가지고 있다. 사람의 행복은 자신만의 재미와 즐거움을 위해 살아가지만, 인간의 행복은 함께 행복해지기 위해 자아실현을 해 나가는 것이다.

　자아실현은 의미와 가치를 추구하는 것이다. 보편적으로 남자는 가치를 추구하고 여자는 의미를 추구한다. 자아실현은 자신이 목표한 꿈을 이루기 위해 끊임없이 추구하는 것이지, 이루는 것이 아니다. 그래서 인간의 자아실현은 죽을 때까지 계속 추구해 나가는 것이다.

　가치에는 경제적 가치, 관계적 가치, 사회적 가치가 있다. 자신이 설정한 가치를 추구하기 위해서는 목표를 세워야 한다. 목표가 세워졌다면 남자는 오로지 가치를 중심으로 살면 된다. 여자는 가치와 의미를 함께 가지고 살아가는데, 결혼을 하면 대부분 삶에 의미를 먼저 두고, 그 후에 가치를 추구한다.

　의미와 가치는 자아실현이다. 사람들이 목표로 하는 자아실현은 자신의 분야에서 성공하는 것이다. 성공하려면 구체적인 목표가 있어야 한다. 내가 사막에서 우물을 찾을 것인지, 오아시스를 찾을 것인지를 분명히 하고 실천해야 한다. 그러나 대부분은 구체적인 목표도 없이 막연하게 살아간다.

여자가 친구들과 연극을 보러 갔는데 배우들의 연기가 너무 인상적이다. '진로를 연극배우로 바꿔야겠어'라고 생각하고 직장을 그만둔 후에 극단의 단원으로 들어가 차근차근 능력을 쌓아 나간다. 그러나 아무리 노력해도 연기가 늘지 않는다. 그래서 여자는 자신의 자아실현에 대하여 갈등하기 시작한다. 회사까지 그만두고 수년간 연기 공부에 매진했지만 근본적으로 연기에 재능이 없는 것 같다고 생각한다. 그래서 시간이 갈수록 미래가 불투명해지면서 자신감을 잃어 가고, 대인기피증에 불안증세가 오면서 우울증이 발생한다.

추구하고자 하는 자아실현은 어느 한 순간의 기분으로 결정하는 것이 아니다. 자신이 어디에 관심이 있고, 무엇을 좋아하는지 깊이 생각한 후 목표를 결정해야 한다. 일시적인 기분으로 목표를 결정하면 얼마 가지 못하고 포기하게 된다.

남자나 여자나 한 군데 오래 있지 못하고 직업을 수시로 바꾸는 사람들이 있다. 이런 사람들은 자신이 무엇을 좋아하는지를 모른다. 그냥 주어진 대로 살기 때문에 조금만 힘들고 마음에 들지 않으면 쉽게 포기하고 다른 것을 찾는다. 자아실현은 자신이 좋아하는 것을 찾아서 꾸준히 추구하면서 살아야 하는 것이다.

성공하는 사람들은 메모하는 습관이 있다. 이런 습관은 저절로 만들어지는 것이 아니다. 자아실현의 목표를 설정해서 목표에 도달할 때까지의 방법을 갖고 실천하는 과정이 반복될 때 습관이 만들어진다. 처음부터 목표가 없는 사람은 방향이 정해져 있지 않기 때문에 노력할 필요성을 못 느낀다. 그래서 아무리 노력을 해도 좋은 습관이 만들어지지 않는 것이다.

성공한 사람들이 펴낸 자서전을 있는 그대로 읽고, 세계 석학들의 지식포럼에 아무리 많이 참석해도 자신이 직접 목표를 세워서 방법을 찾고 실천해 본 사람의 경험을 따라가지 못한다. 꾸준히 실천하다 보면 자신만의 좋은 습관이 만들어진다.

메모하는 습관이 있는 사람들도 처음에는 메모하는 것이 스트레스였다. 그러나 목표를 위해 나아가려면 방법이 있어야 하고, 그 방법을 알기 위해서는 메모가 필수이다. 책에서 현장에서 방법을 찾다 보면 수첩에 메모를 하지 않을 수가 없다. 처음에는 필요해서 의식적으로 기록하겠지만, 기록하다 보니 자신도 모르는 사이에 메모하는 것이 습관이 되어 버린다. 결국 좋은 습관이라는 것도 목표가 없으면 만들어지지 않는다.

연애도 사람과 사람이 만나서 인간관계를 만들어 가는 과정이기 때문에 자아실현을 추구한다고 볼 수가 있다. 처음부터 연애를 잘하는 사람은 없다. 그 이유는 연애경험이 전혀 없었기 때문이다. 연애도 시행착오를 겪으면서 연애의 방법을 알게 된다. 연애의 실패는 연애의 성공을 위한 자양분이 되기 때문에 좋은 경험으로 받아들여야 한다.

"남자가 만날 때마다 명품을 휘감고 나와서 밥맛이었는데, 알고 보니 열등감이 마음 깊숙이 자리 잡고 있더라고. 그때 그 사람의 마음을 알고 이해했더라면 허세를 부린다고 생각하지 않았을 거야."

심리는 자신만의 습관이나 경험들이 모여서 형성된다. 살면서 그때그때 깨달음을 얻은 것이 있다면 좋은 생각과 행동은 하나의 습관으로 자리 잡는다. 이것이 나를 아는 것이다. 나를 알아야 상대도 알 수 있다. 상대를 알면 이해의 폭도 넓어져서 스트레스와 상처를 만들지 않는다.

연애가 마냥 좋을 수는 없다. 어떤 날은 한없이 즐겁고, 어떤 날은 한없이 우울하다. 그래서 상대로 인해 울기도 하고 웃기도 하면서 연애라는 인생의 관문을 하나 통과하는 것이다. 세상에는 공짜로 얻어지는 것은 없다. 연애라고 해서 핑크빛만 있는 것이 아니다. 서로의 기준이 맞지 않아 끔찍할 정도로 설전을 벌이기도 하고 화가 풀릴 때까지 서로 연락을 끊기도 한다. 그러다가 남자가 집 앞에서 기다리고 있으면 감동을 받아 자신과 연애하는 남자가 세상에서 가장 소중한 사람이 되기도 한다.

연애든 인생이든 목표를 이루려면 항상 노력해야 한다. 취직을 위해 영어회화 학원에 등록했다면 입이 저절로 열릴 때까지 죽어라고 문장을 외워야 한다. 처음에는 문장이 외워지지 않아서 스트레스를 많이 받는다. 그래서 일주일을 못 넘기고 포기하는 사람들이 많다. 그러나 남자는 미래의 가치를 위해 스트레스가 지속되어도 열심히 노력한다. 그렇지 않으면 취직도 못 하고, 여자와 미래도 약속하지 못하기 때문이다.

목표가 없으면 사람들은 무엇인가를 하다가 난관에 부딪치면 그 즉시 포기한다. 영어문장을 외우다가 스트레스가 발생하면 힐링을 해야 한다. 또한 힐링이 된 후에는 다시 문장을 외우고, 그러다가 스트레스를 받으면 다시 힐링을 하면서 목표를 향해 실천해 나가야 한다. 이런 식으로 한 걸음씩 나가다 보면 자신도 모르게 영어문장을 외우는 습관이 만들어진다.

좋은 습관을 가지고 있는 사람들은 선천적인 재능으로 만들어지는 것이 아니다. 힘들어도 계속하는 끈기와 단호한 자기 절제가 이루어 낸 결과이다. 좋은 습관을 만드는 것은 자기변화의 시작이다. 미루는 습관은 자기합리화일 뿐이다. 세상에는 공짜로 얻을 수 있는 것은 거의 없다.

자아실현의 목표가 정해지면 그 목표에 도달할 때까지 꾸준히 실천하면서 습관을 만들어야 하는데, 실천을 하다가도 스트레스를 받으면 다른 곳으로 빠지는 습관 때문에 목표를 이루지 못하는 사람들이 많다. 목표를 정하고 무너져서 심기일전하여 또 다른 목표를 정했는데 난관을 극복하지 못하고 주저앉는다. 다른 사람들이 보기에는 열심히 자아실현을 하는 것처럼 보이겠지만, 남자의 포기는 자아실현을 추구하는 것이 아니라 스트레스를 해소하는 것뿐이다. 남자가 자아실현을 추구하지 않으면 여자에게 능력이 없는 남자로 낙인이 찍힌다. 하지만 자아실현을 위해 지금도 계속 목표를 향해 파고든다면 여자는 남자를 신뢰한다.

자신의 삶과 인생을 가치 있게 살려면 자아실현의 목표를 정한 후에 장애물이 나오면 장애물을 극복하고 계속 앞으로 걸어가야 한다. 장애물에 걸려 넘어졌다고 옆길로 빠질 것이 아니라, 장애물을 넘기 위한 힘을 비축해서 다시 재도전하는 것이다. 고생 끝에 장애물을 넘었다면 남자에게는 강력한 열정이 만들어진다.

살아가면서 사람들은 힘들고 어려울 때 많은 스트레스와 상처를 받는다. 자아실현은 이 어려움을 극복해 나가는 것이다. 하나의 장애물을 넘으면 열정이 만들어진다. 이런 장애물을 반복적으로 넘다 보면 힘들이지 않고도 쉽게 장애물을 넘을 수 있게 된다. 이것이 습관을 만들어 가는 방법이다.

인간은 스트레스를 극복할 때 긍정에너지가 만들어진다. 한 고비를 넘을 때마다 긍정에너지가 만들어지기 때문에 인간의 자아실현은 중단하지 않고 지속할 수 있다. 인생의 여정에서 지나온 시간을 되돌아볼 때 힘든 시기를 이겨 낸 자신이 대견하게 느껴진다. 이것이 자아실현의 행복이다.

질문과 답변

〈질문〉 연애하면서 양다리를 걸치는 심리는 무엇인가요?

〈답변〉 보험을 들어놓았다고 보면 된다. 예를 들어 남자가 A라는 여자에게 대하는 태도와 B라는 여자에게 대하는 태도는 다르다. 남자는 그날의 기분에 따라 다르기 때문이다. 그러나 여자는 A라는 남자, B라는 남자에게 대하는 감정은 같다.

남자는 자신의 재미와 즐거움을 위해 두 여자를 만나는 것이다. 이런 만남에는 사랑도 열정도 없다. 그저 재미와 즐거움이 있으면 그만이다. 반면 여자가 양다리 걸치는 것은 상처가 많아서 남자 한 명으로는 자신의 상처를 치료할 수 없어서이다. 이것은 여자의 관계중독(외도와 불륜)이 발생하는 원리이기도 하다. 여자는 만나는 두 남자를 동격으로 대하지만, 남자는 자신의 여자와 양다리 걸친 여자를 별개로 생각한다.

〈질문〉 여자에게 저스트 프렌드가 있지만 다른 남자친구들도 많이 있다면, 이 경우도 양다리에 해당되나요?

〈답변〉 프렌드는 그냥 친구이다. 남자친구들에게 한 남자를 콕 짚어 저스트 프렌드라고 소개한다면 '너희들은 그저 친구일 뿐이고, 그 이상도 그 이하도 아니야'라는 확신을 심어 주는 것이다. 한 남자를 저스트 프렌드라고 말하는 것은 무의식에서 정반대의 심리가 작용한다. 즉 무의식이 저스트 프렌드를 달링(darling)으로 인식하고 있다는 것이다.

〈질문〉 보통 연애하다가 헤어지면 시간을 갖고 다른 사람을 만나야 되는데, 그런 시간 없이 금방 갈아타기를 하면 양다리와 같은가요?

〈답변〉 이것은 여자의 이야기이다. 여자는 감정이 작용한다. 그래서 여자는 남자와 헤어져도 한동안 남자를 잊지 못해 괴로워한다. 좋으나 싫으나 감정이 지속되기 때문이다. 남자는 여자와 헤어지면 그날로 끝이다. 이것이 기분과 감정의 차이이다.

감정을 가진 여자가 헤어지자마자 즉시 다른 남자를 사귄다는 것은 상처가 아닌 기분이 작용하고 있다는 것이다. 기분이 아니라면 이별의 상처가 너무 크기 때문에 빨리 누군가로부터 위로와 관심을 받고 싶어서이다. 결국 갈아타기나 양다리나 둘 다 심리장애이다. 반면 남자의 갈아타기나 양다리는 또 다른 재미를 느끼기 위한 것일 뿐이다. 이것이 남자의 마음이다. 여자를 사귀는 상황에서 어쩌다가 우연히 다른 여자가 생긴 것일 뿐이다. 그러나 이런 상황을 남자가 여자처럼 인식하면 남자는 매우 괴로워진다. 여자에게 상처를 주려고 한 것이 아니었는데 어쩌다가 그렇게 된 것이다. 이런 상황을 알고 여자가 상처로 받아들여서 상처를 표현하면 남자는 강력한 스트레스를 받는다.

남자는 여자의 상처 이야기가 자신과 관련이 없으면 매우 재미있게 듣지만, 자신과 관련되어 있으면 강한 스트레스를 받는다. 이때 남자가 스트레스를 견디지 못하면 자신도 모르게 여자에게 폭언 또는 폭력을 쓰는 경우도 있다.

이와 같이 남자가 자신의 여자가 있음에도 양다리를 걸치는 것은 오로지 재미와 즐거움을 위한 것이고, 어떠한 의미도 없다.

〈질문〉 롱디와 썸은 어떻게 다른가요?

〈답변〉 롱디(Long Distance)는 장거리 연애를 말한다. 여자에게는 장거리 연애가 좋을 점이 많다. 물론 다른 남자가 안 생긴다는 조건에서이다. 장거리 연애를 하는 여자나 남자에게 다른 남자나 여자가 지속적인 관심을 가지고 접근하면 장거리 연애는 깨지기 마련이다. 그러나 그런 일이 없다면 남자에게는 스트레스가 없어서 좋고 여자에게는 상처가 없어서 좋다. 그래서 장거리 연애가 오래 지속되는 경우가 많다.

썸의 기본은 남자에게서 나온 것이다. 온라인 덕분에 놀기 좋아하는 남자들은 각 사이트마다 여자를 낚기 위하여 밑밥을 깔아 놓는다. 이것은 심리의 작용 때문이 아니라 즉흥적인 재미를 보려는 기분이자 수단일 뿐이다. 그래서 때가 되면 남자는 그물에 어떤 여자가 걸려들었는지 확인한다. 낚인 여자와 일정기간 놀다가 재미가 없어지면 다른 그물을 거둬들인다. 이런 식으로 남자들은 썸을 탄다. 데리고 놀다가 버려진 여자의 입장에서는 썸을 탄 남자에게 당한 것이 억울해서 여자도 썸을 타기 시작한다. 이것은 심리의 작용이 아니라 재미와 즐거움을 쫓는 기분으로만 가는 것이다. 그러나 기분만 추구하는 재미의 끝은 남자나 여자나 파멸의 인생이다.

<질문> 남자나 여자나 본격적으로 사귀기 전에 썸을 탄다는 표현을 많이 합니다. 한 사람에게 썸을 타면 문제가 없겠지만, 여러 명과 썸을 타면 이것도 심리에 문제가 있는 건가요?

<답변> 문제가 생기는 정도가 아니라 무조건 심리장애가 발생한다. 남자와 여자의 순수한 열정과 사랑으로 연애하는 것이 아니라 목적을 가지고 상대를 낚시질하는 심리장애인 것이다. 썸의 기본 개념은 재미와 즐거움이다. 그래서 무조건 기분으로만 작용한다. 기분으로 만나는 연애는 열정도 사랑도 생기지 않는다. 재미와 즐거움이 사라지면 만남도 즉시 끝난다. 그래서 썸은 처음부터 즉흥적인 재미의 대상을 찾는 것뿐이다.

<질문> 기분중심의 사회라면 남자보다 여자들에게 더 치명적이지 않나요?

<답변> 남자든 여자든 모두 치명적이다. 기분으로 만난 연애는 서로에게 열정과 사랑을 만들지 못한다. 이런 사람들이 결혼해서 서로의 생각기준이 맞지 않아 스트레스와 상처가 생기면, 극복할 생각은 하지 않고 즉시 이혼하거나 사건사고가 발생한다. 굳이 힘들게 살 필요가 없다고 생각한다. 연애도 마찬가지이다. 신나게 만나다가 재미와 즐거움이 사라지면 그대로 끝낸다. 기분으로 사는 사람들은 심리장애인 관계중독이 발생할 가능성이 매우 높다.

〈질문〉 연애할 때 상대가 자신의 성격과 다르기 때문에 오히려 더 매력을 느끼지 않을까요?

〈답변〉 그렇다. 같은 성격의 상대보다 훨씬 더 많이 끌리는 것은 사실이다. 그래서 연애할 때 만남이 오래가거나 강렬한 열정과 사랑을 느끼는 사람들은 상대의 성격이 자신과 정반대인 경우가 많다. 성격이 착하고 모범적인 여자는 괴팍하고 와일드한 남자에게 매력을 느끼고, 성격이 급하고 까칠한 여자는 착하고 순박한 남자에게 매력을 느낀다. 이는 무의식이 정반대로 작용하는 것인데, 이것이 연애의 심리이다.

많은 남자와 여자가 자신과 성격이 달라서 연애하고 결혼하지만, 성격이 맞지 않는다고 생각해서 이혼을 한다. 남자와 여자가 서로 성격 차이가 없으면 그냥 친구일 뿐이지 이성적으로 매력을 못 느낀다. 성격이 같아서 편안함은 느끼지만, 열정과 사랑이 생기지 않는다. 남녀가 성격이 정반대일 때 특별한 관계가 되는 경우가 많은 것이다.

〈질문〉 자연스럽게 만나서 연인으로 발전하는 경우와 서로 목적을 갖고 소개팅을 하는 경우는 어떤 차이가 있나요?

〈답변〉 처음에는 그냥 친구로 만나다가 어느 순간 남자와 여자에서 남성과 여성으로 인식되면서 서로 호감을 느낀다. 이것이 상대에 대한 좋은 감정이다. 이 감정은 여자에게만 해당된다. 남자는 처음부터 여자에게 관심이 있었지만 기회가 없었을 뿐이다. 남자가 여자와 친구로 지낸다는 것만으로도 이미 여자에게 관심이 있다는 이야기이다. 남자는 여자에게 관심이 없으면 처음부터 친구가 될 생각도 없고 옆에 가지도 않는다. 여자에게 관심이 있기 때문에 친구로 지내면서 연인이 될 기회를 기다린다. 그러나 기회가 언제 올지 모른다. 기회는 자신이 전혀 의도하지 않을 때 올 수 있다. 무작정 기회를 기다리는 것보다 아예 교제를 전제로 하는 소개팅이 훨씬 편하고 좋다. 기다림은 늘 지치고 고단하다.

〈질문〉 친구로 자연스럽게 만나서 연인으로 발전하는 경우 자신도 모르게 그러는 것인가요?

〈답변〉 그렇다. 남자의 경우 상대가 여성이기 때문에 자신도 모르게 무의식적으로 사귈 수 있는 기회를 노린다. 그래서 남녀가 1:1로 만나면 무슨 일이 일어날지 모른다. 무의식적으로 기회를 통제할 수 있는 가장 좋은 방법은 여럿이 함께 만나는 것이다. 여럿이 만나면 불미스러운 일은 일어나지 않는다. 남자와 여자의 무의식적 작용은 누구도 장담하지 못하기 때문에 기회 자체를 아예 만들지 않는 것이다.

호감이 간다는 이야기는 여자에게만 해당된다. 남자에게 여자는 항상 기회이다. 예를 들어 10년 동안 친구로 만났는데 어느 날 서로 호감을 느껴 이성교제가 시작됐다면 남자는 이미 10년 전부터 사귈 준비를 한 것이라고 보면 된다. 여자에게 애인이 있지만 남자는 언젠가는 자신에게 기회가 올 것이라고 묵묵히 기다린다. 이것이 현실이다. 남자는 관심이 없는 여자의 옆에는 절대 안 간다.

여자는 자신에게 실연이나 이혼이 닥쳐서 힘들어지면 오랫동안 만나는 친구가 가장 먼저 떠오른다. 이렇게 되면 기회를 노리던 남자에게 드디어 기회가 온 것이다. 그러나 오래도록 기다리는 것보다 차라리 소개팅이 훨씬 낫다. 처음부터 둘 다 사귈 목적으로 만나기 때문에 서로 눈치를 볼 필요가 없고 훨씬 깔끔하다. 그런데 소개팅에 나와서 여자의 심리도 모르고 눈치 없는 말을 하는 남자는 즉시 여자에게 퇴짜를 맞는다. 연애를 하려면 마음이 작용하는 심리를 알아야 한다.

〈질문〉 최근 들어 데이트폭력이 많이 발생하는데 왜 그런가요?

〈답변〉 남자가 스트레스를 많이 받아서이다. 남자는 스트레스가 느껴지면 무조건 해소하거나 차단한다. 인류가 생긴 이후부터 인류가 멸망할 때까지 인간의 마음은 변하지 않는다. 그런데도 사람들은 마음이 변했다는 말을 많이 한다. 이는 사실 마음이 변한 것이 아니라 심리가 작용해서 그렇게 느껴질 뿐이다.

남자와 여자가 연애할 때 서로의 생각기준이 다르면 당연히 티격태격하면서 싸운다. 이것이 희로애락이 있는 건강한 연애이다. 남자와 여자가 갈등이 없다면 어느 한쪽이 자신을 억압하고 상대에게 맞추고 있는 것이다. 데이트폭력의 원인은 서로의 생각기준이 맞지 않아 스트레스와 상처가 쌓여서이다. 남자로 인해 상처가 많이 쌓인 여자는 남자에게 수시로 상처를 표현한다. 남자에게는 여자의 상처표현이 강력한 스트레스로 느껴진다. 그래서 스트레스가 발생하면 자신도 모르게 폭력으로 표현하면서 스트레스를 제거하려고 한다.

데이트폭력은 무의식의 나쁜 습관이기 때문에 좋은 습관으로 바꿔야 한다. 여자가 싫어서 폭력을 쓰는 것이 아니라 스트레스를 견딜 수가 없어서 폭력적인 행동이 먼저 나타나는 것이다. 남자는 지속적인 스트레스만 없어도 심리가 안정되어서 무엇을 하든 몰입도가 높다. 이런 남자는 자신만의 힐링시스템을 만들어야 스트레스를 극복할 수가 있고, 폭력이 사라진다.

〈질문〉 데이트폭력의 피해자가 현 상황에서 할 수 있는 최선은 무엇인가요?

〈답변〉 남자에게 폭력이 습관화되면 여자는 남자의 폭력에 익숙해진다. 남자가 여자에게 폭력을 휘두르고 나서 관심을 갖고 위로를 하면 여자의 상처가 치료되는 것처럼 느껴지는데, 여자는 이것이 남자의 사랑이라고 착각하면서 행복의 감정을 느낀다. 이런 감정은 사랑이 왜곡된 것이다. 남자에게 이런 행위가 반복되어도 여자는 익숙해진 탓에 맞을 때만 참으면 괜찮다는 생각이 지배적이다. 이런 여자의 소극적 대응에 남자의 폭력은 점점 더 강도가 세지고 여자는 폭력의 강도가 큰 만큼 관심과 위로를 받기 때문에 헤어지지 않고 만남을 지속한다.

데이트폭력으로 여자가 맞아 죽거나 자살하는 경우가 있다. 이것이 데이트폭력의 심각한 피해이다. 가해자는 자신이 폭력을 휘두를수록 자신이 강하다고 확신한다. 결국 여자에게 피해심리가 작용했기 때문에 남자에게 가해심리가 생기는 것이다.

여자가 폭력을 견디지 못하고 헤어졌다면 남자는 여자에게 폭력을 행사하지 못해서 강박에 사로잡힌다. 지속되는 스트레스를 어디에서도 표현하지 못하면 남자는 자신이 여자로 인해 엄청난 피해를 입었다고 착각한다. 폭력의 당사자가 이런 강박에 사로잡히면 헤어진 여자의 집까지 찾아가서 여자를 내놓으라고 가족들을 위협하기도 한다. 여자를 만나지 못하면 분노조절장애로 인해 가족을 모두 죽이는 살인사건도 발생한다. 이것은 가해자가 피해의식에 사로잡힌 탓이다. 폭력은 가해자도 피해자도 무의식이 작용하기 때문에 치료하지 않고 방치하면 매우 위험하다.

폭력을 예방할 수 있는 유일한 방법은 마음과 심리를 조절하는 마음교육뿐이다. 예방교육인 마음교육은 지식을 가르치는 것이 아니라 원리를 알려 주는 것이다. 지식을 가르쳐주면 남자는 스트레스가 발생하여 문제를 더 크게 만든다. 따라서 폭력의 원인을 행동에서 찾으면 안 된다. 행동에서 이미 가해자와 피해자로 나뉘어졌기 때문이다. 마음의 작용인 심리만 알아도 자신의 마음을 스스로 조정해서 해결점을 찾아갈 수 있게 된다.

〈질문〉 일단 폭력이 발생한 시점에서 마음교육이 효과가 있을까요?

〈답변〉 어릴 적부터 현재까지의 기억이 지금의 심리를 만든다. 남자가 스트레스를 받으면 무조건 폭력을 휘두르는 사람은 무의식의 습관이 그렇게 형성된 것이다. 그러나 말과 행동과 표정인 표현의 심리만으로 폭력에 초점을 맞추면 안 된다. 폭력의 치료는 과거와는 상관이 없다. 심리학회의 통계에 따르면 불우한 가정에서 자랐거나, 이혼한 가정에서 자란 아이의 약 40%가 폭력 성향의 문제아가 된다고 한다. 이 남자의 폭력성향을 치료하려면 과거를 다 알아야 할까? 과거를 다 알려면 태어나서부터 지금까지의 기억데이터를 모두 알아야 하는데, 그 많은 분량을 기억할 수도 없지만 하나씩 모두 분석할 수도 없다. 폭력에 관한 행동을 치료한다고 과거를 아무리 분석해 봐야 악취만 날 뿐 치료가 되지 않고 오히려 더 악화될 뿐이다.

무의식의 표현은 과거의 기억이 아니라 과거의 기억을 바탕으로 만들어진 심리 때문이다. 마음과 심리가 작용하는 원리만 정확하게 알면 자신도 모르게 나오는 폭력의 습관을 좋은 습관으로 바꿀 수 있다. 폭력은 스트레스가 들어오면 자신도 모르게 폭력을 행사하는 습관이 만들어진 것이다. 스트레스를 느끼는 순간 죽을 것 같은 느낌이 발생하면서 자신도 모르게 폭력으로 정당방위를 하는 것이다. 폭력은 현재 작용하는 심리만 정확하게 알면 잘못된 습관을 바꿀 수가 있다. 이때 과거는 필요가 없다. 중범죄자든, 문제를 일으키는 아이든, 심리에서 표현되는 것만 찾으면 무의식의 습관을 바꿀 수가 있다. 마음교육을 받은 후, 문제가 생겼을 때 마음과 심리가 어떻게 작용하는지만 알아도 스트레스와 상처가 발생하지 않고 행복하게 살아갈 수 있다. 폭력의 근원은 스트레스와 상처이다.

〈질문〉 폭력을 행사하는 상대라면 좋은 습관만 만들어 주면 되나요?

〈답변〉 폭력치료는 알코올중독을 치료하는 방법, 관계중독자를 치료하는 방법, 우울증을 치료하는 방법 등과 원리가 같다. 모든 것이 심리로 인하여 문제가 생겼기 때문이다. 마음교육은 가르치는 교육이 아니라, 원리를 알려 주는 인성교육이다. 마음인 의식과 무의식의 작용을 가르쳐 주지 않고 알려 주는 것이다. 마음을 모르는 대부분의 사람들은 인식하는 것, 표현하는 것, 기억하는 것 등의 심리가 마음인 줄 알고 있지만, 실제로는 그렇지 않다. 신체와 연결된 심리에는 인식과 기억과 표현이 작용하기 때문에 심리와 마음은 완전히 분리되어 있다. 우리 몸속에 마음의 형체는 없지만 작용하면서 존재한다.

심리는 마음을 중심으로 작용한다. 심리가 작용할 때 마음도 함께 작용한다. 그래서 마음의 원리를 알아야 심리가 작용하는 이유를 알 수 있다.

심리학자나 정신의학자들은 인식과 표현과 기억의 심리를 마음이라고 하지만, 이는 아니다. 심리와 마음을 분리하지 않고 치료하기 때문에 우울증, 중독증, 공황장애, 불안장애, 불면증, 분노장애, 히스테리 등이 치료되지 않고 있다. 심리와 마음은 다르지만 함께 공존하는 것은 맞다. 심리인 인식과 기억과 표현은 실체가 보인다. 그러나 마음은 실체가 없지만 분명히 작용한다. 폭력도 마음과 심리의 작용으로 다스리면 어렵지 않게 치료될 수 있다.

폭력을 행사하는 상대라면 지속되는 스트레스가 원인이다. 마음교육을 통해 무의식의 나쁜 습관을 좋은 습관으로 바꿔 주면 스스로 스트레스를 힐링한다. 남자에게 스트레스가 생기지 않으면 여자의 상처도 생기지 않고 폭력도 생기지 않는다.

〈질문〉 목적이 있는 연애는 목적을 이루면 끝난다고 했습니다. 연애를 하는 동안 서로에게 익숙해져서 정말로 좋아하는 기분과 감정이 생긴다면 순수한 연애가 될 수 있지 않을까요?

〈답변〉 연애는 대등한 관계에서 해야 한다. 남자가 재력가의 아들이라서 여자는 목적을 가지고 남자를 만났다면, 남자는 여자를 만날 때마다 명품 선물에 최고급 음식점과 클럽으로 데리고 다닌다. 이럴 경우 여자는 남자와 대등한 관계에 있지 않다. 선물을 받을 때마다 자신도 모르게 남자의 비위를 맞추게 된다. 그래서 남자의 행동이 못마땅해도 자신을 억누르고 미소를 짓는다. 이것이 돈의 위력이다. 이런 만남은 건강하지가 않다. 남자는 스트레스가 생기지 않아서 좋지만 여자는 선물을 받고 만날수록 상처만 쌓인다.

연애에 목적이 있으면 사랑도 열정도 만들어지지 않는다. 순수한 연애일수록 서로에게 관심이 많아 스트레스와 상처가 많이 생긴다. 그러나 티격태격 싸웠다 하더라도 시간이 지나면 서로의 입장을 이해하고 배려함으로서 화해한다. 스트레스와 상처를 극복하면 열정과 사랑은 배가된다. 그래서 남자와 여자의 충돌은 더 큰 사랑과 열정을 만드는 긍정에너지가 된다. 목적이 있는 만남은 스트레스와 상처가 발생하지 않는다. 목적을 위해 한쪽이 자신의 감정과 기분을 억압하기 때문이다. 이런 연애는 감정의 기복이 없기 때문에 열정과 사랑이 만들어지지 않는다. 여자나 남자나 자신의 목적을 이루면 이 관계는 끝나게 된다.

〈질문〉 남자의 마음과 여자의 마음이 다르다고 했습니다. 실연을 당하면 남녀의 심리는 어떻게 작용되나요?

〈답변〉 오래 사귀던 남자와 여자가 스트레스와 상처로 헤어지게 되면 대부분 우울감에 빠진다. 여자가 실연을 당하면 아픈 상처를 잊기 위해 다른 남자를 만나서 관심을 받으려고 하거나 그 남자를 잊지 못해서 자신만의 기억 속에서 빠져나오지 못하기도 한다. 실연의 상처가 있을 때 가능하면 가족들에게 자신의 상처를 이야기하면서 상처를 표현하는 것이 좋다. 상처가 작용하는데도 상처를 표현하지 않고 억압하면 우울증이 발생한다. 특히 상처를 잊으려고 다른 남자의 관심과 위로에 의존하면 중독증이 발생한다. 이때 목적을 가진 나쁜 남자를 만나면 중증심리장애인 관계중독이 발생하면서 자신도 모르게 상간녀의 삶을 살게 된다.

남자의 실연은 강력한 스트레스이기 때문에 여자에게 집착하거나 잊는 것 중의 하나로 진행된다. 여자를 잊기 위해 운동에 몰입하거나 인사불성이 될 때까지 술을 마시다 보면 어느 순간 실연의 스트레스가 사라진다. 이것이 남자가 실연에서 벗어나는 과정이다.

〈질문〉 여자의 꿈은 외교관과 연애를 해서 결혼을 하는 것입니다. 그래서 여자는 인맥을 총동원해서 외무고시에 패스한 외교부 직원과 교제를 하고 있습니다. 이런 경우는 심리장애인가요?

〈답변〉 남자와 여자가 순수한 마음으로 연애를 하면 열정과 사랑이 결합되어서 긍정에너지가 상승된다. 그러나 남자와 여자 중의 한 사람이 목적의식을 가지고 연애를 하면 한 사람은 엄청난 에너지를 소모하게 되고, 한 사람은 엄청난 에너지를 낭비한다. 소모를 하는 사람은 목적의식을 갖고 있는 사람이고, 상대는 그 사람으로 인해 에너지를 낭비한다. 그래서 목적의식을 갖고 있는 사람들의 공통점은 열정과 사랑이 왜곡되어서 정반대로 작용하게 된다.

연애할 때 사랑과 열정이 만들어지면 몰입도가 높아서 일도 잘한다. 이것은 두 사람 사이에 긍정에너지가 만들어지기 때문이다. 연애에는 단점도 있지만 서로에게 강한 긍정에너지를 만드는 장점도 있다. 외교부 직원과 사귀는 여자는 목적이 있는 여자이기 때문에 두 사람 사이에 긍정에너지가 만들어지지 않는다. 이미 여자는 사랑이 왜곡되었기 때문에 심리장애이다.

〈질문〉 나이가 많은데도 일만 하고 결혼은커녕 연애도 안 하고 사는 사람들이 많습니다. 심리에 문제가 있는 건가요?

〈답변〉 인간이 자아실현을 하기 위해서는 스트레스와 상처는 필수적이다. 심리를 알면 스스로 스트레스와 상처를 힐링할 수 있어서 행복을 만들 수 있지만 심리를 모르면 스트레스와 상처로 자신도 모르게 열정도 사랑도 잃어버린다. 남자와 여자가 스트레스와 상처를 힐링하지 못해서 만남과 이별을 반복한다. 남자의 열정과 여자의 사랑이 인간관계에 있기 때문에 남자는 끊임없이 여자를 찾고, 여자는 끊임없이 남자를 찾게 된다. 이것이 연애의 심리이다.

나이가 사십이 되도록 연애를 못 해 본 사람이 많다. 연애경험이 없으면 여자는 사랑의 감정을, 남자는 재미와 즐거움의 열정을 만들지 못한다. 이런 사람들은 인간관계에서 사랑과 열정은 못 느끼지만 취미, 공부, 일 등에서 열정과 사랑을 만들어 내기도 한다. 연애를 못 해 본 사람들은 인간이 아닌 어떤 대상에 몰입되어 있는 경우가 많다. 대상을 향해 아무리 관심과 열정을 쏟아도 인간관계에서 발현되는 것이 아니면 여자는 의미가 없고, 남자는 가치추구가 없다. 이렇게 되면 평생 자아실현이 되지 않는다. 행복은 함께 자아실현을 해 나갈 때 느끼는 감정이다. 그만큼 사람은 인간관계가 중요하다.

연애도 결혼도 하지 않는 사람은 인간이 아닌 사람으로 살기 때문에 사랑과 열정의 심리가 만들어지지 않는다. 사랑과 열정의 심리는 인간관계에서만 만들어지기 때문이다.

제2장
결혼의 심리

행복한 결혼

사람의 일생 중에 가장 중요한 경사를 꼽으라면 단연코 결혼을 들 수 있다. 사랑하는 사람과 새로운 가정을 만들게 되는 결혼은 당사자뿐만 아니라 양가의 가족, 주변 사람들 모두에게도 경사이다. 그만큼 결혼은 중대한 의미를 갖고 있다. 결혼은 가족을 형성하는 최초의 경험이기 때문에 결혼 당사자들에게는 더욱 의미가 남다르다.

요즘 사람들은 결혼을 연애하듯 한다. 그래서 '결혼 = 행복'이라고 생각해서 사전에 몸도 풀지 않고 미지의 바다에 뛰어든다. 그러나 결혼은 아름다운 낭만이 아니라 엄연한 현실이다. 해변에서 바라보는 바다와 물속에 뛰어들었을 때의 바다는 괴리가 크다. 막상 물속에 들어와 보니 예상 외로 암초도 많고 물도 차다. 생각지도 않았던 파도까지 몰려온다. 남자와 여자는 한시라도 빨리 물에서 빠져나와 해변에 펼쳐 놓은 파라솔 밑에 앉아 여유롭게 주스를 마시고 싶다. 이것은 결혼의 심리가 아닌 연애의 심리이다.

서로의 열정과 사랑을 바탕으로 남자와 여자는 결혼을 했다. 서로 혼자만의 즐거움과 행복을 위해 사람으로 살다가 마음과 마음을 결합해서 인간관계가 되었다. 인간이 되면 함께 잘 살기 위해 자신이 가진 자유와 권리를 일부분 양보해서 배우자와 조화를 이루면서 살아야 된다. 이것이 결혼의 심리이다.

결혼을 했는데도 연애의 심리로 살면 바다에서 풍랑을 만났을 때 함께 힘을 합쳐서 빠져나올 생각은 않고 혼자만 살겠다고 발버둥 친다. 이렇게 되면 두 사람 다 물에서 빠져나오지 못한다.

오랜 연애 후에 결혼을 했는데도 두 사람이 쉽게 이혼하는 것은 결혼 후에도 연애의 심리를 가지고 있기 때문이다. 결혼을 했다면 연애의 심리에서 결혼의 심리로 전환해야 한다.

"기쁠 때나 슬플 때나 늘 함께하겠다고 약속합니까?"

결혼식에 가면 귀에 딱지가 앉을 정도로 듣게 되는 주례사이다. 연애의 심리에서 결혼의 심리로 전환하지 않은 예비부부들은 '함께'라는 의미를 두 사람이 떨어지지 않고 찰떡같이 붙어 있는 것만으로 생각한다. 즉 열정과 사랑에만 목적을 두는 것이다. 그래서 많은 부부가 역경에 처했을 때 함께 헤쳐 나가기보다는 힘들다고 주저앉는다.

어른들은 결혼의 세계가 어떤 곳인지를 예비부부에게 알려 주거나 보여 주지 않는다. 그저 즐겁고 행복한 결혼의 환상에 대해서만 말할 뿐이다. 그래서 대부분의 예비부부는 결혼을 하는 순간부터 모험을 하듯이 미지의 땅에 발을 들여놓는다.

행복으로 가는 길의 초입은 아름답고 평화롭다. 그래서 결혼한 부부는 그 길이 항상 아름답고 평화로운 모습으로 펼쳐졌을 것이라고 확신한다. 행복으로 가는 길에는 보이지 않는 함정과 낭떠러지와 산짐승이 출몰한다는 것을 꿈에도 생각하지 않는다. 그저 배우자의 손만 잡고 걸어가기만 하면 된다고 생각한다. 그러나 입구를 지나 얼마 되지 않아 산비탈이 나온다. 여자는 편안하게 걸어온 길의 끝에서 고민하기 시작한다. 산비탈을 올라가려면 신고 있는 하이힐도 벗어던지고 통이 좁은 스커트의 양쪽 솔기도 뜯어야 한다. 연애의 심리를 포기하고 산비탈로 올라서면 결혼의 심리로 전환된 것이고, 장애물을 넘는 것이 싫어서 다시 왔던 길로 되돌아간다면 연애의 심리로 결혼생활을 해야 한다. 이렇게 되면 스트레스와 상처로 결혼생활이 매우 어려워진다.

결혼은 인생에 있어서 가장 중요한 관문을 통과하는 것이다. 아무런 준비도 없이 그 문을 통과한다면 스스로 지옥으로 걸어 들어가는 것과 마찬가지이다.

'바다에 나갈 때는 한 번 기도하고, 전쟁에 나갈 때는 두 번 기도하고, 결혼할 때는 세 번 기도하라'는 러시아 속담이 있다. 그만큼 결혼이란 미지의 세계에 발을 들여놓는 것이고, 결혼생활이 힘들고 고통스럽다는 것이다.

결혼을 했는데 무엇인가 불편하고 불안한 감정이 지속된다면 결혼을 하기 전에 서로가 상대에 대한 신뢰가 형성되지 않았다는 이야기이다. 결혼은 신뢰를 바탕으로 서로에게 필요한 존재로 자리매김이 되어야 앞날에 대한 두려움도 초조함도 없다.

연애할 때 서로를 잘 알고 이해하면 상대에 대해 믿음과 신뢰가 생긴다. 이것을 바탕으로 결혼했다면 산비탈도 낭떠러지도 겁나지 않는다. 이처럼 결혼은 연애의 심리로 결정하는 것이 아니다.

남자의 열정은 가치와 연결된다. 재미있고 즐거운 일에 몰입하면서 열정을 만들어 내면 스스로 가치 있는 인생을 살고 있다고 생각하게 된다. 남자가 여자를 만나 열정이 만들어지면 결혼까지 생각하게 된다. 여자는 이런 남자의 열정이 마음에 들어 남자를 신뢰하게 되면 청혼을 받아들인다.

여자의 자아실현은 삶의 의미를 추구하고 남자의 자아실현은 가치를 추구한다. 결혼은 연애할 때처럼 열정과 사랑이 기본이지만, 연애할 때와는 다르게 반드시 책임이 뒤따른다. 연애할 때 남자는 여자를 만나서 자기 기분만 좋으면 된다. 여자도 자신만 행복하면 된다. 사람관계일 때는 책임이 따르지 않기 때문에 만남이 지루하거나 마음에 들지 않으면 헤어지면 된다.

연애가 오랫동안 지속되면 남자와 여자는 서로 좋아하면서도 자주 다투게 된다. 그 이유는 여자가 주는 즐거움이 없거나 남자가 주는 행복감이 없기 때문에 스트레스와 상처가 발생한다. 남자는 여자에게서 재미와 즐거움을 못 느끼면 남자의 열정이 차단되어서 스트레스를 받고, 여자는 남자의 열정이 사라져서 관심을 받지 못하면 상처를 받는다. 그래서 서로 만나는 것이 힘들고 우울하다. 연애 때의 갈등은 오로지 자신만의 즐거움과 행복이 채워지지 않아서이다. 그래서 연애는 이타심보다는 이기심이 훨씬 크다.

남자와 여자가 갈등하고 대립하면서도 헤어지지 않고 계속 연애를 하면 서로에게 익숙해져서 스트레스와 상처에 면역이 생긴다. 만날 때마다 서로의 기준이 충족되지 않아 스트레스와 상처를 유발해도 그 속에서 서로를 이해하고 배려하게 된다. 이런 이해와 배려가 쌓이다 보면 서로 간에 신뢰가 생긴다. 그러나 아무리 오래 사귀어도 상대의 생각을 알지 못한 채 자신의 행복만 추구하면 두 사람 사이에 재미만 있을 뿐 신뢰가 생기지 않는다. 연애를 해도 마음과 마음이 소통되지 않은 채 그저 깊이 없는 연애만 할 뿐이다. 이런 상태에서 결혼을 하면 연애의 심리가 결혼의 심리로 변화되지 않는다. 그래서 결혼한 후에도 남자는 여자에게서 재미와 즐거움이 없으면 스트레스를 받고, 여자는 남자에게서 관심을 못 받으면 상처를 받는다.

상대에 대한 이해와 배려 없이 스트레스와 상처가 지속되는 결혼생활은 지뢰밭이다. 언제 터질지 몰라서 늘 불안정한 심리를 갖고 산다. 결혼을 하려면 연애심리를 결혼심리로 바꿔야만 역경이 닥쳤을 때 피하거나 비난하지 않고 함께 힘을 모을 수 있다.

연애를 오래 하다 보면 상대의 장점과 단점을 알게 된다. 상대가 좋아하는 것과 싫어하는 것이 무엇인지도 알고, 취미와 취향이 무엇인지도 안다. 상대가 기분이 좋을 때는 말이 많다는 것도 알고, 기분이 나쁠 때는 말을 하지 않는다는 것도 안다. 또한 상대가 자신에게는 엄격하지만 타인에게는 관대하다는 것도 안다.

상대에게 10개의 단점이 있음에도 불구하고 좋아하는 1개의 장점이 차지하는 비중이 워낙 크기 때문이다. 1개의 장점이 상대의 단점들까지 모두 수용할 수 있다는 확신이 갖게 되었을 때 결혼하면 된다. 어떤 문제가 생겼을 때 서로의 생각기준이 맞지 않아 티격태격 싸워도 이미 두 사람 사이에 신뢰가 쌓였기 때문에 인간관계로 결혼하더라도 문제가 되지 않는다.

이런 과정을 겪은 뒤 남자와 여자가 마음을 결합하여 결혼을 하면 부부의 인간관계를 맺게 된다. 부부가 되면 인간의 삶은 자아실현을 추구하게 되어 있다. 그래서 여자는 삶의 의미를, 남자는 인생의 가치를 추구하면서 함께 행복을 만들어 가는 것이다.

사람의 관계에서 벗어나 사회의 일원인 인간으로서 살아가려면 반드시 조화의 질서가 필요하다. 인간과 인간이 서로 조화롭게 살기 위해서는 일정 부분 자신의 자유와 권리를 양보하고 관습, 도덕, 윤리, 법 등을 따라야 한다. 인간관계를 맺기 위해서는 서로의 신뢰를 바탕으로 조화와 질서를 지켜야만 안전한 삶이 보장된다. 법을 준수하는 것은 건강한 사회, 안전한 사회를 만들기 위한 인간사회의 구성원으로서의 약속이다.

결혼도 이와 다르지 않다. 결혼을 해서 인간으로 살아가려면 자신이 누리던 자유와 권리를 일부분 억압해야 한다. 이것은 혼자가 아닌, 배우자와 함께 자아실현을 하기 위해서이다. 결혼 전까지는 혼자만의 재미와 즐거움을 위해 살았다면, 결혼 후에는 배우자와 함께 행복이라는 공동목표를 위해 살아가는 것이다.

결혼을 하면 남자는 열정을 가지고 인생의 가치를 추구하고, 여자는 사랑을 가지고 삶의 의미를 추구해 나간다. 연애할 때 가졌던 열정과 사랑은 함께 자아실현을 추구하는 긍정에너지로 쓰인다. 연애할 때 만들어진 긍정에너지는 자신만의 행복을 위해 스트레스를 없애고 상처를 치료하면서 소진한다. 그래서 연애 때 열정과 사랑으로 만들어진 긍정에너지는 자신에게 쓰기도 바빠서 상대를 위하여 쓰지는 않는다. 당연히 연애할 때는 조화와 질서를 지키는 사회의 구성원으로서의 역할을 할 수가 없다. 그러나 결혼은 다르다. 책임이 뒤따르기 때문에 함께 추구하는 자아실현을 위해 자신의 긍정에너지를 쓴다. 이것이 결혼생활이다.

동거는 함께 생활한다는 것만 빼면 연애와 마찬가지이다. 동거하면서 연애하는 것과 결혼해서 함께 자아실현을 하는 것은 전혀 다르다. 동거는 함께 살아갈 뿐 함께 하는 자아실현이 없다. 그래서 동거하다가 사는 것이 재미없고 사랑의 감정도 퇴색하면 쉽게 헤어진다.

동거는 함께 살아도 사람으로 사는 것이기 때문에 모든 것이 개인적이고 이기적이다. 그러나 동거를 하더라도 결혼을 전제로 하는 경우는 함께 자아실현을 해 나간다고 할 수 있다.

결혼은 인간으로서 자아실현을 하면서 남자는 인생의 가치를 추구하고, 여자는 삶의 의미를 추구한다. 그러나 결혼 전까지 남자와 여자는 각자 자신만의 자유와 권리를 누리면서 살았기 때문에 결혼했다고 해서 즉시 변화되지 않는다. 결혼 후 일정기간이 지나면서 부부는 신뢰가 바탕에 깔려 있기 때문에 자신이 누리던 자유와 권리를 일부분 내려놓는다. 부부가 함께 행복하기 위해 스스로 조화와 질서를 지키면 부부의 인간관계는 더욱 좋아진다.

요즘 젊은 세대는 경제적 시간적인 이유 때문에 동거를 하는 경우가 있다. 아무리 열정이 샘솟고 사랑이 깊다고 해도 동거에는 자아실현이 없기 때문에 긍정에너지가 만들어지지 않는다. 그래서 동거를 결혼이 아닌 연애와 같은 것이라고 생각하면 된다.

연애를 하다가 헤어지면 스트레스와 상처만 남듯이 동거도 살다가 헤어지면 상처와 스트레스만 남긴다. 동거하다가 헤어지면 다시 자신만의 행복을 갖고 살아가면 되지만, 사회의 일원으로서 살아가는 데에는 한계가 있다. 사람으로 살기 때문에 자신의 권리와 자유를 자신을 위해서만 쓴다. 이타심을 가진 인간이 아니라 이기심을 가진 사람이 되는 것이다.

결혼은 신뢰라는 믿음이 전제되어야 한다. 서로를 신뢰하면서 함께 자아실현을 해 나갈 때 진정한 결혼이라고 말할 수 있다. 배우자에 대한 신뢰가 50%냐 100%냐는 수치는 의미가 없다. 배우자를 믿느냐 믿지 않느냐만 있을 뿐이다. 인간의 마음은 죽을 때까지 변하는 것이 아니기 때문에 통계의 확률로 설명될 수 없다. 인간의 마음은 오로지 그렇다 아니다로만 구분될 뿐이다.

남자와 여자가 마음과 마음을 결합해서 신뢰를 바탕으로 자아실현을 함께 해 나가겠다는 약속이 결혼이다. 즉 인생을 함께한다는 약속이다.

◇02◇
마음의 유혹

　연애의 심리와 결혼의 심리는 어떻게 다를까?

　연애 시절에는 나만을 위한 재미와 즐거움이기 때문에 사람으로 존재한다. 상대로 인하여 마음이 상하고 괴로워도 시간이 지나면 잘 회복된다. 그러나 연애의 심리를 모른 채 덮어 놓고 상대와 함께 자아실현을 하려고 하면 많은 문제가 생긴다. 자아실현은 연애할 때는 만들어지지 않는다. 자신만의 재미와 행복에 열정과 사랑을 모두 소진하기 때문에 자아실현을 할 여력이 없다. 자아실현은 결혼을 해서 열정을 가치로, 사랑을 의미로 전환할 때 만들어진다.

　"네가 원한다면 하늘의 별까지도 따다 줄 수 있어."

　"그렇다면 난, 너를 위해 무엇이든 할 수 있어."

　두 사람은 자신의 재미와 즐거움을 위해 연애하는 것인데 마치 결혼한 것처럼 가치와 의미를 결합한다. 연애할 때는 함께 자아실현 할 수 있는 에너지가 없는데도 의미와 가치를 만들려고 하면 심리문제 또는 심리장애가 발생한다.

　연애할 때는 아무리 시로를 아끼고 사랑한다고 해도 열정과 사랑인 마음이 합쳐지지 않는다. 자신의 재미와 행복에 열정과 사랑을 다 쏟기 때문에 마음을 합칠 수 있는 에너지가 거의 없다. 아무리 열정과 사랑을 합쳐 봤자 에너지가 바닥나서 자아실현의 시동조차 걸리지 않는다.

따라서 연애와 결혼이 주는 의미는 다르다. 연애는 사람으로 만나서 자신을 위한 즐거움과 행복만 얻으면 된다. 그러나 결혼은 서로의 신뢰를 바탕으로 남자의 마음과 여자의 마음이 하나로 결합되는 것이다. 즉 남자의 열정과 여자의 사랑이 가치와 의미로 합쳐지는 것이기 때문에 함께 자아실현을 할 수가 있는 것이다.

옛날에는 서로 얼굴도 모른 채 부모님이 정해 준 상대와 결혼했다. 남편의 얼굴, 아내의 얼굴은 결혼식 첫날밤이 되어서야 알 수가 있었다. 배우자의 얼굴이 마음에 내키지 않아도 운명이라 생각하고 순종적으로 받아들였다. 남자가 폭력적이라 하더라도 참고 살았고 남자가 돈을 벌어 오지 못하면 여자가 품앗이를 해 가면서 자식들을 키워 냈다.

아무리 열악한 환경이라 하더라도, 아무리 포악한 남편이라 하더라도 하늘이 정해 준 운명이라고 생각하면 사람들의 심리는 순종하게 되어 있다. 그래서 그 당시만 해도 남편의 폭력, 남편의 무능력이 빌미가 되어서 이혼하는 일은 거의 없었다.

그러나 세월이 흐르면서 여자들도 전통적인 결혼제도에 대한 근본적인 물음을 던지기 시작하면서 오늘날에 이르렀다. 얼마 전까지만 해도 남자들은 여자가 직업을 가지는 것을 싫어했다. 경제적 우위를 선점해서 가족관계를 지배하기 위해서이다. 이런 문화가 깊숙이 뿌리박혀 있다 보니 남자들은 자신보다 여자가 더 잘나가는 것을 참지 못한다. 그래서 고학력의 우수한 여성인재들이 직장생활과 가정생활을 양립하는 것을 힘들어한다. 남자들의 고루한 인식으로 인해 고학력의 여성들은 자신의 자아실현을 위해 결혼을 포기하는 경우가 많아질 수밖에 없다. 설령 결혼을 한다고 하더라도 남자들의 인식이 바뀌지 않는 이상 결혼생활은 순탄치가 않다.

사람마다 자신에게 주어진 삶의 조건으로 인해 느끼는 편차가 클 것이다. 그러나 삶의 조건이 아무리 월등해도 불행을 느끼는 사람도 있고, 삶의 조건이 아무리 열악해도 행복을 느끼는 사람도 있다. 행복에 대한 만족도는 주관적인 관점이기 때문에 수치로 따질 수 없다. 그래서 사람들은 멀리 갈 것도 없이 지금 행복한지 불행한지만 알면 된다. 지금 행복하면 초가집도 궁궐처럼 느껴지고 보리밥 한 그릇도 진수성찬처럼 느껴진다. 이것이 마음이다.

결혼서약은 서로에 대한 신뢰와 믿음을 약속하는 것이다. 결혼식은 선택이지만, 결혼의 의미는 마음이 결합되는 것이기 때문에 중요하다. 결혼식은 주변의 사람들에게 두 사람의 마음이 합쳐졌다고 공표함으로서 사회적으로 보호받는 것이고 혼인신고는 향후에 일어날 일에 대해 법적으로 보호받는 것이다. 이런 보호가 따르는 것은 자신의 행동에 책임을 져야 하기 때문이다.

연애는 자신만 즐겁고 행복하면 되기 때문에 상대방이 스트레스를 받든 상처를 받든, 싫으면 엎어버리면 된다. 책임이 따르지 않는 연애는 자유로워서 결혼하지 않은 채 자신의 재미와 즐거움에 몰입하는 사람들도 많다.

연애할 때는 즐거운 열정과 좋은 감정이 만들어진다. 남자가 여자에게 잘해 주는 이유는 자신이 즐겁기 위해서이고, 여자가 남자에게 잘하는 이유는 관심을 받아 사랑을 느끼기 위해서이다. 남자가 여자로 인해 재미와 즐거움을 느끼면 열정이 만들어지고, 여자는 남자의 열정이 만들어 내는 관심으로 사랑을 느낀다. 연애할 때 이런 심리가 작용하기 때문에 자신을 희생하고 상대를 위한다는 것은 거짓이다. 오로지 자신만의 재미와 행복에 집중할 뿐이다.

연애의 과정을 지나서 결혼을 하면 남자의 가치와 여자의 의미가 공존한다. 이때부터 연애심리는 사라지고 자아실현을 위한 가치와 의미가 만들어지면서 결혼심리로 전환한다. 이것이 연애의 심리와 결혼의 심리의 차이이다.

남자의 마음과 여자의 마음은 다르다. 심리도 다르다. 연애를 할 때는 마음이 작용이고, 마음에 따라 심리가 작용한다. 심리는 인식, 기억, 표현이다. 남자와 여자가 인식하는 것은 동일하다. 바다를 보면 "아, 파랗고 시원해서 좋아!" 하고 표현도 비슷하게 한다. 바다에 대한 기억도 비슷하다. 이때 남자의 마음은 기분이 작용하고 여자의 마음은 감정이 작용한다. 남자는 집에 오면 바다에서 있었던 일을 잊어버리지만, 여자는 바다에서 있었던 일을 오래 기억한다.

결혼을 하면 대부분의 여자들은 감정기복 없는 편안한 삶을 선호한다. 남편이 아무런 문제도 일으키지 않으면서 돈을 많이 벌어다 주면 여자는 자신이 복을 받았다고 생각한다. 아이들이 엄마 말에 순응하면서 공부도 잘하면 그것을 행복이라고 생각한다. 그런데 순조롭게 흘러가는 인생은 무료하고 지루하다. 그래서 오랜 시간을 편안하게 살다가 사는 것이 너무나 무료하고 재미가 없어서 일을 저지르는 사람들도 많다.

북유럽의 복지국가에서 자살률이 높은 것도 자아실현을 할 가치가 없어서이다. 삶에 감정기복이 없으면 열정과 사랑이 만들어지지 않는다. 그래서 편안한 삶은 박제된 동물과도 같다.

바다가 아무리 넓고 아름다워도 파도가 전혀 일지 않는다면 서핑하는 사람에게는 아무런 의미와 가치도 없다. 그래서 서핑을 즐기는 사람들은 일부러 거친 바다를 찾아 나선다. 오로지 가치를 추구하기 위해서이다.

몇 년 동안 절약해서 모은 돈으로 오랫동안 목표를 세우고 준비해 왔던 포르투갈의 에이세이라 해변으로 간다. 집채만 한 파도가 끊임없이 몰려오는 대서양의 그곳으로 모험을 떠나는 것은 밋밋하고 편안한 파도에서는 가치를 실현할 수 없기 때문이다.

편안한 삶, 안락한 삶을 꿈꾸는 사람은 열정과 사랑이 없어서 가치와 의미도 만들어 내지 못한다. 그저 잔물결조차도 없는 바다의 서핑보드에 올라서서 풍경만 바라볼 뿐이다.

인생은 파도타기처럼 희로애락이 있어야 행복한 삶을 산다고 할 수 있다. 파도가 거세게 칠수록 파도에서 빠져나오는 희열이 배가되듯 역경을 극복한 인생은 진한 감동과 행복을 동시에 느낀다. 이런 의미에서 편안한 삶은 오히려 불행한 삶이 된다.

옛날 사람들은 길 가던 나그네에게 나뭇잎을 띄워서 물 한 바가지를 건넸다. 먼 길 간다고 목이 말랐을 것이라는 생각에서이다. 그러나 목마른 조급함에 물을 마시면 체할까 봐 천천히 마시라는 의미에서 나뭇잎을 띄워 놓았다. 옛 조상들의 이해와 배려에 지혜와 선량함이 있었던 것이다. 상대를 이해하고 배려하고 일은 자신을 지키는 일이다. 상대를 존중할 줄 알아야 자신도 상대에게 존중받기 때문이다.

자기행복만 추구하는 사람들 주위에는 인간관계가 거의 없다. 돈이 들어오면 술집으로 카지노로 돌아다니면서 자신의 재미와 즐거움을 위해 돈을 흥청망청 쓴다. 살아가는 의미와 가치가 없기 때문에 즉흥적인 재미에 매달리는 것이다. 이런 사람에게는 돈이 많지만 가치 없는 인생을 사는 것이다.

인간관계에서는 조화와 질서를 위해 자신의 권리와 자유를 일부분 포기하고 함께 자아실현을 해 나가는 것이다. 지금은 비록 가진 것도 없고, 이루어 놓은 것도 없지만 목표를 향해 가치를 추구해 나가는 습관만 있으면 언젠가는 성공에 이른다.

사람들은 각자 다른 환경에서 성장했기 때문에 같은 문제를 놓고도 해결점이 다르다. 그래서 누구는 아무렇지 않게 생각하는데 누구는 스트레스를 감당하지 못해 힘들다.

심리학자들은 생활 속에서 느끼는 스트레스는 오히려 심신에 유익하다고 한다. 나태한 삶을 긴장하게 만들어서 잠재된 능력을 끌어내는 효과가 있다고 말한다. 이는 맞는 말이다. 적당한 스트레스는 살아가는 데 있어 도움이 된다. 즉 스트레스를 회피 또는 제거하지 않고 극복하면 열정이 만들어지면서 긍정에너지를 만든다. 집채만 한 파도 위에서 내려올 때의 긴장감은 강력한 긍정에너지를 만들어 내는 것과 같다.

한 남자가 열심히 경제적 가치를 추구해서 건물주가 되었다. 이 남자는 경제적 가치추구에 있어서 자아실현을 이룬 것이다. 남자가 자신의 목표를 달성했다고 가치추구를 멈추고 즐겁고 재미있는 것에 몰입하면 인간에서 사람으로 돌아간다. 사람이 되면 남자는 자신만의 재미와 즐거움을 위해 열정을 만든다. 여자는 남자가 가치추구를 하지 않고 혼자만의 재미와 즐거움에 빠지면 삶의 의미를 잃어버린다. 부부가 행복을 목표하여 함께 걸어가다가 남자가 무단이탈을 하면 잘 살아 왔던 결혼생활에 균열이 생기면서 많은 문제가 발생한다.

함께 추구해 가던 자아실현을 한쪽이 일방적으로 발을 빼면 함께 추구하던 가치와 의미가 한꺼번에 무너진다. 남자의 심각한 실수는 가치를 멈추거나 힘든 상황에서 발생된다. 이때 여자는 남자의 심리를 잘 알고 최선의 방법을 찾아야 다시 함께 목표를 향해 길을 걸어갈 수가 있다.

결혼을 하면 그냥 살아지는 것이 아니다. 화창한 날씨가 이어지다가 폭우도 쏟아지고 태풍도 발생한다. 사람들이 외출이나 여행을 가기 위해서는 일기예보에 귀를 기울인다. 비가 온다면 우산을 챙기고 기온이 급강하한다면 옷을 두툼하게 입고 길을 나선다. 결혼생활도 이와 마찬가지이다. 어떤 변고가 생길지, 어떤 변수가 생길지를 잘 파악해서 현명하게 대응하면 위기극복은 어렵지 않을 것이다.

사람은 자아실현을 언제 할까?

사람으로 살 때는 오로지 자신의 재미와 즐거움만 있으면 된다. 그래서 책임과 의무라는 인생의 짐이 없다. 그날그날 즐기면서 현실에 만족하면 그만이다. 그러나 남자와 여자의 마음이 결합해서 인간관계를 맺는 결혼은 행복이라는 목표를 위해 함께 자아실현을 추구한다. 자아실현은 반드시 이루어야만 하는 것이 아니다. 자아실현을 이루기 위해서 부부가 최선을 다해 살아가면 된다. 자아실현은 결과보다 과정이 매우 중요하나. 이 과정의 순간순간마다 최선을 다하는 것이다. 설령 결과가 좋지 않다고 해도 최선을 다해 살았다면 그 인생은 값지다고 말할 수 있다. 그래서 자아실현은 죽는 날까지 추구해 나가는 것이다.

남편이 요즘 들어 풀이 많이 죽어 있다면 무엇 때문에 힘들어하는지, 남편의 스트레스를 완화시켜 줄 방법에는 무엇이 있는지 문제 상황과 해결방법에 대해 생각해야 한다. 남편과 함께 고민을 나누고 공감할 수 있을 때는 의외로 쉽게 답을 찾는다. 이때 아내는 자신의 생각을 남편에게 솔직하게 이야기하되 남편의 상황을 섣불리 판단해서 함부로 충고하면 안 된다. 충고는 자신의 경험을 상대에게 강요하는 것과 같다. 아내는 남편이 문제해결에 자신감을 갖도록 옆에서 도와주기만 해도 큰 힘이 된다.

아내도 마찬가지이다. 예전과는 달리 기운이 없어 보이고 우울해하면 남편은 아내의 상처 이야기를 들어봐야 한다. 아내가 상처 이야기를 하면서 힘들어하고 답답해하면 그때그때 이해를 해 주면서 위로와 격려를 해야 한다. 여자의 사랑은 남자의 관심이다. 남자의 관심이 느껴지면 여자는 상처가 치료되면서 행복의 감정과 사랑의 감정을 느낀다. 부부는 서로 아끼고, 이해하고, 배려해 줄 때 긍정에너지를 얻지만 그렇지 않으면 부정에너지로 인해 마음이 분리된다.

◇03◇ 오아시스 찾아가기

걷기 싫어하던 사람이 동네 친구를 따라 마을 뒷산에 처음 올라갔다. 생각지도 않은 성취감에 자신감이 생겼다. 그래서 시간이 날 때마다 등산을 한다. 관악산에도 올라가고 도봉산에도 올라가다 보니 더 높은 산에 올라가고 싶다는 욕망이 생긴다. 그래서 한라산, 설악산으로 영역을 넓혔다. 이 남자는 자아실현을 할 때마다 목표치도 올라간다. 그래서 백두산에 올라간 성취감으로 알프스를 등정하고 나서 죽기 전까지 에베레스트 산을 등정하기로 목표를 세운다. 이와 같이 학문도 등산도 이루는 것이 아니라 추구하는 것이다. 그래서 인간의 자아실현은 죽을 때까지 계속 추구하는 것이다.

인생에는 멈춤이 없다. 열정을 가지고 끊임없이 자신의 가치를 추구하는 과정만 있을 뿐이다. 자아실현은 목표를 설정해 놓고 당장 이루는 것이 아니라 최선을 다해 끊임없이 추구해 나가는 것이다. 이런 의미로 볼 때 결혼은 자아실현의 시작점이라고 볼 수 있다.

결혼의 자아실현은 사막에서 부부가 함께 힘을 모아 오아시스를 찾아가는 것이다. 부부의 열정과 사랑을 바탕으로 서로를 다독거리면서 오아시스를 찾기 위해 걷고 또 걷는 것이다.

결혼을 해서 월세방에 살다가 전셋집으로 옮겨가고, 전셋집에서 내 집을 마련해서 이사를 갈 때의 성취감이 행복이다. 처음부터 부부가 오아시스를 가졌다면 함께 자아실현을 할 이유가 없다. 오아시스에서 매일매일 재미와 즐거움만 누리면 된다. 자아실현이 없는 부부의 삶은 욕조에 미리 받아 둔 물과도 같다.

많은 여자들은 부잣집에 시집가기를 원한다. 결혼할 때부터 모든 것이 갖춰진 삶이 과연 행복할까? 물질이 주는 편리함은 있지만 부부가 함께 추구해서 이루어 내는 자아실현의 감동은 없고, 오히려 연애의 심리만 작용하면서 상처와 스트레스만 커질 뿐이다.

함께 힘든 길을 걷다가 작은 우물이 발견되면 남자와 여자는 지금까지 고생한 보람이 있다면서 서로의 목을 축여 준다. 이것이 행복이다. 물론 부부가 이 행복에 안주하면 더 이상의 자아실현은 없다. 의미와 가치가 사라진 결혼생활은 생명력이 짧다. 결혼생활에 활력을 불어넣기 위해서 부부는 고난을 극복한 긍정에너지로 더 큰 오아시스를 향해 출발한다. 남자에게는 오아시스를 찾아가는 에너지가 열정이고, 여자에게는 남자의 열정이 삶의 의미이고 사랑이다. 여자가 남자의 열정으로 행복을 느끼면 남자에게 더 큰 열정이 만들어진다.

열심히 오아시스를 찾아가던 부부 중 한 사람이 무단이탈을 하면 부부 사이의 신뢰는 순식간에 무너진다. 함께 오아시스라는 자아실현을 이루기 위해 많은 날을 힘들게 견디어 왔는데 상대가 일방적으로 신뢰를 무너트린 것이다. 이때 여자는 그 자리에서 오아시스 찾는 일을 포기하거나, 혼자 상처를 짊어지고 자신만의 오아시스를 찾아가야 한다.

결혼을 하면 남편에게 의지하는 아내들이 많다. 상대중심의 삶을 사는 아내들은 사막의 한가운데서 남편을 잃어버리면 두려움에 울기만 할 뿐 스스로 길을 찾으려고 하지 않는다. 이때 누군가가 손을 내밀면 무조건 따라나섰다가 봉변을 당한다.

전적으로 남편만 의지하고 사는 아내들은 상대중심의 삶을 산다. 자신의 생각은 없고 모든 것을 상대에게 의존하고 의지해서 그들의 지배를 받거나 종속된다. 그래서 자기중심의 삶을 사는 여자들보다 훨씬 더 많은 상처를 쌓고 산다.

자기중심의 삶을 사는 아내들은 남편에게 문제가 생겼을 때 스스로 대처할 수 있는 혜안이 있기 때문에 상처를 그때그때 치료한다. 자신의 경험, 행동, 감정을 솔직하게 표현하기 때문에 상처를 쌓아 두지 않는다. 상처가 드러나면 치료하기도 쉽다. 그러나 상대중심으로 살아가는 아내들은 상처를 억압하기 때문에 상처가 치료되지 않는다. 상처는 겉으로 드러나야 치료하기가 쉽기 때문이다. 스트레스와 상처가 발생하더라도 상처가 작용할 때마다 상처를 표현하고 살아야 상처를 쌓지 않는다. 자신의 상처를 안으로만 삭이면 상처는 더 빨리 더 많이 부패된다. 그래서 어느 날 한꺼번에 상처가 폭발해서 모든 것을 잃기도 한다.

여자가 사막에서 잃어버린 남자를 찾아 헤매다가 넘어졌다. 무릎에 벌건 상처의 속살이 보인다. 여자는 무엇 때문에 자신에게 상처가 생겼는지 알아야 하고, 상처의 깊이와 크기를 이해하고 있어야 한다. 잃어버린 남자를 찾지 못하면 스스로 상처가 생긴 부위를 소독하고 약을 바르고 봉합해야 한다. 매일 자신의 상처를 들여다보면서 소독을 하고 붕대를 교체해야 한다. 자신의 관심과 위로로 상처가 아문 자리에 생살이 돋았다. 만져도 아프지 않을뿐더러 예전보다 살점이 더 부드럽고 유연해서 만질수록 기분이 좋다. 그동안 아픔과 고통을 주던 상처로부터 여자는 완전히 해방된다. 이것이 상처치료이다. 상처가 치료되면 그 자리에 행복의 감정과 사랑의 감정이 만들어진다. 만약 남자를 찾았다면 자신의 상처 부위를 보여 주고 상처의 원인과 통증에 대해 말해 준다. 남자가 여자의 상처를 이해해서 약을 발라 주면 이것이 관심과 위로이다.

여자의 상처에 남자의 관심과 위로가 들어오면 여자의 상처는 치료된다. 이때 사랑의 감정과 행복의 감정이 만들어진다. 그래서 '상처의 치료 = 행복'이라는 공식이 성립되는 것이다.

가치란 스스로 판단해서 의사결정을 내리는 실제의 기준이다. 의미는 현상이나 사물의 가치이다. 그래서 인생의 가치와 삶의 의미는 대체적으로 자신의 책임과 연결된다.

자기중심적으로 살아가는 사람은 상대로 인해 문제가 생겼을 때 상대를 탓하지 않고 자신을 탓한다. 그러나 상대중심으로 살아가는 사람들은 자신의 가치와 의미에 문제가 생겼을 때 상대를 탓한다. 남자의 가치에 문제가 생기면 여자를 탓하게 되고, 여자의 의미에 문제가 생기면 남자를 탓한다. 상대중심의 삶은 책임도 상대가 져야 한다고 생각하기 때문이다.

남자의 열정과 여자의 사랑은 자신의 권리이다. 배우자가 자신의 권리를 침해해도 문제가 생기고, 배우자가 책임을 회피해도 문제가 생긴다. 배우자가 일방적으로 약속을 어겨도 문제가 생기고 신뢰를 깨트려도 문제가 생긴다. 이런 문제들이 해결되지 않고 지속되면 결혼은 유지되기 어렵다.

'남자가 그때 이렇게 했으면 일이 커지지 않았을 텐데'라고 생각한다면 자신의 권리나 자유는 전혀 손해 보지 않고 상대의 것만 취하려고 하는 사람이다. 이런 사람들은 문제가 생겨도 자신이 적극적으로 나서지 않는다. 결과가 안 좋으면 자신이 손해를 볼 거라는 의구심 때문에 모든 것을 상대에게 미룬다. 그래서 결과가 나쁘면 무조건 상대에게 책임을 돌려서 원망하기 때문에 함께 오아시스를 찾는 것은 어렵다고 할 수 있다. 갈등이 생기면 왜 갈등이 생기게 되었는지 원인을 찾아볼 생각은 않고 상대를 탓하면서 자신만 빠져나가려고 한다.

부부가 행복을 만들어 가기 위해서는 자신의 입장보다 상대의 입장에서 한번 생각해 보면 상대의 말과 행동과 표정이 이해된다. 부부가 지금보다 더 나은 관계로 발전되기 위해서는 자신의 입장보다 상대의 입장에서 생각하고 행동해야 결혼이 만들어 내는 열매가 달다.

사소한 일에 화를 잘 내는 남자가 있고 짜증을 잘 내는 여자가 있다. 이런 표현은 하나의 습관으로 자리 잡은 사람들이다. 자존감이 낮아서 열등감에 사로잡힌 사람들이 주로 화를 잘 낸다. 타인을 공격해야만 자신의 존재가 확인되기 때문이다. 이런 사람들은 끊임없이 자기변명을 하고 다른 사람들을 탓한다. 사람은 도리를 지킬 때 당당하고 부끄러움이 없다. 상대를 탓하기 전에 자신을 먼저 탓해야 다툼이 없고 집안이 편안해진다.

스트레스와 상처가 올라온다고 자신의 기분과 감정을 그대로 배설해 버리면 인간관계는 파괴된다. 한번 파괴된 인간관계는 회복이 어렵다. 그래서 시간이 길수록 상대가 싫어져서 피하거나 도망치고 싶은 존재가 되고 만다. 상대가 자극을 주면 무조건 짜증을 내거나 화를 내지 말고 상대의 욕구가 무엇인지를 알아서 먼저 배려하는 태도가 부부 사이에 필요하다. 입장을 바꾸면 상대가 무엇을 원하는지가 보인다. 절대 주관적인 해석으로 상대를 진단하지 말고 상대가 진심으로 원하는 것이 무엇인지를 알아야 갈등을 해결할 수가 있다.

경매에서 명화의 위작 여부를 가릴 때 고쳐 그린 흔적을 찾아내서 화가의 진본으로 간주한다고 한다. 위조한 그림은 똑같이 따라서 그리기 때문에 수정할 필요가 없기 때문이다. 즉 위조한 그림에는 스트레스와 상처가 없다는 말이다. 부부 사이의 스트레스와 상처의 힐링법이 고쳐 그린 그림의 흔적이라고 말할 수 있다. 스트레스나 상처가 생기면 지우고 다시 그려 놓고 또 생기면 지우고 다시 그려 놓아서 부부의 기준을 명확히 정해 놓는 것이다. 이것이 스트레스와 상처의 힐링법이다.

부부 사이의 갈등을 나열한다면 권리, 책임, 약속, 신뢰이다. 갈등의 순서는 뒤로 갈수록 크다. 갈등 중에 권리가 가장 작은 것은 사람으로서 책임이 따르지 않기 때문이다. 그러나 책임에 문제가 생기면 사람으로서의 권리가 사라지기 때문에 갈등의 크기가 두 배가 된다. 책임을 넘어 부부 간에 약속과 신뢰에 문제가 생기면 인간관계가 무너진다. 인간관계가 한 번 무너지면 회복이 어렵다. 그만큼 인간관계에서 약속과 신뢰가 중요하다.

갈등을 말할 때 남자는 대체적으로 스트레스를 이야기하고, 여자는 상처를 이야기한다. 남자가 스트레스 받을 때 어느 위치에서 스트레스를 받고 있는지, 여자가 상처를 받을 때 어느 위치에서 받고 있는지를 살펴봐야 스트레스와 상처의 강도를 알 수가 있다.

남편이 퇴근해서 집에 왔더니 아내와 딸이 성적표를 앞에 두고 심하게 갈등을 빚고 있다. 이때 남편은 아내와 딸 사이에서 중재자 역할을 해서 집안의 질서를 잡아 줘야 한다. 그러나 대부분의 남자들은 자신의 스트레스를 참지 못해 불난 집에 기름을 들이붓는다.

"힘들게 일해서 돈 벌어다 줬더니 서로 못 잡아먹어서 으르렁거리고 있네. 집구석이 하루도 편할 날이 없으니 내가 일할 기분이 나겠어?"

"애 중간고사 성적이 어떤지 모르면 가만히 있어!"

아내는 딸에게 성적에 대한 책임을 묻고 있는데 남편은 자신의 권리만 내세운다면 모녀싸움이 부부싸움으로 번진다. 결혼생활을 하다 보면 서로에게 책임을 전가하는 경우가 많다. 서로를 탓하다 보면 갈등은 봉합되지 않고 더 커지기만 한다. 결혼은 각자의 권리를 갖고 책임을 함께 지는 것이다.

남자나 여자나 책임에서 스트레스와 상처를 받게 되면 인생의 가치인 열정과 인생의 의미인 행복에 문제가 생겼다는 것이다. 가치추구와 의미추구를 함께하지 못하고 혼자 하는 것도 스트레스와 상처이다. 남자도 여자도 결혼생활을 하면서도 자신이 무엇을 향해 나아가는지 회의감이 들기 시작한다면 부부관계에 문제가 생겼다는 신호로 봐야 한다.

부부간에 약속이 깨지면 여자는 '이런 무책임한 남자와 왜 살아야 되지?' 하는 회의감이 들기 시작한다. 이런 상황에서 남자의 신뢰까지 무너지면 '믿을 구석이 하나도 없는 남자와 살아 봤자 인생낭비야!' 하고 단호하게 결론을 내린다. 남자가 약속을 깨는 행동이 여자에게 고민의 단계라면 남자가 신뢰를 깨는 행동은 여자가 끝내는 단계이다.

갈등과 스트레스와 상처의 크기는 비례한다. 남자와 여자가 갈등하는 단계가 어느 단계인지를 알면 그 사람의 스트레스와 상처의 크기를 알 수가 있다.

　남자와의 갈등으로 여자의 쌓인 상처는 무너지기 일보직전이다. 그래서 여자는 아픔과 고통에서 신음하고 있다. 이혼한 친구가 이런 여자를 보고 한심하다는 듯이 "힘들게 살지 말고 나가서 즐겨!"라고 말한다. 친구의 이 말은 부부의 인간관계를 저버리고 사람으로 살라는 말이다. 친구의 말대로 여자가 밖에 나가서 자신의 재미와 즐거움만 찾으면 스스로 부부의 인간관계를 파괴하고 사람으로 돌아가는 것이다. 이렇게 되면 결혼생활에 대한 책임은 없고 즐겁게 살 권리만 있을 뿐이다. 부부가 자신의 권리만 주장하면서 살게 되면 가족들과 주변 사람들이 피해를 입는다.
　사회가 건강하고 행복해지기 위해서는 사회의 구성원도 건강하고 행복한 자아실현을 해야 한다. 책임은 없고 권리만 찾는 구성원들이 공동체를 만들면 그 공동체는 이내 병들고 파괴되었다고 할 수 있다. 건강한 심리를 가진 사람이 많아지면 조화와 질서가 있는 인간사회를 만들지만, 자신의 쾌락만을 추구하는 사람들이 모이면 사건사고와 범죄만 득실거리는 사회가 된다. 결혼도 마찬가지이다. 건강하고 행복한 자아실현을 하면 가족모두가 행복해지지만 자신의 권리만을 주장하면 가족 모두가 불행해질 수밖에 없다.
　결혼하고 난 뒤 남자의 마음이 달라졌다고 해서 잘못된 결혼, 불행한 결혼이라고 말할 수는 없다. '결혼 = 행복'이라는 등식에서 벗어나야 결혼의 심리를 이해할 수 있다. 행복을 위한 노력도 않고 행복해지겠다는 것은 어리석은 것이다. 배우자가 처한 상황이나 환경은 고려하지 않고 자신이 행복할 권리만 추구한다면 사람으로 돌아가야 한다. 자신은 결혼을 했음에도 변한 것이 하나도 없는데, 남자가 열정을 가치추구로 전환한다고 불만과 불평을 가지면 배우자와의 갈등과 대립은 증폭될 수밖에 없다.

부부가 함께 자아실현을 하기 위해서는 스트레스와 상처는 통과의례이다. 스트레스와 상처 없이는 부부가 결코 함께 오아시스를 찾아가지 못한다. 오아시스를 찾아가는 길은 순탄한 길이 아니다. 절벽도 있고 맹수도 있고 곳곳에 지뢰밭도 있다. 배우자가 내게 보낸 '제발 그런 위험한 곳으로는 가지 말라'는 신호가 스트레스와 상처가 된다. 이 스트레스와 상처를 힐링하고 치료하면 부부는 안전하게 오아시스에 도착할 수 있다.

희로애락의 삶

젊은 시절에는 여자는 여자 친구끼리, 남자는 남자 친구끼리 한 방향을 향해 걸어가는 경우가 많다. 친구들이 가는 대로 따라 걸어가면서 자신의 즐거움과 재미만 느끼면 그만이다. 대신 앞에 절벽이 있는지, 깊은 웅덩이가 있는지 사전에 살피는 친구는 아무도 없다. 모든 에너지를 자신의 재미와 즐거움에 쏟기 때문에 남을 위해 봉사할 시간이 없다. 사람은 즐길 권리만 있지 책임이 없기 때문에 위험이 다가와도 안테나를 세우지 않는다.

그러나 인간관계를 맺으면서 살아가는 부부는 다르다. 함께 걸어갈 때 서로를 위해 위험을 감지하면서 간다. 앞에 절벽은 없는지, 바닥에 파 놓은 함정은 없는지를 살피면서 때론 멈추기도 하고 돌아가기도 하면서 조심조심 앞으로 나간다. 결혼을 해서 부부로 살아가는 것 자체가 인생의 안전장치라고 할 수 있다.

부부가 살아가면서 아무리 갈등하고 대립하더라도 그 속에서 나름대로 조화와 질서를 찾아가면서 행복을 만들어 간다. 이것이 희로애락이 있는 삶이다. 둘이 함께하기 때문에 벼랑 끝에서도 안전지대를 찾아내고, 부주의로 함정에 빠졌을 때도 손을 내밀어 위험에서 구출해 낸다.

부부의 안전장치는 브레이크와 핸들라고 할 수 있다. 브레이크의 역할은 과속을 멈추게 하고 핸들의 역할은 잘못된 길로 들어섰을 때 올바른 길로 방향을 바꾸어 준다. 부부는 서로의 생각기준이 맞지 않으면 싸우게 되어 있다. 남편은 좌회전을 하려고 핸들을 돌렸는데 아내는 우회전을 하라면서 강제로 핸들을 빼앗는다.

"심장수술 받은 사람이 담배를 피우면 어떻게 해! 또 응급차에 실려 가고 싶어?"

"내 건강 내가 알아서 챙기니깐 제발 잔소리 좀 그만해!"

이런 부부는 심리가 건강하기 때문에 자주 싸운다. 이럴 경우 브레이크와 엑셀을 적당히 밟으면서 가면 된다. 아내가 남편의 건강을 염려해서 잔소리를 하면 얼른 담배를 끄면 되고, 아내의 잔소리에 남편의 신경이 날카로워지면 아내는 잠시 침묵하면 된다. 그런 다음 남편의 스트레스가 없을 때 아내는 남편에게 서로의 생각기준이 충돌한 지점에 대해 자신의 입장을 솔직하게 말하면 남편은 스트레스를 받지 않는다.

남편은 자신이 담배를 피웠을 때 아내에게 어떤 심리가 작용하는지를 이해하면 아내의 잔소리는 자신을 위한 배려임을 알게 된다. 아내는 남편이 자신의 몸이 위험한 상태임을 알면서도 담배를 피운 것은 그만큼 스트레스가 컸다는 것을 이해하면 배려하게 된다. 결국 결혼은 서로를 이해하기 위해 끊임없이 노력하는 것이다.

부부가 함께 생활하다 보면 브레이크를 밟을 때가 있고 엑셀을 밟을 때가 있다. 엑셀이 필요할 때 브레이크를 밟고, 브레이크를 밟아야 할 때 엑셀을 밟으면 차는 순식간에 뒤집어진다. 결혼생활을 하면서 발생하는 스트레스와 상처를 잘 다스리지 못하면 순식간에 뒤집어지는 자동차처럼 결혼생활도 끝나고 만다. 서로의 마음만 잘 다스려도 차는 안전하게 주행한다.

결혼의 심리를 알면 이해하고 배려하는 마음이 생기기 때문에 밸런스를 잘 맞추면서 살아간다. 그러나 대부분의 사람들은 결혼의 심리를 모르기 때문에 갈등과 충돌을 겪는다. 결혼은 배우자라는 안전장치가 있어서 좋지만, 안전장치가 고장이 나면 문제는 더욱 커진다. 결혼이라는 차가 완전히 전복되면 수리가 불가능하기 때문에 결혼생활을 끝내야 된다. 그러나 판단착오로 한두 군데 찌그러졌다면 차근차근 고쳐 가면서 타면 된다.

인간의 삶은 희로애락이 존재할 때 가치와 의미가 극대화된다. 갈등과 대립의 심리도 마음의 작용에 의해 일어난다. 마음은 인생의 계기판 같은 역할하기 때문에 부부의 갈등은 심리의 어느 부분이 문제를 일으켰는지, 문제가 일어난 이유는 무엇인지를 심리를 통해 알려 주는 것이다. 부부는 서로의 심리를 잘 이해하고 자신들에게 잘 맞게 조절하면 아무 이상 없이 더 큰 인생의 오아시스를 찾아간다. 인간의 삶은 지금 당장 이루어지는 결과가 아니라 순간순간마다 최선을 다할 때 빛을 발한다. 과정이 좋으면 결과도 좋은 것이다.

연애를 하면서 사람으로 살아가는 것보다 티격태격 싸우더라도 인간으로 살아가는 것이 훨씬 의미가 있다. 연애는 아무리 많이 해도 자아실현에 도움이 안 되고 소모적인 삶만 살 뿐이다. 결혼을 하고 나서 후회한다고 해도 최소한의 자아실현은 하고 살았었다. 즉 인간의 삶을 살았다는 것이다. 그래서 많은 세월이 지난 뒤 인생을 돌아보면 그런대로 값진 인생을 살았다고 자평할 수 있는 것이다.

인생에서 결혼은 부부가 함께 자아실현을 하기 때문에 행복을 만드는 화수분과 다름없다. 연애가 아무리 달콤하다고 해도 즐거울 뿐이지 행복하지는 않다. 그 이유는 혼자 사람으로 살기 때문이다. 결혼을 하면 남자와 여자는 함께 가치와 의미를 추구하면서 자아실현을 해 나간다. 이때 자식이 생기면 자아실현의 행복은 더욱 커진다.

살아가면서 부부가 서로의 생각기준이 맞지 않아 스트레스와 상처로 고통을 받으면 함께 살을 맞대고 살아도 우울하고 외롭다. 이런 상태가 지속되면 모든 것에 의욕을 잃으면서 이렇게 사는 자신이 무가치하게 여겨진다. 그래서 아침에 일어나기도 싫고 먹는 것도 귀찮아서 그저 우울하고 답답한 채로 누워만 있다.

일요일 아침에 남편이 부엌에서 혼자 아침밥을 챙겨 먹는지 그릇 부딪치는 소리가 신경을 자극한다. 순간 가슴이 답답하고 초조해진다. 버림받은 것 같기도 하고 무시당하는 것 같기도 해서 눈물까지 난다.

"나와서 밥 먹어. 당신 좋아하는 계란찜 해 놨어."

남편의 한마디 말에 우중충하던 여자의 마음이 활짝 갠다. 바닥난 에너지가 충전되면서 무기력하던 몸에 활력의 느낌이 든다. 마음과 심리의 작용은 이렇게 사람을 바꿔 놓는다.

결혼생활을 유지한다는 것은 아직 열정과 사랑을 바탕으로 인생의 가치와 의미를 가지고 함께 가고 있는 것이다. 결혼생활 중에 스트레스와 상처로 고통을 받았다고 해도 최소한의 약속과 신뢰는 지키면서 살아가고 있는 것이다.

부부기 한 방향을 보면서 무엇을 향해서 갈 때 갈등과 대립이 반복된다는 것은 자아실현이 잘못된 것이 아니라 자아실현을 이루기 위한 안전장치가 작용하고 있다는 것이다. 남편과 아내가 스트레스와 상처로 힘들어한다는 것은 벼랑 끝에서 떨어지지 말라고, 함정에 빠지지 말라고 상대에게 위험신호를 보내는 것이다. 이런 의미에서 스트레스와 상처는 일종의 안전장치라고 할 수 있다. 부부 사이에 스트레스와 상처가 없으면 행복을 만들어 가지 못한다. 그래서 '상처의 치료 = 행복'이라는 정반대의 공식이 성립된다.

여자가 상처로 아픔과 고통 속을 헤매다가 희망이 전혀 보이지 않아 도대체 무엇이 문제인지 알기 위해 자신의 상처를 들여다본다. 남자가 여자의 상처표현에 무턱대고 소리를 질렀을 때 남자에게서 왜 그런 표현이 나왔는지, 그 표현으로 인해 자신에게 어떤 상처가 생겼는지, 상처가 생겼을 때 자신의 마음상태는 어떠했는지를 성찰하다 보면 상처를 이해하게 된다. 상처가 이해되고 난 뒤 남편이 관심과 위로를 해 주면 상처치료는 저절로 된다. 이때 사랑의 감정과 행복의 감정이 만들어지면서 삶의 의미를 다시 돌아볼 수 있게 된다. 그러나 자신의 상처를 알지 못한 채 관심만 받으면 상처는 치료되지 않는다. 그래서 무엇보다 자신을 아는 것이 매우 중요하다.

요즘의 추세가 양성평등을 추구하기 때문에 부부의 지위나 역할이 균등하게 이루어지고 있다. 그러나 아무리 평등한 관계라고 해도 서로의 생각기준이 다르기 때문에 갈등이 안 생길 수가 없다. 부부는 서로의 생각기준을 내세우는 대립의 관계가 아니다. 행복한 삶을 살기 위해 마음과 마음을 결합해 놓은 관계이다. 자신의 마음이 이러하니깐 상대의 마음도 이럴 것이라고 단정하는 순간 스트레스와 상처가 만들어진다.

결혼생활을 잘 해 나가기 위해서는 여자의 마음과 남자의 마음이 다르다는 것을 인정해야 한다. 상대의 마음이 나와 같지 않다는 것만 알아도 상대의 말과 행동과 표정을 통해 그 사람의 의중을 알 수가 있다. 상대의 마음을 잘 알면 그 사람이 왜 그런 행동을 했는지, 왜 그런 말을 했는지 이해할 수가 있다. 상대를 이해하면 자신도 모르게 상대를 배려하게 된다. 이런 결혼의 심리를 모른 채 갈등과 대립으로 힘자랑만 하다 보면 어느 날 부부는 결합된 마음이 분리되어 있는 것을 알게 된다.

결혼생활을 하면서 충돌하고 대립하는 부부는 건강한 부부이다. 스트레스와 상처를 바깥으로 드러냈기 때문에 부부 사이에 균열이 생긴 원인을 찾을 수 있다. 그러나 균열이 생겼음에도 문제를 해결할 생각은 않고 침묵하거나 억압하면 부부 사이의 틈은 더 벌어진다.

여자는 상처가 생기면 상처표현을 해야 하고, 남자는 여자의 상처표현으로 스트레스가 생기면 이를 해소해야 한다. 풀지 않고 쌓아 두면 여자는 우울증으로, 남자는 노이로제로 힘든 삶을 산다. 남자나 여자나 갑자기 분노가 폭발하는 것도 평소에 스트레스와 상처를 많이 쌓아 둔 탓이다. 살면서 수시로 상처표현을 하면 그만큼 상처가 줄어든다.

대부분의 남자들은 일일이 말을 하지 않아도 배우자가 자신이 원하는 것을 알고 있다고 생각한다. 이것은 착각이다.

아내가 저녁 설거지를 하고 있는데 "왜 커피 안 줘?" 하고 등 뒤에다 대고 남편이 소리를 지른다. "커피 달라고 하지 않았잖아!" 아내는 고개도 돌리지 않은 채 밀한다.

"하루 이틀 산 것도 아닌데 꼭 말을 해야 돼?"

"말을 해야 상대가 알지. 말을 안 하는데 어떻게 알아?"

오늘 저녁에도 부부는 사소한 것 하나로 티격태격한다. "커피!" 하고 한마디만 했어도 아내의 감정이 상할 리가 없고 남편의 기분이 나쁠 리가 없다. 격의 없는 부부일수록 자신이 원하는 것을 명확히 표현해야 오해가 없다.

아내들도 마찬가지이다. 자신이 남편의 행동에 화가 났다면 아내는 자신이 화난 이유를 남편이 알 거라고 생각한다. 그러나 남자들은 아내가 화를 내는 것 자체가 스트레스이기 때문에 거기서 벗어날 생각만 하지 원인을 분석하려고 하지 않는다. 이렇게 되면 아내의 잔소리는 더 거세지고 남편은 아내의 얼굴만 봐도 스트레스가 올라와서 아예 집에 늦게 들어온다. 아내는 집에 일찍 들어오지 않는 남편 때문에 또 상처가 쌓인다.

"집안일에 치이고, 아이들한테 치이는 나를 남편은 왜 이해하려고 하지 않을까?"

부부가 소통이 안 되는 것은 대화가 아니라 감정과 기분이 소통되지 않는 것이다. 상대가 뭔가에 대해 이야기하고 싶어 하면 상대의 기분과 감정을 이해하고 관심을 기울여야 한다.

여자들은 열정이 없는 식물성 남자를 싫어한다. 늘 물 흐르듯이 안정적이고 일관적이지만 역동성이 없어서 삶의 재미와 즐거움을 못 느낀다. 이런 남자에게서 여자는 사랑을 만들어 내지 못한다. 여자도 감정의 기복이 있어야 사랑과 행복의 감정이 만들어진다. 남자도 마찬가지이다. 자신이 열정을 쏟아부어도 반응하지 않는 여자를 보면 남자는 스트레스가 발생한다. 이런 스트레스가 지속되면 남자의 열정을 사라져 버린다. 그래서 남자와 여자는 오아시스를 찾기가 더 힘들어진다.

"우리 와이프는 꿔다 놓은 보릿자루 같아. 웃지도 않고, 살갑지도 않아서 흥미가 없어. 차라리 나만 보면 꼬리를 흔드는 강아지가 백배 낫지."

남자들은 술 한잔 들어가면 자신의 속마음을 친구에게 많이 털어놓는다. 여자도 질세라 친구에게 자신의 속마음을 털어놓는다.

"매일 술이야. 게다가 나한테 전혀 관심이 없어. 마누라가 머리를 잘랐는지, 살이 쪘다고 해서 독하게 마음먹고 10kg 감량을 했는데도 몰라. 이러니 내가 살맛이 나겠니?"

불평불만이 많은 부부들은 습관적으로 상대를 비난한다. 와이프가 왜 웃지 않는지, 남편이 왜 자신에게 관심이 없는지 비난만 할 것이 아니라 원인을 찾아 분석해야 한다. 자신의 입장이 아니라 상대의 입장에서 생각하면 미처 생각지도 않는 것이 보인다. 이것이 이해이다. 이해를 하면 자연 배려를 하게 된다.

여자가 반응을 하지 않는 것은 상처가 많이 쌓인 탓이다. 남자가 여자의 상처를 이해해서 더 많은 관심과 위로로 여자를 대하면 여자는 웃지 말라고 해도 행복한 웃음을 감출 수가 없다. 남자는 여자가 항상 웃어 주면 열정이 샘솟는다. 이것이 마음의 작용이다.

상대와 갈등하는 것이 싫어서 연애를 포기하거나 결혼하지 않는 사람들도 많다. 이런 사람들은 사람으로 살면 생존하는 것이 전부이다. 사람은 인간으로 살면서 자아실현을 해야 삶의 의미와 가치를 느낀다. 인간으로 살 때도 그저 편안한 삶, 걱정 없는 삶만 추구하면 인간의 행복인 희로애락의 감정을 느낄 수가 없다. 그래서 부부가 오아시스를 찾으면 거기에 만족하지 않고 더 나은 미래를 위해 더 큰 오아시스를 찾아 나서는 것이다.

미꾸라지만 들어 있는 수족관에 메기를 집어넣는 것도 긴장감을 불러일으키기 위해서이다. 포식자가 없으면 오늘이 내일이고 내일이 오늘이라서 움직이지를 않는다. 당연히 미꾸라지의 식감이 떨어질 수밖에 없다. 미꾸라지의 식감은 삶의 활력이다.

사람에게도 스트레스와 상처가 없으면 사는 것이 밋밋해서 인생의 가치를 못 느낀다. 사는 것이 너무 편해서 자살하는 북유럽 사람들에게도 메기가 필요하다. 이미 오아시스를 가진 편안한 삶보다 오아시스를 찾기 위해 노력하는 삶이 돌아보면 값진 인생이 되는 것이다.

자신을 사랑하라

한 남자가 목표를 향해 열심히 노력한 덕분에 남들이 부러워할 만큼의 경제적 가치를 이루었다. 그의 인생은 모든 사람들의 롤 모델이다. 그러나 인간의 심리는 자신보다 더 나은 사람을 만나면 마음이 불편해진다. 평온하게 흘러가던 마음도 다른 사람과 자신을 비교하는 순간 심란해진다.

지방대 나온 사람은 서울대 나온 사람을 부러워하고, 서울대 나온 사람은 하버드대를 나온 사람을 부러워한다. 오죽하면 우리나라 속담에 '사촌이 땅을 사면 배가 아프다'는 말이 나왔을까? 사람은 위를 올려다볼수록 열등감에 사로잡히고, 아래를 내려다볼수록 자신감이 생긴다. 이것이 비교심리이다.

회사에서 독립해서 자신의 사업체를 차린 남자는 나름대로 성공했다고 자부하고 있었다. 그러나 이런 만족감도 동창회에 나가서 무참히 짓밟히고 말았다.

"반에서 꼴등하던 인간이 천 억대 자산가라니?"

사람은 상대가 자신보다 별로 더 나을 것이 없는데도 승승장구를 하면 질투심과 부당함을 느낀다. 자신은 누구보다 열심히 노력하면서 살아왔는데 동창은 부모가 물려준 유산으로 재테크를 잘해서 강남에 빌딩이 서너 채이다. 또한 동창생의 아들은 외국 명문대를 졸업하고 박사과정을 밟고 있다. 자신에게도 부모가 물려준 유산이 있었다면 현재의 상황에 머물지 않았을 것이라는 생각이 들자 순간 남자는 스트레스를 받는다.

여자도 마찬가지이다. 남편이 대기업 이사라서 나름대로 목에 힘주고 동창회에 나갔는데 남편의 사회적 지위는 동창들에 비해 우물 안의 개구리였다. 여자는 상처를 받아서 식사하는 내내 우울하고 답답했다. 그러나 이런 여자와 남자를 보고 또 다른 누군가는 열등감에 사로잡혀 폭음을 하고 있을지도 모른다.

이처럼 사람들은 타인과 비교하게 되면, 만족하면서 살던 좋은 감정이 모두 부정된다. 능력 있는 남편을 만나 잘 살고 있다고 생각했는데 친구들과 비교해 보니 상대가 안 된다. 그래서 왜곡된 사실적 생각으로 인하여 남편은 한순간에 무능한 남편이 되고 말았다. 남자도 자신이 성공했다고 믿고 있었는데 우물 안의 개구리였다. 그래서 날마다 자신의 처지에 불만이 쌓인다. 이런 심리를 꿰뚫고 있었던 옛날 부모님들은 항상 자식들에게 "사람은 위를 보지 말고 밑을 보고 살아야 한다"고 말했다. 이런 심리는 올림픽의 시상대를 보면 확연히 나타난다. 은메달을 딴 선수는 '조금만 더 노력했으면 금메달을 딸 수 있었을 텐데' 하는 불만이 표정에 나타난다. 반면 동메달을 딴 선수는 '조금만 방심했어도 동메달이 날아갔을 거야' 하는 아찔함과 안도감이 표정에 나타난다. 남과의 비교는 스스로 자신을 압박하는 것과 마찬가지이다. 여자나 남자나 이런 감정과 기분에 휩싸이면 자신의 정체성을 잃어버린다.

남자에게는 태어나서 지금까지 살아온 자신만의 경험데이터가 있다. 동창이 아무리 지위가 높고 돈이 많다고 해도 내가 경험한 기억데이터는 가질 수가 없다. 자신이 가진 기억데이터는 전 세계를 다 뒤져도 자신 이

외에는 없다. 그래서 남자의 인생만큼은 그 누구도 간섭하거나 충고하지 못한다. 이것이 남자의 정체성이자 나 자신의 정체성이다.

  자신이 자신을 존중하지 못하고 다른 사람과의 비교로 열등감에 사로잡히면 자아정체성은 물론이고 자아존중감이 사라진다. 자아정체성과 자아존중감이 사라지면 나라는 존재는 없는 것과 마찬가지이다. 자아존중감이 없으면 자기중심의 삶을 살지 못한다. 모든 것을 타인에게 맞추기 때문에 하나에서 열까지 타인의 눈치만 살핀다.

  식당에 갔을 때 남자가 여자에게 묻는다.
"뭐 먹을래?"
"네가 시키는 걸로 먹을게."
  항상 이런 식이면 타인에게 의존하는 삶을 살게 된다. 타인에게 의존하면 지배당하거나 사기당하기 쉽다. 이런 사람들은 항상 다른 사람과 비교를 잘해서 스스로 상처를 만들어 가면서 산다. 자신의 결혼생활이 여느 결혼생활과 다를 바가 없는데도 다른 사람들의 결혼생활은 행복해 보이고 자신의 결혼생활은 불행하게 느껴진다. 그래서 모든 일에 부정적이고 불만이 많아 사는 것이 고통이다. 이런 사람들은 자신의 정체성을 잃어버렸기 때문에 다른 사람에 의하여 흔들린다. 자신이 선택한 일임에도 결과가 나쁘면 부모를 탓하고 남편을 탓하면서 스스로 상처를 쌓아 간다. 이때 남편이 아내의 상처를 이해해서 관심을 주고 위로를 해 주면 상처가 치료된다. 그러나 아내의 상처표현이 남편에게 스트레스가 된다면 아내는 더 이상 상처를 쌓아 둘 수가 없어서 기억을 차단해 버린다. 이것이 여자의 우울증이다.

다른 사람과 비교하기를 좋아하는 사람은 질투심이 유발하는 압박감에서 벗어나야 한다. 그래서 다른 사람과 비교하지 않으려고 냉정하게 자신을 꾸짖지만, 심리는 언제나 정반대에 있기 때문에 무의식에서는 더욱 강렬하게 비교하려고 한다. 이럴 때 생각의 기준을 변화시켜야 한다. 사기를 당해서 거리에 나앉은 친구를 떠올리던가, 친구 남편이 명예퇴직을 해서 일용직으로 전전하는 것을 생각하면 인식이 바뀐다.

결혼생활 중에 갈등이나 문제가 생기는 것은 나 자신을 잘 모르기 때문이다. 자신을 잘 알게 되면 자신이 지금 서 있는 위치가 어디쯤인지를 안다. 그래서 자신의 욕구가 무엇인지, 그 욕구가 현시점에서 실현가능한 것인지를 정확히 알아서 스스로 조절한다. 자기중심을 잘 잡으면 다른 사람과 비교하기보다는 자신을 믿고 흔들림 없이 자아실현을 추구해 나간다.

부부가 서로 다른 생각기준을 강요하면 스트레스와 상처는 지속된다. 이렇게 되면 아내는 우울증이 발생하고, 남편은 노이로제가 발생한다. 우울증의 근원은 상처이고 노이로제의 근원은 스트레스이다. 스트레스와 상처로 인해 남자의 열정이 사라지거나 여자의 사랑이 사라졌을 때 감정과 기분의 변화로 우울증이 온다. 여자는 잘 살아가다가도 삶의 의미에 문제가 생기면 상처가 쌓이면서 우울증이 발생한다. 여자는 상처가 생각날 때마다 아프고 고통스럽다. 이때 상처를 치료하지 않으면 고통을 잊기 위해 중독증을 유발하거나 더 이상 상처를 기억하기 싫어서 상처를 차단하는 우울증이 발생한다. 이때 우울증은 우울한 감정이 지속되는 것이기 때문에 여자에게만 해당된다.

남자는 스트레스가 지속되면 마치 자신이 우울증이 발생한 것처럼 착각한다. 남자에게는 감정이 없다. 이때 느끼는 남자의 우울증은 우울한 감정이 아니라 우울한 기분이다. 그래서 남자의 우울증을 '노이로제성 우울증'이라고 한다.

여자가 마흔이 넘도록 결혼도 안 하고 일에만 몰입한다면 이것은 우울증으로 인한 중독증인 경우가 많다. 이런 여자들은 일이 좋아 하루 종일 정신없이 일에만 몰입한다. 그러나 집에 돌아와 혼자가 되면 고립감, 단절감, 외로움이 심해져서 아무것도 못 하고 힘들어한다. 이런 여자가 불면증, 섭식장애, 불안장애 등을 겪는다면 경계성 우울증이라고 할 수 있다. 반면 집에 와서도 일에만 파묻히면 우울증이 아닌 일중독이라고 할 수 있다.

모든 상처는 표면에 드러나야만 치료하기가 쉽다. 무통환자가 위험한 것은 몸에 해로운 자극에 대해 전혀 반응을 느끼지 못하기 때문이다. 위험한 상황이 와도 통증을 전혀 느끼지 못하기 때문에 신체의 각 부분이 떨어져 나가도 모른다. 많이 아픈 사람들은 통증을 못 느끼는 환자를 부러워하지만, 사람은 통증을 느껴야 수술이나 치료를 해서 고통에서 완전히 벗어난다. 상처의 기억도 이와 같다. 여자는 상처의 아픔과 고통을 느끼기 때문에 상처가 올라올 때마다 상처표현을 한다. 상처표현을 해야 무의식이 알아채고 상처를 치료하려고 한다. 상처를 억압하면 무의식은 상처를 치료하지 않는다. 마음에 치료되지 않는 상처만 쌓이면 언젠가는 손쓸 틈도 없이 폭발하고 만다.

남자가 가치를 추구하다가 어느 순간 의미를 찾게 되면 경계성 우울증에 들어간다. 남자의 우울증에는 두 가지 종류가 있다. 하나는 "내가 왜 살지? 나는 누구인가?" 하고 삶의 의미를 찾는 경우이고, 하나는 가치추구의 목표를 이뤄서 또 다른 가치를 찾지 못하거나 외적요인으로 더 이상 가치를 추구할 수 없는 경우이다. 가치추구가 멈춰도 우울증이 발생하지만, 가치를 이루어도 우울증이 발생한다.

한때 남자는 돈 버는 것이 목표였다. 열심히 경제적 가치를 추구하다가 시기를 잘 타서 목표로 했던 100억을 어렵지 않게 벌었다. 그래서 남자는 조기에 자아실현을 이루었다. 남자는 자신이 당연히 행복할 줄 알았다. 그러나 목표를 이루고 난 후 생각지도 않은 회의감이 몰려온다. '왜 살지?'라는 부정적인 정서에 휩싸이는 것은 추구하던 가치가 멈춰서 의미를 찾기 시작하기 때문이다. 남자가 의미를 찾으면 여자와는 달리 죽음을 생각하게 되기 때문에 매우 위험하다.

남자가 경제적 가치를 이루었다고 안주하면 혼자 재미와 즐거움을 추구하는 경우가 많다. 추구하던 가치가 열정으로 변하기 전에 새로운 가치를 찾아야 한눈팔지 않고 새로 설정한 목표를 향해 전진한다. 새로운 가치를 찾지 않고 의미를 찾는다면 '노이로제성 우울증'이 발생한다. 그래서 남자들의 '노이로제성 우울증'은 가치가 실현되어도 발생하고, 가치추구가 멈추어도 발생한다.

열심히 가치추구를 해 나가다가 기업환경이 바뀌는 바람에 부도가 났다. 재기를 하기 위해 새로운 아이템을 찾았는데 사업자금을 빌리기가 쉽지 않아서 남자는 스트레스를 많이 받는다. 이런 상황이 해결되지 않고 지속되면 남자에게 우울증이 발생한다. 그래서 남자는 가치가 실현되어도 위험하고, 가치가 멈추어도 위험한 것이다. 가치가 실현되었다면 빨리 다른 가치로 전환시키고 가치가 멈추었다면 스트레스에서 벗어날 수 있도록 환경을 변화시켜야 한다.

지속되는 스트레스로 인한 남자의 우울증은 죽음을 생각하는 문제로 들어가고, 쌓이는 상처로 인한 여자의 우울증은 살아가는 의욕을 잃어버린다.

결혼생활이 불행한 사람들은 잉꼬부부를 부러워한다. 그러나 잉꼬부부의 내막을 들여다보면 쇼윈도부부에 불과하다는 것을 알게 된다. 쇼윈도부부는 부부간에 문제가 생겨도 주변의 시선 때문에 한쪽이 참거나 억압하고 사는 것이다. 참거나 억압하는 것은 부부의 의미가 아니다. 부부는 아무리 안 좋은 일이라도 고난과 고통을 함께 지고 가야 한다. 다른 사람의 시선이 두려워 인생의 가치와 의미를 혼자 꾹꾹 눌러 놓고 있으면 스트레스와 상처가 너무 많이 쌓여 우울증이 발생한다.

부부가 살아갈 때 가장 위험한 것이 우울증이다. 우울증은 기억이 차단되었기 때문에 상처로 인해 아프거나 힘든 것은 없다. 그냥 무기력하고 우울할 뿐이어서 대부분 우울증을 방치한 채 살아간다. 우울증은 상처만 치료하면 손쉽게 벗어날 수 있다. 일에 몰입하는 중독증도 근원은 상처이다. 우울증이 발생하지 않고 행복하게 살아가는 비결은 자신을 사랑하는 것이다. 자신을 사랑할 줄 알아야 다른 사람도 사랑할 줄 안다. 자신을 사랑하게 되면 자신이 지닌 가치를 알고 무엇이든 할 수 있다는 자신감이 생긴다. 자존감을 가지고 자기중심적 사고를 하면서 살아가는 삶이 건강하고 안정적이다.

사람은 저마다 살아가는 이유가 모두 다르지만 인간으로 살아가기 위해서 나름대로의 방식으로 가치추구를 하고 의미추구를 한다. 여자가 의미를 추구할 때 자신은 상대로부터 사랑받을 만한 가치가 충분히 있다고 생각하는 것이 중요하다. 자신을 사랑하지 않으면 상대에게 휘둘리기 쉬워져서 수시로 상처를 받는다. 자존감을 가지고 자신이 받은 상처를 진심으로 이해하면 상처는 절반 이상 치료된 것이나 마찬가지이다. 이때 남자의 관심과 위로가 들어오면 상처치료는 더 빨리 된다.

상처로 인해 힘들고 고통스러울 때 자신을 돌아보면서 상처가 만들어진 원인이 무엇이고 그 원인으로 인해 자신의 심리에 어떤 변화가 왔는지를 아는 것이 중요하다. 사람은 자신을 알고 자신을 사랑할 때 가장 강해진다.

결혼생활 중에 스트레스와 상처로 인해 힘들고 고통스러워질 때 내가 왜 사는지, 무엇을 위해 사는지를 잘 생각해 봐야 한다. 나를 사랑하지 않으면 매사 불안해서 자신을 중심으로 살지 못하고 상대중심만으로 살아간다. 상대중심의 삶은 의존과 애착으로 상대에게 지배당하기 쉽다. 이렇게 되면 자신의 삶이 사라지기 때문에 더 큰 상처만 남는다.

자신의 자존감이 없이 남자에게만 의존하면서 살아가는 여자들은 "내가 뭘 하면 꼭 문제가 생기더라"라는 자기패배적인 생각이 강하다. 그래서 변화에 대한 두려움과 불안감으로 스스로 주체가 되지 못하고 상대의 생각에 귀속되어 의존하고자 한다. 이런 사람들은 실패에 대한 심각한 우려에서 벗어나야 자신을 신뢰할 수 있도록 해야 한다.

나 자신을 믿고 사랑하는 것은 자존감을 높이는 일이다. 자존감이 생기면 자신감은 저절로 따라온다. 실패할 때 실패하더라도 수치심이나 열등감을 갖지 말고 자신의 능력을 믿어야 한다. 실패를 하더라도 스스로 노력하다 보면 성공을 경험하게 된다. 자신의 경험데이터는 자신이 가진 자원이고 능력이다. 자원이 많을 때 능력도 그만큼 커진다. 자신의 능력을 믿고 자신을 사랑하면 다른 사람도 자신을 인정해 준다. 사랑받기를 원한다면 무엇보다도 먼저 자신을 사랑할 줄 알아야 한다.

나에게 집중하기

　인간은 인간관계에서 함께 가치와 의미를 추구하면서 자아실현을 해 나간다. 인간의 행복은 자아실현을 해 나갈 때 스스로 행복을 만든다. 사람은 태어날 때부터 모든 것이 갖춰지고 주어졌다 하더라도 행복을 느낄 수가 없다. 인간관계에서 스트레스와 상처를 받으면서도 이것을 극복해 나갈 때 행복을 느끼기 때문이다.

　배가 고팠던 기억이 없는 사람은 빵이 주는 행복을 모른다. 한 번도 아파 본 적이 없는 사람은 햇볕과 공기와 바람이 주는 고마움을 알지 못한다. 스트레스와 상처가 힐링될 때 긍정에너지가 만들어지면서 행복과 사랑을 느낀다. 그래서 스트레스와 상처가 없는 삶은 끝없이 펼쳐진 사막을 걷는 것과도 같다. 눈을 감고 걸어도 아무런 장애물이 없다. 멋대로 뒹굴어도 굴곡 하나 없어서 편안하다. 스트레스와 상처가 생기지 않는 편안한 삶은 늘 똑같은 상황만 반복되기 때문에 살아가는 것이 무미건조하다. 인생은 난관을 헤쳐 나갈 때 값진 것이다.

　인간은 누구나 자아실현을 위해서 살아간다. 처음부터 모든 것이 갖춰진 인생이 과연 행복하다고 말할 수 있을까? 넓은 호수 위에 요트를 띄웠다면 피해 갈 암초도, 부딪히는 파도도 없어서 그저 조정키에서 손을 놓고 떠 있기만 하면 된다. 당연히 인간이 만들어 가야 할 자아실현도 없다. 근심걱정이 없는 편안한 삶을 선호하는 여자의 삶은 호수 위에 그냥 떠 있는 요트와도 같다. 아무것도 일어나지 않는 삶은 시간 가는 것 자체가 지루하고 단조로워 어느 순간 참지 못하고 자신도 모르게 물속에 그냥 뛰어든다. 행복은 자아실현을 하기 위해 역경을 이겨 낼 때 만들어진다.

생각은 의식의 작용이고, 의식이 작용하면 스트레스가 발생한다. 상처를 받고 싶지 않아서 아무것도 생각하지 않고, 표현하지 않으면 스스로 심리장애가 발생한다. 인간은 고난과 고통을 받을수록 행복의 강도가 더욱 커진다.

추운 날 따뜻한 거실 소파에 누워 하루 종일 아무것도 하지 않은 채 TV를 보는 사람과 손발에 동상을 입으면서도 고군분투해서 에베레스트 산을 정복하는 사람의 차이는 무엇일까? 난관을 극복했다는 자아실현의 성취감이다. 성취감은 감동이자 행복을 만들어 주는 에너지이다.

하루 종일 할 일이 없어서 침대에서 뒹굴뒹굴하다 보면 스스로 회의감에 사로잡힌다. '이렇게 무료하게 살아서 뭐 해?' 이런 생각이 들면 운동화를 신고 아파트 1층에서 꼭대기 층까지 계단을 오르내려 보라. 무료함이 성취감으로 바뀐다. 이것이 자아실현이다.

난관을 극복하면 스트레스와 상처가 힐링되면서 성취감의 긍정에너지가 만들어진다. 이 에너지를 가지고 다시 목표를 향해 걸어간다. 자신 앞에 가로놓인 장애물을 딛고 일어섰을 때 인간은 무언가를 해냈다는 성취감에 감동한다. 이 느낌이 행복의 감정이다. 그러나 대부분 장애물을 넘기도 전에 힘들고 고통스러울 것 같아서 포기한다. 아니면 지레짐작으로 편할 것 같은 쪽으로 피해 버린다. 장애물을 만났을 때 포기하거나 피하면 안 된다. 장애물을 넘어가야만 힐링되면서 에너지가 만들어지는 것이다.

목표를 향해 가는 과정이 힘들다고 피하면 이정표도 없는 엉뚱한 방향으로 간다. 이렇게 되면 에너지를 만드는 것이 아니라 소모하기 시작한다. 쓸데없는 에너지 소모로 완전히 방전되면 아무것도 할 수 없다.

사람으로 살지 않는 이상 스트레스와 상처는 인간관계가 있는 곳이면 무조건 발생한다. 부부관계는 물론이고 자녀, 시댁, 학교, 직장, 심지어 시장에 장 보러 가서도 스트레스와 상처가 발생한다. 이 모든 관계에서 갈등이 생기면 그것을 풀려고 노력하지 않고 일방적으로 관계를 단절해 버리는 사람들도 많다. 이렇게 되면 시간이 갈수록 인간관계에서 멀어진다. 스트레스와 상처를 잘 극복하면 결혼생활은 물론이고 인간관계도 원만해서 공감능력도 향상된다. 즉 스트레스와 상처를 힐링할 수 있으면 행복하면서도 성공하는 삶을 산다.

남자의 마음은 재미와 즐거움만 있으면 되고, 여자는 남자의 관심으로 사랑받길 원한다. 그러나 자신의 재미와 즐거움에 빠진 남자들은 여자가 무엇을 원하는지조차 인식하지 못한다.

옛날에는 여자가 학교에 다니는 것은 물론 외출도 금기시했다. 여자는 오로지 집 안에서 살림 잘하는 것이 최고의 미덕이었다. 그러나 시대가 변한 요즘의 여자들은 남편, 아이들 뒷바라지에 삶의 의미를 두지 않는다. 양성평등을 외치며 사회활동도 활발히 한다. 그러나 남자들의 제왕적 인식은 아직도 옛날에 머물고 있다. 결혼한 여자가 의미 대신 자신의 가치를 추구하면 남편과의 갈등은 필연적이다.

"무슨 놈의 회사가 맨날 회식만 하냐? 당신은 직장여성이 아니라 애 엄마라고!"

"그러는 당신은 애 아빠 아니야?"

자신의 가치를 추구하는 여자는 이런 고리타분한 남자와 못 산다. 자신의 미래를 박탈하는 남자와 자아실현을 하면서 함께 갈 수가 없다. 그래서 여자는 과감히 이혼을 결정한다.

결혼생활을 하는 동안 남자와 여자는 더 나은 행복을 위해 끊임없이 가치와 의미를 추구하다 보면 서로의 생각기준이 맞지 않아 스트레스와 상처를 많이 받는다. 힐링시스템이 만들어지지 않았을 때는 자신의 생각이 무조건 옳다고 고집하는 바람에 싸움도 많이 일어났다. 그래서 사니 못 사니 하면서 짐을 수없이 쌌다가 풀기를 반복했다. 자신만의 힐링시스템을 만들어 놓지 않으면 에너지만 소모하고 살 뿐, 더 나은 세상을 향해 한 걸음도 나아가지 못한다.

힘들고 어려워도 자신만의 힐링습관을 만들었다면 상대와 생각기준이 달라서 스트레스와 상처가 생겼어도 이것을 긍정감정으로 전환하면서 삶의 에너지인 열정과 사랑을 얻는다.

스트레스와 상처를 극복하는 것이 두렵거나 싫은 사람은 혼자만 즐겁고 재미있으면 되는 사람으로 살면 된다. 그러나 인간관계에서는 살아가기 매우 어렵게 된다.

'서민갑부'라는 TV 프로그램이 있다. 역경을 딛고 성공한 서민들의 이야기인데 보면 볼수록 느끼는 것이 참 많다. 언젠가 필라테스 기구를 만들어서 성공한 사람의 이야기가 나왔다. 이 갑부가 성공할 수 있었던 것은 의미가 바탕에 깔려 있었기 때문이다.

　어릴 때 사고를 당해 몸을 온전히 쓰지 못하는 형이 있었다. 형이 생활하는 데 불편이 없게 하기 위해서 동생은 어렸을 때부터 형의 입장이 되어 여러 가지 도구와 기구들을 만들었다 부수기를 수도 없이 반복했다. 최적의 기구를 찾을 때까지 지치지 않고 노력했다. 형을 생각하면 힘든 것도 어려운 것도 없었다. 각고의 노력 끝에 탄생한 기구가 형이 생활하는 데 도움이 되면 갑부에게는 더 큰 에너지가 만들어졌다. 이것이 스트레스를 극복하는 강력한 힘이자 열정이다. 형의 재활을 위해 가치를 추구하다 보니 필라테스 기구로 성공을 이룰 수 있었다. 서민갑부는 형이 인생의 의미가 되어 주었기 때문에 한눈팔지 않고 꾸준히 자신의 가치를 추구할 수 있었던 것이다.

　자아실현을 해서 성공하는 방법은 목표를 정하고, 목표를 향해 갈 수 있는 방법을 찾아서 실천하는 것이다. 자아실현을 실천할 때 스트레스가 발생하는데, 힘들다고 포기하지 않고 스트레스를 힐링해서 꾸준히 실천하는 습관만 몸에 배이면 성공하게 되어 있다. 남자가 성공하면 여자의 삶의 의미는 더욱 강화된다. 이렇게 되면 주변의 인간관계도 건강하고 원만하다.

　그러나 남편의 가치추구가 중단되면, 여자의 의미에 문제가 생긴다. 아내의 의미가 중단되면 남편의 가치추구에 문제가 생긴다. 남편은 가족의 행복을 목표에 두고 자신의 가치를 이루기 위해 열심히 노력한다. 아내는 이런 남편을 바라보면서 집안일과 아이들을 정성껏 돌본다. 그러다가 어느 순간 남편이 추구하던 가치를 포기하거나 멈춰 버리면 아내의 의미도 중단되어 버린다. 가치와 의미는 함께 만들어 가는 것이기 때문이다.

여자의 의미는 사랑의 감정과 행복의 감정이다. 아내는 결혼생활을 하면서도 많은 감정의 변화를 겪는다. 남편과 자녀가 아무 탈 없이 자신들의 역할에 충실하면 행복의 감정을 느끼고, 예기치 않은 사고나 문제가 생기면 불행의 감정을 느낀다.

행복의 감정은 불행의 감정을 극복할 때 느끼게 된다. 남편과 자녀에게 사건사고가 연달아 생겨서 힘들고 고통스럽지만 마음을 가다듬고 이리 뛰고 저리 뛰고 한 덕분에 모든 일이 잘 해결되었다. 이때 여자는 역경을 헤쳐 나왔다는 생각에서 행복의 감정을 느낀다.

여자의 상처는 사랑하는 사람에게서 받는다. 사랑하는 사람이 아니면 여자에게는 상처가 안 생긴다. 관심이 없는 사람에게는 마음 쓸 일도 없기 때문이다.

남자가 아무 생각 없이 툭 던진 한마디의 말에도 남자의 무심한 행동에도 여자들은 서운함을 느낀다. 남자를 사랑하기 때문에 스스로 상처를 만드는 것이다. 상처가 많이 쌓인 여자들은 상처가 작용할 때마다 아프고 고통스럽다. 그러나 상처가 치료되면 여자는 사랑의 감정과 행복의 감정을 느낀다.

사회적으로 성공하려면 일단은 목표를 세우고 방법을 찾아서 꾸준히 실천하는 것이다. 그러나 인간관계에서의 성공은 좋은 습관을 먼저 만들고 나서 목표를 향해 꾸준히 나가는 것이다. 이때 삶의 원동력은 좋은 습관이다.

사람은 좋은 습관을 가지고 있지 않으면 성공하지 못한다. 자신이 기존의 습관만 고집해서 성공을 못했다면 주변의 인간관계도 비슷한 양상을 띤다. 사람은 끼리끼리 어울리기 때문이다. 놀기 좋아하는 사람은 한량들끼리 친구가 되고, 이혼한 사람들은 이혼녀 이혼남들끼리 자주 만난다. 반면 현모양처들은 그들끼리 모여 더 나은 양육법, 교육법, 내조법에 대해 생각을 교환한다. 친구 따라 강남 간다는 말도 이런 맥락에서 나온 말이다.

인간관계에서 부부간의 관계도 중요하지만 부모자식 간의 관계도 중요하다. 아이들은 어릴 때부터 부모의 행동과 태도에서 많은 것을 보고 자란다. 부모가 건강한 생각과 올바른 행동으로 아이를 키우면 아이들은 부모의 영향을 받아 긍정적인 생각을 가지고 행복한 삶을 살 가능성이 높다. 반대로 부모가 폭력적이면 아이들의 생각과 행동도 건강하지 못해서 불행한 삶을 살 가능성이 높다. 어른들의 습관이 아이들에게 답습되기 때문이다.

남편이 폭력적이면 어릴 때 폭력가정에서 성장했을 가능성이 높다. 폭력의 노출 횟수가 많을수록 자신도 모르게 몸에 배여서 하나의 습관으로 만들어진다. '서당 개 삼 년이면 풍월을 읊는다'는 것도 매일 꾸준히 들었기 때문에 저절로 기억된 것이다. 이렇게 습관은 하루아침에 만들어지는 것이 아니다. 그래서 기존의 습관을 바꾸기는 매우 어렵다. 이럴 때 기존의 습관은 그대로 두고 새로운 습관 하나를 만들면 서로 보완된다.

대학에 들어갈 때 자신의 적성에 맞는 과를 선택하는 사람은 드물다. 원래 가고 싶은 학과가 있었지만 자신의 수능 점수로는 엄두를 못 내서 수능점수에 맞는 과를 택해서 들어가는 경우가 많다. 가고 싶은 학과에 가려면 인지도 없는 대학을 선택해야 하고, 인지도 있는 대학에 가려면 마음에 들지 않는 학과를 선택해야 한다. 성공적인 자아실현을 하기 위해서는 자신이 원하는 학과를 선택해야 함에도 대부분 자신의 적성을 무시하고 인지도 있는 대학에 들어간다. 그래야만 남이 알아주기 때문이다.

남자는 소위 말하는 명문대를 졸업하고 대기업에 취직했다. 열심히 일을 해서 만족스러운 월급을 받지만 뭔가 부족함을 느낀다. 진정 자신이 좋아하는 것이 무엇인지, 지금 하고 있는 일이 자신에게 잘 맞는지, 이 일이 미래가치에 부합되는지 혼란스럽다. 업무도 잘 처리해서 성과도 내지만 자신이 진정으로 가치 있는 삶을 살아가는지에 대해 회의감을 자주 느낀다.

사람들이 타인의 삶을 규정할 때 들이대는 잣대는 지금 현재 그 사람의 보여지는 모습이다. 과거에 어떤 목표를 세우고 살았는지, 무엇을 추구하면서 살았는지에 대해 생각해 본 적도 없고 알고 싶지도 않다. 지금 당장 보여지는 것이 그 사람이 이룬 인생이라고 단정 짓기 때문이다.

"저 사람은 백수야."

"저 사람은 어마어마한 부자야."

"저 환경미화원은 명문대 출신이래."

"나는 대학을 안 나왔어도 든든한 사업체를 운영하는데. 저런 사람들을 보면 참 안타까워."

보여지는 것만으로 누군가를 다 안다고 할 수 있을까? 남자의 삶이 어떠했는지, 현재 보여지는 남자의 삶이 보잘것없어도 그가 지향하는 삶의 목표가 무엇인지는 인간관계를 맺지 않으면 알 수가 없다. 그럼에도 사람들은 겉으로 보이는 모습만 보고 그 사람을 평가한다. 그 사람의 기억 속에 들어가지 않은 이상 다른 사람을 평가한다는 것은 오만한 생각이다.

사람은 살면서 자신의 마음을 모를 때가 많다. 상처가 올라오면 '내가 그때 왜 그런 바보 같은 짓을 했을까?' 하고 자신을 자책한다.

자신의 마음을 아는 사람은 그리 많지 않다. 그럼에도 상대의 마음을 다 안다고 단정하는 것은 어불성설이다. 상대가 하루에도 수십 번 변덕을 부리는 것도, 상대의 마음이 거짓인지 진실인지 경계가 모호한 것도 자신을 잘 알지 못해서 발생하는 현상이다. 나를 잘 알면 상대의 마음도 잘 알 수가 있다.

모임에 나가 보면 높은 데시벨의 목소리로 상대의 단점을 아무렇지 않게 지적하는 사람들이 많다. 이런 사람들은 자신의 생각만 옳다고 고집하는 자기애에 빠진 사람들이다. 일종의 나르시시즘이다. 살아가면서 상대가 하는 일이 마음에 들지 않거나 실수를 해도 이해하고 인정해 주는 것이 무엇보다 중요하다. 자신의 생각기준에 맞지 않는다고 비판하거나 무시하거나 낙담하면 인간관계가 더 나빠질 뿐이다. 이렇게 되면 인간관계에 있어서 긍정에너지가 만들어지는 것이 아니라 가지고 있던 에너지마저 소모된다. 방전되면 인간관계는 끝난다.

결혼 후에 부부가 위기를 맞는 것은 마음속의 근심걱정을 털어놓지 못하고 혼자서 끙끙 앓다가 문제를 키우는 경우도 많다. 반대로 많은 고민 끝에 마음속의 이야기를 털어놓았는데 남자가 건성으로 흘러들으면 더 이상 말하기 싫다. 그래서 부부 사이에 믿음이 아닌 불신이 생긴다. 친구 사이에도 말 못할 고민을 털어놓으면 함께 분노하고, 함께 울면서 해결방법을 찾는데 부부 사이에 마음의 문을 걸어 잠그면 여자의 경우 상처로 인해 온갖 질병이 생긴다. 수면장애, 불안장애, 섭식장애 등의 증상이 나날이 늘어만 간다.

여자가 매일 아프면 남자에게는 강력한 스트레스이다. 여자가 상처로 아파할 때 남자는 스트레스로 인식하여 피할 것이 아니라 관심을 가지고 위로를 해 줘야 여자의 상처가 쌓이지 않고 치료된다.

여자들은 감정을 가지고 있기 때문에 한 사람만을 독점적으로 사랑하려고 하는 심리가 강하다. 그래서 남자가 음식점에 가서 여종업원에게 호의만 베풀어도, 남편 친구의 아내에게 친절하게 대해도 여자는 질투를 느끼고 상처표현을 한다. 이때 스트레스를 참지 못한 남편은 그대로 자리를 박차고 나가든가, 아니면 무섭게 화를 내는 경우가 있다. 이렇게 되면 아내는 질투의 감정에 상처의 감정까지 뒤집어쓴다.

남자가 여자의 심리만 읽을 수 있어도 갈등을 만들지 않는다. 남자들 사이에 여자의 질투가 애정의 척도라고 말하는 사람도 있지만 여자에게 질투는 곧 상처이다.

사람은 각자의 개인적인 특성을 갖고 있다. 정당한 자기 권리를 주장하지 못하고 남편의 완력에 의해, 아내의 분노에 의해 자신의 기분과 감정을 억압하면 결국 자신의 권리를 희생하는 것이다. 이렇게 되면 정당한 자기 권리는 소멸되면서 상대의 눈치를 보고, 상대의 비위를 맞추는 데 급급하다. 이런 사람은 자기중심의 삶을 살지 못하고 타인중심의 삶을 살게 된다. 타인중심의 삶은 상대에게 종속되기 때문에 자아실현을 하지 못한다. 자아실현은 동등한 권리와 책임으로 함께 추구하는 것이다.

배우자가 부당한 행동을 했을 때 두려움 없이 당당하게 자신의 의견을 말하는 것을 습관화해야 한다. 그렇지 않으면 자신에게 가해지는 신체적 폭력은 물론이고 정신적 심리적으로 위축되어 남자가 하자는 대로 하는 소심한 삶을 살게 된다. 자신의 생각기준을 당당히 밝히지 못하고 억압한 채 살면 상처만 키운다. 남자도 여자도 서로의 마음과 심리의 작용을 알면 갈등이 생기지 않아서 더 이상 폭력도 심리적 위축도 없다. 여자가 잔소리를 하고 짜증을 내면 무턱대고 화를 낼 것이 아니라 지금 이 상황에서 여자의 마음이 어떤지, 그 심리는 어떻게 작용하는지를 알면 여자를 배려하게 된다. 남자가 아내의 잔소리에 거친 표현을 하면 일단 그 자리에서 벗어나 감정부터 가라앉혀야 된다. 그런 다음 남자의 기분이 괜찮아졌을 때, 자신의 생각기준에 대해 솔직히 말하면 남자도 여자의 의견을 편하게 받아들인다. 일단 부딪치면 물리적으로 심리적으로 분리해야 다툼이 더 이상 커지지 않는다.

결혼생활에도 자기 절제와 규율이 필요하다. 뜻하지 않은 상황에서 자신의 감정에만 충실하면 다툼은 전쟁으로 확산된다. 서로 다른 생각기준을 존중해야만 갈등이 봉합된다. 결혼은 연애와는 달라서 사랑의 감정만으로 해결되는 것이 아니다. 생각지도 않는 복잡한 변수가 생기면서 마음이 복잡해진다. 이때 현명하게 대처해야 이혼의 과정을 밟지 않는다.

남자의 사업이 경기의 영향으로 잘되지 않으면 스트레스를 받는다. 여자의 경우 자녀나 남자가 문제를 일으키면 상처를 받는다. 폭력은 스트레스와 상처의 원인을 정확하게 알면 제거할 수 있는 방법 즉, 치료할 수 있는 방법을 찾게 된다. 남자의 경우 좋은 기분을 만들어 주던가, 표현방법을 바꿔 주면 된다. 여자의 경우 남자가 지속적인 관심을 주면 상처가 치료되기 때문에 상처표현을 할 필요가 없어진다.

여자에게 남자의 관심과 위로가 작용하게 되면 사랑이 만들어진다. 남자가 관심을 주지 않아서 자신이 자신에게 관심을 주면 자기애인 나르시시즘에 빠진다. 이런 경우 여자에게 히스테리가 발생하면서 남자나 아이를 자신의 손아귀에 쥐고 흔든다. 자신의 생각기준과 맞지 않으면 그 즉시 이성을 잃게 되고, 폭력이 나타난다면 히스테리이다. 여자가 이렇게라도 표현하지 않으면 자기 자신이 못 견디기 때문에 자신도 모르게 폭발하는 것이다. 이런 행동은 무의식의 습관에 의하여 나타나기 때문이다. 가정폭력의 대부분은 우발적인 폭력이다. 즉 표현이 잘못된 것이다. 그래서 나쁜 습관으로 자리 잡은 표현방법만 바꿔 주면 스트레스와 상처가 힐링되면서 가정이 평화를 찾는다.

인간관계 중에서도 가족관계는 변하지 않는다. 남자들이 집에서 폭력을 가할 때, 희열을 느끼는 것은 열정이 생기기 때문이다. 밖에서는 어떠한 말도 못 하고 스트레스를 받고 있다가 집에만 오면 왕이 된 것처럼 착각에 빠져서 자신의 권위를 마음껏 행사한다. 그래서 가족들은 남자만 봐도 주눅이 들어서 긴장을 한다. 남자는 이런 가족들의 소심한 행동을 보면 이상하게도 열정이 느껴져서 나날이 자신의 권위를 더 강화시킨다.

체격이 왜소하고 소심한 남자가 여자나 나이든 사람을 무차별적으로 폭행하는 것도 자신보다 약자이기 때문이다. 강한 사람 앞에서는 고개도 못 드는 남자가 약자 앞에서 폭력을 휘두를 때 남자는 자신이 세상을 지배한다는 착각에 빠진다. 착각에 빠질수록 자신도 모르게 에너지가 샘솟아서 폭력이 살인으로 이어진다. 이 남자의 마음속에는 지속적이고 억압된 스트레스가 가득 채워져 있어서 이런 표현을 하지 않으면 살 수가 없다. 그래서 분출구를 찾고 있었는데 눈앞에 만만한 대상과 마주친 것이다. 이때 왜곡되고 비정상적인 열정이 한꺼번에 폭발해서 범죄로 이어진다.

부부간에도 지켜야 할 예의와 질서가 있다. 부부간에 허물이 없다고 상대의 생각이나 감정을 무시하고 자신의 생각만 주장하면 상대의 마음을 해친다. 즉 스트레스와 상처를 만드는 것이다. 부부가 사이좋게 지내려면 일단 배우자가 하는 일에 대해 칭찬을 많이 해야 한다. 특히 남자들은 여자의 칭찬에 약하다.

"설거지를 나보다 더 잘하네. 당신이 걸레질을 했다 하면 거실마루가 반짝반짝 광이 나. 팔 힘이 세서 그런가?"

남편은 아내의 칭찬 한마디에 집안일이 즐거워진다. 이런 식으로 작은 일 하나에도 부부가 관심을 갖고 말을 걸어 주면 대화는 순조롭게 이어진다. 상대가 뭔가 하고 싶은 말이 있을 때 쉽게 말할 수 있도록 배려해 주고 상대가 하는 말 중간중간에 "그렇구나, 많이 속상했겠네" 식의 반응을 보여 줘야 끝까지 하고 싶은 말을 할 수 있다. 만약 여자가 남자에게 하고 싶은 말이 있다면 모호하게 말하지 말고 자신이 바라는 것을 구체적으로 정확하게 표현해야 남자가 끝까지 관심을 가지고 들어준다.

남편과 기준이 맞지 않아 심각하게 싸우다 보면 남편은 자신의 기분에 따라 아무 말이나 생각 없이 한다. 이때 여자는 자신의 감정이 상하는 바람에 해서는 안 되는 말도 함부로 한다. 상대를 비난하는 말은 가슴에 칼을 꽂는 것과 마찬가지이다.

남자들은 기억을 잘 못하기 때문에 여자처럼 할 말이 많지 않다. 말도 이야기 소재가 있어야 하게 되는데 기억데이터가 없기 때문에 먼저 말을 걸기가 쉽지 않다. 남편과 싸우고 난 뒤 오랫동안 말을 하지 않으면 부부 사이에 오해와 갈등이 커진다. 서로 기분이 상해서 말을 안 하고 있다면 누구든지 먼저 나서서 갈등을 풀어야 한다. 갈등도 묵혀 두면 마음을 베어 내는 칼이 된다.

보통 여자들은 남편이 자신의 이야기를 잘 들어주면 대화가 잘 된다고 말한다. 반면 남편이 자신의 이야기를 잘 들어주지 않으면 대화가 안 된다고 한다. 상대방의 이야기를 들어주는 것보다 자신의 이야기에 급급해서 상대가 말을 하려고 하면 얼른 말을 끊어 버린다. 대화는 혼자의 말만 하는 일방통행이 아니라 상대와 주고받으면서 하는 양방향의 소통이다. 부부는 대화만 잘 통해도 오해를 사거나 오해를 받는 일이 없다.

부부 사이가 안 좋다고 해서 함부로 결혼생활을 끝낼 수가 없다. 서로의 생각기준이 맞지 않으면 서로의 경계를 허물고 다시 수정해서 새로운 경계를 만들면 된다. 배우자나 자녀가 문제를 일으켜서 고통과 근심과 절망을 안겨 줬다고 해서 그들을 버리거나 포기할 수는 없다. 내가 가진 생각기준이 그들 눈에 너무 높다는 생각이 들면 생각기준의 수위를 낮추거나 조절하면 마찰이 생기지 않는다. 사랑의 약속은 서로의 기준을 이해하고 관대하게 받아들이는 것이다. 상대를 알기 위해서는 나에게 집중해서 나를 먼저 알아야 이해가 된다.

질문과 답변

〈질문〉 결혼생활을 지혜롭게 가져가려면 어떤 점에 방점을 찍어야 되나요?

〈답변〉 결혼생활을 지혜롭게 하려면 스트레스와 상처를 관리하는 법을 배워야 한다. 스트레스와 상처에 대한 올바른 대처법을 배우지 못하면 자신의 생각기준만 옳고 상대의 생각기준은 무조건 틀리다고 단정한다. 그래서 상대가 무슨 말만 해도 무조건 부정부터 하다 보니 소통이 안 되고 갈등만 키우게 된다.

부부가 상대의 권위를 어떻게 받아들이냐에 따라 상대의 태도와 습관이 달라진다. 아내가 남편의 행동이 마음에 들지 않아 잔소리를 했는데 남편이 필요 이상으로 소리를 지르며 화를 내면 아내는 주눅이 들어서 남편이 잘못해도 소심하게 처신한다. 이렇게 되면 남편은 자기주장에 힘을 얻는다. 그래서 남편은 아내의 말과 행동이 자신의 기준에 맞지 않을 때마다 소리 지르는 것이 습관화된다. 아내는 남편의 잘못된 행동을 지적했을 뿐인데 무턱대고 남편이 화를 낸다면 남편의 권위가 정당하게 행사되었는지 생각해 봐야 한다. 객관적으로 볼 때 남편이 분명 잘못했다면 남편의 권위에 제대로 반응해야 한다. 남편의 말과 행동에 두려움을 느껴서 입을 닫아 버리면 남편은 자신의 잘못이 무엇인지도 모른다. 남편에게 이런 행동이 습관화되면 부부생활은 힘들어진다.

처음부터 완벽한 부부는 없다. 살아가면서 그때그때 부족함과 불완전함을 서로 인정하고 소통하면서 살아야 부당함으로 인한 갈등이 일어나지 않는다. 갈등은 스트레스와 상처로부터 오는 것이다. 스트레스와 상처가 생기면 즉시 힐링할 수 있는 대처법을 가지고 있어야 결혼생활이 건강하게 유지된다.

〈질문〉 스트레스와 상처를 어떻게 힐링해야 극복할 수 있나요?

〈답변〉 결혼생활을 건강하고 행복하게 유지하기 위해서는 배우자의 생각을 이해한 후 자신의 생각기준을 제시하는 것이다. 상대가 잔소리를 하고 짜증을 낼 때, 스트레스로 인식해서 무의식적인 반응을 보일 것이 아니라 왜 상대가 자신에게 짜증을 내는지 상대의 입장이 되어 보는 것이다. '행동 앞에 사고하라'는《햄릿》의 대사가 있다. 배우자가 왜 화가 났는지를 먼저 생각해 보면 무의식적인 행동습관이 나오지 않는다.

사람의 생각은 방파제의 역할을 한다. 거센 파도가 모든 것을 집어 삼킬 듯 밀려와도 일단 방파제에 부딪치면 항구에 정박해 놓은 선박들은 안전하다. 상대의 충고나 잔소리에 무턱대고 반응을 보일 것이 아니라 생각으로 자신의 행동을 한 번 걸러 내야 한다. 행동하기 전에 상대의 입장을 먼저 이해하는 생각의 습관을 가지고 있으면 충돌보다는 소통을 하려고 노력하게 된다. 이런 습관이 자리를 잡으면 스트레스와 상처가 들어와도 저절로 제거되거나 치료가 된다.

〈질문〉 속설에 남자가 여자에게 잡혀 사는 집이 편안하고 분란이 없다고 합니다. 맞는 말인가요?

〈답변〉 몇십 년 전까지만 해도 부부간에도 서열이 있어서 누가 먼저 기선을 잡느냐가 중요했다. 그래서 신혼 첫날밤부터 서로 먼저 기선을 잡으려고 권력다툼을 했다. 이런 이유는 신혼 초에 상대를 잘 다스려 놔야 결혼생활을 내 마음대로 할 수 있기 때문이다. 보편적으로 남자가 여자에게 잡혀 사는 가정이 평화롭다. 여자는 자신을 희생하면서 모범적인 가정을 꾸려 나가기 때문에 잡혀 살아도 뒤탈이 없다. 이때 남자가 여자로 인해 스트레스를 받아도 스트레스의 힐링법만 갖고 있으면 큰 문제가 없다. 남자에게 스트레스가 없으면 여자는 크게 상처받을 일이 없어서 더욱 열심히 내조하면서 아이들을 잘 키운다. 반대로 여자가 잡혀 사는 집은 늘 우울하고 긴장감이 흐른다. 남자는 자기 멋대로 살기 때문에 여자의 힘든 부분을 전혀 이해하지 못한다. 그래서 여자는 매일매일 상처를 쌓아 두면서 산다. 자신의 감정을 억압하고 사는 여자에게는 다양한 신체질환과 심리장애가 발생한다. 신경성 소화불량, 불안장애, 수면장애, 우울증 등이 대표적이다.

행복한 삶을 살기 위해서는 여자도 스스로 힐링하는 습관을 가져야 한다. 새로운 습관을 만들어서 꾸준히 반복해서 노력하면 저절로 무의식에 습관을 만들어진다. 습관이 만들어지면 아무리 강력한 스트레스와 상처가 만들어져도 무의식이 긍정에너지로 전환시켜 버린다. 긍정에너지가 들어오면 몸과 마음의 회복이 빠르다.

〈질문〉 힐링하는 습관은 혼자서도 만들어 갈 수 있나요?

〈답변〉 스스로 힐링할 수 있은 습관을 혼자서 만들 수도 있지만, 만들어 가는 과정이 어렵기 때문에 전문가의 도움이 필요하다. 습관을 만들 때 마음의 원리로 마음과 심리의 작용을 알고 이해해야 한다. 그런 다음 습관을 만들기 위해 의식적으로 스트레스와 상처를 유발하고 힐링하도록 노력해야 한다. 많은 상처와 스트레스를 겪어야 면역이 생기기 때문이다. 좋은 습관을 만들어 가는 과정은 힘들고 어렵다. 처음에는 좋은 습관을 의식적으로 꾸준히 반복하는 것이 좋다. 좋은 습관을 반복적으로 실천하다 보면 어느 사이에 자신도 모르게 무의식의 습관이 만들어진다. 무의식의 좋은 습관이 만들어지면 스트레스와 상처가 들어와도 저절로 무의식의 습관이 처리를 해 준다. 이렇게 되면 삶 자체가 긍정적이어서 스트레스와 상처가 들어와도 이내 좋은 감정으로 전환된다.

〈질문〉 연애결혼과 중매결혼의 차이는 무엇인가요?

〈답변〉 연애결혼과 중매결혼은 심리부터 다르다. 그렇기 때문에 이혼할 때의 패턴도 다르다. 연애결혼은 남자의 열정과 여자의 사랑이 결합된 것이다. 반면 중매결혼은 연애 기간 없이 열정과 사랑이 만들어지는 것이다. 연애결혼은 사람에서 인간관계로 전환하지만, 중매결혼은 인간관계에서 사람으로 전환하는 것이다. 얼핏 보면 별 차이가 없는 것처럼 보이지만 이혼, 재혼, 사별할 때 연애와 중매의 차이점이 나타나기 시작한다.

연애결혼은 연애할 동안 스트레스와 상처를 충분히 겪고 나서 서로에 대한 신뢰감이 만들어졌을 때 결혼을 한다. 결혼생활을 하면서 서로의 생각기준이 맞지 않아 부딪쳐도 상대에 대한 이해도가 높아 큰 충돌 없이 살아간다. 반면 중매결혼은 가치와 의미를 먼저 만들고 나서 열정과 사랑을 만들어 가기 때문에 사는 것이 연애를 하듯 즐거워야 한다.

연애결혼은 열정과 사랑을 가치와 의미로 전환하기 때문에 결혼을 하면 남자는 재미와 즐거움을 못 느끼고 여자는 사랑을 못 느낀다. 부부가 함께 자아실현을 하기 위해 열정과 사랑의 에너지를 가치와 의미에 쏟아 붓기 때문이다. 반면 중매결혼은 연애 시절처럼 열정과 사랑을 만들어 가기 때문에 함께하는 것이 즐겁고 재미가 있어야 행복한 결혼생활이 된다. 사는 동안 열정과 사랑이 지속적으로 만들어지지 않으면 부부 사이가 위험해진다. 그래서 중매결혼은 극과 극이 될 수 있다.

중매결혼이 연애결혼보다 이혼할 확률이 낮은 것은 사람으로서 열정과 사랑을 만들어 본 경험이 없기 때문에 이혼을 꺼린다. 결국 많이 참고 산다는 이야기이다. 그래서 연애결혼이 좋다 중매결혼이 좋다는 식의 이분법은 옳지 않다.

〈질문〉 연애할 때는 남자의 열정으로 사랑을 느끼는데 결혼을 하고 나서 남자가 가치를 추구하면 여자에 대한 열정은 아예 없어지나요?

〈답변〉 남자는 열정을 가지고 인생의 가치를 만들고, 여자는 사랑을 가지고 삶의 의미를 만들어 간다. 연애할 때 만들어지던 열정과 사랑이 결혼을 하면 사라지는 것이 아니라 가치와 의미로 전환한다. 그래서 결혼을 하게 되면 남자에게는 재미와 즐거움이 없어지고 여자에게는 사랑의 감정이 사라진다. 이때부터 여자는 사랑 대신 삶의 의미를 만들고, 남자는 열정 대신 인생의 가치를 만든다. 즉 열정과 사랑의 에너지를 가치와 의미를 추구하는 원동력으로 쓰는 것이다. 사람에서 인간으로 전환되면 남자의 열정은 가치로 전환되는 것이고, 여자는 사랑이 의미로 전환된 것이다. 함께 행복을 목표로 가치와 의미를 추구하기 때문에 열정과 사랑보다 훨씬 깊은 인생의 맛이 있다.

〈질문〉 중매결혼이 연애결혼보다 훨씬 사는 것이 재미있을 것 같은데, 위험부담은 연애결혼보다 큽니다. 어느 쪽을 선택해야 현명하다고 할 수 있나요?

〈답변〉 연애결혼은 연애를 하면서 서로를 잘 알기 때문에 살면서 스트레스와 상처가 들어와도 적당히 수위를 조절할 수 있지만, 중매결혼은 수위조절이 안 된다. 그래서 결혼생활이 도 아니면 모다. 사람마다 라이프 스타일이 달라서 연애결혼이 좋다는 사람도 있고 중매결혼이 좋다는 사람도 있다. 직접 살아 보지 않은 이상 단정해서 말하기가 쉽지 않다. 그러나 인생에 선택지가 하나밖에 없으면 삶이 단조로워서 못 산다. 이것저것 고민해서 선택하는 것도 삶의 묘미이다. 결과가 어떻든지 간에 선택은 자유지만 책임은 내가 지는 것이다.

〈질문〉 연애할 때 임신을 해서 결혼을 하는 것과 결혼해서 임신했을 때의 차이는 무엇인가요?

〈답변〉 열정과 사랑을 갖고 남녀가 사람으로 살아가다가 여자가 임신을 하면 남자와 여자는 인간관계로 변화한다. 사람이지만 인간으로 살 수 있는 것이 임신이 유일하다. 혼자에서 '함께'가 되는 것은 경이롭다. 이 엄청난 변화는 여자만이 느끼는 것이다. 여자가 임신을 하면 열정도 필요 없고 사랑도 필요 없다. 자연스럽게 모성애라는 강력한 에너지가 만들어진다. 많은 상처를 가진 여자라도 임신하는 순간 쌓인 상처가 모두 치료된다. 그만큼 모성애라는 에너지는 크고 강력한 것이다. 연애 때 임신을 해도 결혼을 하면 자아실현은 같다.

〈질문〉 그렇다면 낙태는 엄청난 상처인가요?

〈답변〉 임신과는 다른 문제이다. 여자가 임신을 하면 혼자가 아니기 때문에 인간관계가 된다. 임신을 했다가 낙태하면 인간관계가 소멸되기 때문에 사람으로 회복된다. 결혼도 하지 않은 상태에서 임신으로 인간관계로 들어섰는데 피치 못할 사정으로 낙태를 했다면 당연히 사람으로 돌아가야 한다. 여자는 감정이 변화되면 무조건 상처이다. 그러나 자신만의 힐링법으로 상처를 극복하면 방전된 에너지가 다시 채워진다.

열정과 사랑은 남녀가 같이 있어야 만들어지지만 의미와 가치는 함께 있지 않아도 얼마든지 혼자서 추구할 수 있다. 자신만의 길을 찾아서 자아실현을 하면 된다.

〈질문〉 결혼하고 나서 멋도 모르고 임신하는 것보다 서로에 대한 신뢰가 구축됐을 때 아기를 가지는 것이 좋을 것 같은데 어떻게 생각하나요?

〈답변〉 가치와 의미는 이루는 것이 아니라 추구해 나간다고 했다. 그렇다고 방법이 존재하는 것은 아니다. 순간순간 최선을 다해 살면 된다. 결혼해서 열정과 사랑을 가치와 의미로 전환하는데 한 사람은 바꾸고 한 사람은 안 바꾸면 문제가 생긴다. 함께하기로 한 약속을 지키지 않는 것이다. 이렇게 되면 결혼생활은 모 아니면 도가 되는 것이다. 그래서 연애할 때 의미와 가치를 두 사람이 미리 맞춰 봐야 문제가 생기지 않는다. 서로의 생각이 맞으면 결혼하고 나서 의미와 가치를 함께 만들어 가면 된다. 그러나 아내와 남편이 추구하는 것이 맞지 않으면 이혼하면 된다.

결혼하고 나서 짧은 기간에 이혼하는 사람들 대부분이 의미와 가치가 한 방향이 아니라서 포기하는 것이다. 결혼하기 전에 서로 간에 신뢰가 두텁게 형성되었다면 멋모르고 임신할 일이 없다. 연애의 심리로 결혼을 했다면 문제가 많다. 결혼은 충분히 서로를 알고 한 것이기 때문에 임신 또한 신뢰가 구축된 것이다.

〈질문〉 예전 엄마들의 삶의 의미가 남편에 대한 사랑, 자식에 대한 사랑이었습니다. 그러나 지금의 여자들은 삶의 의미보다 인생의 가치를 더 중요하게 여깁니다. 여자가 의미보다 가치에 방점을 찍으면 어떻게 되나요?

〈답변〉 급변하는 사회 환경으로 인해 예전의 교육과 현재의 교육이 많이 달라졌다. 옛날에는 가르치는 것이 아니라 살아가는 방법을 알려 주는 밥상머리 교육이 많았다. 현재는 대체로 가르치는 지식교육만 한다. 그러다 보니 의미는 뒷전이고 가치만을 향해 살아가게 된다. 모든 것에는 균형이 중요하다. 교육도 어느 한쪽으로 치우치지 않고 가치인 지식교육과 의미인 마음교육을 함께 해 나가야만 건강한 자아실현을 할 수가 있다. 가치만 추구하고 의미를 잃어버린다면 행복의 감정과 사랑의 감정을 모른다. 인간관계도 공감은 없고 냉정한 이해타산만 있을 뿐이다.

열정으로 만들어지는 가치는 좋은 기분이 만들어 내는 것이고, 사랑으로 만들어지는 의미는 좋은 감정이 만들어 내는 것이다. 사랑은 감정이 우선되어야 하는데 요즘은 기분이 우선시되는 시대가 되었다. 여자가 가치를 추구하게 되면 모든 것이 기분으로 움직인다. 자신의 가치를 위해 일이나 대상에 몰입하면 의미를 잃어버린다. 여자가 의미를 잃어버리면 감정은 없고 기분으로만 살게 된다. 이때 모성애는 감정이다. 따라서 결혼을 했다면 가치와 의미를 균형 있게 가지고 가야 가정이 평화롭게 유지된다.

〈질문〉 여자 혼자서 가치와 의미를 다 가져갈 수는 없나요?

〈답변〉 여자는 감정을 가지고 있기 때문에 가치와 의미의 균형만 잘 조절하면 혼자서도 얼마든지 행복할 수 있다. 그러나 균형추가 가치로 쏠리면 중독증이 발생한다. 끊임없이 대상만을 향하기 때문에 자아실현이 없다. 자아실현은 오로지 인간관계에서만 만들어진다. 가치에 비중을 두고 사는 여자라면 의미를 추구하는 남자를 만나야 문제가 발생하지 않는다. 가치를 추구하는 여자가 북극점을 가고 싶다고 했을 때 의미를 가진 남자는 여자를 도와서 여자가 북극점에 도달해야 남자도 행복해진다. 이 남자는 여자에게서 의미를 추구하기 때문이다. 가치를 추구하는 여자들은 자신이 하는 일에 최고가 되지 못하면 주변 가족들을 힘들게 한다. 그러나 정작 본인은 자신으로 인해 주변 사람들이 피해를 입는 것을 모른다.

가치추구는 기분이기 때문에 상대의 감정이 어떻게 변하든지 관심이 없다.

환경의 변화로 여자의 가치가 무너지면 여자는 사람으로만 존재한다. 이때 여자는 우울증에 들어간다. 여자가 가치를 추구하면 의미를 느낄 수 있는 무언가를 만들어야만 심리장애가 생기지 않는다. 여자가 가치와 의미를 혼자 다 가져가는 것은 욕심이다. 결국 과욕은 탈이 나게 되어 있다.

〈질문〉 결혼을 한 사람들이 다른 사람에게 열정을 느끼거나 사랑에 빠지면 외도가 아닌가요?

〈답변〉 열정은 재미와 즐거움이다. 남자가 사람일 경우는 재미와 즐거움을 찾기 위해 여자에게만 몰입하는 것이 아니다. 일을 하게 되면 일 자체에 몰입하는 것이 아니라 일로 인해 나타나는 반응이다. 남자가 낸 아이디어가 제품으로 만들어져서 나온다든가, 업무역량이 뛰어나서 상사에게 칭찬받거나, 업무에 대해 동료들과 토론하는 것 모두가 일의 반응이다. 남자는 이 반응에 좋아서 일을 하는 것이지 일 자체에 몰입하는 것은 아니다. 몰입하는 대상이 사람일 경우도 마찬가지이다. 상대에 대한 열정이 아닌 반응에 대한 열정이라는 것이다. 결혼을 한 남자나 여자가 다른 사람을 대상으로 열정과 사랑에 빠졌다면 자신만의 즐거움과 재미에 빠진 것이다. 즉 남편외도 아내외도가 발생한 것이다. 외도는 중증심리장애인 관계중독이 원인이다. 이럴 경우 남자나 여자나 인간이 아니고 사람으로 돌아간 것이다. 이런 남자와 여자는 비정상이기 때문에 중증심리장애가 발생한 것이다. 관계중독인 외도는 중증심리장애를 치료해야 벗어날 수가 있다.

〈질문〉 경계성 우울증을 가진 여자는 의미가 될 만한 것을 찾아야 우울증에서 벗어날 것 같습니다. 의미가 될 만한 것이 사랑하는 남자밖에 없나요?

〈답변〉 경계성 우울증이 나쁜 것은 아니다. 요즘 사람들은 의미는 필요 없고 자신의 가치만을 위해 달려간다. 의미가 없는 가치는 그냥 살아가는 것뿐이다. 경제적 가치, 관계적 가치, 사회적 가치를 이루었다고 해도 의미가 없기 때문에 그저 돈 쓰는 재미, 잘난 척하는 재미로 살아간다. 그러나 돌아보면 의미가 없기 때문에 모든 것이 부질없는 것임을 깨닫게 된다. 자신의 일에 가치를 둔 골드미스나 알파 걸은 꼭 사랑하는 남자를 만나야 의미를 찾는 것은 아니다. 남자를 만나는 여건이 되지 않으면 자식이나 부모님에게 의미를 두어도 된다. 이것마저도 여의치 않으면, 애완동물도 중독되지 않는다면 의미가 될 수도 있다.

〈질문〉 결혼한 여자가 느끼는 삶의 의미는 구체적으로 무엇인가요?

〈답변〉 태어나서 현재까지 살아온 과정을 시간별로 나열한 것이 인생이다. 인생은 자신이 좋아하는 것에 대해 가치를 추구한다. 가치를 추구하면서 내가 얼마나 행복하고 불행한가를 느끼는 감정을 삶의 의미라고 이야기한다. 삶의 의미는 살아가는 순간순간이 자신의 행복기준에 맞을 때 느끼는 것이다. 이것이 살아가는 이유이자 삶의 의미이다.

행복은 감동을 느끼는 순간이다. 기쁨이나 즐거움이 아닌 벅차오르는 그 무엇이 지속해서 느껴지는 것이 행복이다. 그런데 많은 사람들은 재미와 즐거움이 행복이라고 착각한다. 재미와 즐거움은 기분일 뿐이다. 감동이 만들어 내는 행복은 고난 뒤에 오는 것이다. 상처로 수많은 날을 아픔과 고통 속에 지내다가 남편의 관심과 위로로 인해 상처가 치료되면 저절로 행복의 감정이 만들어진다. 오랜 투병생활에서 벗어나면 한 줄기 햇볕도, 한 자락의 바람도 크나큰 감동으로 다가오듯이 인간은 희로애락의 기복이 있어야 진정한 행복을 느낀다. 이것이 여자의 행복한 삶의 의미이다.

〈질문〉 나 자신이 삶의 의미를 추구하고 있는지, 가치를 추구하고 있는지 그 경계가 모호할 때가 많습니다. 쉽게 구분할 수 있는 방법은 없나요?

〈답변〉 구분이 되지 않는 이유는 현재의 의미와 가치를 공통으로 가지고 가기 때문이다. 마음과 심리는 다르다. 그러나 심리학에서 마음과 심리를 같은 의미로 쓰고 있기 때문에 의미와 가치의 경계가 모호한 것이다. 마음의 원리를 알면 마음과 심리가 다르다는 것을 안다. 가치는 사물이 대상이고 의미는 사람이 대상이다. 사람과 인간의 마음이 다르고 마음과 심리도 엄격히 다르다는 것을 알아야 가치가 무엇인지 의미가 무엇인지를 분명하게 구분할 수 있다.

〈질문〉 마음과 심리를 굳이 구분하는 이유는 무엇인가요?

〈답변〉 마음을 정확하게 알기 위해서이다. 마음의 작용을 정확하게 알기 위해서는 마음과 심리가 분리되지 않으면 알 수가 없다. 마음의 작용을 모르기 때문에 대부분 사람들이 마음으로 인해 고통스러워하고 아파하는 것이다. 마음의 작용을 모르기 때문에 데이트폭력이나 가정폭력이 일어나도 치료할 수 없는 것이다. 폭력이 일어나면 처벌만 중요할 뿐 어떤 심리가 작용해서 폭력이 일어났는지 원인을 분석하지 않는다. 마음교육은 가르치는 교육이 아니라 알려 주는 교육이다. 마음이 작용되는 원리를 인간의 무의식에 만들어 주는 것이 마음교육이다. 불교철학에 '진아(眞我)'라는 말이 있다. 참된 '나'라는 뜻으로 참된 자신을 아는 것이다. 내 마음을 내가 해석할 수 있는 능력이 '진아(眞我)'이다. '진아'는 마음의 원리와 같다. 나를 알면 상대도 알게 된다. 이것이 마음과 심리를 구분하는 이유이다.

〈질문〉 결혼을 하고 나서 부부만 사는 경우와 부모님이나 아니면 아기와 사는 경우에 부부의 결혼심리가 어떻게 다른가요?

〈답변〉 부모님과 사는 것과 자식과 사는 것은 조금 다르다. 부모님과 사는 경우는 아이를 양육하는 것과 같은 심리가 움직인다. 내가 결혼을 해서 의미와 가치를 추구하는데, 부모님과 함께 산다면 부부의 자아실현에 부모님이 포함되는 것이다. 자식도 마찬가지다. 의미와 가치는 곧 책임이다. 부부만 산다면 그만큼 책임이 덜하다고 보면 된다.

자아실현으로 인해 부부 사이에 갈등이 생기면 서로 책임을 다하지 못한 것이다. 그럼에도 문제가 생기면 자신이 아닌 상대방 때문에 일어난 일이라고 자기합리화를 한다. 이렇게 되면 문제를 해결하는 것이 아니라 문제를 더 키울 뿐이다. 여자가 부모님이나 자식을 삶의 의미로 여기면 심리에 별 부담이 없다. 그래서 부모님과 함께 사는 것이 더 행복할지, 아이와 함께 사는 것이 더 행복할지 누구도 알 수 없다. 사람들이 추구하는 가치와 의미에 따라서 생활양식과 행동양식이 전혀 달라지기 때문이다. 그래서 부부 사이의 문제는 오직 두 사람만이 이야기할 수 있다.

〈질문〉 같은 상황이라도 긍정적으로 받아들이는 사람이 있고, 부정적으로 받아들이는 사람이 있습니다. 이 차이는 심리의 문제인가요?

〈답변〉 어떤 일이든 그 일을 하기도 전에 부정적으로 받아들이는 사람이 있는가 하면, 어떤 사람은 기대감으로 무조건 긍정적으로 받아들이는 경우도 있다. 부정적인 시각을 가진 사람은 일을 하다가 사소한 문제만 발생해도 강한 스트레스를 받는다. 이럴 경우 업무에 지장이 많다. 반면 긍정적인 시각을 가진 사람은 사소한 문제가 발생하면 그것을 해결해 나가는 것이 즐겁다. 그래서 업무의 효율성이 좋다. 같은 일이나 상황에서 받아들이는 태도에 따라 결과도 달라진다. 이것은 모든 것을 부정적으로 긍정적으로 생각하는 무의식의 습관이다. 같은 상황에서도 심리가 다르게 작용하는 것은 만들어진 습관의 차이라고 보면 된다.

〈질문〉 요즘 젊은 사람들은 연애도 안 하고 결혼도 안 합니다. 경제적 문제인가요? 심리적 문제인가요?

〈답변〉 미혼남녀들이 결혼을 안 하는 이유는 자신의 자유를 결혼이라는 틀 속에 담보하고 싶지 않아서이다. 연애도 안 하는 것은 스트레스와 상처를 받아 가면서 불편하게 살고 싶지 않다는 이야기이다. 이런 심리적 문제가 아니더라도 경제가 침체되면서 취업도 안 되고 주거안정도 불안정해서 더욱더 결혼에 대한 부정적인 시각을 갖는다. 최근 시장조사 전문기업에서 전국 만 19~45세 미만의 미혼남녀 1,200명을 대상으로 결혼에 관한 인식조사를 했는데 결혼이 꼭 필요하다고 생각하는 비율은 18.1%다. 나머지 54.5%는 결혼을 해도 그만 안 해도 그만이라고 답했다. 특히 결혼의 필요성을 못 느끼는 것은 남자보다 여자가 월등히 높았다. 미혼남녀 10명 중 3명은 부모와 함께 살면서 자신의 월급을 용돈으로 쓰면서 결혼은 안 하고 연애만 하고 싶다고 한다. 옛날에는 결혼적령기가 되면 주변의 성화로 미혼의 남녀가 결혼에 대한 스트레스를 많이 받았다. 그러나 요즘은 결혼문제로 스트레스를 받는다고 하는 사람은 17.7%로 적었다.

사람은 혼자 살면 오로지 자신의 즐거움과 행복에 탐닉하기 때문에 이기적이다. 그러나 결혼을 하면 인간관계를 형성하기 때문에 조화와 질서를 위해 자신이 가진 권리와 자유를 일정 부분 내려놓는다. 그래서 인간은 이타심을 가진다. 행복은 인간과 인간이 만나서 함께 자아실현을 해야 느낄 수가 있다. 사람은 즐기기만 하고 살면 훗날 값진 인생을 살았다고 감히 말하지 못한다. 값진 인생은 함께 행복하게 사는 것이다. 이때 어떻게 살 것인지의 선택은 각 개인의 자유이다.

<질문> 결혼을 했을 때 남자는 열정이 많고 여자는 사랑이 많으면 좋을 것 같습니다. 이것도 심리장애인가요?

<답변> 결혼을 함으로써 열정과 사랑은 인생의 가치와 삶의 의미로 전환한다. 삶의 의미 안에는 사랑이 아니라 행복이 들어 있다. 인생의 가치

는 대상을 향해서 몰입하는데 이때는 열정이 아니라 가치가 만들어진다. 결혼을 했는데도 부부가 열정적이고 사랑에 빠져 있다면 이 부부는 심리장애일 가능성이 높다. 이때 심리장애로 인해서 기분이나 감정이 좋게 작용하면 매우 좋아지고 나쁘게 작용하면 매우 나빠진다. 결혼을 했음에도 여전히 부부가 열정과 사랑으로 살고 있다면 함께 심리장애를 치료해야 인간관계에서의 올바르고 정상적인 삶을 살 수 있다.

제3장

이혼의 심리

벽과 마주하다

 남녀가 신뢰와 믿음으로 마음과 마음을 결합해서 결혼을 했다. 부부가 된 남녀가 막상 결혼해 보니 하나에서 열까지 맞는 것이 없다. 그래서 불필요한 다툼과 갈등으로 괴로워한다. 부부간의 갈등과 다툼은 서로의 생각기준이 맞지 않아서 생기는 것뿐인데 부부는 제멋대로 확대해석을 한다.
 "결혼하더니 남편 마음이 180도로 변했어. 연애할 때는 하늘의 별까지 따다 줄 정도였는데 이제는 내가 조금만 아프다고 해도 화부터 내."
 갓 결혼한 여자들 대부분이 친구를 만나면 하는 말이다. 사람의 마음은 변하지 않는다. 이것은 남자의 마음이 변한 것이 아니라 결혼의 심리가 아닌 연애의 심리가 작용한 탓이다. 결혼을 했으면 결혼의 심리가 작용해야 사랑이 의미로 바뀌는데 연애의 심리를 가진 채 상대를 바라보니 불평불만이 쌓인다.
 결혼은 신뢰를 바탕으로 함께 행복을 목표로 자아실현을 해 나가야 된다. 그러기 위해서는 남자는 가치를, 여자는 의미를 추구해야 한다. 이것이 결혼의 심리이다. 그러나 연애의 심리를 가지고 있으면 여자는 늘 남편의 관심만 받기를 원한다.
 연애의 심리를 가진 채 결혼한 여자는 결혼의 관문을 통과하면 아름답고 평화로운 길이 펼쳐져 있을 것이라고 생각한다. 그러나 막상 문을 열고 깊숙이 들어가 보니 연애할 때의 즐거움은 없고 가사노동만 있다. 그래서 여자는 자신이 생각했던 기준과 너무 다른 결혼생활에 상처를 받고 남자에게 사사건건 불평불만을 표출한다. 스트레스와 상처가 반복되는 부부는 결혼하자마자 화합이 아닌 대치국면에 서 있게 된다.

결혼을 하면 연애의 심리를 빨리 결혼의 심리로 바꿔야 부부는 힘을 합해 자아실현을 추구한다. 연애할 때 가지고 있던 열정과 사랑을 가치와 의미로 바꾸지 않은 채 결혼생활을 하면 모든 것이 불만일 수밖에 없다. 결혼은 인간관계를 맺고 행복을 목표로 함께 자아실현을 하는 것이기 때문에 책임이 따른다. 연애 때처럼 재미와 즐거움을 추구하는 결혼은 결혼이 아니라 환상이다.

이혼은 배우자의 잘못으로 인해 또는 서로 추구하는 것이 달라서 부부가 혼인관계를 파기하는 것을 말한다. 그러나 법적인 혼인관계가 종료되었다고 해서 이혼이라고 말할 수는 없다. 법적으로는 이혼했지만 심리적으로 마음이 배우자에게서 떠나지 못하면 사실상 이혼을 했다고 말할 수는 없다.

혼인이 파탄 나는 이유는 복합적이다. 2020년 통계청 인구동향조사를 보면 월간 이혼건수는 8,929건으로 연간 11만 831건이라고 한다. 그러나 이혼을 하고 싶어도 여러 가지 사정으로 인해 용기를 못 낸 채 불행한 삶을 살고 있는 사람들도 매우 많다. 그러나 불행한 삶에서 빠져나왔다고 해서 이혼한 사람들의 삶이 행복할까? 삶은 지극히 주관적이다. 이혼해서 시원해하는 사람도 있을 것이고, 성급하게 이혼한 자신을 책망하는 사람도 있을 것이다. 어차피 이혼의 관문을 통과했다면 지금부터 인생의 과제를 잘 풀어 나가야 한다.

이혼의 통상적인 이유는 경제적 위기, 배우자의 불륜, 가정폭력, 종교 차이, 성격 차이 등이 있지만 심리적 이혼사유는 권리, 책임, 약속, 신뢰에 문제가 많다.

이혼하고 싶어도 이혼을 못 하는 여자들은 주로 상대중심의 삶을 사는 경우이다. 배우자나 시댁으로부터 불합리한 대우를 받고 있음에도 자신이 이혼을 하면 주변 사람들이 충격을 받을 것 같아서 혼자 상처를 끌어안고 산다. 배우자가 하는 짓을 보면 당장 이혼을 하고 싶어도 자녀의 앞날을 생각하면 차마 용기를 못 내는 여자들도 많다. 특히 여자가 편모슬하에서 자랐다면 자녀에게 자신과 똑같은 상처를 주고 싶지 않아서 참으면서 불행을 견뎌 낸다. 그러나 상처는 억압하면 할수록 더 많이 쌓인다. 상처치료를 하지 않은 채 살다 보면 어느 날 자신도 모르게 우울증이 발생한다.

아이들은 엄마가 행복해야 행복감정을 느낀다. 엄마가 우울증에 빠져 늘 우울하고 무기력하게 있으면 밝게 생활하던 아이들에게도 부정감정만 생긴다. 그래서 아이들은 집보다 바깥을 더 선호하게 되면서 문제아가 되어 간다.

인생은 남이 살아 주는 것이 아니다. 죽이 되든 밥이 되든 내 인생은 내가 사는 것이다. 남의 시선이 불편해서 자신을 억압하고 산다면 불구의 삶을 사는 것이다.

요즘 추세는 개인의 행복을 우선시한다. 옛날처럼 자기를 억압하고 참으면서 살지 않는다. 그래서 결혼생활이 불합리하고 자신의 생각기준에 맞지 않으면 과감히 이혼을 선택한다. 그러나 부부가 이혼을 해서 새로운 삶을 만들어 간다는 것은 지금의 결혼생활만큼이나 어렵다.

 자신의 감정에 못 이겨서 즉흥적으로 이혼을 감행한다면, 이혼 후의 삶은 참담하다. 이혼할 때는 감정에 휘둘리지 말고 이성적인 사고로 제대로 된 판단을 해서 결정해야 후회가 없다. 이혼 후의 삶은 어떻게 꾸려 나갈 것인지, 아이문제는 어떻게 할 것인지를 충분히 생각하고 준비해야 경제적 심리적으로 독립할 수가 있다.

 남자와 여자가 인간관계를 맺어서 인생의 가치와 삶의 의미를 함께하는 것이 결혼이다. 결혼은 두 사람이 함께하겠다는 약속을 하는 순간 신뢰가 형성된다.

 그러면 이혼은 무엇인가? 이혼은 남편과 아내가 분리되는 순간 인간관계에서 사람으로 전환되는 것이다. 사람으로 전환되는 이유는 인간관계로 맺은 신뢰와 약속이 깨졌기 때문에 더 이상 의미를 추구할 수가 없기 때문이다. 굳이 이혼을 하지 않더라도 인생의 가치가 무너지거나 삶의 의미가 무너지면 결혼생활은 의미가 없게 된다.

 부부가 이혼을 할 때 대부분 성격 차이라고 하지만 실제로는 그렇지 않다. 연애를 할 때 성격 차이 때문에 서로에게 끌려서 결혼까지 간다. 이혼을 하는 것은 성격 차이가 아닌 서로 간의 약속이 깨지거나 신뢰가 무너졌을 때이다. 이것이 이혼의 심리이다. 그만큼 부부간에는 약속과 신뢰가 중요하다. 여자는 남자를 신뢰할 수 없으면 의구심이 생겨서 불신하게 된다. 부부의 갈등은 불신에서부터 시작된다.

맞벌이 부부의 경우 결혼하기 전에 가사와 육아를 똑같이 분담하기로 약속했다. 그러나 대부분 남편들은 재활용 분리수거나 음식물 쓰레기 갖다 버리는 것이 고작이다. 그러면서도 남자들은 자신이 엄청나게 집안일을 도와준다고 착각한다.

"쓰레기 버리고 들어와서 TV만 보면 어떻게 해? 빨래도 걷어서 제자리에 넣고 세탁기에 있는 빨래도 널어야 되는데."

"회식하는 것도 마다하고 들어왔더니만 남편을 종 부리듯이 부리네!"

"누구는 놀면서 일 시키는 줄 알아? 집안일 같이 하기로 약속했잖아!"

아내의 짜증에 남자는 자신도 모르게 화를 내게 된다. 자신의 우발적인 행동에 놀란 남자는 아내에게 이내 사과를 했지만 아내는 남편의 예기치 않은 화에 놀란 나머지 아이를 들쳐 업고 너무도 힘들어한다.

남자들은 그때그때 기분에 따라 행동이 달라진다. 특히 과도한 스트레스가 들어오면 자신도 모르게 욱하는 성격이 나와서 주변을 당황케 한다. 남자들은 누군가가 자신을 가르치려고 하면 그 즉시 스트레스가 작용한다. 특히 한 번 이야기하면 알아듣는데도 불구하고 여자가 남자의 행동이 믿기지 않아 여러 번 같은 말을 반복하면 남자들은 분노조절을 못 해서 말보다 행동이 앞서게 된다.

남자나 여자나 화가 날 때는 침묵하는 것이 좋다. 격한 기분과 감정이 가라앉으면 그때 잘잘못을 따져야 상대가 이성적으로 받아들인다. 그러나 많은 사람들은 자신의 기분과 감정에 지배를 받는다. 여자의 잔소리에 남자가 화를 내면 감정이 격해진 여자는 앞뒤 맥락을 살펴볼 생각도 않고 쌓아 둔 상처까지 모두 끌고 나와 남편에게 상처를 표현한다. 이렇게 되면 불난 집에 기름을 들이부은 것과 마찬가지가 된다. 이런 갈등과 대립이 풀리지 않은 채 지속되면 부부는 더 이상 고통을 견디지 못하고 이혼을 하게 된다.

결혼을 하지 않았다면 죽을 때까지 자각하지도 못할 일들이 너무나 많이 일어나는 것이 결혼생활이다. 결혼을 안 했으면 생각기준이 맞지 않는 상대로 인해 고민할 필요도 없고, 감정이 상할 일도 없었다. 그러나 이미 결혼을 했고 스트레스와 상처가 힐링되지 않은 채 지속되거나 쌓여 가면 이혼을 생각할 수밖에 없다. 이것이 이혼의 심리이다.

사랑하는 남자와 행복한 결혼을 꿈꾸었던 여자는 이상과 현실의 괴리를 뼈저리게 느끼면서 매일매일 상처를 수용해서 쌓아 둔다. 그러다가 뭔가에 기분이 안 좋아서 상처가 작용하면 여자는 자신의 힘든 마음을 남자에게 표현한다. 이때 남자가 여자의 마음과 남자의 마음이 다르다는 것을 알았다면 여자가 무엇 때문에 이토록 힘들어하는지 관심을 가지고 물어봤을 것이다. 그러나 대다수의 남자들은 자신의 스트레스를 없애기에 급급해서 여자의 상처 이야기가 귀에 들어오지 않는다.

여자가 남자에게 상처를 표현하는 것은 현재 자신이 너무나 힘들고 아프니 자신에게 관심을 가져 달라는 마음의 표시이다. 이때 남자가 여자의 상처에 관심을 갖고 이해해서 공감을 해 주고 위로를 해 주면 여자의 상처는 치료된다. 즉 여자의 상처표현은 남자의 관심과 위로로 상처를 치료하고 싶다는 마음의 작용이다. 그러나 눈치 없는 남자들은 여자의 상처를 보듬어 주지 못하고 오히려 염장만 지른다.

"뭐가 힘든데? 내가 돈을 안 벌어다 줬어, 바람을 피웠어? 배부른 소리 하지 말고 빨리 밥이나 차려!"

여자는 남자의 모진 말에 상처를 받으면서도 묵묵히 밥상을 차린다. 이런 상처가 쌓이고 쌓이다가 더 이상 쌓아 놓을 공간이 없을 때 상처는 분노가 되어 화산처럼 폭발한다. 이때 여자는 이미 정신이 나간 상태기 때문에 아무도 여자를 제어하지 못한다. 상처가 쌓이면 어느 순간 분노가 폭발하거나 무의식이 기억을 차단하는 우울증이 발생한다. 여자는 무조건 상처를 치료해야 건강한 결혼생활을 해 나갈 수 있다.

여자는 결혼생활이 길어질수록 상처는 그만큼 쌓인다. 아이들 문제, 시댁과의 관계, 남자의 무관심으로 인해 부부 사이가 소원해지면 마음이 상하기 시작한다. 시간이 갈수록 좋은 감정에서 악취가 나고 진물이 나면 여자는 살기 위해 마음을 분리하게 되는데, 이것이 이혼의 심리이다.

남편으로 인해 만들어지는 상처가 많으면 견디기 힘들어서 이혼을 생각하는 여자들이 많다. 상처는 자신의 생각기준과 남편의 생각기준이 맞지 않을 때 생긴다. 자신의 생각기준을 고집하는 것만큼 남편도 자신의 생각기준을 고집한다. 생각기준은 자신만의 경험데이터로 만들어진 것이다. 자신의 경험데이터를 가진 사람은 이 세상에 아무도 없다. 그래서 사람들은 자신의 생각기준만 옳다고 믿는다.

남자의 마음과 여자의 마음은 근본적으로 다르다. 생각기준이 맞지 않아 갈등이 일어날 때 상대의 마음도 나와 같을 것이라고 생각하는 순간 충돌이 일어난다. 자신의 입장을 생각하기 전에 상대의 입장에서 상황을 바라보면 미처 생각지 않은 것이 보인다. 남자는 기분을 갖고 있고 여자는 감정을 갖고 있다. 남자의 기분은 일시적이고 즉흥적이어서 돌아서면 쉽게 잊어버린다. 반면 여자의 감정은 일관적이고 지속적이어서 오래간다.

남자와 여자가 외식을 했다. 남자가 서빙을 하는 여자종업원에게 필요 이상의 말을 자꾸 시켜서 여자는 음식을 먹는 내내 감정이 상한 상태다. 남자가 계산하는 동안 여자는 차에 먼저 가서 시동을 걸었다. 남자가 계산을 끝냈음에도 무슨 미련이 남았는지 여자종업원과 출입구 앞에 서서 희희낙락하고 있다. 순간 여자는 가슴에서 격렬한 통증을 느낀다. 여자는 남자가 차에 타자마자 상처표현을 하기 시작한다.

"당신은 마치 나를 투명인간 대하듯 하네. 당신이 종업원과 농담 따먹기 할 때 내 기분이 어떤지 생각해 봤어?"

"내가 뭘 어쨌다고 흥분하고 난리야? 종업원이 하도 친절하게 대해 줘서 고마움의 표시로 몇 마디 말을 건넨 것뿐인데 사람 성질나게 만들어!"

여자들에게 상처가 쌓이는 것은 남자의 마음이 자신과 같지 않기 때문이다. 남자에게 스트레스가 지속되는 것은 여자의 마음이 자신과 같지 않기 때문에 화가 나는 것이다. 서로의 마음이 다르다는 것만 인정해도 스트레스와 상처가 만들어지지 않는다.

이런 식으로 남자에게 늘 상처만 받고 산 여자는 더는 견딜 수가 없어 남자와 헤어지기만 하면 행복해질 거라는 막연한 환상을 갖게 된다. 그래서 어느 날 남자가 주는 상처를 더 이상 견디지 못하고 이혼을 결심한다. 자유를 얻은 여자는 더 이상 만들어질 상처가 없을 것이라서 두 발 뻗고 편히 잘 줄 알았다. 그러나 생각하지 않았던 쌓인 상처가 수시로 올라와서 여자를 힘들게 만든다.

여자가 상처치료를 하지 않고 이혼을 하면 남편을 파낸 자리가 늘 신경 쓰인다. 그래서 파낸 공간을 메우기 위해 쇼핑도 하고, 여행도 가고,

친구들과 음주가무도 즐긴다. 그러나 공간이 채워지기는커녕 빈자리가 더 크게 느껴진다. 그래서 여자는 더욱더 기를 쓰고 무언가를 채워 넣지만 채워지지 않는다. 이혼을 하고 나서 상처치료를 하지 않으면 아무리 기분전환을 해 봐야 밑 빠진 독에 물 붓기와 같다.

이혼하고 나서 여자에게 상처가 작용하면 아프고 힘들어서 고통스럽다. 그래서 마음의 통증을 잊으려고 이혼한 대다수의 여자들이 재미와 즐거움을 주는 중독증에 빠지거나 상처를 차단해 버리는 우울증으로 들어간다.

여자는 이혼을 하기 전에 상처치료부터 해야 자신을 세상으로부터 보호할 수가 있다. 상처치료를 하지 않으면 자존감을 잃어버린 탓에 누군가가 조금만 관심을 줘도 의존하고 의지하려고 한다. 상대중심의 삶은 자신만의 인생을 살 수가 없다. 모든 것을 상대에게 의존하기 때문에 자신도 모르게 상대에게 귀속되거나 지배된다. 이렇게 되면 다시 자신을 억압하면서 상처를 입으면서 살아야 된다.

이혼을 하고 나서 새 출발을 하려면 상처치료는 필수이다. 상처치료를 해서 자기중심을 세우고 살면 누군가가 관심을 줘도 함부로 의지하거나 의존하지 않는다. 남자가 없어도 얼마든지 혼자 당당하고 행복하게 살아갈 수가 있다. 상처치료가 되면 남편의 빈자리는 없다. 스스로 사랑의 감정과 행복의 감정을 만들 수 있는 능력이 생겼기 때문이다.

남자들은 모든 것이 기분에 좌우되기 때문에 허세가 심하고 고집이 세다. 남자는 자신의 기분이 나쁘면 상대의 말이 아무리 옳다고 하더라도 듣지 않는다. 남자에게 잘못한 것을 지적하고 가르치려고 들면 남자는 무조건 스트레스를 받는다. 그래서 아예 소통이 되지 않는다. 여자들은 대부분 남자가 뭔가를 잘못하면 좋은 말로 남자를 이해시키기보다는 인상을 쓰면서 짜증부터 낸다. 남자는 5개의 감각기관 중에서 시각적 자극이 가장 예민하다. 잘못의 유무를 떠나 여자의 표정을 보는 순간 남자는 스트레스를 받아 화부터 내게 된다.

인간관계에서 가장 중요한 것은 소통이다. 부부간에 소통이 잘 되려면 지금 상대가 원하는 것이 무엇인지, 상대가 그것을 얻음으로써 자아실현에 도움이 된다면 자신의 생각기준을 수정해서 남자의 생각기준과 조화를 이루어야 한다. 부부가 늘 부딪치는 이유는 소통이 안 되기 때문이다. 부딪치면 상대를 설득해서 이해를 시켜야 되는데 상한 기분과 감정이 앞서서 분노로 치닫거나 그냥 입을 다물어 버린다. 그러고 나서 갈등의 원인이 자신이 아닌 상대에게 있다고 단정해 버린다.

소통의 통로가 막혀서 받는 스트레스와 상처는 상대 때문이라고 자기합리화를 시키는 바람에 부부 사이는 점점 멀어진다. 자신의 생각이 빚어낸 오해는 스스로 상처를 만들고 키우는 바람에 결국 건너서는 안 되는 이혼의 강을 건너는 것이다.

인간의 본성은 자기중심적이다. 그래서 모든 것을 자기중심적으로 보기 때문에 상대에게 자신의 생각기준을 강요하는 경우가 대부분이다.

"이거 예쁘지? 이거 맛있지? 이거 필요하지?"라고 단정적으로 말해 버리면, 상대의 눈에는 전혀 예쁘지 않고, 맛있지 않는데도 기준을 강요당하는 것이다. "이거 예쁘네. 이거 맛있네"라고 표현해야 상대가 부담 없이 받아들인다.

자기중심적 사고는 인간의 본성이다. 마음은 양면을 가지고 있어서 보는 시각에 따라 좋게 보이기도 하고 나쁘게 보이기도 한다. 부부가 배우자에게 화를 내고 짜증을 내는 것도 깊이 들여다보면 자기 나름대로 잘해 보자는 것이다. 그러나 모든 일은 지나치면 부작용이 생기기 마련이다. 자기중심의 사고가 강하면 모든 생각이 자신에게만 향하고 있기 때문에 배우자의 말과 행동을 듣지도 않고, 보지도 않은 채 무시하게 된다.

여자가 남자에게 함정이 있다고 말해 줘도 남자는 함정이 있거나 말거나 자신이 하고 싶은 대로 한다. 그래서 남자는 함정에 빠져서 팔이 부러지고 다리가 부러졌다. 이때 남자가 자기성찰을 하면 부부는 더 나은 관계로 나가는 것이고, 곧 죽어도 자신의 행동에 문제가 없었다고 주장하면 부부의 결혼생활은 순탄치가 않다.

남편이 정당하게 행동하고 나서 자신의 권리를 요구했다면 아내는 잔소리를 멈추는 것이 정답이다. 그러나 아내와 한 약속도 지키지 않고 제멋대로 행동했다면 응징해야 한다. 남편이 잘못했을 때 아내도 정당하게 자신의 권리를 요구해야 부부가 대등한 관계에서 평행선을 걷는다.

싸움이 나면 목소리 큰 사람이 이긴다는 말이 있다. 억지를 부리라는 것이 아니라 정당한 요구라면 소심하게 행동해서는 안 된다. 남편의 잘못된 행동이 겁나서 지적을 못 하면 남편은 자신만 옳다는 나쁜 습관이 만들어진다. 이렇게 되면 아내는 자존감을 잃기 쉽다. 자존감을 잃으면 늘 우울하고 어두운 생각에만 사로잡혀서 살아가게 되고, 늘 비관적이 된다. 너무 자기중심으로 살아서도 안 되고, 너무 타인중심으로 살아서도 안 된다. 인간관계는 조화와 질서를 이루면서 함께 가야 한다.

오해와 편견

　마음은 의식과 무의식이 생각으로 자각을 하든 못 하든 생각하는 그 자체가 마음이다. 그래서 우리는 마음을 생각이라고 단정한다. 심리는 인식되는 것을 기억해서 표현하는 것이다. 마음과 심리를 엄격하게 분리하지 않으면 마음의 작용과 심리의 작용을 동일하게 생각하기 때문에 우울증, 공황장애, 분노조절장애 등의 심리장애가 치료되지 않는다.

　인간의 마음은 태어나서 죽을 때까지 변하지 않는다. 그럼에도 우리는 마음이 변했다는 표현을 많이 쓰거나 많이 듣는다. 마음이 변했다고 느끼는 것은 마음이 변한 것이 아니라 심리의 작용으로 인하여 그렇게 느낄 뿐이다.

　인식과 기억과 표현 등 3개가 심리인데, 심리 중의 하나가 변화되어 작용하면 마치 마음이 변하는 것처럼 느껴진다. 여자가 상처를 받으면 마음이 아프다, 마음이 상했다, 마음이 무너졌다, 마음이 떠났다 등으로 표현한다. 이것은 마음이 변하거나 달라져서가 아니다. 마음은 변하지 않음에도 이렇게 생각되는 것은 심리가 작용하기 때문이다. 기억에 문제가 생겼거나, 인식에 문제가 생겼거나, 표현에 문제가 생겼기 때문에 마음이 변한 것처럼 자각하는 것뿐이다. 결국 생각은 기억의 반응이다.

이혼은 마음과 마음이 결합된 혼인관계를 끝내는 것이다. 즉 서로의 마음이 맞지 않아서 마음을 분리한다는 것이다. 배우자와 헤어지는 것은 마음이 변해서가 아니라 서로 지향하는 생각기준이 맞지 않아서 헤어지는 것이다. 자신의 생각기준이 상대와 맞지 않으면 스트레스와 상처가 생긴다. 부부간에 좋지 않은 기분과 부정감정이 지속되면 심리적으로 멀어지기 마련이다. 부부간에 신뢰가 없으면 상대를 잘 믿지 않고 의구심이 앞선다.

여자가 남편에게 퇴근길에 물냉면과 휴지를 사다 달라고 했다. 남자는 배고픈 것도 참고 마트에서 필요한 물품을 사서 박스에 담아 집으로 왔다. 남자는 당연히 여자가 수고했다고 말해 줄 줄 알았다. 그러나 여자는 상자를 열자마자 물건을 꺼내기도 전에 화부터 냈다.
"비빔냉면을 사 오면 어떻게 해? 내가 물냉면으로 사 오라고 했잖아!"
"물냉면 사 왔어."
"비빔냉면 사 왔잖아! 일을 시키면 뭐 하나 제대로 하는 게 없다니깐!"
"남편이 물냉면 사 왔다고 하면 믿어야지 웬 의심이 그리 많아?"
남자는 제 성질에 못 이겨 상자를 걷어차고는 화장실로 들어갔다. 남편의 몰지각한 행동에 화가 치솟은 여자는 엎어진 상자에서 신경질적으로 물건들을 꺼내다가 자신의 성급함을 자책했다. 물냉면 위에 비빔냉면 한 개씩을 사은품으로 붙여 놓은 것을 못 본 것이다. 사실을 끝까지 확인하지 않고 자신이 보고자 하는 것만 보려고 해서 오해한 것이다. 남자와 여자가 이런 식으로 불신을 쌓고 사는 것은 서로 간에 신뢰가 없기 때문에 무조건 의심부터 하고 보는 것이다.
"내가 오해를 했네. 미안해. 다음부터 절대 의심하지 않을게."

여자가 웃는 표정으로 사과를 하자 남자의 표정이 대낮처럼 환해진다. "배고파. 빨리 밥 줘!"라고 남자도 편하게 말한다.

남자의 마음을 모르는 여자는 남자를 이해하지 못하겠다는 말을 자주 한다. 방금까지만 해도 화가 나서 팔딱팔딱 뛰던 사람이 돌아서면 아무렇지 않게 행동하기 때문이다. 이런 행동 때문에 남자들은 여자들에게서 속이 없다는 말을 많이 듣는다.

남자는 기분이라서 아무리 화가 나고 짜증이 나더라도 좋은 기분이 들어오면 스트레스는 사라진다. 그러나 여자는 감정을 가지고 있기 때문에 화가 나면 좀처럼 풀어지지 않는다. 기분은 일시적이고 감정은 지속적이기 때문이다.

남자는 여자의 반응에 죽고 사는 존재이다. 아무리 예쁘고 잘생긴 여자라고 하더라도 표정이 없고 반응이 없으면 남자는 흥미를 못 느낀다. 차라리 인물이 없고 몸매가 없어도 남자에게 반응을 잘 하는 여자면 남자는 기분이 좋아서 하늘의 별도 따다 준다.

부부가 살아가면서 갈등을 겪는 것은 자신이 보고자 하는 것만 보기 때문에 착각에 의하여 오해가 생기는 것이다. 아무리 사소한 갈등이라고 하더라도 즉시 봉합해야 사이가 벌어지지 않는다. 부부가 갈등을 해소하지 않고 자신의 생각만이 옳다고 고집하면 갈등의 골은 더 깊어져서 봉합되지 못한 채 손 쓸 방법이 없다.

서로의 마음에 균열이 가기 시작하면 걷잡을 수 없게 된다. 사소한 스트레스와 상처가 생겼을 때 서로 일정 부분의 권위를 내려놓고 소통과 대화로 오해를 풀어야 기분과 감정이 더 이상 상하지 않는다. 서로의 기분과 감정에 못 이겨 방치하면 부부 사이는 되돌릴 수 없게 된다. 이혼하지 않고 결혼생활을 유지하고 싶은 의지가 있으면 자신의 입장이 아니라 상대의 입장에서 상황을 바라보면 꼬인 갈등의 원인이 무엇인지 알 수 있게 된다.

교도소에 있는 범죄자라고 하더라도 결혼을 한 사람과 결혼을 하지 않은 사람의 마음은 다르게 작용한다. 결혼을 한 경우 몸은 떨어져 있어도 마음은 배우자와 연결되어 있어서 혼자가 아니다. 배우자와 늘 함께하기 때문에 교도소 안에서라도 나름대로 자아실현을 위해 노력한다. 교도소 안에서 기술자격시험을 준비하거나, 작업반에서 목공, 타일, 도배 등을 배운다. 같은 남자, 같은 여자라 하더라도 미혼 때의 심리와 기혼 때의 심리, 이혼 때의 심리가 모두 다르다.

이혼한 사람들이라고 해도 결혼 전에는 열정과 사랑의 감정을 가지고 있었다. 그러다가 결혼을 해서 배우자와 함께 자아실현을 해 나갔다. 이혼한 사람들은 연애할 때 사랑과 열정도 가져 봤고, 결혼을 해서 가치와 의미도 추구해 봤다. 이런 경험을 가지고 있는 사람들은 이혼을 해서 사람으로 돌아가면 남자는 마치 자신의 열정이 인생의 가치를 추구하는 것처럼 느껴지고, 여자는 자신의 사랑이 마치 삶의 의미를 추구하는 것처럼 느껴진다. 그러나 이런 기분과 감정은 경험에 의한 착각일 뿐이다. 인생의 가치와 삶의 의미는 함께 공존하는 인간관계에서만 추구할 수 있다. 사람으로 살면 자신을 위한 즐거움과 행복만이 있을 뿐 함께하는 자아실현은 없다.

이혼은 인간으로 있다가 다시 사람으로 돌아가는 것이다. 이혼은 인간에서 사람으로 돌아가는 것이기 때문에 무조건 잘못됐다고 말할 수 없다. 사는 것이 못 견딜 만큼 힘들면 죽는 것보다 이혼해서 마음을 회복시켜 놓는 것이 우선이다. 이혼의 잘잘못만을 따지면 이혼이 여자의 삶에 어떤 의미를 부여하는지 모른다. 무엇 때문에 상처가 생겼는지, 상처로 인해 마음과 심리에 어떤 영향을 미쳤는지를 알아야 한다. 이혼을 해도 마음의 원리를 알아야만 자신의 삶을 결정할 수가 있다. 스트레스와 상처를 이해하지 못한 채 마음을 분리해 버리면 이혼으로 인한 가해자와 피해자만 남게 된다.

요즘은 인간의 근원을 다루는 인문학이나 인성교육을 많이 한다. 인문학은 인간의 가치탐구와 표현활동을 대상으로 하는 학문이지만 인성교육은 인간이 아닌 사람을 만드는 지식교육이다. 우리나라는 인성교육을 시작하면서부터 사회가 무너지고 범죄가 만연되었다. 또한, 성범죄를 예방하기 위해 성교육을 하면서부터 성범죄는 더 늘어났다. 인성교육을 하면 인간성이 회복되어야 하는데 오히려 무너지는 이유는 인간관계에서의 조화와 질서보다 사람으로서의 삶을 지향하기 때문이다. 사람으로서의 삶은 자기중심적인 삶이다. 그래서 이타심 대신 이기심만 키운다.

학교나 기관에서 사람을 만드는 인성교육을 할 것이 아니라 마음을 다룰 줄 아는 마음교육을 먼저 해야 인간관계에서 상처와 스트레스를 받지 않고 건강한 인간관계를 유지할 수 있다. 사람은 무엇이든 한쪽으로만 편중되면 문제가 생긴다. 가르치는 교육이 있다면 알려 주는 교육도 필요하다. 그래야 심리가 안정적으로 유지된다. 인간의 자아실현은 이루는 것이 아니라 추구하는 것이다. 인간은 이룬 것보다 이루려고 하는 과정에서 행복을 느끼기 때문이다.

  함께 인생의 가치와 삶의 의미를 실현하던 배우자가 갑자기 사는 것이 힘들다고 일방적으로 마음을 분리해 버리면 신뢰가 무너지면서 이혼을 하게 된다. 이혼하면 가정이 무너진다. 가정이 무너지면 환경적 정서적인 변화로 인하여 아이들은 심리적으로 혼란을 겪는다. 이때 부모는 자신들의 이혼에 대해 아이들에게 솔직하게 말해야 한다. 그래야만 불합리해 보이는 환경적 정서적인 변화를 자연스럽게 받아들일 수 있게 된다.

  건강한 사회는 구성원 개개인이 자신의 자유와 권리를 일부분 양보할 때 만들어진다. 이혼은 배우자에 대한 양보 없이 인간관계를 단절하고 자신만의 행복을 추구하는 것이다. 이렇게 되면 자신이 속한 사회는 이기주의로 갈 수밖에 없다.

  인간으로 사는 것이 너무 힘들고 지치면 다시 사람으로 돌아가서 자신만의 인생을 살고 싶어 한다. 즉 힐링할 수 있는 시간을 가지고 싶다는 의미이다. 이혼의 심리는 자신에게 지금보다 나은 삶을 살 수 있는 기회의 시간이 될 수도 있고, 힘든 시간에서 벗어나기 위해 옆길로 빠지는 회피의 시간이 될 수도 있다. 자신을 성찰하는 기회로 받아들이면 좋은 것이 작용하고, 나만 즐겁고 재미있게 살고 싶어서 회피를 하면 나쁜 것이 작용한다. 사랑의 감정과 행복의 감정은 다른 사람이 만든 것이 아니라 자기 자신이 만든 긍정감정이다. 불행의 감정과 증오의 감정도 다른 사람이 만든 것이 아니라 자신 스스로 만드는 것이다. 결국 인간의 행복도 불행도 자신의 마음에서 결정된다.

  살면서 받는 스트레스와 상처는 상대가 만들어 준 것이 아니라 자신이 만든 것이다. 그럼에도 상대를 탓하는 사람들은 인간관계 속에 상대만 있고 자신은 없다. 자신을 올바로 알고 이해해야만 자존감이 생긴다. 자존감이 생기면 상대를 존중하게 된다. 상대도 자신을 존중할 줄 아는 사람을 존중하게 된다. 성경말씀에 '내가 대접받고자 하면 남을 먼저 대접하라'는 말과 같은 맥락이다.

결혼을 하면 부부는 서로 공기와 같이 편한 존재가 되어야 한다. 그러나 연애의 심리로 인하여 매일 불평불만의 매연가스만 내뿜으면 남자는 스트레스를, 여자는 상처를 피할 수가 없다. 이혼을 하지 않으려면 결혼의 심리로 살아야 한다. 혼자만의 열정과 사랑이 아니라 함께 가치와 의미를 추구하는 삶이어야 건강하고 행복한 결혼생활을 영위해 나간다.

마음과 심리가 다르다는 것을 알아야 문제가 생겨도 상대방의 입장에서 이해하고 배려할 수 있다. 남자의 마음과 심리가 여자와는 다르다는 것을 알면 이혼의 위기도 지혜롭게 극복할 수 있다. 하지만 마음과 심리가 다르다는 것을 인정하지 않으면 남자와 여자 사이에서 일어나는 스트레스와 상처를 견디지 못해 갈라서게 된다. 남자와 여자의 마음이 다름에도 같다고 생각하기 때문에 오해가 생기면서 스트레스와 상처가 만들어진다.

스트레스와 상처는 배우자가 만들어 내는 것이 아니다. 자신 스스로 상처와 스트레스를 만드는 것이다. 이혼은 스트레스와 상처를 슬기롭게 극복하지 못해서 서로의 마음을 분리하는 것이다.

혼자만의 행복

　여자들이 힘들어서 이혼을 하고 나면 하는 말이 "두 번 다시 결혼 따위는 하지 않을 거야!"이다. 이제 겨우 결혼의 지옥에서 벗어났는데 자진해서 결혼의 지옥으로 걸어 들어간다는 것은 있을 수 없는 일이다. 결혼하지 않겠다는 것을 좋은 의미로는 받아들이면 사람이 되어 열정과 사랑을 가지고 살아가겠다는 이야기이다. 이혼을 해서 사람으로 돌아왔다 하더라도 자신만의 가치와 의미를 실현시켜 가면서 사회의 구성원으로 돌아가면 된다. 그러나 대부분 책임이 없는 사람으로 살려고 하지 책임을 지는 인간으로 살려고 하지 않는다. 사회가 요구하는 조화와 질서에 동참하지 않고 오직 자신의 재미와 즐거움을 위해 산다면 사회에 기생하는 삶일 수밖에 없다.

　사회는 인간관계로 유지되고 사회구성원들이 국가를 만든다. 인간관계를 가지지 않는다는 것은 권리만 갖고 책임은 지지 않겠다는 이기적인 발상이다. 인간이 아닌 목표의 대상을 향한 열정만 있으면 인간으로서 인식되어 들어오는 것이 없다. 그래서 기억되는 것도, 표현되는 것도 없다. 이런 사람들은 인간과 인간 사이에 만들어지는 각별한 애정과 의미도 못 느낀 채 경제적 가치, 관계적 가치, 사회적 가치만을 추구한다. 사람들과 어울려도 인간관계를 맺지 않고 자신이 필요한 것만 선별적으로 얻는다. 이런 사람들은 '함께'라는 자아실현이 없고, 현재의 목적에만 맞게 살아간다. 이런 생각을 가진 사람들이 많아질수록 사회가 이기주의와 개인주의로 흐른다.

자신의 가치를 상대가 정하는 것은 상대중심으로 살아가는 의존적인 인간이다. 반면 자신의 가치를 자신이 결정하는 것은 자기중심의 자립적인 인간이라 할 수 있다. 이혼은 개인이 살아가는 데 있어서 직면한 문제를 해결하는 방법 중의 하나라고 볼 수 있다. 그래서 이혼해서 자신의 가치만을 추구하며 사람으로 살 수도 있고, 현재의 상황이 너무 힘들어서 잠시 사람으로 돌아가서 자신을 회복한 다음 다시 인간관계로 돌아갈 수도 있다. 이혼이라는 프레임에 갇혀 스스로 상처를 만들면서 살 필요는 없다. 인생은 자신이 주인이기 때문에 모든 것은 자신이 결정한다. 다만 결과에 대한 책임도 자신이 져야 한다.

여자가 이혼을 해서 자신만의 즐거움과 행복을 느끼면서 사람으로 살면 주변에 모이는 사람들 대부분도 같은 부류이다. 이런 사람들은 재미와 즐거움으로 만나기 때문에 누군가가 힘들어하고 고통을 받아도 관심이 없다. 인간관계를 맺는다고 해도 재미와 즐거움을 추구하는 목적관계일 뿐 마음을 나누는 사이는 아니다. 그래서 만남에서 재미와 즐거움이 사라지면 상대를 외면해 버린다. 순수한 인간관계는 살아가면서 자신의 가치를 상대에게 내주어도 아깝지 않기 때문에 의미도 함께 따라 가는 것이다. 이혼한 뒤 자신의 자유와 권리를 포기하고 자녀를 위해 모든 것을 바쳐도 아깝지 않고 행복한 것은 자녀와 의미를 함께하기 때문이다.

이혼을 했더라도 자신의 즐거움과 행복을 위해서는 연애가 필요하다. 그러나 상대를 만나도 전혀 즐겁지도 행복하지도 않다면 연애는 지속되지 않을뿐더러 상대를 위해 헌신할 수도 없다. 남자가 여자를 위해서 헌신할 때는 자신이 재미있고 즐거울 때이다. 즐겁지 않으면 열정이 만들어지지 않기 때문에 헌신할 이유가 없다. 여자는 남자의 열정으로 좋은 감정인 사랑의 감정을 느껴야만 헌신할 수가 있다. 그래서 여자가 사랑에 빠지면 자신의 모든 것을 내준다.

연애는 주고받아야만 하는 개념이다. 그래서 연애의 심리는 이기적일 수밖에 없다. 사람에서 인간으로 넘어가는 단계가 결혼이라면 인간에서 사람으로 다시 넘어가는 단계가 이혼이다. 사람으로 산다고 해도 연애의 심리와 이혼의 심리는 다르다.

열정과 사랑으로 연애할 때는 사람이다. 그러나 결혼을 하면 사람에서 인간관계로 들어간다. 이때 열정과 사랑은 인생의 가치와 삶의 의미로 전환된다. 결혼을 하면 부부가 함께 자아실현을 해 본 경험이 없어서 얼마 동안은 불편하고 서툴다. 새로운 환경과 상황에 익숙해지기까지 결혼생활 내내 많은 시행착오를 겪을 수밖에 없다. 아무리 많은 시행착오를 겪는다고 해도 자신의 생각기준과 상대의 생각기준이 톱니바퀴처럼 맞물리지 못하면 겉돌기 마련이다. 톱니와 바퀴가 오랜 시간이 지나도 맞물리지 못하면 언젠가는 바퀴가 궤도에서 이탈하게 된다. 함께 자아실현을 하기 위해 톱니바퀴를 자주 들여다보고, 수시로 조이고 기름칠을 하면서 톱니바퀴가 잘 돌아가게 삶의 조화와 질서를 찾아야 한다. 그러나 대부분의 사람들은 이런 노력을 하고 싶지 않아 현장을 떠난다. 이것이 이혼의 심리이다.

연애할 때는 귀찮을 정도로 여자를 챙기고 보듬어 주던 남자가 결혼하고 나서 무심해지면 여자는 남자의 마음이 변했다고 단정한다. 그러나 이는 사실이 아니다. 여자가 결혼을 했음에도 연애심리만 고집했기 때문에 그렇게 느끼는 것이다. 여자를 향한 남자의 열정은 결혼을 하면 가치추구로 전환된다. 열정이라는 에너지의 쓰임이 가치추구로 전환한다는 것을 몰라서 여자는 남자의 마음이 변했다고 단정하는 것이다.
　여자도 마찬가지이다. 사랑이라는 에너지의 쓰임이 의미로 간다는 것을 몰라서 여자가 잔소리만 늘었다고 질타를 한다. 가치추구와 의미추구는 지금보다 더 나은 미래를 위해 현재 힘들어도 참고 견디면서 묵묵히 함께 걸어가는 과정이다.
　행복은 그냥 주어지는 것이 아니다. 행복은 두 사람이 자아실현을 함께 하는 과정에서 고통과 고난을 극복한 뒤에 얻을 수 있는 것이다. 희로애락의 삶이 행복이라고 말하는 것도 이런 맥락이다.

　산 정상에 오르면 시야가 탁 트이고 시원해서 가슴이 뻥 뚫린다. 저절로 입에서 "아, 좋다"라는 말이 나온다. 하지만 여기까지 오기 위해 가파른 계곡을 건너고 비탈진 경사로를 수없이 미끄러지면서 올라왔다. 힘든 과정마다 몇 번씩 주저앉기도 하고 온 길을 되돌아가려는 마음을 수없이 다독거리기도 했다. 이런 힘든 과정을 겪지 않고 편하게 산 정상에 오를 수가 없다. 행복의 정상에 오르기 위해 무던히도 참고 견디는 것이 결혼의 심리이다.
　그러나 산 정상으로 올라가는 도중에 다리가 아프다고, 숨이 차다고 정상에 올라가는 것을 포기하는 것이 이혼의 심리이다. 이혼의 심리에서 벗어나기 위해서는 정상까지 갈 수 있는 능력이 자신에게 있다는 것을 주지시켜 줘야 한다. 산 정상까지 가는 길이 너무 험하고 힘들다고 걸어온 길을 돌아가는 이혼은 스스로 위험 속으로 걸어 들어가는 것이다. 인간은 고난과 역경을 극복하면서 다른 사람들과의 교류를 통해 인간관계를 이어 나가는 것이다.

무리에서 이탈해서 초원에 혼자 낙오된 짐승은 모든 동물들의 표적이 된다. 인간관계에 있을 때는 안전장치가 있지만, 사람으로 살면 고립되기 때문에 그만큼 위험하다. 삶이 힘들고 고달파도 스스로 이혼의 심리를 극복해서 마음의 엉킨 실타래를 풀어야 한다.

이혼한 남자가 자신의 열정으로 열심히 인생의 가치를 추구해서 경제적으로 성공한다. 그러나 함께할 인간관계가 없으면 무엇인가를 이룰수록 공허함만 남는다. 남자는 여자의 반응에 죽고 산다고 했다. 남자가 성공하면 기뻐해 주고 실패하면 함께 슬퍼해 주는 사람이 옆에 있어야 더 열심히 가치를 추구한다.

보건복지부에서 삶의 만족도를 조사해 보니 혼자 사는 여성이 남성보다 만족도가 높게 나왔다. 혼자 사는 장점은 자유로운 생활과 자신의 의사결정이 39.5%로 가장 높았다. 그다음이 혼자만의 여가생활로 33.2%고 그 뒤를 잇는 것이 가족부양부담의 자유로움으로 7.3%다. 그러나 아무리 혼자 사는 것이 자유롭고 책임이 따르지 않는다고 해도 혼자 살 때보다 인간관계를 맺으면서 사는 것이 사망위험률이 50%가 감소한다고 한다. 그만큼 사람은 심리적으로 인간관계에서 많은 영향을 받는다는 것을 보여 준다.

눈만 뜨면 스트레스와 상처로 지지고 볶는 것이 지겨워서 부부가 이혼을 했다. 간섭받지 않고, 잔소리 듣지 않는 삶이 행복할까? 처음에는 주변이 고요해서 살 것 같지만 얼마 지나지 않아 간섭과 잔소리가 그리워진다. 행복은 함께 자아실현을 해 나갈 때 만들어지는 것이기 때문이다.

부부가 소리를 지르고 티격태격 싸우는 것도 지금보다 더 나은 삶을 살기 위한 과정이다. 그래서 부부는 싸움을 하는 것도 자아실현을 해 나가는 것이기 때문에 싸우고 난 뒤 화해하면 부부에게는 더 큰 긍정에너지가 만들어진다. 이것이 행복이다.

최근 들어 남자가 아내와 합의 이혼했다. 이혼사유는 집에만 들어오면 숨을 쉴 수 있는 공기가 희박해서이다. 일주일 내내 업무과다로 녹초가 돼서 집에 들어오는 탓에 휴일만큼은 온전히 쉬고 싶었다. 그래서 하루 종일 침대에 누워 TV를 보는데 아내는 시도 때도 없이 방에 들락거리면서 잔소리를 해 댄다. 회사 동료들과 힘든 프로젝트 하나를 끝내고 나서 오랜만에 밤늦게까지 술 마시고 있는데 연신 빨리 안 들어온다고 전화를 해 댄다. 집에 들어오면 술 냄새 난다고 짜증을 내고, 술에 취해 잠이 들면 자는 사람 깨워서 씻고 자라고 다그친다.

오랜만에 여유가 있어 자전거를 타러 나가면 뜬금없이 집안일 도와주기 싫어서 도망간다고 소리친다. 그래서 남자는 스트레스의 원천인 아내에게서 벗어나는 것이 소원이었다. 그런 와중에 아내도 도저히 남자와는 답답해서 못 살겠다면서 이혼을 요구해서 두 사람은 담담하게 헤어졌다. 그러면 남자와 여자는 이혼을 하고 나서 행복해졌을까?

남자는 이혼을 하고 난 뒤 친구들과 원 없이 술을 마시고 다닌다. 휴일이 되면 하루 종일 구속받지 않고 TV를 본다. 시간이 날 때마다 바다낚시를 다니면서 여유를 만끽한다. 그러나 이상하게도 아내가 구속할 때보다 모든 것이 불편하고 허전하다. 컴퓨터를 하면서 먹은 빈 과자봉지와 귀찮아서 옷걸이에 걸어 놓지 않고 쌓아 둔 옷들, 싱크대에 쌓인 빈 그릇들이 아내보다 더 큰 스트레스이다. 그동안 아내가 잔소리는 많이 했지만 알아서 모든 것을 해결해 줬기 때문에 아무 생각 없이 잘 살아왔던 것이다. 그래서 오늘따라 아내의 잔소리가 뼈에 사무칠 정도로 그리워서 혼자 술을 마신다. 술이 들어갈수록 남자는 여자와의 이혼을 후회하기 시작한다. 아내가 없는 삶이 불행하다는 것을 이혼하고 나서야 알게 되었다. 남자는 이런 자신을 한심하게 생각하면서 잠자리에 들지만 금방 잠들지 못한다.

남자는 기분에 죽고 기분에 사는 본성을 가지고 있다. 구속 없이 모든 것을 원하는 대로 하다 보니 재미가 없어진다. 아내의 잔소리를 들으면 긴장도 되고 짜증도 났는데 이제는 모든 것을 풀어 놓고 살다 보니 오늘이 내일이고 내일이 오늘인 듯 지겨워진다. 자유의 한가운데서 구속하는 요인이 없어 불행을 느끼는 것은 누구나 마찬가지이다. 미꾸라지의 삶에 메기가 등장하는 것도 활력을 불어 넣기 위해서이다. 그래서 남자는 오늘도 여자의 잔소리를 그리워한다.

마음은 항상 양면을 가지고 있다. 자유로움도 구속이 있을 때 느끼는 것이고, 행복도 고통과 아픔이 있을 때 만들어지는 것이다. 이혼할 생각을 한다는 것은 인생에서 마주하는 가장 극단적인 갈림길에 서 있는 것이다. 한 번도 가지 않은 길이라서 두렵기도 하지만 지금보다 나은 새로운 의미가 있을 것도 같아서 용기가 나기도 한다.

이혼을 하면 처음에는 자신이 내린 결단에 박수를 보낼 만큼 자신의 선택을 지지한다. 그러나 시간이 지날수록 이혼의 상처가 쌓이면서 세상의 모든 것이 증오스럽고 원망스럽게 느껴진다. 함께 살 때는 지지고 볶아도 인생의 가치와 삶의 의미는 살아 있었다. 그러나 이제는 혼자 행복을 추구해야 한다. 전에는 자신보다 더 많이 가진 사람, 더 높은 지위에 있는 사람도 부러워하지 않았다. 가족과 건강하게 잘 살고 있다는 것만으로도 위안이 되었기 때문이다. 그러나 지금은 기분이 조금만 좋지 않아도 잘 사는 부부들을 보면 시기심과 질투심에 상처가 쌓인다. 상처가 더 쌓이기 전에 상처치료를 해야 시기심과 질투심을 사랑의 감정과 행복의 감정으로 전환시킨다. 상처를 치료하면 혼자 살아도 얼마든지 행복하게 살아갈 수 있다.

길 찾기

    2020년 경제협력개발기구(OECD)에서 전 세계 회원국을 상대로 주관적으로 느끼는 삶의 만족도를 조사했다. 우리나라가 회원국 중 최하위이다. 2019년 우리나라 이혼통계를 보면 혼인은 7.2% 감소하고 이혼은 2.0%로 증가했다. 연령대를 보면 남자는 40대 후반, 여자는 40대 초반이 이혼 비율이 가장 높게 나타나고 있다. 혼인지속기간 중 20년 이상이 전체 이혼의 34.7%로 가장 많고 다음으로 5년 미만 이혼이 21.0%를 차지한다.

    지난해 아이슬란드 총리가 한 말이 인상 깊다.

    "한 국가의 사회적 경제적 성공을 측정하는 척도는 국내 GDP가 아니라 웰빙이다."

    삶의 질을 놓고 볼 때 최하위에 이혼한 사람들이 포진돼 있다. 그중에서도 이혼한 40대 대졸남성이 제일 불행하다고 한다. 40대 불혹의 나이에 자신이 추구하던 가치를 이룬 사람도 있고, 이루지 못한 사람도 있다. 아무리 성공해도 자신의 가치를 함께 나눌 배우자가 없으면 당연히 불행할 수밖에 없다.

    결혼을 안 하거나 이혼이 많아지는 사회는 건강하지 못하다. 그러나 이런 추세는 우리나라뿐만 아니라 전 세계적으로 확산되고 있다. 자신의 자유와 권리를 억압하는 것보다 책임에서 자유로운 것이 편하고 좋기 때문이다. 그래서 결혼보다 독신을 택하고 설령 결혼했다 하더라도 사는 것이 힘들면 쉽게 이혼을 선택한다.

남자가 이혼을 하면 사람으로 살기 때문에 자신의 열정은 자신을 위해서만 쓴다. 그러나 남자는 모든 것이 기분이기 때문에 지금 스트레스를 받고 있으면 불행하고, 지금 기분이 좋으면 사는 것이 재미있고 즐겁다. 또한 남자 옆에 지금 사랑하는 여자가 있으면 행복하고, 사랑하는 여자가 없으면 불행하다.

이혼한 남자들은 배우자라는 안전장치가 없기 때문에 기분에 따라 극단적으로 변한다. 이는 여자도 마찬가지이다. 혼자가 되면 고립감, 단절감, 외로움을 견디지 못해 끊임없이 사랑의 대상을 찾아 헤매다가 자신도 모르게 인생이 나락으로 떨어진다. 이런 것을 보면 혼자 사는 자유보다 함께 살면서 스트레스와 상처를 받는 인생이 훨씬 가치가 크다는 것을 알 수가 있다. 결국 인간의 행복은 인간관계를 통해 만들어진다는 것을 알아야 한다.

이혼을 하면 심리가 인간에서 사람으로 전환된다. 이혼의 주된 사유는 서로의 차이점을 인정하지 않아서이다. 즉 남자의 마음과 여자의 마음이 다르다는 것을 인정하지 않으면, 스트레스와 상처가 유발되어 마음에 균열이 생긴다. 마음의 균열을 메우지 않고 살면 시간이 갈수록 틈은 더 벌어진다. 이렇게 되면 힘들게 쌓아 왔던 부부간의 신뢰도 무너진다. 뒤늦게 상황을 파악하고 수습한다고 해도 의구심 때문에 서로를 불신하면서 산다. 서로의 기준이 맞지 않아 부부간에 갈등이 생겼을 때 서로의 기분과 감정이 나쁘다고 방치하면 손을 쓸 수 없을 만큼 서로의 마음에 균열이 생긴다. 마음의 균열은 시간이 지나면 자연 마음이 분리되어 각자의 길을 갈 수밖에 없다.

결혼하기 전에 남자와 여자는 각자 살아온 문화와 환경이 다르기 때문에 서로의 취향과 가치관도 다르다. 이런 것을 인정하지 않고 상대에게 무조건 자신의 생각기준에 맞추라고 하면 상대는 부당함을 빌미로 이혼을 요구한다. 부부는 각자 살아온 경험데이터가 같을 수 없다. 그래서 살아온 생활습관도 다를 수밖에 없다. 다름을 인정하지 않으면 부부는 커져 가는 갈등 속에서 자아실현의 길을 잃어버린다.

아침에 일어나자마자 양치질을 하는 사람이 있는가 하면 아침식사를 한 후에 양치질을 하는 사람도 있다. 치약을 밑에서부터 짜는 사람이 있는가 하면 손에 잡히는 대로 짜는 사람이 있다. 내가 밑에서부터 치약을 짠다고 해서 중간에 짜는 사람이 잘못된 것은 아니다. 개인별로 오랫동안 형성된 습관일 뿐이다.

상대의 생각기준이 자신과 맞지 않는다고 핏대를 올려 가며 싸울 것이 아니라 시간이 걸리더라도 좋은 쪽으로 새로운 습관을 만들면 된다. 이런 식으로 내 생각기준도 일부분 양보하고, 상대의 생각기준도 일부분 양보해서 부부 공용의 생각기준을 만들어 놓으면 더 이상 갈등이 발생하지 않는다.

결혼을 하면 부부는 자신의 생각기준을 상대에게 강요하지 말아야 한다. 배우자의 입장을 알고 이해해서 배려하면 마음이 쓸데없는 상처로 방황하지 않는다.

이혼을 하면 인간은 존재의 가치와 의미를 잃어버린다. 사람으로 살아가는 마음과 인간으로 살아가는 마음이 다르다. 사람의 마음은 혼자만의 즐거움과 재미를 지향하지만, 인간의 마음은 함께 조화와 질서를 지키면서 자아를 실현한다. 살아가면서 잃지 말아야 할 것이 인간의 마음이다.

  사람으로 살아갈 때는 자신에게 책임이 동반되지 않아서 편하고 자유로움을 느낀다. 그러나 인간으로 살아갈 때는 남편, 아내, 아이들, 부모님, 친구 등과 함께 조화와 질서를 지키면서 인간관계를 맺는다. 누군가 아파할 때 같이 아파해 주고, 힘들어할 때 같이 힘들어하고, 기뻐할 때 같이 기뻐하면서 희로애락을 느낀다. 이것이 인생이다. 혼자 사는 인생은 자아실현은 없고 생존만이 중요하다. 이것은 인간의 삶이 아닌 짐승의 삶과 다를 바가 없다.

  이혼을 하면 혼자가 된다. 아이가 있어도 혼자라는 심리적 불안감이 사라지지 않는다. 이혼은 처음 가는 길이기 때문에 매우 낯설고 불편하다. 또한 이혼의 상처도 가지고 있다. 본래는 행복하고 화목한 가정을 보면 기분이 좋아지지만 이혼을 한 사람은 이런 가정을 보면 우울함을 느낀다. 이것은 스스로를 비하하는 감정이기 때문에 자존감도 낮아진다.

  살아가면서 불안감이나 우울함을 느끼는 것은 사람들의 보편적인 정서이다. 그러나 이런 감정이 지속되면 삶에 대한 의욕을 잃어버리기 쉽다. 부부가 다정히 걸어가는 것만 봐도 눈물이 나고 아빠와 아이가 공원에서 노는 것만 봐도 자책감을 느낀다.

  상처만 주는 남편과 살 때는 헤어지면 모든 것이 편할 줄 알았다. 그러나 막상 이혼하고 혼자가 되다 보니 자신이 선택한 편안함의 대가가 예상외로 크다. 그래서 이혼의 상처가 끊임없이 여자를 들쑤셔서 견디기가 힘들다. 그래서 여자는 시간이 갈수록 우울해지면서 자신이 가치가 없는 것처럼 느껴진다. 이혼 후에 이런 감정이 지속되면 반드시 상처를 치료해야 한다. 상처를 치료하지 않고 방치하면 우울증이나 중독증이 발생한다.

이혼으로 가지 않으려면 일단 자신이 갖고 있는 생각을 배우자에게 말해야 한다. 상대가 자신의 생각기준과 맞지 않아 충돌이 생기면 서로 충분한 대화를 나누면서 소통해야 한다. 사람들은 누구나 자신만의 기억데이터를 가지고 있기 때문에 자기중심적인 사고를 하는 것은 당연하다. 그러나 함께 살아가는 인간관계에서는 나의 생각과 상대의 생각을 절충하면서 살아가야 한다. 서로의 다름을 인정하고 일부분 자신의 권리를 내려놓아야 부부간에도 조화와 질서가 유지된다. 그렇지 않고 각자 자신의 고집대로 생각기준을 강요하면 두 사람 사이에 불신과 혐오만 생길 뿐이다. 불신과 혐오의 끝은 이혼밖에 없다.

이혼을 하면 더 이상 스트레스와 상처는 생기지 않을 것이라고 생각하지만 이는 착각이다. 조금만 안 좋은 일이 생기면 이혼의 상처가 불쑥불쑥 올라온다. 아직까지 이혼녀 이혼남이라고 하면 사회적 인식이 안 좋은 것은 사실이다. 그래서 자신의 이혼 상황을 숨기는 사람들도 많다. 자신에게 떳떳하지 못하면 모든 것이 비관적이고 부정적이다. 이혼녀 이혼남이라는 콤플렉스를 갖고 산다면 자신의 상처를 스스로 후벼 파는 것과 같다. 이것은 자신의 인생을 자해하는 것과 같다. 이혼을 했어도 인생의 주인은 자기 자신이라는 것을 잊으면 안 된다.

열등감은 자기중심의 삶을 살지 못하고 타인중심의 삶을 살기 때문에 만들어지는 감정이다. 자신의 삶을 자신의 눈으로 보지 못하고 타인의 눈으로 보기 때문에 늘 눈치가 보이고 불편하다. 인생의 주인이 다름 사람이 아니라 자신임을 인정해야 열등감이 사라진다.

이혼을 하고 나서 상처로 인해 힘들고, 아프고, 답답하고, 고통스러우면 하루라도 빨리 상처를 치료해야 한다. 상처를 치료하면 행복의 감정과 사랑의 감정을 스스로 만들어 가는 능력이 생기기 때문에 자존감이 높아진다. 자존감이 높아지면 자신감은 자연히 따라온다.

이혼을 하면 심리적 불안감이 크다. 그래서 누군가가 관심을 갖고 다가와서 상처를 위로해 주면 그 사람에게 의존한다. 그래서 자기중심의 삶이 아닌 타인중심의 삶을 살게 된다. 이렇게 되면 상처가 치료되는 것이 아니라 상처를 더 키운다.

상처가 많이 쌓이면 상처가 작용할 때마다 아프고 고통스럽다. 상처의 고통을 잊기 위해 여자는 재미와 즐거움을 찾는다. 놀기 좋아하는 친구들과 어울리고, 여행 동호회에 가입해서 자주 여행도 다니고, 모임이란 모임에 빠지지 않고 나간다. 이런 여자들은 상처를 치료하지 않은 채 중독증이 발생한 것이다.

중독증이 있는 여자들은 혼자 있으면 상처가 작용하기 때문에 잠시도 혼자 있으려고 하지 않는다. 아침에 눈뜨자마자 친구들과 만날 약속을 하거나 여기저기 바쁘게 다닌다. 이렇게 하지 않으면 상처가 올라와서 못 견딘다. 그래서 아이들은 언제나 뒷전이다.

재미와 즐거움의 중독증이 발생하면 여자는 감정을 잃어버린다. 그래서 남자를 만나도 사랑의 감정과 행복의 감정을 만들어 내지 못하고 오직 기분으로만 산다. 감정이 없는 여자는 모성애도 없다. 아이를 방치하거나 자신과 아이를 동일시해서 집착한다. 아이들에게 좋은 부모는 아이를 사랑하는 부모이지 방치하고 집착하는 부모가 아니다.

중독증은 열정이 아닌 상처가 근원이다. 따라서 이혼을 하면 상처를 치료해야 우울증이나 중독증이 발생하지 않는다. 상처가 치료되면 자신도 행복해지고 아이도 행복해진다. 상처의 치료는 자신의 행복한 길을 찾는 것이다.

폭력과의 결별

폭력을 하는 이유는 단순하다. 상대의 신체와 심리에 물리적인 힘을 가함으로써 자신의 나쁜 감정과 나쁜 기분에서 벗어나고자 하는 물리적인 행동이다. 자신의 생각기준과 배우자의 생각기준이 맞지 않으면 대화로 풀어 나갈 생각은 않고 폭언과 폭행을 자신도 모르게 행한다. 이런 나쁜 습관은 자녀들이라고 비켜 가지 않는다. 배우자든 자녀들이든 자신에게 조금이라도 스트레스를 유발하면 견딜 수가 없어서 폭력이라도 행사를 해야만 숨을 쉴 수가 있다. 이럴 경우 배우자와 자녀들의 생활은 악몽이고 범죄의 피해자가 된다.

여자는 남자와 연애할 때 자상하고 다정하면서도 불의를 보면 못 참는 성격이어서 매력을 느꼈다. 그러나 결혼을 하고 보니 남자의 매력은 공포로 바뀌기 시작했다. 남자는 여자의 생각과 행동이 자신의 마음에 들지 않으면 대화로 설득할 생각은 않고 무조건 소리를 지르거나 윽박질러서 여자를 불안에 떨게 만들었다. 여자는 감히 남자에게 대응하거나 대항할 수가 없어서 눈치만 살필 수밖에 없었다. 남자의 횡포는 날이 갈수록 심해졌고 여자의 행동은 더욱 소심해질 수밖에 없었다. 결국 남자는 여자를 힘으로 지배한 셈이다. 그래서 여자와 아이들은 남자가 술 마시고 늦게 들어오는 날은 심리적으로 불안해지고 황폐해지기 시작한다.

　타인에게 가하는 위해도 폭력이고, 자신에게 가하는 자해도 폭력이다. 폭력을 행사할 때는 의도적이었냐 우발적이었냐의 차이에 따라서 결과가 많이 달라진다. 그러나 우발적이든 의도적이든 폭력을 행사했다는 것은 강력한 스트레스에서 벗어나기 위해서이다.
　사람들은 폭력이 일어나면 무조건 피해자와 가해자를 분리해서 생각한다. 폭력을 가한 사람을 가해자로 단정 짓지만 심리적으로 볼 때 가해자가 피해자일 경우도 많다. 폭력은 행사해서는 안 되지만 폭력을 행사했다는 것은 자신의 행복을 추구하기 위한 하나의 방법인 것이다.
　인간은 자아실현을 추구하면서 살아간다. 인간관계에서의 폭력도 결국은 자신의 자아실현을 추구하는 방법 중의 하나이다. 누군가에게 폭력을 가하는 것은 지금 자신이 상대로 인해 기분과 감정이 매우 나쁘기 때문에 이 상황에서 벗어나기 위하여 폭력을 행사해야 자신이 살 것 같다고 느끼기 때문이다. 이처럼 폭력을 행사하는 사람의 마음은 충분히 이해하지만, 자아실현을 해 나가는 과정에서 아무리 어렵고 힘들더라도 폭력을 개입시켜서는 안 된다. 폭력은 범죄이기 때문에 그 어떠한 이유로도 정당화될 수 없다.
　폭력이 나타나는 원인은 남자와 여자가 다르다. 남자는 기분에 의해서 열정이 만들어진다. 자신의 행복을 위해 기분 내키는 대로 살아가면서 열정이 만들어지는 것이다. 여자는 자신이 좋아하는 감정으로 사랑을 만든다. 자신의 행복을 위해 좋은 감정을 가져가면서 사랑을 만들어 낸다. 이 모든 기분과 감정은 자신이 행복하기 위해서이다. 자신의 행복을 위해 열정과 사랑을 만드는데 폭력이 발생되는 이유는 마음에서 느껴지는 분노, 슬픔, 억울함 등이 무의식적으로 표현되었기 때문이다. 폭력이 발생하는 원인을 이해하려면 마음의 원리를 알아야만 그 사람의 심리를 이해할 수 있게 된다.

신체 안에는 마음이 들어 있다. 마음은 인식을 하고, 기억을 하고, 표현을 한다. 폭력은 자신이든 타인이든 신체와 심리에 위해를 가하는 것이다. 그렇다면 어떤 마음이 작용을 해서 이런 행동을 하게 만드는지에 대해 알아야 한다.

사람은 5개 감각기관을 통해서 인식을 하게 되고, 인식한 것을 기억해서 말과 행동과 표정으로 표현한다. 이때 남자는 기분을 추구하고 여자는 감정을 추구한다. 남자의 기분은 인식할 때 만들어진다. 즉 5개 감각기관을 통해 들어오는 느낌을 인식할 때 기분이 만들어진다. 자극되어 들어오는 느낌에 따라 기분이 좋기도 하고 나쁘기도 하다.

여자의 감정은 기억에서 무의식이 작용하면서 의식으로 자각할 때 감정이 만들어진다. 감정은 인식을 통해 들어오는 것이 아니고 자신의 마음이 만드는 것이다. 즉 들어오는 인식은 기분을 만들고 표현은 감정을 만든다고 보면 된다.

남자에게 폭력이 생기는 이유는 안 좋은 인식인 스트레스가 들어오면 무의식이 무조건 나쁜 기분을 제거하려고 할 때 폭력적인 행동을 하는 것이고, 폭력을 하면서 좋은 기분이 만들어지면 즐겁고 재미를 느끼기 위하여 계속 폭력을 행사한다. 여자는 나쁜 감정인 상처가 올라오면 무의식이 치료하려고 할 때 폭력적인 행동을 하는 것이고, 폭력을 하면서 좋은 감정이 만들어지면 남자처럼 즐거움과 재미를 느끼기 위하여 계속 폭력을 행사한다.

남자들은 스트레스를 제거할 때 무의식이 말과 행동과 표정인 표현으로 해소하기 때문에 나쁜 표현이 나온다. 반면 좋은 기분이 들어올 때 말과 행동과 표정이 기분 좋다는 것을 표현한다. 여자는 상처가 올라오면 안 좋은 감정을 표현하고, 긍정감정이 들어오면 그 즉시 행복한 기분으로 소진해 버린다. 폭력이 발생할 때는 인식되어 들어온 나쁜 기분을 심리가 표현할 때이다. 남자가 나쁜 기분을 제거할 때 다른 사람의 몸과 마음에 위해를 가하면 나쁜 표현 중의 하나인 행동에 의한 폭력이 발생한다.

여자는 스트레스가 들어오면 무조건 수용해서 쌓아 둔다. 상처가 작용하면 여자는 아프고 고통스럽다. 그래서 남자에게 관심과 위로를 받고 싶어서 상처표현을 한다.
"아이가 하루 종일 토하고 설사를 해서 정신이 없는데 당신은 맨날 술 마시고 새벽에 들어오니 정말 힘들어서 못 살겠어!"
"사는 게 힘들면 안 살면 되잖아! 누가 같이 살자고 했어?"
상처를 치료하고 싶어서 여자가 투정을 부렸는데 남자는 여자의 마음도 몰라주고 까칠한 말로 일갈한다. 그래서 여자는 서러움에 자신도 모르게 울음을 터트린다. 이때 깊은 잠에 빠져 있던 아기가 놀라서 자지러지게 울기 시작한다. 그러면 남자의 스트레스가 극에 달하면서 자신도 모르게 폭력적이 된다.

남자는 기분이 나쁘면 무의식적으로 스트레스를 제거하는데 이때 말과 행동과 표정으로 스트레스를 표현한다. 여자는 나쁜 감정이 느껴지면 말과 행동과 표정으로 상처를 표현한다. 남자가 여자에게 거친 말을 하거나 행동하는 것은 여자가 싫어서가 아니다. 지금 당장 느껴지는 강한 스트레스를 제거해야 되기 때문에 자신도 모르게 폭력을 행사하는 것이다. 폭력은 그 당시의 기분과 감정에 의해 만들어진다.

 기분은 인식할 때 생긴다. 인식할 때 기분이 왜 나쁜지를 알아야 폭력을 예방할 수가 있다. 마음의 원리를 알면 어떤 마음과 심리의 작용으로 인해 스트레스와 상처가 생기는지를 알게 된다. 폭력의 원인은 남자는 나쁜 기분에, 여자는 나쁜 감정에 있다는 것을 정확히 알면 예방할 수 있다.

 폭력은 신체, 심리, 마음에 피해를 주거나 피해를 입힌다. 마음은 신체와 연결된 심리로 작용한다. 이때 심리에는 인식, 표현, 기억이 있다. 인식은 5개 감각기관이 작용하고, 표현은 말과 행동과 표정으로 작용하며, 기억은 뇌에서 작용한다. 결국 폭력이 발생하면 가해자의 심리와 피해자의 심리가 동시에 만들어진다.

 폭력이 발생하면 피해자는 5개 감각기관을 통해서 아픔을 인식하고 폭력이 기억된다. 피해심리는 감각기관의 자극을 통해서 인식을 기억한 후 의식으로 느끼는 것이다. 가해심리는 감각기관의 인식이 아닌 무의식의 나쁜 표현이다. 가해심리에는 말과 행동과 표정인 표현밖에 없지만, 피해심리는 인식과 기억이 작용한다.

 가해심리는 말과 행동의 표현으로 누군가에게 폭력을 가한 것이다. 피해심리는 인식된 것이 기억되면서 고통, 아픔, 슬픔을 느끼게 된다. 즉 부정감정이 생기는 것이다.

가해자의 표현은 무의식이 작용한 것일 수도 있고 의도적인 것일 수도 있다. 폭력의 원인을 분석할 때 자기의 감정과 기분을 상대에게 의도적으로 표현했는지 아니면 우발적으로 표현했는지가 중요하다. 그래서 가해심리를 분석할 때는 당사자의 심리인 표현이 의도적인지 우발적인지를 분석해 보면 된다. 그러나 피해심리는 인식된 것을 기억하기 때문에 무조건 의식적으로 느껴지게 되어 있다. 인식은 자신의 생각과는 상관없이 들어오는 것이기 때문에 기억도 저절로 되는 것이다. 폭력이 일어났을 때 가해심리는 표현 하나만 작용하고, 피해심리는 인식과 기억이 작용한다.

싸움이 일어났을 때 피해자와 가해자를 동격으로 놓고 시시비비를 가릴 때가 많다. 폭력의 심리를 볼 때 가해를 하는 사람은 기억에 의해 폭력이 발생한다. 기억에 문제가 생기면 여자는 상처를 치료하려고 하고 남자는 스트레스를 제거하려고 한다. 이때 자신도 모르게 나쁜 감정을 표현하게 된다. 이것을 2차 피해라고 하는데 폭력의 피해자가 같은 상황이 되면 폭력의 가해자가 될 수 있다는 논리가 여기서 나오는 것이다. 그 이유는 자신도 모르게 신체적 심리적 폭력의 상황이 기억된다는 것이다. 이것이 보복심리이다.

고된 시집살이를 한 시어머니가 며느리에게 더욱 호되게 시집살이를 시키는 것도 기억에 의한 보복심리 때문이다. 수술실 의사가 인턴을 상습적으로 폭행하는 것도 과거의 기억에 의한 보복심리 때문이다. 폭력의 가해자를 깊이 들여다보면 그 자신도 어느 한때 폭력의 피해자였기 때문에 자신도 모르게 보복심리에 의해 폭력을 하는 것이다. 즉, 피해자는 가해자가 되고, 가해자는 어느 순간 피해자가 되는 구조가 만들어진다. 그래서 폭력이 난무하는 세상이 되는 것이다.

폭력을 없애기 위해서는 폭력의 심리를 정확하게 알고 있어야 치료할 수 있다. 가해자의 심리인 표현의 방식만 바꿔 줘도 폭력이 발생하지 않는다. 남자의 경우 무의식이 스트레스를 제거할 때 표현하는 방식을 바꿔 주고, 여자의 경우 상처를 치료하고자 표현할 때 상처의 기억을 치료하면 된다. 이렇게 되면 폭력이 사라지면서 가해자도 피해자도 사라질 수 있다.

지금까지 학교폭력이나 가정폭력이 사라지지 않는 것은 마음과 심리의 작용을 정확하게 모르기 때문이다. 눈으로 보여지는 것만이 폭력의 전부가 아니다. 그 사람이 인식하고 기억하고 표현하는 모든 것이 폭력의 심리이다. 마음이 신체와 연동하면서 작용될 때 심리가 형성되는데, 인식과 기억과 표현이 서로 어떻게 작용되는지를 정확하게 알아야 마음의 균형이 잡히면서 심리가 안정된다.

폭력의 피해심리는 어디서 만들어질까?

기억이 무의식의 작용에 의해 의식으로 전환할 때 감정이 만들어진다. 기억된 상처감정은 부정적이고, 슬프고, 고통스럽다. 들어오는 인식이 힘들고 고통스러울 때 상처가 기억된다. 학대당하는 것도 폭력의 피해이다. 신체폭력은 없지만 학대받을 때마다 마음이 상하거나 다친다. 이것이 심리의 폭력이다. 대부분의 폭력에는 신체폭력과 심리폭력이 공존한다. 인식되어 들어올 때는 신체폭력이고, 폭력의 고통이 기억되어서 무의식에 의해 의식으로 아픔을 느낄 때가 심리폭력이 되는 것이다. 그래서 신체폭력은 심리폭력을 동반한다.

사람들은 누구나 어릴 때부터 상처를 가지고 있다. 상처의 기억은 아프고 고통스럽다. 특히 어렸을 때 아빠에게 심하게 학대를 당했거나 폭행을 당했을 때 아주 오래된 기억임에도 자신도 모르게 기억이 올라올 때가 있다. 세월이 많이 흘러 전혀 생각해 본 적도 없는 기억인데 마음의 작용으로 상처의 감정인 아픔과 고통을 느끼게 된다. 자신은 다 잊었다고 생각하지만 심리폭력의 상처는 계속 지속되고 있다는 이야기이다.

신체폭력은 기분이기 때문에 폭행이 멈추면 느낌이 사라진다. 이때 다친 신체의 상처는 봉합하거나 소독하여 치료할 수 있다. 그러나 심리폭력은 상처가 치료되지 않으면 죽는 날까지 작용한다. 신체폭력에 의한 통증은 시간이 지나면 저절로 사라진다. 그러나 심리폭력은 무의식이 계속 기억에서 상처를 끌고 오기 때문에 상처를 치료하지 않으면 아픔과 고통은 사라지지 않는다.

여자가 아픔과 고통을 견디지 못하면 자신도 모르게 상처표현을 하게 된다. 그러나 여자의 상처표현은 남자에게 강력한 스트레스로 작용한다. 여자가 상처치료를 하지 않으면 자신도 모르게 상처표현을 하기 때문에 남자의 폭력은 계속 발생하게 된다.

신체폭력은 기분에 의해 발생하고, 심리폭력은 감정에 의해 발생한다. 여자가 감정이 너무 상해서 남자에게 폭력을 휘둘렀다면 남자는 감정을 기억하지 못하기 때문에 맞는 순간만 기분이 나쁠 뿐 돌아서면 금방 잊어버린다. 그래서 남자는 신체폭력만 당할 뿐 심리폭력은 없다고 할 수 있다. 심리폭력은 상처의 감정을 가진 여자들에게만 발생한다. 그래서 여자들은 신체폭력을 당하면 심리폭력도 동시에 당한다. 남자가 한 대 맞는 것과 여자가 한 대 맞는 것은 심리적으로 엄청난 차이가 있다.

남자들은 군대에서 모진 기합을 받거나, 선배에게 태도가 불량하다고 맞아도 화해하고 술 한잔 같이 마시면 조금 전의 힘들고 고통스러운 기분은 이내 잊어버린다. 남자는 5개 감각기관에 좋은 기분이 들어오는 순간 조금 전에 있었던 신체폭력을 기억하지 못한다. 그래서 얼굴에 멍이 든 상태에서도 선배가 건네는 소주 한잔에 호탕하게 웃는다. 이런 남자의 마음을 여자들은 속없는 인간이라고 단정할 뿐 왜 그런 행동이 나오는지에 대해 전혀 이해하지 못한다.

남자는 조금 전까지의 기분이 엉망진창이라 하더라도 지금 현재 기분이 좋으면 다 좋은 것이다. 대신 남자에게 있어서 경계해야 될 것이 학대이다. 학대는 스트레스가 지속적으로 들어오기 때문에 자신도 모르게 학대의 상황을 기억하게 된다. 남자가 이러한 나쁜 기분을 기억하면 노이로제가 발생한다. 인식되어 들어오는 것이 마치 기억에서 인식되는 것처럼 느끼기 때문이다. 이렇게 되면 남자는 지속되는 나쁜 기분임에도 기억의 상처가 올라오는 것처럼 아프고 힘들어진다. 이런 상태를 치료하지 않고 방치하면 인식장애가 발생한다.

인식장애가 발생하면, 남자에게 아무도 위해를 가하지 않았는데도 남자는 마음속에 항상 두려움과 공포를 느끼면서 살게 된다. 아무 일도 일어나지 않는 평온한 상태임에도 남자의 심리는 늘 불안하고 무서움을 느낀다. 의식과 무의식이 작용할 때마다 상처를 만들어서 기억에 차곡차곡 쌓아 두었기 때문이다.

가정에서 아들을 학대하는 것과 때리는 것은 다르다. 아들은 매를 맞고 얻어터지면 그때뿐이다. 엄마가 맛있는 것을 해 주고, 기분 좋게 해 주면 매 맞은 것도 기억하지 못한다. 그러나 엄마가 신체폭력은 가하지 않았다 하더라도 정서적으로 학대를 하거나 함부로 방치하면 아이는 심리가 불안정해진다. 이때 심리치료를 하지 않으면 심리장애가 발생한다.

  엄마들 중에서도 자신의 재미와 즐거움을 위해 아이를 방치하는 사람이 있는가 하면 아이가 자신의 생각기준에 맞지 않으면 그때마다 매를 드는 사람도 있다. 자녀가 아들인지 딸인지를 구분해서 심리를 다뤄야 문제가 생기지 않는다.

  아들은 잘못했을 때 매를 들어서 따끔하게 혼내고 좋은 기분을 집어넣어 주면 모두 잊어버린다. 대신 딸은 매를 들면 신체적 심리적 폭력이 동반되는 것이다. 그래서 딸을 체벌하기 전에 충분한 대화가 필요하다.

  자해의 경우에도 자신에게 폭력을 가하는 것과 학대하는 것이 있다. 하나는 신체를 자해하는 것이고, 하나는 자신을 정신적으로 괴롭히는 것이다.

  여자는 상처의 감정이 오래 지속되면 자해하는 경우가 많다. 아프고 힘든 감정을 주체할 수가 없어서 자신도 모르게 자해를 한다. 여자의 자해는 무가치한 삶에서 자신의 존재감을 느끼고 싶을 때 주로 발생한다. 양상은 다르지만 남자도 자해를 한다. 자기 기분에 못 이겨서 벽을 내리치거나 벽을 걷어차다가 손목과 발목이 부러지는 경우이다. 성질은 있는 대로 올라오는데 차마 상대에게 분풀이를 할 수가 없어서 자기를 자해하는 것이다. 이런 행동은 남자의 기분과 연결되어서 나타난다.

  신체폭력은 인식이 더 이상 들어오지 못하도록 멈춰야 한다. 폭력이 멈추면 남자는 좋은 기분을 집어넣어서 스트레스를 제거해 버리지만, 여자는 기억된 상처를 치료하기 위해서 관심과 위로가 필요하다. 이때 상처를 치료하기 위해서는 목적이 없는 순수한 관심과 위로여야만 된다. 즉 모성애나 남자의 무한책임 같은 순수한 사랑으로 여자에게 관심을 갖고 위로가 만들어져야 치료할 수 있게 된다.

　쌓인 상처가 너무 많아서 남자에게 상처표현을 했더니 남자가 자신의 화를 참지 못하고 여자를 사정없이 때리는 바람에 정신을 잃고 쓰러진다. 눈을 떴을 때 남자가 옆에서 간호를 해 주고 있다.

　"미안해. 앞으로 성질 죽이고 살 테니깐 한 번만 용서해 줘."

　여자는 남자가 자신에게 관심을 보이면서 위로를 해 주니 조금 전의 상처가 치료된 듯 행복한 감정이 만들어진다. 그래서 여자는 감동의 눈물을 흘린다. 이런 상황이 반복되면 폭력과 학대가 계속된다. 가정폭력이나 데이트폭력이 일회용으로 그치지 않고 지속되는 것은 남자가 여자에게 상처를 주고 나서 관심과 위로를 주기 때문에 여자는 상처가 치료되었다고 생각하고 사랑의 감정을 만들어 내는 것이다. 이런 여자들은 가정폭력이나 데이트폭력에서 벗어나지 못한다. 남자의 폭력이 습관화되어서 폭력에 따르는 보상이 무엇인지를 알기 때문이다.

　반대로 남자의 폭력이 멈추고 진심 어린 관심과 위로를 했음에도 불구하고 여자가 계속 폭력의 상처로 힘들어하는 경우는 기억에 폭력이 아닌 다른 상처가 연결되어 있다는 이야기이다. 이럴 경우에는 기억에서 또 다른 상처를 알아내야 모든 상처를 치료할 수 있다.

　폭력은 피해자만 기억한다. 폭력의 상처를 치료하지 않으면 여자는 상처로 쌓아 두다가 자신도 모르게 무의식으로 표현하게 된다. 이럴 경우 한꺼번에 올라오는 상처의 작용으로 정신이 잃을 수 있기 때문에 잠재적인 가해자가 될 수 있다. 상처가 많이 쌓여 있으면 자신도 모르게 분노가 폭발한다. 특히 이혼의 상처를 치료하지 않고 살면 언제 상처가 폭발할지 아무도 모른다. 여자는 상처를 치료해서 기존의 표현습관을 새로운 습관으로 변화해야 한다. 스트레스로 인해 남자에게 폭력이 발생하면 좋은 기분을 집어넣어 주고, 여자는 관심과 위로를 통해 상처를 치료하면 폭력의 상처는 저절로 사라진다. 대신 사랑의 감정과 행복의 감정이 만들어지면서 고단했던 삶이 행복한 삶으로 전환된다.

남자가 스트레스를 제거하는 것은 자신의 기분을 좋게 바꾸는 것이다. 즉 자기행복이다. 이때 아내에게 자식에게 스트레스를 없애기 위해 남편이 폭력을 행사하면 가정폭력이 되는 것이다. 남편의 가정폭력은 자신이 행복해야 되기 때문에 스트레스를 앞뒤 가리지 않고 해소하는 것이다.

남자가 폭력을 쓰는 것은 스트레스를 제거하려고 하는 표현이고, 여자가 폭력을 쓰는 것은 상처를 치료하기 위한 표현이다. 이때 남자의 스트레스와 여자의 상처가 무엇 때문에 생겼는지, 생긴 스트레스와 상처는 어떤 작용을 하는지를 알아야 남자의 마음과 여자의 마음을 알 수가 있다. 서로의 마음을 알고 이해하면 배려할 수 있기 때문에 폭력도 학대도 사라진다. 대신 그 자리에 사랑의 감정과 행복의 감정이 만들어진다.

06
이혼 뒤에 오는 것

　이혼은 즉흥적으로 해서는 안 된다. 인간에서 사람으로 돌아가고 난 이후에 혼자 어떻게 살아가야 할 것인지 준비를 미리 해 둬야 한다. 결혼을 해 봤기 때문에 인생의 가치와 삶의 의미를 만들어 가는 것을 안다. 사람으로 돌아가면 열정과 사랑을 만들어 가는 것도 안다. 그래서 인간에서 사람으로 돌아갔을 때는 무엇이 잘못되었는지 성찰해야 하고, 사람에서 인간으로 돌아갔을 때는 어떻게 변해야 되는지를 아는 것이 중요하다.

　이혼을 하는 것은 권리, 책임, 약속, 신뢰 중 하나 이상이 문제가 발생한 것이다. 자신의 이혼이 어느 단계에 해당되는지 알아야 한다. 그리고 자신이 가지고 있는 장점과 단점이 무엇인지를 정확하게 알고 난 후에 자신의 행복을 추구해 나가면 된다. 자신이 가진 장점을 없애지 않고 단점을 보완해 낼 수 있는 방법을 사람으로 돌아가서 찾을 수 있다면 이혼을 해도 된다. 사람일 때 내가 경제적으로 사회적으로 지위가 있으면 자신을 중심으로 살 수 있기 때문에 상대를 자신의 마음대로 할 수 있다. 대신 자신이 열등하게 여겨지면 삶이 자기중심이 아닌 상대중심으로 살아가게 된다.

　결혼을 하면 조화와 질서를 이루는 인간관계가 일정하게 유지된다. 가치와 의미로 자아실현을 하면서 인간다운 삶을 살지만 이혼을 하게 되면 이 모든 것이 무너진다. 그래서 환경의 변화로 인해 다양하고 많은 희로애락의 감정을 겪게 된다. 인간관계에 있을 때 어떤 문제가 생기면 남편, 아내, 가족 누구든지 보호하고 도와주려 하지만 사람으로 있으면 그렇지가 못하다. 사람으로 살면 가장 위험한 것이 자신을 지켜 줄 안전장치가 없다는 것이다.

　많은 고심 끝에 이혼을 했다면 재혼한 후 두 번째 이혼은 수월하게 한다. 이혼해서 사람으로 있다가 재혼을 하면 다시 인간이 된다. 인간에서 사람으로, 사람에서 인간으로 가 보았기 때문에 재혼한 남자가 자신의 생각기준과 맞지 않으면 맞춰 볼 생각을 않고 쉽게 이혼을 결정한다. 이런 사람은 이미 인간관계의 경험이 있기 때문에 사람으로 있을 때는 언제나 인간으로 돌아가기를 원한다. 그래서 재혼과 이혼을 반복하면서 자신의 정체성을 잃어버린다. 결국 자신을 철저히 망가뜨려서 관계중독이라는 심리장애가 발생하는데, 관계중독은 중독증의 마지막 종착역이고, 인간관계를 파괴하는 심리질병이다.

　이혼의 상처 중에서 가장 강력하고 아픈 것이 남편외도로 인한 외상트라우마이다. 이혼상담을 진행하면서 가장 안타까운 것은 가짜 상처로 인해 이혼을 하는 아내들이다. 지금까지 남편과 희로애락을 느끼면서 잘 살아왔는데 외도의 외상트라우마로 인해 자신의 모든 기억을 불행 속에 던져 넣는 것이다. 여자는 자신이 불행한 삶을 살았다고 생각하면 자신의 감정을 제대로 다스리지 못해서 늘 우울하고 아프다. 여자의 감정을 지배하는 것은 상처의 작용이다. 그래서 외도의 외상트라우마는 무조건 빨리 치료하는 것이 상책이다. 그렇지 않으면 가짜 상처로 인해 모든 것이 무너진다.

남편외도가 발생하기 전까지 남편과 잘 살아왔다는 것만 인정을 하더라도 가짜 상처는 벗겨지고 진짜 상처만 남는다. 상처로 느껴질 때 진짜 상처가 1%라면 가짜 상처는 99%이다. 얼마 전까지만 해도 행복하던 감정이 갑자기 불행한 감정으로 바뀌었다면 이런 감정이 왜 생겼는지, 감정이 변화된 원인이 무엇인지를 알아야 한다. 이것이 자신을 이해하는 과정이다. 자신의 상처를 알고 이해만 해도 상처치료는 어렵지 않다. 그러나 외상트라우마의 충격이 워낙 커서 지속적으로 부정감정의 지배를 받는다. 이때 외상트라우마를 치료하면 부정감정을 행복의 감정과 사랑의 감정으로 전환해서 결혼을 유지하지만, 외상트라우마를 치료하지 않은 채 산다면 상처의 작용이 너무 고통스러워서 이혼을 하지 않으면 견딜 수 없게 된다.

사람은 살아가면서 의도치 않은 잘못을 저지를 때가 있다. 잘못을 하면 당연히 벌을 받아야 한다. 그러나 벌을 주더라도 한 번의 기회를 주어야 잘못한 사람도 깨달음을 갖고 더 나은 사람으로 살아갈 수 있게 된다. 그러나 기회를 줬는데도 변화가 없으면 그때 이혼을 결정하면 된다.

이혼했을 때 심리장애가 발생하면 인식, 기억, 표현 중의 하나 이상에서 장애가 발생한다. 인간은 인생의 가치와 삶의 의미를 추구하는데 결혼을 해서 남편과 아내가 열정과 사랑을 가치와 의미로 전환하지 못하면 심리장애가 발생한다. 반대로 이혼을 해서 사람으로 사는데 열정과 사랑으로 살지 않고 인간이 추구하는 가치와 의미를 갖고 살면 이 또한 심리장애가 발생한다. 이혼을 해서 인간에서 사람으로 들어갈 때 인식에 문제가 생기는지, 기억에 문제가 생기는지, 표현에 문제가 생기는지를 잘 살펴야 한다. 심리장애는 세 개의 심리가 어느 한쪽으로 치우치면 균형을 잡기 위해 심리를 고장 내는 것이다. 그래서 심리장애가 좋다 나쁘다 말할 수 없다.

이혼을 결심했다면 이혼 후에 발생할 수 있는 문제를 미리 알고 준비하면 심리에 문제가 발생하지 않는다. 그러나 힘들다는 이유 하나로 즉흥적으로 이혼을 해 버리면 상처의 작용으로 올바른 길을 찾지 못한다. 심리의 불안정으로 인해 감정을 조절하지 못해 마음이 우울하고, 힘들고, 고통스러워서 제대로 된 판단과 결정을 못 하게 된다.

이혼을 해서 사람으로 들어가면 아이를 비롯해서 주변의 모든 인간관계도 사람관계로 전환된다. 이혼을 하고 나면 혼자 현실을 헤쳐 나가야 하기 때문에 상처치료는 반드시 해야 한다. 상처치료가 되지 않으면 상처가 작용할 때마다 힘들고 고통스러워서 누군가에게 관심과 위로를 받으려 한다. 이렇게 되면 자기중심의 삶은 없다. 이때 누군가가 관심을 주고 위로를 해 주면 그대로 의존하기 때문에 분별력이 흐려진다. 이렇게 되면 자신이 의도한 삶을 살지 못하고 엉뚱한 방향으로 흘러가기가 쉽다. 상처가 작용할 때마다 관심을 받아야 하기 때문에 세속적 욕망에 집착해서 자신도 모르게 성노리개가 되는 상간녀의 길을 가게 된다.

이혼을 하면 결혼이라는 속박으로부터 자유로울 것 같지만 상처치료를 하지 않으면 상처에 휘둘려서 상처감정의 지배를 받는다. 이렇게 되면 상처가 계속 쌓인다. 그래서 자신도 모르게 우울증 또는 중독증이 발생하게 된다.

연애할 때 남자는 열정이고 여자는 사랑이다. 여기까지는 사람이다. 결혼을 하면 인간으로 전환한다. 인간은 자아실현을 추구한다. 남자는 남편이 되면서 열정을 인생의 가치로 전환하고, 여자는 아내가 되면서 사랑을 삶의 의미로 전환한다. 이혼을 하게 되면 함께 추구하는 자아실현은 사라지고 열정과 사랑이 만들어진다. 이것이 정상적인 심리의 작용이다.

남자가 이혼을 해서 사람으로 갔는데도 인생의 가치를 추구하고 있다면 인간관계에 문제가 발생한다. 여자가 이혼을 하고 사람으로 갔는데 삶의 의미를 추구하고 있다면 이 또한 인간관계에 문제가 생긴다. 인간은 인간답게, 사람은 사람답게 살아야 한다는 말도 이런 원리에서 나왔다. 즉 사람의 역할이 있고, 인간의 역할이 있다는 것이다.

이혼을 하고 심리장애가 발생하는 이유는 사람으로 살면서 인생의 가치와 삶의 의미를 내려놓지 못하기 때문이다. 사람인 남자는 열정으로 자신의 재미와 즐거움을 추구하고, 여자는 사랑으로 자신이 좋아하는 것만을 가져가면 된다. 그런데 재미와 즐거움이 자신의 가치이고, 사랑이 자신의 의미이라고 착각하게 되면 심리장애가 발생한다.

여자와 이혼한 뒤 남자가 도박에 빠져서 시간과 돈을 낭비해도 남자는 자신이 가치를 추구하고 있다고 착각한다. 여자가 남자와 이혼한 뒤 성노리개인 상간녀가 되어도 여자는 자신이 의미를 추구하고 있다고 생각한다. 이것은 열정과 사랑이 왜곡된 심리장애이다. 심리장애는 전문가의 치료를 받아야만 치료할 수 있다. 혼자 스스로 아무리 노력해도 치료할 수 없는 것이 심리장애이다. 심리장애가 발생했다는 것은 이미 회복력을 상실했기 때문이다.

여자가 이혼하려면 이혼하기 전에 상처치료부터 하고 나서 이혼을 해야 스스로 사랑의 감정과 행복의 감정을 만드는 능력이 생긴다. 상처를 치료하지 않고 이혼하면 부정감정만 작용하면서 마음이 갈피를 못 잡는다. 마음이 제자리를 찾지 못하면 자신의 인생을 오로지 아이에게만 집착하거나, 남편을 파낸 빈자리를 채우지 못해 남자에게만 빠져드는 경우가 많다. 이혼한 여자들의 공통점은 어느 하나에 마음이 꽂히면 무조건 심리장애가 발생한다는 것이다. 한 가지에 중독되는 것을 자신에게는 의미라고 생각하기 때문이다.

남자들은 여자와 달리 이혼을 하면 이미 자아실현에 문제가 생겼기 때문에 몰입을 잘 하지 못한다. 그래서 남자들은 이혼을 하면 작은 스트레스에도 못 견딘다. 스트레스를 받으면 열정이 차단되는 것이 아니라 인생의 가치가 무너지는 것 같아서 노이로제성 우울증이 발생하거나 중독증이 발생한다.

이혼을 하면 마음과 심리의 작용을 알아야만 원래대로 회복할 수 있다. 그러나 대부분 마음과 심리의 작용을 모르기 때문에 회복할 수 없다. 남자는 열정을 추구하고 있는지, 인생의 가치를 추구하고 있는지, 여자는 사랑을 추구하고 있는지, 삶의 의미를 추구하고 있는지를 구분하지 못한다. 사람에서 인간으로 살아 보았고, 인간에서 사람으로 살아 보았기 때문이다.

이혼하면 자아실현을 추구하는 것이 아니라 자신의 행복만을 추구해야 한다. 사람으로 살면서 자아실현을 하면 심리장애가 발생하면서 자신의 인생을 무너뜨린다.

자기 앞의 인생

 여자와 남자가 얼마 전에 별것 아닌 일로 이혼을 했다. 아이들과 놀이공원에서 하루 종일 놀고 어둑한 시간에 집으로 돌아가는 길이었다. 집으로 가려면 이차선 도로 끝에서 좌회전을 해야 되는데 차 밀리는 것이 싫다고 남자가 도로 중간의 농로로 좌회전을 하고 말았다. 가로등도 없는 고불고불한 시골길에 한 집 건너 소를 키웠다. 아이들은 축사에서 나오는 악취로 비명을 질러 대며 부산을 떨었다. 남자가 시끄럽다고 소리를 버럭 질러도 아이들은 여전히 냄새 때문에 난리를 피웠다.

 "조금만 기다렸으면 차가 금방 빠졌을 텐데 그걸 못 참고 샛길로 들어와서 생고생하네."

 여자는 그냥 아무렇지 않게 툭 던진 말이었는데 갑자기 남자가 좁은 시골길에서 거칠게 운전을 한다. 얼굴 표정을 보니 잔뜩 화가 나 있는 상태였다.

 "가로등도 없는데 천천히 가. 아이들이 불안해하잖아!"

 남자는 여전히 침묵한 채 속도를 줄이지 않는다. 게다가 길을 잘못 들어 미로처럼 얽힌 농로를 수차례 반복해서 돌고 있다. 그때 마을의 노인 한 분이 지나가는 것이 보였다.

"저 할아버지에게 나가는 길 좀 물어볼까?"

여자는 남자의 얼굴 표정이 하도 사나워서 조심스럽게 물었다. 그때 남자의 입에서 거친 말이 사정없이 나온다.

"운전도 안 하는 주제에 편하게 조수석에 앉아 콩 놔라, 팥 놔라 잔소리만 해대고 뭘 도와주는 것이 있어야 말이지!"

남자의 엉뚱한 말에 여자는 갑자기 숨이 턱 막혔다. 남자는 자신의 잘못된 선택에 대해서 사과하기는커녕 상대를 탓한다. 침묵은 생각을 할 시간을 준다고 했지만 여자는 아무리 남자를 이해하려고 해도 이해할 수가 없어서 폭발을 하고 만다.

"당신은 항상 자기가 잘못해 놓고도 책임은 엉뚱한 사람에게 지우더라. 난 여자라도 당신처럼 비겁하게 행동하지는 않아!"

"비겁? 비겁한 남자와 사는 여자는 또 뭐야?"

"그래서 살까 말까 생각 중이야!"

여자의 입에서 생각지도 않은 말이 툭 튀어나왔다.

"살까 말까? 나도 당신 같은 여자와 살고 싶지 않으니 좋게 말할 때 차에서 내려!"

여자는 아이들이 울든지 말든지 상관 않고 차문이 부서져라 닫았다. 문을 닫고 내렸다고 고함을 치는 남자의 목소리가 어둠 속에서 산산조각 부서졌다.

"저런 비겁한 인간하고 여태 살았다니, 소갈머리 없는 저 인간이 남자야?"

여자는 분출되지 않은 분노가 지글지글 끓으면서 끊임없이 올라왔다. 여자는 유난히 무서움을 많이 타는 편이지만 분노로 인해 두려움이 없다. 어두운 밤길에 누가 자신을 건드리기만 해도 그 즉시 살육할 것 같은 어마어마한 분노에너지가 온몸에 가득 차 있다.

여자는 도로변의 큰 불빛을 등대 삼아 어두운 농로를 한참을 걸었다. 걸으면 걸을수록 남자와 단단하게 합쳐 놓았던 마음이 뭉텅뭉텅 떨어져 나가는 것을 느꼈다. 큰길에 도착했을 때 남자와 합쳐 놓았던 마음은 이미 사라지고 없다.

이혼의 원인은 갈등에서부터 비롯된다. 여자는 남자의 가치가 무너져도 갈등을 느끼고 남자는 여자의 의미가 무너져도 갈등이 생긴다. 갈등을 극복하기가 쉽지 않다. 상대의 입장에서 생각만 해 봐도 갈등의 간극이 좁혀지는데도 자신의 생각기준만 강요하다 보니 갈등은 커지기만 한다. 갈등은 제때에 수습하지 않으면 때를 놓친다.

인간일 때는 함께 가는 것이 중요했지만 사람일 때는 자신만 중요하다. 그래서 이혼하고 혼자가 되면 이타심은 사라지고 이기심과 개인주의로 흘러간다.

이혼은 부부간의 약속과 신뢰가 깨지면서 삶의 의미와 인생의 가치에 문제가 발생해서 각자 사람으로 돌아간 것이다. 이혼하면 신뢰도 약속도 의미가 없다. 결합된 마음이 분리되면 끝인 것이다.

이혼을 하면 인간에서 사람으로 전환되면서 혼자만의 행복을 추구하게 된다. 그래서 아이를 양육하는 것이 여자에게는 갈등으로 작용한다. 결혼생활 동안 아이가 여자에게 행복을 가져다주었다면 키울 것이고, 그것이 아니라면 스스로 양육권을 포기하기도 한다. 여자가 사람으로 돌아가면 아이의 양육도 아이를 위한 것이 아니라 오로지 자신의 행복을 위한 것이다. 자신의 행복을 위해 아이를 키우다가 아이가 여자에게 행복을 주지 못하면 여자는 아이를 학대하거나 방치한다. 안정적으로 흘러가던 아이의 심리가 엄마의 감정변화로 심각한 문제를 일으킨다. 그래서 모범생이던 아이가 불량학생이 되는 것이다.

이혼을 해서 좋아지고 나빠지는 것이 문제가 아니라 아이들이 마땅히 누려야 될 행복을 누리지 못한다는 것이다. 환경의 변화로 아이 스스로 자신의 권리를 억압했기 때문이다.

이혼을 생각했다면 냉정하게 판단해서 서로가 양보해야 한다. 그렇지 않으면 사소한 일에도 싸우게 되고 싸우다 보면 법정소송으로 진행된다. 이렇게 되면 재산의 절반으로 싸우게 된다. 부부가 법정소송으로 들어가게 되면 모든 것을 걸고 싸운다. 기존에 삶의 의미와 인생의 가치를 함께 하면서 이루어 냈던 것들을 이혼의 갈등으로 인해 절반 이상 법적 비용으로 사라진다. 이혼할 때 필연적인 갈등이 발생하지만 서로 양보할 것은 양보하고 자신이 챙길 것은 챙겨서 불필요한 감정으로 인한 손실을 최소화해야 된다.

위장이혼도 있다. 환경적인 요인과 상황을 극복하기 위해 부부의 묵인 하에 법적이혼을 하는 경우이다. 부부간에 물리적 거리만 있을 뿐 심리적으로는 변한 것이 없다. 부부가 함께 해 오던 약속과 신뢰도 그대로 존재한다.

위장이혼을 하고 나서 함께 살게 되어도 법적으로 재결합을 하지 않는 경우도 많다. 오직 서류상의 이혼일 뿐이어서 법적으로 재결합이라는 복잡한 절차를 거치지 않고 그냥 사는 것이다. 이럴 경우 남자는 다른 여자에게 열정을 가지고 있고 여자는 다른 남자에게 사랑을 느끼고 있다면 이미 서류상으로 정리가 된 사이기 때문에 난관을 극복할 생각은 않고 담담하게 헤어진다. 이럴 때의 심리는 이혼보다도 더 불안정하다.

살다 보면 뜻하지 않게 가치와 의미가 무너져서 서류상의 이혼이 필요할 때도 있다. 이때 상황이 회복되면 재결합을 위하여 혼인신고를 해야 된다. 인생은 변수가 워낙 많아서 무슨 일이 생길지 아무도 예측하지 못하기 때문이다. 위장이혼을 했다 하더라도 여건이 되면 반드시 제자리로 돌려놓아야 부부 사이에 문제가 생기지 않는다.

피치 못한 사정으로 위장이혼을 하게 되면 남자와 여자는 심리적으로 사람으로 돌아간다. 그래서 자칫 남자의 열정과 여자의 사랑이 중독증으로 들어간다. 중독증은 심리장애이다. 심리장애가 되면 스스로 벗어나지 못한다. 심리장애를 치료하지 않고 방치하면 중증심리장애로 악화된다. 중증심리장애는 심리 2개에 장애가 발생한 것이다. 호미로 막을 것을 가래로도 못 막는 것이 심리장애의 악화이다.

서류상 위장이혼을 했다고 해도 심리장애를 치료하지 못하면 부부 사이가 회복되지 않아 사실이혼이 되고 만다. 어쩔 수 없이 위장이혼을 하였더라도 환경적인 여건이 조성되면 빨리 회복해야 한다. 심리적으로 부부 사이에 아무 문제가 없는 상태에서 상황에 의하여 이혼을 위장한 것이지만, 이혼은 어디까지나 이혼이기 때문에 이혼의 심리가 작용한다.

남자와 여자의 마음은 정반대에 있다. 각자 보고, 듣고, 느끼면서 자신의 심리를 형성한다. 그래서 아이들은 자아를 형성할 때 부모의 모습이 중요하다. 그 이유는 부모의 습관과 태도가 아이들이 자아형성을 하는 데 많은 영향을 미치기 때문이다.

자아형성기에 있는 아이에게 엄마의 습관과 태도가 많은 영향을 미친다. 엄마가 행복하면 아이도 행복하고 엄마가 불행하면 아이도 불행하다. 아이에게 자아가 형성된다는 것은 심리가 작용되는 패턴을 만드는 것이다.

남자아이는 가능하다면 남자의 자아가 형성이 되도록 도와주고 여자아이는 여자의 자아가 형성되도록 만들어 주는 것이 가장 좋다. 이혼을 했는데 여건상 남자아이를 엄마가 키워야 되고, 여자 아이를 아빠가 키워야 되는 경우도 있다. 이럴 경우 아이에게 정반대의 심리가 작용하고 있다는 것을 알아야 한다. 결손가정이라서 아이에게 문제가 있는 것이 아니라 아이가 부모와 마음을 공유하지 못하기 때문에 아이에게 문제가 되는 것이다.

이혼을 하면 엄마의 심리는 상처로 인해 불안정하다. 상처가 올라올 때마다 힘들고, 고통스럽고, 아프기 때문에 자신은 늘 불행하다고 생각한다. 엄마가 불행하면 아이들도 따라서 불행하다. 이것은 엄마의 부정감정이 그렇게 만드는 것이다. 그러나 엄마의 상처가 치료되면 행복의 감정과 사랑의 감정으로 전환하는 능력이 있기 때문에 엄마의 삶은 행복하다. 이런 모습을 보고 자라는 아이들 역시도 행복을 느낀다.

아이들에게는 마음의 공유와 공감이 중요하다. 부모자식 간에 마음이 공유되지 않으면 서로 어긋난다. 그래서 아이에게 문제가 발생하게 되면 엄마나 아빠에게 반항하거나 그것도 여의치 않으면 가출을 해 버린다. 이혼을 해서 데리고 있는 아이가 여자아이면 관심을 많이 주고, 남자아이라면 반응을 많이 해 줘야 한다.

엄마와 아빠가 이혼을 해서 사람으로 살아가면 아이들이 상처를 많이 입는다. 부모의 이혼이 잘못된 것은 아니지만 환경적인 변화로 인해 심리적 불안감이 아이들에게 상처를 주는 것이다.

남자아이들은 누군가가 나를 가르치는 것 자체가 스트레스이기 때문에 알아서 하도록 내버려 두면 된다. 딸은 관심받기를 좋아하기 때문에 힘들어할 때 같이 속내를 터놓고 이야기하면 크게 문제를 일으키지 않고 잘 자란다. 이혼할 때 아이들이 자아형성기라면 같이 살지 않아도 엄마나 아빠가 아이에게 지속적인 관심을 보이면 보호받는 느낌이 들면서 심리가 편안해진다.

자녀는 부모가 관심과 사랑을 주면 그대로 반응하면서 건강하고 올바르게 성장한다. 이혼을 하더라도 자녀의 문제만큼은 마음의 관점에서 정확하게 아이들을 분리해야 한다. 그래야 아이들이 자아형성을 하는 데 문제가 되지 않는다.

살아가면서 죽을 때까지 바뀌지 않는 것에는 두 가지가 있다. 첫 번째가 남자의 마음과 여자의 마음이다. 남자가 성전환 수술을 해서 몸이 여자가 되어도 마음은 그대로 남자의 마음이다. 심리는 바뀔 수 있지만 마음은 죽을 때까지 바뀌지가 않는다. 두 번째가 부모이다. 그래서 절대 바꿀 수 없는 마음과 부모를 아이의 내면에 건강하게 가져갈 수 있도록 만들어 주는 것이 부모로서 최고의 양육이다.

이혼을 하더라도 정확하게 알아야 되는 것이 자녀이다. 자녀는 짐이 아니라 여자에게 삶의 의미다. 삶의 의미가 행복이다. 자녀는 이혼을 해도 바뀔 수 없는 관계이다. 그렇기 때문에 이혼을 한 뒤 아이와 어떻게 의미 추구를 하면서 가치를 만들어 가야 하는지 깊이 생각해 봐야 한다. 그리고 마지막으로 이혼 후의 인간관계이다. 인간으로 살아갈 때의 인간관계를 사람으로 살아갈 때의 인간관계로 전환하게 되는데, 이때 인간으로 살 때의 인간관계와 사람으로 살 때의 인간관계가 달라진다.

여자들이 살아가면서 힘들고 어려울 때, 아이들에게 집중하는 이유는 모성애가 있기 때문이다. 모성애는 상처를 치료하는 것이 아니라 상처를 눌러 주는 힘이다. 남편외도로 여자에게 외상트라우마가 발생되면, 상처를 잊기 위해서 오로지 아이에게 몰입하고 집착한다. 이것은 상처를 치료하는 것이 아니라 상처를 억압하고 잊기 위한 방편이다.

여자는 상처를 사랑하는 사람들에게서 받는다. 남자도 사랑하는 사람에게 강한 스트레스를 받는다. 관심도 없는 사람과는 처음부터 인간관계를 맺지 않는다. 상처와 스트레스는 사랑하는 사람끼리만 주고받는다. 그래서 성격차이로 결혼하고, 성격차이로 이혼하는 것이다. 여자에게 상처가 많다는 것은 남자를 많이 사랑했다는 이야기이기도 하다.

이혼을 하면 혼자가 된다. 인간이 아닌 하나의 독립된 사람으로 존재한다. 부모, 형제자매, 자녀도 마찬가지이다. 자신의 행복만을 추구하는 사람이기 때문에 자신의 행복기준에 맞지 않으면 더 이상 관계를 갖지 않는다. 그래서 여자가 혼자가 되면 인간관계가 모두 무너져서 이혼 후의 고립감과 단절감이 심각해진다.

혼자 있는 사람과 함께하는 사람의 인간관계는 다르다. 결혼을 하고 부부중심으로 만난 사이는 각자 움직여도 인간관계가 공존한다. 하지만 이혼을 하고 사람으로 존재하면 주변은 모두 사람관계이지 인간관계는 아니다. 이혼해서 사람으로 존재하면서 인간관계를 유지하려고 하면 여자는 상처투성이가 되고 남자는 온통 스트레스이다. 그래서 이혼한 후에는 길을 잃고 방황할 것이 아니라 사람으로 돌아가서 자신을 회복해야 된다.

이혼을 하면 경제적으로 심리적으로 많은 압박을 받게 되어 있다. 이를 회복하여 자신을 추스르면서 주변을 정리하고 난 뒤 심리가 안정되면 그때 새로운 인간관계를 형성해야 한다.

이혼의 심리를 정확하게 알면 상대도 나도 목적관계로만 존재한다. 사람으로 돌아왔기 때문에 자아실현을 할 필요가 없다. 오로지 자신만 행복하면 된다. 내가 상대에게 10을 줬다면 10만큼만 되돌려 받으면 된다. 이혼한 남자와 여자가 사람으로 돌아와서 연애하듯이 살아가면 되는 것이다. 이혼한 뒤 인간관계에서 완전히 벗어나서 사람이 될 때까지 기다려야 한다. 그래야만 다시 사람에서 인간으로 회복할 수 있다. 이혼은 결국 자신과의 싸움이다. 함께 가고 있는 의미나 가치의 싸움이 아니라 이제는 존재하는 그 자체가 생존이고 자기 행복이다.

사람은 인간으로 살아갈 때가 제일 가치 있고 살아가는 보람을 느낀다. 인간관계에 들어가면 하는 일마다 가치와 의미가 있기 때문에 성취감과 행복감을 느낀다. 자신의 가치와 의미를 혼자만 끌어안고 있는 것이 아니라 많은 사람들과 나눌 수가 있어서 삶에 대한 욕구가 더 강해진다. 인간이 가진 가장 기본적인 욕구는 고립되고 싶지 않은 소속감이다.

⟨08⟩ 질문과 답변

〈질문〉 자아실현은 결혼을 통해서만 이룰 수 있나요?

〈답변〉 그런 것은 아니다. 결혼의 인간관계는 사람과 사람이 만나서 서로 마음을 주고받는 것이다. 이때 심리가 작용한다. 마음이 작용하면 누군가와 마음을 결합해서 결혼할 수도 있고, 안 할 수도 있다. 연애는 마음을 결합하지 않았기 때문에 자신만 즐겁고 행복하면 된다. 그러나 결혼을 하여 마음과 마음이 결합되었다면 서로를 위해 자아실현을 해 나가야 된다. 그래서 혼자 느끼는 행복과 함께 느끼는 행복에는 차이가 있다.

남자가 사람일 때 자아실현은 가치추구 하나뿐이다. 함께할 사람이 없으면 가치만 추구할 뿐 의미는 실현되지 않는다. 여자도 마찬가지이다. 함께할 상대가 없으면 그냥 의미만 실현할 뿐이지 가치추구를 못 느낀다. 여자는 함께할 사람에게 의미를 두고 행복하다는 느낌을 가질 때 가치추구를 실현해 갈 수 있다. 가치는 이루는 것이 아니라 추구해 나가는 것이다. 가치와 의미의 자아실현을 동시에 가져가는 유일한 방법이 결혼이다. 그렇지 않으면 남자는 가치만 추구하고 여자는 의미만 추구하면 된다. 인간으로 살아가려면 마음과 심리가 상호교류가 되어야 진정한 삶이라고 말할 수 있다.

〈질문〉 이혼을 생각한다면 인간에서 사람으로 돌아갈 때와 사람에서 인간으로 돌아갈 때 어떻게 해야 되는지를 아는 것이 중요할 것 같습니다. 그러나 지금 내가 사람으로 사는지, 인간으로 사는지 모를 때도 있을 것 같습니다. 알 수 있는 방법이 있나요?

〈답변〉 지금 현재 내가 사람으로 사는지 아니면 인간으로 살고 있는지 아는 것은 중요하다. 사람들과 부대끼며 바쁘게 살다 보면 자신을 성찰할 기회가 드물다. 혼자만의 시간을 갖게 됐을 때, 오늘 내가 사람으로 행동했는지, 인간으로 행동했는지를 아는 것이 필요하다. 자신만의 즐거움이나 행복에 빠져 있었다면 사람으로 산 것이고, 조화와 질서를 지키면서 인간관계를 맺었다면 인간으로 산 것이다. 이것만 알아도 자신이 하는 행동과 생각이 저절로 조정된다.

이혼한 사람들에게 문제가 생기는 것은 사람으로 살면서 인간으로 산다고 착각하기 때문이다. 자신의 재미와 즐거움을 위해 열심히 남자들을 만나고 다니면서도 의미를 추구하고 있다고 착각하는 것이다. 이런 사람은 심리장애이다. 사람은 사람으로, 인간은 인간으로 살아야 자신의 심리에 문제가 발생하지 않는다. 이것만 알아도 사람으로서 인간으로서 올바른 처신과 행동을 하게 된다.

〈질문〉 남편의 신뢰가 무너지면 이혼이 답인가요?

〈답변〉 결혼생활을 하는 동안 남편의 가치추구가 남자의 열정으로 변했다면, 아내와의 신뢰와 약속을 깨뜨린 것이다. 즉 자신만 재미있고 행복하면 된다는 것이다. 결혼을 하면 함께 자아실현을 해 나가야 되는데 남편은 가치를 열정으로 전환시켜 버렸다. 결국 남편은 인간이 아닌 사람으로 살겠다는 것이다. 이런 사람은 심리장애이다. 부부로 살아갈 때 남편은 인생의 가치가 중요하고, 아내는 삶의 의미가 중요하다. 인간관계에서 신뢰와 약속이 무너지면 가치와 의미가 한꺼번에 무너진다. 그러나 신뢰가 깨졌다고 이혼하는 것은 올바른 처신이 아니다. 남편은 심리장애이기 때문에 치료해서 열정을 가치추구로 전환시켜 줘야 한다. 잘 가던 시계가 고장 났다고 그냥 버리지는 않는다. 어디가 고장이 났는지 원인을 알면 부속만 교체해도 예전처럼 잘 작동된다. 부속을 갈아 끼워도 시계가 작동하지 않으면 그때 버리면 된다. 따라서 신뢰가 깨졌다고 해서 무조건 이혼할 것이 아니라 신뢰를 회복할 수 있게 부부가 노력해야 된다. 노력해도 안 될 때 그때 이혼을 결정하면 된다. 아내는 무너진 신뢰를 회복하기 위해 최선을 다했기 때문에 이혼을 해도 후회하지 않는다.

〈질문〉 결혼해서 함께 자아실현을 이루어 가는데 남편이 외도를 했습니다. 남편은 여전히 가치추구를 해 나가는데, 이런 경우도 인간에서 사람으로 돌아간 것인가요?

〈답변〉 남자의 열정은 결혼을 함으로써 인생의 가치로 전환되었다. 열정은 사람으로 있을 때 필요하다. 인간으로 가치를 추구하는데 남편이 외도를 했다면 가치추구가 열정으로 전환된 것이다. 지금 당장은 하는 일에 지장이 없더라도 시간이 갈수록 가치추구가 열정인 관계중독으로 옮아가기 때문에 사업체는 부도가 나고 직장에서는 해고당하기 십상이다. 이런 결과를 맞는 것은 관계중독이 중증심리장애이기 때문이다. 중증심리장애는 인생의 가치보다 열정을 중요시하고 삶의 의미보다 사랑을 더 중요하게 여기기 때문에 인간관계에서 발생하는 중증심리장애이다. 남편에게 열정이 생겼다면 무조건 전문가의 치료를 받아야 중증심리장애인 관계중독을 치료해야 한다. 이미 관계중독에 빠졌기 때문에 스스로 열정을 가치로 전환하지 못한다. 아내도 주변 사람도 도울 수가 없기 때문에 반드시 전문가의 도움을 받아 관계중독을 치료해야 하루라도 빨리 벗어날 수 있다.

〈질문〉 남편이 외도를 해서 여자가 이혼을 했습니다. 이혼을 하면 상처를 주는 남편을 보지 않아서 편안한 삶을 살 줄 알았는데 오히려 더 나빠졌습니다. 안 좋은 기억 때문인가요?

〈답변〉 외도하는 여자는 남자의 관심이 중요하고, 외도하는 남자는 여자의 반응이 중요하다. 외도는 중증심리장애인 관계중독이기 때문에 마치 이것을 남자는 열정, 여자는 사랑이라고 착각하는 것이다. 인간일 때는 열정과 사랑이 없어지는 것이 정상이다. 결혼해서 가치추구와 의미추구를 하고 있는데 남자가 자신만의 재미와 즐거움을 느끼려고 결혼의 신뢰와 약속을 깨 버렸다. 여자는 외도한 남자가 용서되지 않아 이혼을 했다.

남편이 외도를 하면 아내에게는 외상트라우마가 생긴다. 외상트라우마를 치료하지 않고 이혼을 했다면 여자는 상처가 올라올 때마다 아프고 고통스럽다. 외상트라우마를 치료하지 않는 이상 이 고통은 평생을 지속한다. 여자는 상처가 올라올 때마다 상처를 잊기 위해 누군가의 관심을 받으려고 한다. 여자는 남자의 관심을 받으면 상처가 치료된 것처럼 느끼지만, 실제 상처는 치료되지 않고 점점 커지면서 계속 작용한다. 상처가 치료되지 않는 것은 사랑이 왜곡되었기 때문이다.

남자가 여자에게 관심을 주는 것은 사랑이 아니라 오로지 재미와 즐거움을 느끼기 위해서이다. 이런 남자는 재미와 즐거움이 사라지면 끝이다.

남자의 관심이 사랑이라고 착각하면서 만났던 여자는 자신이 버림받았다는 생각에서 깊은 상처를 기억 속에 쌓아 둔다. 상처의 고통이 심해지면 여자에게 상처해리가 나타난다. 이혼한 여자들이 상처치료를 하지 않으면 상처해리로 인하여 관계중독에 빠지거나 중증우울증이 발생한다. 관계중독에 빠지면 자신도 모르게 상간녀의 삶을 살게 된다. 남편이 외도를 하면 여자는 이혼을 하든 안 하든 무조건 외상트라우마를 치료해야 심각한 심리장애가 발생하지 않는다.

〈질문〉 가정폭력으로 인한 이혼의 경우, 엄마나 아이들이 심리장애에 안 들어가려면 어떻게 살아야 하나요?

〈답변〉 부부는 자아실현을 함께 추구하고 자녀는 부모의 모습을 보면서 자연스럽게 자아를 형성해 나간다. 부부가 자아실현을 해 나가는 과정에서 아이들에게 폭력을 가하면 아이들은 자아형성이 안 된다. 이미 자아형성이 되어 있다 하더라도 폭력 앞에 모두 무너진다. 가정에서 폭력이 일어나면 아이들의 심리에 문제가 생긴다. 이때 아이들의 심리는 마음만 작용하기 때문에 상처는 생기지 않는다. 하지만 이때의 심리가 아이의 무의식에 습관으로 자리 잡는다. 그만큼 아이들의 자아형성기 때는 가정의 화목함이 무엇보다 중요하다.

남편의 폭력으로 이혼을 했다면 무조건 여자는 상처치료부터 해야 한다. 상처치료를 하지 않으면 상처가 작용할 때마다 아프고 고통스럽다. 이렇게 되면 스스로 불행한 삶을 살게 된다. 함께 사는 아이들은 엄마의 영향을 많이 받는다. 엄마가 늘 아프고 우울하면 아이들의 심리는 부정감정과 부정기분으로 가득해지고 아이들도 불행한 삶을 살 수밖에 없다. 엄마가 상처치료를 해서 스스로 행복의 감정과 사랑의 감정을 만들어 내면 아이들도 긍정감정을 가지고 살기 때문에 아이의 심리가 건강해진다. 결국 아이들의 행복은 엄마가 만들어 주는 것이다.

〈질문〉 요즘 여자들은 자기 행복을 위해 자신을 희생하면서까지 결혼생활을 하려고 하지 않습니다. 결혼생활에 문제가 생기면 풀어 나갈 생각은 않고 무조건 이혼하는 경향이 강합니다. 자신을 희생하면서까지 인간관계 속에 있는 것이 더 나은 것인지, 혼자 행복을 추구하는 것이 더 나은 것인지 판단이 잘 안 섭니다.

〈답변〉 사회가 복잡해질수록 스트레스와 상처가 많이 발생하는 것은 사실이다. 스트레스와 상처를 스스로 힐링하지 못하면 대인기피증이 생기고 노이로제, 우울증, 공황장애 등이 생긴다. 그래서 사람들은 인간관계를 피하고 점점 개별화가 되어 간다. 개별화가 되면 스트레스와 상처는 만들어지지 않는다. 그러나 인간관계가 없는 사람만으로 구성되는 사회는 존재할 수 없다. 사람으로만 구성되는 사회는 구약성경에 나오는 소돔과 고모라이다. 모두가 사람이기 때문에 스스로 멸망되었다. 사람으로 사는 사회가 멸망되는 이유는 조화와 질서가 없기 때문이다. 혼자만의 행복을 추구한다는 것은 사회에 기여하는 것도 없이 자신의 이익만 챙기면서 사람으로 살겠다는 것이다. 모든 사람이 이런 생각으로 살면 그 사회는 병들 수밖에 없다. 티끌 모아 태산이다. 세상을 바꾸지 못하겠지만, 그래도 나부터 먼저 시작하면 된다.

인생이 아름다운 것은 인간관계에서 상처와 스트레스를 받더라도 서로 마음을 나누면서 자아실현을 해 나가는 것이다. 집에 혼자 편안히 누워 여행 프로를 보는 것과 사람들과 무거운 캠핑배낭을 나눠 지고 산에 올라가는 것 중 어느 것이 행복한지 스스로 판단해 보면 안다. 사람으로 사는 삶과 인간으로 사는 삶이 어떻게 다른지만 알아도 어떻게 살 것인지를 결정하는 것은 쉽다.

〈질문〉 이혼 중에서 부모에 의해서 강제적으로 이혼을 한 경우가 있습니다. 일반적인 이혼과 다른 점은 무엇인가요?

〈답변〉 이혼은 인간에서 사람으로 넘어가는 것이다. 만약 강제로 이혼하게 되면 자신이 원해서 이혼하는 것이 아니기 때문에 사람으로 가면 더 빨리 무너진다. 스스로 판단해서 결정한 이혼은 앞날을 위해 무엇인가를 찾으려고 한다. 그러나 강제로 한 이혼은 스트레스와 상처가 너무 커서 아무것도 찾으려고 하지 않는다. 남자는 남자의 부모가 아들의 인생을 책임져야 하고, 여자는 여자의 부모가 딸의 인생을 책임져야 한다. 강제로 이혼당한 사람은 남자든 여자든 올바르게 살아가는 사람이 거의 없다. 그래서 부모가 죽을 때까지 이혼시킨 자녀들의 인생을 책임져야 한다.

〈질문〉 이혼과는 좀 다르지만 강제로 결혼하기도 하지 않나요?

〈답변〉 강제결혼이나 목적에 의한 결혼은 같은 의미이다. 강제적으로 사람에서 인간으로 가게 되면 거기서도 자아실현을 해 나간다. 억지로 인간관계로 들어갔지만 자신도 모르게 조화를 이루며 살아가게 되는 것은 인간이 사회적 동물이기 때문이다. 이때 아이가 생기면 함께 기뻐하면서 자연스럽게 자아실현을 해 나간다.

강제결혼이라 하더라도 환경에 적응하면서 행복하게 살아가는 것은 일반적인 결혼과 별 차이가 없지만, 불행해지면 배우자와 함께 고난을 극복하기보다는 쉽게 이혼한다. 강제이혼 또는 강제결혼은 자신의 의지와는 상관없기 때문에 자아실현의 포기도 빠르다.

〈질문〉 사람에서 인간으로 갈 때 사람이 받는 임팩트와 인간에서 사람으로 갈 때의 임팩트 중에 어느 것이 임팩트가 더 큰가요?

〈답변〉 인간에서 사람으로 돌아가는 임팩트는 매우 크다. 이미 인간으로 살아 본 경험이 있기 때문이다. 사람으로 돌아가면 지금까지 맺어 왔던 인간관계는 모두 무너진다. 이혼으로 인해 결혼의 영역에서 벗어나면 인생의 가치와 의미가 무너지면서 그동안 쌓아 왔던 모든 것이 무너진다. 이것이 이혼의 위험성이다. 대신 결혼한 경험이 있었기 때문에 사람에서 인간으로 가기는 쉽다. 이혼해서 사람으로 있을 때 자기성찰을 제대로 하면 결혼 때보다 더 값진 인생을 살 수 있다.

〈질문〉 연애관계도 깊이 들어가면 인간관계나 마찬가지가 아닌가요?

〈답변〉 사람과 사람이 만나 연애를 하는 것 자체가 인간관계로 가기 위한 하나의 과정으로 보면 된다. 두 사람이 자신의 권리를 서로 양보해 가면서 적응을 잘 하면 인간관계가 맺어지는 것이고 그렇지 않으면 그냥 사람으로서 연애만 한다. 연애를 하면서 마음과 마음을 나누는 인간관계를 맺었는데 서로의 기준점이 맞지 않아 헤어졌다면 남자든 여자든 충격을 받는다. 이미 마음이 오갔기 때문에 헤어져도 쉽게 잊어지지 않는다. 하지만 함께 자아실현을 추구한 사이가 아니기 때문에 시간이 지나면 저절로 예전의 기분과 감정으로 돌아간다. 그러다가 좋은 사람을 만나서 결혼하면 자연스럽게 인간관계로 들어간다.

〈질문〉 사람에서 인간관계로 가서 자아실현을 추구하다 죽는 것이 한 사람의 인생이자 에너지의 흐름이라고 봐도 무방하나요?

〈답변〉 인생은 에너지의 흐름이다. 인간관계가 힘들어서 에너지가 바닥난 것 같으면 사람으로 돌아가는 것도 괜찮다. 그래서 이혼을 좋다 나쁘다 평가하면 안 된다. 인간으로 살면서 에너지가 완전 소멸되면 회생하고 싶어도 못한다. 에너지가 바닥나기 전에 스스로 사람으로 돌아가 에너지를 충전해서 다시 인간으로 당당하게 살아가면 된다. 문제는 인간으로 들어갈 때 사람의 얼굴에 인간의 탈을 쓰고 들어가면 안 된다. 사람에서 인간으로 전환할 능력이 없으면 계속 사람으로 머물고 있어야 한다. 자신의 이기심으로 인간으로 들어가면 주변의 인간관계를 모두 병들게 하기 때문이다. 사람은 사람으로, 인간은 인간으로 살아야 서로 피해를 주지 않는다. 이것이 도덕이고 윤리이다.

<질문> 조건 보고 하는 결혼과 사랑으로 하는 결혼 중에 이혼할 확률은 어느 것이 더 높나요?

<답변> 조건 보고 결혼했든, 사랑해서 결혼했든 이혼에 미치는 영향에는 큰 차이가 없다. 결혼에는 강제결혼도 있고, 계약결혼도 있고, 목적결혼도 있다. 여자가 남자의 돈을 보고 접근해서 결혼했다면 일단 목적은 이루었다. 풍족한 삶을 누리면서 편안하게 살고 있던 여자가 어느 날 남자의 외도를 알게 된다. 여자에게 외상트라우마가 생겼지만 남자와 쉽게 이혼을 생각하지 못한다. 이미 풍족한 생활에 길이 들여졌기 때문에 남자의 경제력에서 자유롭지가 못하다. 이와는 달리 여자가 살면서 재산의 일정 부분을 미리 챙겨 놓았다면 여자는 선뜻 이혼한다. 그러나 막상 이혼을 하고 나면 이혼의 심리는 똑같이 작용한다. 결혼은 어떤 목적으로 했는지는 중요하지가 않다. 결혼 자체가 주는 의미가 크기 때문이다. 결혼은 이렇게 해도 행복하게 살고, 저렇게 해도 행복하게 산다.

<질문> 일본의 경우 문화생활을 혼자서 할 수 있는 시스템이 많이 갖추어져 있습니다. 이런 환경도 이혼에 영향을 미치나요?

<답변> 비단 일본뿐만 아니라 1인 가구의 문화가 전 세계적으로 많이 발달되어 있다. 1인 가구가 급속히 늘어난다는 것은 인간이 아닌 사람으

로 사는 추세로 가고 있다는 방증이다. 이런 흐름을 억지로 바꿀 수는 없다. 1인 가구가 많아지면 함께 사는 것이 조금만 힘들어져도 쉽게 이혼을 생각한다. 이미 큰돈 없이 혼자 살기에 적합한 환경이 만들어져 있기 때문이다. 그러나 한 가지 분명한 것은 사람은 인간으로 살면서 함께 의미와 가치를 추구해야만이 진정한 행복을 느낀다.

〈질문〉 마음과 심리가 작용하는 것을 모르고 남편이 큰 잘못을 저지르는 순간 감정적으로 이혼했습니다. 자녀가 있는 경우에 심리치료는 어떻게 하나요?

〈답변〉 자녀가 자아형성기라면 부모의 이혼에 대해 소상히 이야기해 줘야 한다. 엄마와 아빠의 문제가 무엇인지를 알게 해서 이해를 시키면 부모의 이혼으로 인한 스트레스와 상처는 자연스럽게 치료된다. 부모가 이혼하기 전에는 아이가 망가질 확률이 10%밖에 안 됐다. 그러나 이혼을 하면 아이가 망가질 확률이 90%이다. 이혼을 할 수밖에 없었던 상황에 대해 아이와 대화를 나눠서 이해하게 하면 문제아가 될 확률은 확연히 줄어든다.

가정폭력에 시달리는 남자아이가 있었다. 잘하든 못하든 매일 술 취한 아빠에게 습관적으로 맞고 살았다. 어느 날 아이는 아빠에게 맞지 않으려고 가출을 했다. 그랬더니 대신 엄마가 맞고 있어서 아이는 엄마를 위해 다시 집으로 들어갔다. 이렇게 자란 아이라 하더라도 올바른 가치관으로 잘 자라기도 하고 비뚤어진 가치관으로 인해 불량배가 되기도 한다. 폭력가정에서 자랐다고 해서 아이들이 다 폭력적으로 행동하는 것은 아니다. 폭력을 쓰는 가장은 심리장애에 들어갔기 때문에 자신도 모르게 폭력적이 된다. 아빠가 왜

폭력을 행사했는지에 대해 원인을 알고 이해하면 심리는 저절로 안정된다.

이혼한 자녀의 행복은 엄마가 좌우한다. 엄마가 상처치료를 했다면 사랑의 감정과 행복의 감정을 스스로 만들어 낼 줄 안다. 이런 엄마를 가진 자녀는 행복한 생활을 해 나가고, 상처치료가 안 된 엄마는 늘 부정감정으로 살기 때문에 삶 자체가 불행하다. 아이를 행복하게 키우려면 엄마부터 행복해져야 한다. 엄마가 행복해지기 위해서는 상처치료가 필수적이다.

<질문> 이혼한 친구를 보면 그 주변의 친구들이 죄다 이혼한 사람들입니다. 사람으로 살아서 그런가요?

<답변> 이혼을 하면 사람으로 돌아가기 때문에 인간관계는 없다. 오로지 자기 혼자이다. 사람으로 살면 여자든 남자든 자신을 보호해 줄 사람이 없다. 결혼생활을 할 때는 결혼한 친구와의 관계, 학부모와의 관계 등이 있었는데, 이혼을 하고 난 다음에 자신이 사람으로 살면 사는 방식이 달라서 그들과 어울리지 못한다. 어울릴 경우 주변 사람들을 모두 사람으로 개별화시켜서 인간관계를 파괴한다. 그래서 이혼한 사람의 옆에는 이혼한 사람들이 존재한다.

인간관계에 있는 여자가 이혼한 여자와 친해지게 되면 결혼생활이 힘들고 어려울 때마다 이혼한 여자의 자유와 권리를 부러워한다. 그래서 주변 여자들도 쉽게 이혼을 하다 보니 그들 주변에는 대부분 이혼한 여자들만 있는 것이다. 사람은 취향에 맞는 사람들끼리 어울리게 마련이다. 상대의 행동에 도덕적으로, 윤리적으로 거슬림이 없는지를 보고 관계를 맺어야 건강한 관계가 형성된다.

제4장

재혼의 심리

◇01
자기성찰

　이혼은 혼인관계를 분리하는 것이고, 재혼은 새롭게 혼인관계를 만드는 것이다. 연애를 할 때는 사람으로서 남자는 열정을 만들고 여자는 사랑을 추구한다. 그러다가 결혼을 하게 되면 남자와 여자는 신뢰를 바탕으로 인간관계를 맺고 부부가 된다. 이때 남자는 열정을 인생의 가치로, 여자는 사랑을 삶의 의미로 전환하여 함께 자아실현을 해 나간다.

　결혼생활 도중에 배우자가 일방적으로 약속과 신뢰를 무너트리면 인간관계를 가져갈 수가 없다. 여자가 이혼을 결정하는 것은 한계를 느끼기 때문이다. 한계란 참을 수 없는 고통이 느껴지는 지점이다. 상대가 부부간의 약속과 신뢰에 반한 행동을 하게 되면 여자는 스스로 자신의 길을 가고자 한다. 설령 그 길이 험난하고 위험하다고 해도 제대로 된 삶을 살기 원한다.

　남자와 여자가 연애를 하면서 스트레스와 상처를 무수히 주고받았다. 수많은 갈등을 이겨 내다 보니 두 사람 사이에 두터운 신뢰가 형성됐다. 그래서 결혼을 했고 연애 때의 열정과 사랑은 함께 자아실현을 하기 위해 가치와 의미로 전환했다. 서로 맡은 역할을 위해 열심히 자아실현을 하고 살았지만 변수가 생길 때마다 서로 지향하는 생각기준이 너무 다르다. 그러다 보니 신뢰에 금이 가기 시작하면서 이제는 되돌릴 수 없을 정도로 사이가 벌어지고 말았다. 여자는 남자와 부딪칠 때마다 에너지가 뭉텅이로 빠져나가는 것 같다. 더 이상 버티다가는 완전히 에너지가 방전될 것 같아서 이혼을 결심했다.

이혼은 마음을 분리해서 사람으로 돌아가는 과정이다. 사람으로 돌아가서 자신을 성찰하면서 바닥난 에너지를 충전해야 한다. 비록 이혼은 했지만 삶은 지속된다. 이혼기간 동안 자기성찰로 마음이 회복되면 혼자 당당하게 살아가도 되고, 재혼을 해서 다시 인간으로 돌아가도 된다. 다만 재혼이 인생의 의무가 되어서는 안 된다.

결혼한 남자의 인생목표는 돈을 많이 버는 것이다. 오랫동안 돈의 흐름만 열심히 쫓았더니 조기에 자아실현을 이루었다. 이때 남자는 또 다른 가치를 찾아야 자아실현을 계속해서 추구할 수 있다. 남자가 경제적 가치를 이루었다면 관계적 가치나 사회적 가치를 추구해야 한다. 그렇지 않으면 목표가 사라지기 때문에 재미와 즐거움을 쫓는 사람으로 전환되기 쉽다. 이때 남자의 가치가 열정으로 전환되면 여자의 의미가 무너지기 때문에 결혼생활에 큰 문제가 생긴다. 부부 사이에 자아실현이 멈추면 약속도 신뢰도 한꺼번에 무너진다.

대다수의 남자들이 문제를 일으킬 때가 자아실현이 멈출 때다. 목표한 것이 달성됐다고 자아실현을 멈추면 남자는 더 이상 성취할 목표가 없어서 불행한 삶으로 빠진다.

인간의 행복은 끊임없이 자아실현을 추구하는 것이다. 그래야만 인생을 되돌아볼 때 값진 인생을 살았다고 말할 수 있는 것이다. 자아실현은 추구하는 것이지 이루는 것에 목적이 있는 것은 아니다. 자아실현을 위해 순간순간 최선을 다했다면 아무것도 이루지 못했다고 해도 그 인생은 보람 있게 산 인생이 된다.

산악인들은 죽음을 무릅 쓰고 자신이 목표한 산을 정복한다. 눈사태로 목숨을 잃은 동료들을 보면서도 더 높은 목표를 향해 정진한다. 4,000 고지를 넘고 5,000 고지를 넘으면서 동상으로 발가락과 손가락 몇 개를 잃었다. 주변의 사람들은 더 이상 남자가 등정을 하지 않을 것이라고 단정했다. 그러나 산악인은 집에 오자마자 6,000 고지 정복을 위해 정열을 불태우기 시작한다. 자아실현은 멈추는 것이 아니기 때문에 히말라야 14봉을 정복하는 사람들이 나오는 것이다.

자신이 지향하는 가치가 멈추면 남자들은 심리가 무너진다. 은퇴한 남자들이 쉽게 무너지고 절망감에 빠지는 것도 가치추구가 멈췄기 때문이다.

사람은 보여지는 것만으로 그 사람이 성공했다 실패했다고 단정하면 안 된다. 성공했을 때 제일 많은 영향을 끼친 것이 가족이다. 가족은 남자만을 믿고 변함없이 삶의 의미를 추구해 나갔다. 남자는 이런 가족으로 인해 에너지를 얻기 때문에 포기하지 않고 끝까지 가치추구를 할 수 있다.

열심히 가치추구를 했지만 열악한 상황이 전혀 나아지지 않았다고 해서 실패한 인생이라고 단정하면 안 된다. 남자는 목표를 향해 포기하지 않고 계속 밀고 나가면 미래의 가치는 여전히 살아 있다. 인생의 가치는 앞으로 나가는 방향이 중요하지 현재 이루는 것이 중요한 것은 아니다.

인간은 힘든 난관에 봉착하면 그것을 넘기 위해 무던히 노력한다. 앞으로 올라갔다가 여의치 않으면 뒤로 돌아서 올라가기도 하면서 끝내 난관을 넘는다. 이때 난관을 극복했다는 성취감에 저절로 열정의 에너지가 만들어진다. 그 힘으로 또 다른 난관을 넘어가면서 결국에는 목표점에 도달한다. 그러나 아무리 노력해도 장애물을 넘지 못하면 사람들은 결국 손을 놓는다.

사람은 절망에 처하게 되면 지금보다 나은 길을 찾게 된다. 이혼의 심리이다. 이혼하는 당사자는 이혼이 좋은지 나쁜지 모른다. 단지 현재의 상황이 불확실하고 암울하기 때문에 새로운 길을 찾기 위해 이혼하는 것이다. 이혼해서 사람으로 돌아가면 남자는 열정, 여자는 사랑이 다시 회복되기 시작한다. 이때 결혼에서 경험했던 인생의 가치와 삶의 의미를 생각하면서 자기성찰의 기회로 삼는다. 이때 열정과 사랑을 적당히 조절해 가면서 살아가면 된다.

사람으로 살면서 결혼생활을 끝낸 이유가 무엇이었는지 자기성찰을 해야 더 나은 미래로 나갈 수 있다. 배우자와 생각기준이 맞지 않아 갈등이 생겼다면 갈등의 실타래를 풀어 보려고 노력은 했었는지, 자신의 입장이 아닌 상대의 입장에서 그 문제를 바라봤을 때 문제의 결과는 어떻게 달라졌을지 여러 가지 문제를 하나하나 떠올리면서 나름대로 이혼의 심리를 학습한다. 사람으로 살면서 인간관계 속에서 잘못된 것이 무엇인지 깊이 성찰하면서 자신의 생각기준을 재설정하는 기간이 이혼기간이다. 이혼숙려기간과는 다르다.

이혼은 인간에서 사람으로 넘어가는 과정에서 많은 변화를 겪기 때문에 심리장애가 발생할 가능성이 높다. 이혼기간은 혼자 사람으로 살면서 상처를 치료해야 한다. 그래서 마음과 심리가 상황에 따라 어떻게 작용하는지를 성찰하고 깨달아서 다시 인간으로 넘어갈 수 있는 정신적 시간적

여유를 주는 것이다.

상처가 치료됐다면 좋은 사람을 만나 재혼해서 다시 인간관계로 들어가서 행복하게 살면 된다. 재혼이 내키지 않는다면 혼자 살면서 자신만의 의미를 추구하면서 자아실현을 해 나가면 된다. 그러나 상처치료를 하지 않은 채 계속 사람으로 살면 재미와 즐거움만 추구하기 때문에 감정은 잃어버리고 기분만 찾는 삶을 살게 된다. 이것이 중독증이다.

사람으로 사는 이혼기간 동안은 열정과 사랑을 가지고 있으면서도 가치와 의미를 추구하던 자아실현의 기억도 갖고 있다. 즉, 연애의 심리와 결혼의 심리를 경험해 봤기 때문에 이것을 바탕으로 조화와 질서를 지키면서 새로운 앞날을 도모하면 된다. 즉 자신에게 경험데이터가 많으면 살아가는 데 있어 그만큼 두려움과 불안이 없는 것은 이미 겪어 본 과정이기 때문이다.

사람의 앞날은 아무도 장담할 수 없기 때문에 이혼기간이 1년이 될지, 5년이 될지, 평생 혼자 살게 될지는 아무도 모른다. 그러나 이혼기간 동안 사람으로 살면서 상처치료는 반드시 해야 한다. 상처치료를 하지 않으면 상처의 작용으로 인해 힘들고 고통스러울 때 누군가에게 의존해서 위로받고 싶어 한다. 그래서 상처가 많은 이혼녀들은 남자들이 조금만 관심을 줘도 사랑으로 착각해서 관계중독에 쉽게 빠지는 경우가 많다.

상처를 치료하면 남자의 관심 없이도 스스로 자신을 위로하면서 자기중심의 삶을 산다. 이혼으로 인해 부딪히는 현실적 상처와 스트레스를 스스로 치료하는 능력이 있기 때문에 살아가는 것이 두렵거나 불안하지 않다. 이혼의 상처가 치료되어야 행복의 감정과 사랑의 감정을 만들 수 있기 때문에 한 부모 가정의 아이들이라 하더라도 얼마든지 엄마와 행복하게 살 수 있다. 한 부모 가정의 아이들이 문제를 많이 일으키는 것은 엄마의 상처가 치료되지 않아서이다. 엄마에게 상처가 작용될 때마다 힘들어하고, 신경질을 내고, 답답해하기 때문에 엄마를 바라보는 아이들의 심리가 불안정할 수밖에 없다.

엄마가 행복하면 아이도 행복하다. 그러나 엄마가 불행하면 아이도 불행하다. 아이들의 행복과 불행은 부모로부터 답습되는 것이다.

아이들은 자신의 욕구가 충족되지 않을 때 반항한다. 특히 부모가 재혼하면 아이들은 환경적 정서적 혼란으로 인해 많이 방황한다. 이때 무엇보다 부모가 재혼을 해도 안전하다는 느낌이 들게 해야 한다.

아이들의 기본욕구는 안전함이다. 아이에게 안전함을 느끼게 하기 위해서는 부모의 행동이나 태도가 일관적이어야 한다. 사람들은 예측 가능한 행동을 할 때 안정감을 느낀다. 부모의 행동에 변수가 많으면 아이들은 자연히 불안과 공포를 느낄 수밖에 없다.

미국 통계청의 통계를 보면 미국의 첫 번째 결혼의 50%가 이혼을 한다고 한다. 이혼한 사람의 60%가 재혼을 하고, 삼혼한 사람의 73%가 이혼을 한다고 한다. 즉 재혼을 많이 할수록 이혼도 많이 한다는 이야기이다. 특히 아이가 있는 경우의 재혼의 이혼율은 65%라고 한다. 그만큼 아이가 있으면 부부간에 스트레스와 상처가 많다는 것이다. 특히 아이를 데리고 재혼하는 여자는 자신의 아이에게 집착하는 경우가 많다. 이런 이유로 인해 남자와의 불화가 끊이질 않아서 이혼을 하기도 한다. 재혼은 무엇보다 실행하기 전에 여러 가지 문제점에 대해 많이 생각해 본 뒤 신중하게 결정해야 후회가 없다.

요즘 뉴스를 보면 재혼한 가정에서 아이를 학대하거나 살인하는 경우가 빈번하게 보도된다. 이런 경우 재혼하기 전에 부부간의 신뢰도 없었고 재혼하기 전에 아이들 문제에 대해 심층적인 대화도 나누지 않았다고 봐야 한다. 아이를 데리고 하는 재혼은 상당한 용기가 필요하기도 하지만 생각지도 않은 변수에도 잘 대처할 수 있게 준비도 철저히 해야 당황하지 않고 현명하게 문제를 잘 풀어 나간다.

여자는 감정적이라서 재혼을 해도 아이의 엄마가 되기보다 남자의 여자가 되고 싶어 한다. 이런 마음으로 재혼을 한다면 사람의 탈을 쓰고 인간관계에 들어간 것과 마찬가지이다. 사람의 심리로 인간관계에 들어가면 남자는 물론이고 아이들까지도 파괴한다. 남자가 좋다고 해서 사랑만 가지고 재혼에 뛰어들면 남자의 관심이 끊어지는 순간 이혼한다. 이런 여자는 이혼기간 동안 자기성찰이 전혀 없었다고 봐야 한다.

이혼을 하고 나서 상처치료가 되지 않으면 재혼을 해도 여전히 불행하다. 자기중심적인 삶을 살지 못하고 상대중심의 삶을 살기 때문이다. 그래서 상처로 아프고 힘들 때 누군가가 다가와서 관심을 주고 위로를 해주면 그 상대가 어떤 상대인지 확인도 하지 않고 마음의 문을 쉽게 열어 준다. 여자가 함부로 마음의 문을 열어 주면 기다리는 것은 상처뿐이다. 반면 상처가 치료되면 자기중심의 삶을 살기 때문에 남자를 만나도 그 남자가 목적을 가지고 다가왔는지, 진심으로 사랑해서 다가왔는지를 알게 된다. 누군가가 사탕발림으로 투자를 권유해도 자신만의 냉철한 판단력으로 투자 여부를 결정한다. 상처치료를 하면 자존감이 높기 때문에 그만큼 인생의 혜안이 생기는 것이다.

상처치료를 하지 않은 이혼녀는 사람으로 살아가는 남자들에게 좋은 먹잇감이다. 사람으로 살아가는 남자들은 여자에게서 상처의 냄새를 기가 막히게 잘 맡기 때문이다. 초원에서 사자가 사냥을 할 때 건강한 사슴에게는 눈길을 주지 않는다. 병들고 약해 보이는 사슴만 공략한다. 힘들게 사냥하지 않아도 되는 쉬운 먹잇감이기 때문이다. 그래서 상처치료를 한 여자와 안 한 여자의 삶이 극명하게 갈리는 것이다.

　상처치료를 해서 건강한 심리를 갖고 있으면 당연히 좋은 사람을 만난다. 사람들은 끼리끼리 어울리기 때문에 재미와 즐거움을 추구하는 사람들 옆에는 언제나 같은 부류의 사람들이 들끓기 마련이다. 상처치료를 하지 않은 채 이혼을 해서 상처해리가 오면 자신도 모르게 상간녀가 된다. 그래서 만나는 남자들 대부분이 관계중독인 심리장애자들이다. 이런 사람들과 만남과 이별을 반복하다 보면 상처는 상처대로 커지고 방치된 아이들은 가출을 하거나 크고 작은 문제를 일으키면서 성장한다. 이렇게 되면 본인은 물론이고 아이들도 제대로 된 삶을 살 수가 없다.

　상처치료를 해서 올바른 삶을 사는 이혼녀는 좋은 사람을 만나게 된다. 만남을 통해 서로 간에 신뢰가 형성되면 재혼을 하면 된다. 사람으로서 열정과 사랑을 갖고 인간관계로 들어가면서 인생의 가치와 삶의 의미를 다시 구현하는 단계가 재혼이다.

　사람은 태어나서 죽을 때까지 여러 가지 인생의 관문을 통과한다. 그 첫 번째 관문이 결혼이고, 두 번째가 이혼이며, 세 번째가 재혼이다. 이혼은 인간에서 사람이 되는 것이고, 재혼은 사람에서 인간이 되는 것이다. 사람들은 인간에서 사람으로 돌아가는 이혼을 두려워하지만 사람에서 인간으로 들어가는 재혼 또한 두려워한다. 결혼에 실패한 경험을 가지고 있기 때문에 아는 길이라고 해도 새로운 변화가 두려운 것이다.

결혼은 반드시 행복을 가져다주는 것이 아니라는 것을 재혼한 여자는 경험으로 안다. 그럼에도 인간의 심리는 당연한 결과라고 해도 희망을 가지고 행복을 갈망한다.

인간의 행복은 함께 자아실현을 해 나가는 것이다. 이혼기간 동안 지난 결혼생활의 문제점을 통렬하게 반성하고 성찰했다면 재혼을 해도 충분히 행복하게 살 수 있다. 그렇지 않고 이혼녀라는 주홍 글씨를 없애기 위해서라면 사람의 탈을 쓰고 인간관계에 들어가는 것이다.

재혼을 생각하다

　재혼을 해서 초혼 때보다 더 행복하게 살아가는 것은 불가능한 꿈이 아니다. 대신 행복하게 살아가는 방법을 알아야 그 길에 도달할 수 있다.
　이혼한 사람들은 사랑을 쉽게 할 수가 없다. 실패한 경험으로 인한 상처가 작용하기 때문이다. 하지만 사랑이란 누군가가 또 다른 누군가를 필요로 하는 아름답고 긍정적인 감정이다. 실패의 경험이 있다고 해서 자신의 감정을 묶어 놓으면 미래를 위한 사랑도 행복도 없다. 이혼한 사람은 이미 사랑과 열정, 가치와 의미를 경험해 보고 살았다. 이혼기간 동안 이 네 가지 경험 중에서 자신에게 가장 값진 것이 무엇인지를 알고 미래를 위한 투자를 해야 한다. 이미 가지고 있는 경험에 좀 더 나은 방향으로 가기 위한 좋은 습관을 만들어 놓아야 삶에 대한 건강한 욕구가 생기면서 올바른 길을 가게 된다.
　상처치료를 하지 않은 채 이혼한 여자들 대부분은 외로움이나 경제적 어려움으로 많은 고통을 받는다. 그래서 자신의 힘으로 삶을 개척해 나가기보다는 다른 사람을 통해 쉽게 행복을 얻고자 하는 심리가 강하다. 그래서 누군가가 다가오면 일상의 굴레에서 벗어나고 싶어서 무턱대고 마음을 열고 재혼을 결정한다. 이것은 스스로 자존심을 버리는 길이다.

남자와 여자가 만나서 함께 자아실현을 해 나가는 것은 결혼과 재혼이 똑같다. 그러나 두 사람 사이에 신뢰가 만들어지지 않은 상태에서 함께 자아실현을 해 나갈 때 장애물을 만나면 배우자와 함께 극복할 생각은 하지 않고 그대로 피해 버린다. 이미 결혼한 경험이 있어서 애써 힘든 길로 들어서고 싶지 않아서이다. 이렇게 되면 서로 자신의 기준만 내세워서 스트레스와 상처가 반복된다. 사랑과 열정을 가지고 재혼을 했다 하더라도 이혼해서 혼자 사는 것보다 더 큰 불안과 변화를 겪게 된다. 이런 결과가 나오는 것은 이혼기간 동안 충분한 자기성찰이 없었기 때문이다.

신뢰를 바탕으로 재혼을 했다면 해결할 수 없는 문제나 상황에 맞닥뜨려도 더 나은 내일을 위해 참고 견딘다. '인내는 쓰고 열매는 달다'는 말과 같이 참고 견딘 보람이 뒤늦게 나타나서 부부를 기쁘게 한다.

사람은 갑자기 들이닥친 문제에 대처하기가 쉽지가 않다. 그러나 어려운 상황에서도 서로를 향한 믿음과 신뢰를 가지고 있으면 난관에 효과적으로 대응할 수 있다. 인간관계에서 신뢰만큼 중요한 것은 없다. 특히 재혼을 할 경우 신뢰가 바탕에 깔리지 않으면 의심부터 하기 때문에 살아갈수록 오류가 생기고 오해가 생기는 것이다.

오십이 넘어 재혼한 남자가 있다. 이미 성인이 된 여자의 아이들은 따로 나가서 살고 아직 학교에 다니는 남자의 아이들은 부부와 함께 산다. 남자는 초혼 때부터 월급을 아내 손에 맡겼다. 이런 습관은 재혼을 했어도 마찬가지였다. 그러나 여자가 자신의 아이들과 통화를 할 때마다 남자는 의구심을 떨쳐 내기가 쉽지가 않았다. 그래서 남자는 친구를 만나 자신의 속내를 털어놓는다.

"전 부인과 살 때는 월급을 다 맡겨도 아무 생각이 없었는데, 재혼을 하고 나서부터는 월급을 다 맡긴 것이 여간 신경에 쓰이지 않아. 나나 내 아이들에게 헌신적으로 잘함에도 불구하고 혹시 바깥으로 돈을 빼돌리는 것은 아닌가 하는 생각에서 마음이 상당히 불편해."

재혼을 하더라도 부부 사이에 두터운 신뢰가 없으면 하나에서 열까지 모든 것이 의심이 된다. 재혼을 했는데도 심리가 안정되지 않으면 재혼의 수명은 길지 않다.

재혼을 하는 이유는 인간관계 속에서 마음의 안정을 누리면서 나를 잘 지켜 내려고 하는 것이다. 이런 환경이 오래 유지될 때 부부는 진정한 행복을 느낀다. 그러나 신뢰 없이 좋은 기분과 감정으로만 결합된 재혼은 조금만 삐끗해도 즐거움이 증오로 바뀌어 버린다.

재혼은 결혼과 다르다. 신뢰 없이 결합한 재혼은 좋은 기분과 감정이 계속해서 들어오지 않으면 쉽게 결혼생활을 청산한다. 일단 재혼하면 결혼했을 때보다 스트레스와 상처를 더 많이 참고 견뎌 내야 부부간에 신뢰와 믿음이 쌓인다. 이런 각오 없이 막연한 생각으로 재혼을 했다면, 좋은 기분과 감정이 사라지면 갈등의 단계를 거치는 것이 아니라 곧바로 증오의 감정으로 들어가서 결혼생활에 종지부를 찍는다.

이혼하고 나서 얼마 되지 않아 재혼을 하는 사람들을 보면 외로워서 하는 경우도 있지만 이혼녀라는 사회적 시선이 두려워서 재혼을 하는 경우도 많다. 준비가 안 된 섣부른 재혼은 본인은 물론이고 자녀에게 더 큰 상처를 줄 수 있다는 사실을 알아야 한다.

여자들은 이혼을 하면 모든 것에 폐쇄적이고 냉소적이다. 즉 마음을 쉽게 열지 않는다는 이야기이다. 그 이유는 실패한 경험이 있기 때문에 또 실패를 하지 않을까 하는 두려움이 있어 상대가 진심을 가지고 다가와도 불신부터 하게 된다.

"이 남자가 나에게 사기 치는 것은 아닐까? 나를 재미의 대상으로만 보는 것은 아닐까? 혹, 딴 여자가 있는 것은 아닐까?"

상대의 진심을 헤아리기도 전에 의구심이 먼저 앞서는 바람에 마음을 못 열어서 재혼을 포기하고 아이와 함께 사는 여자들도 많다. 이런 여자들은 남자 대신 아이에게 집착하기 때문에 아이도 여자도 정상적인 심리를 가지고 살지 못한다.

이혼을 하면 무조건 상처치료부터 하고 자기중심을 잡아야 모든 것을 올바르게 판단하고 결정한다. 그래서 남자가 다가와도 진심인지 목적인지를 한눈에 알아볼 수 있다. 이런 여자는 재혼을 해도 신뢰할 수 있는 남자를 만난다.

남자든 여자든 이혼을 하고 나서도 이혼사실을 숨기는 경우가 많다. 사회적 인식이 긍정적이지 않기 때문에 애써 주변에 알리지 않는다. 힘든 이혼기간을 거친 뒤 재혼을 하면 가장 큰 장애가 배우자가 데려온 아이들이다. 일단 환경적으로 심리적으로 부모의 재혼은 낯설고 불편해서 아이들은 스트레스와 상처를 받는다.

부모가 재혼을 하면 남자아이는 나쁜 기분이 만들어져서 새엄마나 새아빠에게 대들고, 딸은 부정감정이 만들어져서 도통 말을 하지 않는다. 그래서 재혼가정의 초기에는 긴장감이 흐를 수밖에 없다. 재혼한 가족이 일체감을 느끼려면 이런 긴장관계를 인내심을 가지고 하나하나 풀어 나가야 된다. 서로에 대한 긍정감정을 가지려면 각자의 역할과 본분에 충실하면 상대가 알아보고 신뢰감을 느끼게 된다. 신뢰감이 쌓이면 저절로 불신의 빗장이 풀어진다.

처음부터 재혼에 대한 기대를 많이 가지면 실망 또한 많이 하게 된다. 천 리 길도 한 걸음에서부터 출발한다. 사소한 것 하나라도 진심을 다해 하다 보면 상대가 먼저 나를 존중해 준다.

재혼은 초혼에 실패했기 때문에 다시 출발을 하는 것이다. 새 출발은 언제나 마음가짐이 중요하다. 무장해제가 된 채 전쟁터에 나가면 곧바로 죽는다.

재혼생활에서 가장 경계해야 될 것이 갈등이다. 가족구성원끼리 갈등이 일어났을 때 빨리 봉합을 해야 상처가 벌어지지 않는다. 상처봉합은 늘 어렵고 조심스럽다. 말 한마디를 할 때도 상대의 마음과 심리를 읽을 줄 알아야 오해와 착각이 일어나지 않는다. 결혼경험이 있기 때문에 선불리 상대를 다 안다는 식으로 함부로 단정해 버리면 상처와 스트레스는 봉합되지 않는다.

초혼이 사랑에서 출발했다면 재혼은 결혼의 경험으로 함께 자아실현을 추구해 봤기 때문에 상대의 생각기준과 자신의 생각기준을 조정할 수 있는 능력이 있다. 이런 경험으로 상대를 충족시키면서도 자신도 충족할 수 있는 노하우를 가지고 있다. 이미 시행착오를 겪었기 때문에 가야 할 길과 가지 말아야 할 길을 이미 알고 있다. 하지만 기존의 습관으로 가지 말아야 할 길을 자신도 모르게 가게 된다면 재혼의 실패도 불 보듯 뻔하다.

결혼에 실패했다고 해서 인생이 망가졌다고 생각하면 착각이다. 실패했다고 좌절할 것이 아니라 실패를 인생의 자양분으로 생각해야 한다. 결혼의 실패가 아닌 결혼의 경험을 때에 맞게 잘 활용한다면 더 많은 행복의 꽃을 피운다.

재혼을 결정했다면 사람의 삶에서 인간의 삶으로 들어가는 것이다. 이혼의 심리에서 재혼의 심리로 빨리 변화가 되어야 낯선 환경에 잘 적응할 수 있다.

재혼을 했다고 해서 인간의 성격은 쉽게 변하지 않는다. 그러나 재혼했을 때 기존의 습관을 그대로 가진 채 살게 되면, 첫 결혼의 실패와 같은 길을 간다. 과거의 결혼 실패를 반복하지 않으려면 변화해야 한다. 새로운 습관을 만들어서 배우자의 가치관이나 생활방식과 조화를 이루어야 스트레스와 상처를 받지 않는다. 스트레스와 상처는 상대의 생각기준이 자신의 생각기준과 맞지 않을 때 만들어진다. 그래서 재혼한 배우자와 행복한 자아실현을 하기 위해서는 새로운 습관을 만들어야 결혼생활이 건강하다. 대신 배우자가 결혼생활 중에 가정폭력, 외도, 중독 등이 발생하거나 경제활동을 멈추면 재혼이라 하더라도 참고 살기가 쉽지 않다. 그러나 이혼을 또 반복해야 하는 두려움과 타인의 시선 때문에 상처와 스트레스를 억압하고 사는 사람들도 많다.

재혼에 실패하지 않기 위해서라도 재혼해서 일어날 일을 충분히 예상하고 새 출발을 해야 한다. 미리 배우자의 마음과 심리의 작용을 알면 사전에 갈등을 방지할 수가 있다.

사람은 당연히 인간으로서 자아실현을 추구할 권리가 있다. 자아실현을 하기 위해 누구와 함께 가는지는 중요하지 않다. 그러나 대부분의 사람들은 여자가 이혼과 재혼을 반복하면 무조건 인격적 결함이 있다고 생각해서 색안경을 끼고 본다.

"위층 여자 또 이혼했대. 재혼한 지 얼마나 됐다고. 혹, 남자 돈만 빼먹는 꽃뱀 아니야?"

여자들의 단점은 사실을 확인하지 않고 '~했을 거야'라는 추정만으로 단정을 해 버린다. 이런 습관을 가진 여자들은 남편이 무엇인가 잘못을 해도 사실 확인부터 하지 않고 정황만으로 판단을 해서 단정한다. 당연히 싸움이 일어날 수밖에 없다. 여자들에게 가짜 상처가 많은 것은 이런 오해가 만들어 내는 결과물 때문이다.

상처가 치료되지 않고 재혼한 여자는 상처가 작용할 때마다 힘들고 고통스러워서 스스로 소외감과 열등감을 많이 느낀다. 남자가 밤이 깊도록 집에 안 들어오면 기존의 습관으로 인해 질투와 분노의 감정에 휩싸인다. 이런 감정은 자기 확신이 부족할 때 생긴다. 상처치료가 된 여자는 이런 상황이 되면 감정을 배제하고 남자의 입장에서 먼저 생각해 본다. 요즘 들어 회사 업무가 과중해졌다고 불만을 이야기한 적이 있었다. 아마도 동료들과 늦게까지 일하고 업무의 스트레스를 풀기 위해 한잔 걸치고 있을 거라고 긍정적인 생각을 한다. 그래서 여자는 남편의 부대끼는 속을 편하게 해 주려고 밤늦은 시간에 북엇국을 끓여 놓는다. 이렇게 상대의 입장을 생각하고 이해를 하면 자연스럽게 배려를 하게 된다.

신중한 남자는 여자의 감정표현에 반응을 잘 하지 않고 과묵하다. 그래서 여자는 남자의 속마음을 잘 모른다. 차라리 화를 내거나 말을 하면 남자의 마음을 읽고 거기에 맞게 대응을 할 텐데 침묵하면 무슨 생각을 하는지 알 수가 없다. 이런 남자들은 갈등상황에 잘 대처를 못 해 화를 키우기도 한다.

마차를 타고 위태로운 언덕길을 내려올 때 영국인은 굳게 침묵한 채 꼼짝 않고 앉아 있다. 스트레스에 대한 반응속도가 느려서 평지에 도착했을 때 비로소 안심하고 스트레스를 제거한다. 감정적인 여자들이 볼 때 속을 알 수 없어 답답해진다. 위험한 상황에 놓였을 때 프랑스인처럼 비명을 질러 대면서 난리법석을 피워야 여자는 편하다. 그때그때 반응해야 상대의 마음을 읽기도 쉽고 대응하기도 쉽기 때문이다.

지나치게 신중하거나 말이 없는 남자는 여자들이 오해를 많이 한다. 오해는 가짜 상처를 만들어 내는 공장이나 다름없다. 뭔가 마음에 들지 않는 일이 있으면 솔직하게 표현하고 살아야 부부 사이에 갈등이 생기지 않는다. 상대가 어떻게 생각할지를 몰라 속에만 담고 있으면 마음이 상하는 것은 시간문제이다.

남자나 여자나 재혼을 하면 기존의 습관은 그대로 둔 채 새로운 가치와 의미의 새로운 습관을 만들어야 한다. 한쪽은 변화가 되었는데 한쪽은 기존의 습관을 그대로 유지하면 결혼생활을 해 나가는 것이 힘들다.

이혼과 재혼을 반복하는 것은 그 사람의 인생이다. 다른 사람이 개입해서도 안 되고 다른 사람의 시선이 무서워 참고 살아도 안 된다. 이혼과 재혼을 밥 먹듯 하는 것도 인간으로서 자아실현을 추구하기 위해서이다. 남자가 아무리 바뀌어도 가치추구를 못 하면 여자는 의미추구를 할 수가 없다. 재혼한 여자가 이혼을 마음먹을 때는 이혼을 하지 않으면 죽을 것만 같아서 사람으로 돌아가는 것이다. 사람으로 돌아가서 고갈된 마음에 너지를 회복해서 다시 자아실현을 하려고 결심하는 것이 이혼이다.

여자가 이혼과 재혼을 반복한다고 해도 이것은 자신의 삶이고 자신의 인생이다. 그 누구도 자신의 삶을 대신 살아 줄 수 없을뿐더러 자신의 소중한 삶을 함부로 타인에게 대여할 수도 없다. 넘어지고 부딪히고 피가 나도 사람은 자신의 삶을 사랑한다. 그것은 태어나서 지금까지 보고, 듣고, 행동하고, 말하고 살아온 자신의 기억데이터가 고스란히 저장되어 있기 때문이다. 어린아이들도 자신의 일기장을 누군가에게 함부로 보여 주지 않는다. 일기장 속에는 어린아이만이 아는 내밀한 기억이 들어 있기 때문이다.

"또 이혼하면 사람들이 나를 어떻게 생각할까? 엄마의 반복되는 이혼으로 혹시 내 아이가 잘못되진 않을까?"라는 생각에서 이혼을 실행하지 못하는 여자들도 많다.

이혼을 해서 사람으로 살아가는 것은 자기중심의 열정과 사랑에 확신을 가지기 위해서이다. 가치와 의미를 자기 멋대로 훼손한 배우자로 인해 인생이 무너질 만큼의 상처를 받았다면 타인의 시선과는 상관없이 사람으로 돌아가서 다시 나를 회복해야 한다. 바닥난 마음에너지를 충전해서 타인중심의 삶이 아닌 나를 중심으로 하는 삶으로 돌아가면 된다.

재혼을 했음에도 새로운 가치의 습관을 만들지 않고 기존의 습관만 고집하는 배우자와 살아가는 것은 숨 쉴 자유를 잃는 것이다. 살아갈수록 숨 쉬기가 힘들다면 질식사하기 전에 사람으로 돌아가서 황폐해진 마음을 힐링해서 자존감을 회복시켜 놓아야 한다.

타인의 시선이 두려워서 이혼도 못 한 채 스트레스와 상처를 안고 살아가면 노이로제와 우울증이 발생한다. 남들에게 번듯하게 보이는 쇼윈도 인생은 나의 인생이 아닌 다른 사람의 인생임을 알아야 한다.

초혼과 재혼

우리가 인간에서 사람으로 되돌아가는 과정은 무너진 자신의 자아실현을 회복하기 위해서이다. 에너지가 거의 다 소진된 자신을 재충전해서 자아실현의 기회를 다시 가져가야겠다고 생각하는 것이 이혼이다. 그래서 이혼이 무조건 나쁘다고 말할 수 없다. 이혼을 해서 자신을 재정비한 뒤 자아실현을 해 나갈 수 있을 때 인간관계를 맺는 것이 재혼이다.

재혼하는 것이 좋은 것인지 나쁜 것인지 아무도 모른다. 미래는 언제나 불확실하기 때문에 이렇다 저렇다 단정할 수는 없다. 그러나 준비된 사람은 자신의 한계와 경계를 분명히 알고 간다.

예를 들어 맥주 한 캔을 마시면 가슴이 답답하고 숨을 제대로 못 쉰다면 이 사람은 자신의 한계를 알기 때문에 결코 맥주 한 캔 이상은 마시지 않는다. 이것이 자기절제이면서 자기규율이 되는 것이다. 이런 습관이 몸에 배인 사람은 재혼을 해도 자신이 극복해야 될 한계와 더 이상 확장해서는 안 될 경계를 분명히 안다. 재혼을 해서 배우자와 함께 어떻게 자아실현을 추구해 나가야 되는지도 분명히 안다.

자신의 마음을 아는 사람은 상대의 마음도 잘 안다. 서로 상대의 입장이 되어서 이해하고 배려하기 때문에 갈등은 없고 행복과 사랑의 감정만 있다.

성인이 되어서 연애하고 그다음에 결혼을 하는 것은 인생의 통과의례이다. 신뢰가 깨져서 이혼을 하고 사람으로 있다가 재혼을 해서 다시 인간으로 들어왔을 때 심리가 어떻게 작용되는지를 보면 이런 일련의 과정에서 누구의 잘못이라고 말하기 어렵다. 희로애락이 있는 삶 자체가 인생이기 때문이다.

자아실현은 혼자 추구할 수 있는 것이 아니라 함께하는 것이다. 자아실현의 기본은 자신의 에너지인 열정과 사랑을 가치추구와 의미추구로 전환하면서 행복을 향해 간다.

인간은 살아가면서 연애도 하고, 결혼도 하고, 이혼도 하고, 재혼도 한다. 즉 인생의 롤러코스터를 타는 것이다. 이 과정에서 자신을 새롭게 발견하기도 하고 자신을 잃어버리기도 하면서 인생을 경험해 나간다.

이혼을 한 뒤 비난과 분노를 뒤집어 쓴 채 암흑 속에 살다가 자신에게 무엇이 잘못됐는지를 알고 스스로 암흑 속에서 걸어 나와서 재혼이라는 찬란한 태양과 마주하기도 한다. 인생의 경험은 그 나름대로의 가치를 가지고 있기 때문에 무조건 비난하거나 비난을 받아서는 안 된다. 내 인생의 주인은 나이기 때문에 비난을 받았다고 해서 열등감을 가질 필요가 없고 손가락질을 당한다고 수치심을 느낄 필요도 없다. 실패의 책임도 내가 지는 것이고 성공의 기쁨도 내가 누리는 것이다. 이것이 자존감이다.

이혼을 했다고 해서 무조건 재혼을 해야 된다는 의무감은 버려야 한다. 재혼도 결혼과 마찬가지로 사는 것이 똑같다고 생각하지만, 결혼의 심리와 재혼의 심리는 다르다.

결혼의 심리로 재혼을 하면 실패는 뻔하다. 재혼은 기존의 습관을 새로운 습관으로 변화하지 않으면 또다시 이혼을 생각할 만큼 결혼생활이 힘들어진다. 시행착오를 겪지 않으려면 결혼과 이혼, 이혼과 재혼의 개념을 정확히 알 필요가 있다.

재혼은 이혼을 해서 사람으로 살다가 다시 인간관계로 들어가는 것이다. 이혼기간 동안 인간관계에서 벗어나 자기 자신을 깊이 성찰해서 자신을 알고 난 뒤 마음을 회복하는 것이다. 마음이 원래대로 회복되면 누군가와 함께 인생의 가치와 삶의 의미를 함께 추구할 수 있을 때 재혼을 하는 것이다. 말하자면 인간관계에서 신뢰가 만들어진 상대와 자아실현을 다시 추구하겠다고 선언하는 것이 재혼이다.

재혼의 의미는 마음을 회복해서 다시 인간관계 속으로 들어가서 사회의 한 구성원으로서 함께 의미와 가치를 추구하겠다고 선언하는 것이다. 결혼이든 재혼이든 함께하면서 자아실현을 하는 것이 가장 인간다운 삶의 모습이자 진정한 행복을 느끼는 길이다.

초혼과 재혼은 함께 자아실현을 하는 것이지만 삶의 의미는 다르다. 초혼은 결혼에 대한 경험이 없기 때문에 자아실현을 해 본 적이 없다. 인생의 가치도 삶의 의미도 추구해 본 적이 없다. 기억에 그러한 것이 없다 보니 스트레스와 상처가 생겨도 서로 맞춰 보려고 무던히 애쓰고 노력한다.

결혼은 연애 시절에 내가 꿈꾸던 대로, 생각한 대로 흘러가지 않는다. 그래서 생각과 현실의 괴리감 때문에 많은 갈등을 겪는다. 갈등을 겪다 보니 자신의 희생으로 성취하는 것도 있고 자신의 권리를 양보함으로써 더 큰 행복을 느낀다는 것도 알게 된다. 그래서 갈등이 생겨도 대립각을 세우기보다는 배우자와 서로의 생각기준을 조율하면서 조화를 이루어 나간다. 이것이 결혼생활의 행복이다.

초혼 때는 결혼이라는 기억도 경험도 없지만 부딪히고 넘어지는 시행착오를 겪으면서 인생을 배워 나가는 것이다. 반면 재혼은 이미 결혼에 대한 경험이 있기 때문에 초혼 때보다 시행착오를 겪지 않는다. 그래서 인생의 지름길을 미리 알고 있는 재혼일 때는 이혼의 확률이 적다.

초혼과 재혼 중에 어떤 것이 더 좋고 어떤 것이 더 나쁘다고 말할 수가 없다. 행복한 삶은 지극히 주관적이기 때문이다. 기억에 결혼의 경험이 있는 것이 좋은지 나쁜지 당사자가 아니면 알 수 없지만 결혼의 경험을 현 상황에 맞게 조율해 나가면 오히려 에너지를 얻는다. 내가 가진 경험데이터로 기억을 자각해서 지금 생각하고 있는 것이 나 자신이다. 즉, 내 기억이 나의 정체성이다.

이혼을 한 뒤 인간에서 사람으로 돌아오면 자신에게 잘못된 것이 무엇인지 알고 자신의 기억들을 조정해 나가면 본연의 나로 돌아온다. 하지만 대부분 각자 자신만의 기억이 살아가는 생각기준이 되어서 사람들은 자신의 기억만을 고집한다. 그래서 자기 생각기준만 옳다고 주장하고 상대의 생각기준은 잘못됐다고 단정하면서 스트레스와 상처가 발생하는 것이다.

갈등은 결혼생활의 근간을 해친다. 작은 갈등이라고 하더라도 그때그때 대화를 하고 소통을 해서 풀어야 서로의 생각기준이 엉키지 않는다.

나를 알면 상대를 이해하고 배려할 수 있다. 이해와 배려는 사랑의 기본이다. 나를 알아야 상대와 다른 점을 알 수가 있고, 다른 점을 알면 상대의 입장을 이해하게 된다.

재혼하는 남자는 자신의 열정을 가지고 가치를 추구하고, 재혼하는 여자는 자신의 사랑을 가지고 의미를 추구하면서 서로를 알아간다. 두 사람 사이에 신뢰가 생기면 아이들은 큰 문제가 안 된다. 이미 결혼의 경험이 있기 때문에 문제가 생겼을 때 시행착오 없이 상황을 잘 조절할 수 있기 때문이다. 그렇지만 재혼은 여전히 큰 부담을 갖고 산다. 실패한 경험이 있기 때문에 또 실패를 반복하지 않을까 하는 두려움이 있는 것이 사실이다. 그래서 재혼한 사람들은 초혼 때보다 말과 행동과 표정에도 많은 생각과 노력을 해야 한다.

여자가 남자의 잘못으로 화가 많이 났다고 해도 인상을 쓰거나 신경적인 말투로 말하면 안 된다. 남자들의 마음은 기분이기 때문에 자신의 잘못을 알아도 상대의 상처표현에 먼저 스트레스를 받는다. 여자는 감정이 상해서 화가 나도 일단은 웃는 표정으로 상대의 잘못을 지적해야 남자가 스트레스를 받지 않는다. 남자는 시각적으로 매우 예민한 존재이다. 서로 약한 고리를 미리 알아서 우회적으로 대처하는 것도 하나의 방법이다.

재혼을 하면 남자는 여자가 새로운 습관을 만들어서 삶의 의미를 추구하기를 바라고, 여자는 남자가 새로운 습관을 만들어서 경제적 가치를 추구하기를 바란다. 기존의 습관이 아닌 새로운 습관을 가지고 가치와 의미를 추구하는 것이 재혼의 새 출발이다.

자신으로 돌아가기

　세상에 완벽한 사람은 없다. 재혼한 사람에게 전 배우자가 갖고 있던 것의 정반대를 원하면 전 배우자의 장점도 사라진다. 아무리 나쁜 사람이라 하더라도 분명 좋은 점이 있고, 아무리 좋은 사람이라 하더라도 분명 나쁜 점이 있다.

　재혼의 함정은 만난 남자가 예전의 배우자가 갖고 있던 단점만 없으면 무조건 좋은 감정을 가진다는 점이다. 예를 들어 전남편이 알코올중독이었다면 술을 안 마시는 남자를 만나면 무조건 매력을 느낀다. 그러나 예전의 남편이 술만 마셨다고 해도 좋은 점도 분명히 있다. 술에 취해 있지 않을 때는 와병 중인 장인을 위해 아내도 모르게 소꼬리, 장어, 사골 등을 사서 직접 갖다 드렸다. 그럼에도 아내에게 전혀 내색하지 않았다. 그 점을 생각하면 여자는 전남편이 참 착하고 고맙다는 생각을 많이 한다. 그러나 술이 원수였기 때문에 헤어질 수밖에 없었다.

　재혼한 남편은 술을 안 마셔서 참 좋다. 늘 칼퇴근을 해서 집에 들어왔고 집안일도 잘 거드는 모범남편이다. 그러나 처갓집에 가는 것을 싫어한다. 남편은 아픈 사람만 봐도 스트레스를 받기 때문이다. 그래서 여자는 지금 사는 남자가 좋기는 하지만 한편으로 섭섭하기도 하다.

남자는 사실만 기억하기 때문에 상처가 없다. 그래서 기분이 좋으면 기억되는 모든 것이 좋다. 여자는 사실과 함께 감정까지 기억하기 때문에 상처가 쌓인다. 남자들은 재혼한 아내가 전처에 대해 물어보면 좋은 이야기만 한다. 지금 기분이 좋기 때문에 과거의 사실도 좋게 생각되기 때문이다. 반대로 지금 남자가 기분이 나쁘면 전처와 있었던 모든 사실이 나쁘다. 남자는 모든 것이 현재의 기분에 의해 좌우된다.

　여자는 좋은 감정이 들어오면 행복을 위해 소비한다. 그래서 여자의 기억에는 나쁜 감정인 상처만 쌓여 있다. 지금 여자가 아무리 기분이 좋아도 전남편에 대한 좋은 기억은 하나도 없다. 그래서 여자는 남자를 만나도 전남편과 전혀 다른 사람을 만나서 재혼을 한다. 그러나 막상 결혼해서 살아 보니 재혼한 남자도 전남편과 생활패턴이 비슷하다. 술이라면 진저리가 나서 술을 안 마시는 남자와 결혼을 했는데 이번 남자는 낚시중독이다. 차에 낚시 장비 일체를 싣고 다니면서 주말은 말할 것도 없이 툭하면 밤낚시로 집을 비운다. 남자가 낚시로 집을 비우는 날이면 여자는 상처가 올라와서 힘들고 고통스럽다. 그래서 남자에게 자신의 상처를 이야기하고, 상처를 표현을 해도 소귀에 경 읽기이다. 그래서 여자는 또 이혼을 한다.

　이혼을 반복하는 여자가 혼자 살지 못하는 이유는 인간의 가장 기본적인 욕구인 소속감 때문이다. 혼자 고립되고 싶지 않아서 누구의 아내로 살고 싶은 것이다. 나름대로 다른 사람과 인간관계를 맺고 자아실현을 하고 싶은 것이다. 그래서 여자는 재혼을 결심하고 또 남자를 찾는다. 구혼할 세 번째 남편의 자격은 알코올중독과 낚시중독만 아니면 된다. 이런 자격을 갖춘 남자와 재혼을 했는데 알고 보니 도박중독자이다. 여자는 중독에 빠진 남자들만 보면 상처가 올라와서 견디지 못한다. 그래서 또 이혼을 한다. 이런 여자는 재혼을 거듭할수록 이혼의 속도가 빨라진다. 이미 인간에서 사람으로 돌아간 경험이 많기 때문에 거리낌이 없다.

사람은 자신에게 기억된 기준과 현재의 기준이 맞지 않으면 무조건 스트레스와 상처를 받는다. 그래서 사는 것이 힘들고 답답해진다.

초혼은 결혼에 대한 기억이 없다 보니 무조건 난관을 극복하려고 노력하지만 재혼은 이미 결혼의 기억이 있다 보니 "전남편은 이럴 때 이렇게 해 줬는데"라면서 과거의 기준과 지금의 기준을 비교하게 된다. 사람은 누구나 할 것 없이 비교를 하는 순간 상처가 생긴다.

연애 때는 여자든 남자든 여러 번의 연애경험이 있어도 함께 자아실현을 하는 것이 아니기 때문에 상관이 없다. 결혼을 해서 자아실현을 추구한 기억은 인간으로서 매우 중요하다. 그 사람에게 결혼의 기억은 큰 에너지로 작용하기 때문에 살아가는 데 큰 장점이 될 수 있다. 그러나 재혼을 했음에도 새로운 습관을 만들지 않고 기존의 습관만 고집하면 생각이 왜곡되어서 심리장애를 일으킬 수 있다. 그럴 때는 사람으로 돌아가서 빨리 마음을 회복해야 한다.

재혼은 사람에서 벗어나 인간으로 살기 때문에 자아실현을 추구한다. 인간의 삶은 자아실현을 할 때 가치가 있고 의미가 있어서 행복을 느낀다. 한 번의 실패로 자신감과 자존감을 잃어버리면 현명한 판단도 결정도 못 내리기 때문에 많은 문제가 발생한다. 이런 사람은 자기중심의 삶을 살지 못하고 타인중심의 삶을 산다. 타인중심의 삶을 살면 모든 것을 타인에게 의존하다가 결국에는 종속된 삶을 살게 된다. 이런 삶은 자신을 억압하기 때문에 심리장애를 유발한다.

이혼을 해서 상처치료를 하지 않으면 타인중심의 삶을 살게 된다. 상처가 작용할 때마다 아프고 힘들어서 누군가에게 관심을 받고 싶어 하고 위로를 받고 싶어 한다. 이런 사람이 재혼을 하게 되면 인간관계를 무너뜨린다.

남자의 관심은 재미와 즐거움의 열정이지 사랑은 아니다. 그러나 남자의 왜곡된 열정을 사랑으로 착각하는 여자는 이미 심리장애가 발생한 상태이다. 그래서 여자에게는 기분만 있고 감정은 없다. 남자를 만나 재혼을 해도 재미와 즐거움만 알 뿐 삶의 의미는 모른다. 그럼에도 불구하고 이런 사람들은 이미 심리장애에 들어갔기 때문에 재미와 즐거움이 삶의 의미인 줄 알고 살면서 모성애도 없다. 자신의 기분이 좋으면 아이들에게 잘해 주고 기분이 나쁘면 이유도 없이 아이들을 때린다.

우리 주변에 재혼한 사람들을 보면 행복하게 살아가는 것보다 힘들게 살아가는 경우가 더 많다. 이는 각자 결혼의 경험이 있어서 자기의 생각 기준대로 살기 때문이다. 그래서 결혼의 경험이 없는 초혼과 결혼의 경험이 있는 재혼은 살아가는 방식에 많은 차이가 있다. 초혼은 결혼의 경험이 없다 보니 시행착오로 살아가는 것이 힘들고, 재혼은 결혼의 경험이 있어서 자신의 생각기준대로 살려고만 하니 힘들어지는 것이다.

결혼의 경험이 없는 초혼은 살아가는 것이 힘들어도 느끼는 상처가 작다. 그러나 재혼은 이미 상처를 가지고 있기 때문에 결혼생활이 힘들면 더 아프고 고통스럽다. 초혼일 때 −10만큼의 상처가 있다면 재혼일 때는 상처가 −50, −100으로 늘어난다. 이미 자신이 가지고 있는 상처의 기억이 있기 때문이다. 그래서 초혼과 재혼은 시작부터 전혀 다른 의미로 가고 있다는 것을 알아야 한다.

초혼이든 재혼이든 배우자가 약속과 신뢰를 무너트리면 회복하기가 어렵다. 배우자가 신뢰를 깨트렸다는 것은 재혼을 하면서도 새로운 가치와 새로운 의미를 추구하지 않았다는 것이다. 한쪽이 아무리 노력해도 한쪽이 변화하지 않고 기존의 습관을 가지고 있으면 결혼생활은 깨지게 되어 있다.

어렵게 재혼을 했는데 서로의 생각기준이 달라서 사는 것이 힘들다. 자신의 생각기준을 남자의 생각기준에 많이 맞추면서 사는데도 남자는 사사건건 자신만 옳고 여자는 틀렸다고 한다. 여자는 그때마다 의식적으로 자신을 달래면서 참고 산다. 어느 날 남자는 누가 봐도 부당한 일임에도 자신만 옳다고 우긴다. 웃는 얼굴로 여자가 설득을 해도 남자는 자기만족에 빠져 절벽 가장자리로 여자를 끌고 간다. 여자는 더 이상 남자의 생각기준을 따를 수가 없어서 자신도 모르게 분노가 폭발한다.

여자는 지금까지 자신의 상처를 억압하느라고 너무나 많은 에너지를 소모하면서 살았다. 더 이상 이렇게 살았다가는 절벽에서 떨어져 죽을 것 같다고 생각한다. 그래서 여자는 살기 위해 사람으로 돌아가기로 마음먹는다.

재혼을 한 여자들이 부당한 대접을 받으면서도 참고 사는 이유는 또 이혼을 하면 면목이 서지 않아서이다. 남자들은 감정이 없고 기분만 있어서 상대의 감정에는 아랑곳없이 순식간에 화를 내거나 돌발적인 행동을 한다. 왜 이유 없이 화를 내느냐고 물으면 묻는 것 자체가 스트레스여서 그냥 폭발한다. 이때는 남자의 기분이 저절로 가라앉을 때까지 피하는 것이 좋다.

화창한 날씨여서 바다에 나갔는데 갑자기 폭풍우가 몰아친다면 난간을 꼭 잡고 폭풍우가 지나가기를 기다리는 것이 최선의 방법이다. 폭풍우에 대항하면 자신만 힘들어질 뿐이다. 폭풍우가 지나간 뒤 깨달음을 얻으면 새로운 습관을 만들게 된다. 즉 깨달음은 시행착오이자 경험의 결과이다.

폭풍우에 난간이 부서졌다면 전보다 더 강한 철근으로 교체하면 되고 창문의 유리가 모조리 깨졌다면 강화유리로 교체하면 된다. 굳이 상대의 스트레스에 대항해서 맞서 싸울 필요가 없다. 폭풍우가 지나간 다음 왜 갑자기 날씨가 변덕을 부렸냐고 웃으면서 물어보면 된다. 남자의 기분은 돌아서면 사라지기 때문에 자신에게 일어난 일에 대해서 가감 없이 말한다. 조금 전까지만 해도 화가 하늘 끝까지 차오른 남자라 하더라도 지금 기분이 좋으면 여자보다 더 말이 많다. 이때 남자가 원하는 것이 무엇인지, 현실적으로 부담이 큰 것이라고 해도 남자의 가치추구에 꼭 필요한 것인지를 남자와 대화를 통해 소통하면서 서로의 생각기준을 조정해 나가면 된다.

남자가 화를 냈다고 해서 자신의 감정을 억압한 채 멋대로 유추하면 오해만 생긴다. 갈등이 일어났을 때 사실을 아는 것이 가장 중요하다. 그런 다음 자신의 솔직한 자신의 심정을 이야기하면 서로의 마음을 알고 이해하게 된다.

재혼을 했을 때 자신의 감정을 잘 조절하고 조정하는 것이 무엇보다 중요하다. 화가 났다고 해서 감정에 지배를 받으면 상황을 더 어렵게 만든다. 여자는 자신의 감정만 잘 다스려도 스트레스와 상처 없이 살아갈 수 있다. 그래서 사랑의 감정과 행복의 감정도 스스로 만들어 가면서 가족을 행복으로 이끈다.

인생의 주인은 자기 자신이다. 재혼을 했더라도 자신이 벼랑 끝에 내몰린 상황이라면 타인의 시선을 겁내서는 안 된다. 위험한 상황에서는 나 자신을 먼저 회복하는 것이 중요하다. 재혼해서 사는 것이 죽기보다 싫다면 사람으로 돌아가서 바닥난 에너지를 충전해서 아이와 함께 다시 자아실현을 하면 된다. 자아실현을 하다 보면 내 중심의 삶을 살기 때문에 자존감과 자신감이 저절로 생기게 된다.

◇05◇
재혼과 심리장애

심리장애에는 세 가지가 있다. 노이로제인 인식장애, 우울증인 기억장애, 중독증인 표현장애이다. 이 중 하나만 발생해도 심리장애가 발생한 것이다.

초혼 때는 심리장애가 발생하지 않는다. 연애 때 열정과 사랑이 가치와 의미로 왜곡되면 심리장애이지만, 결혼을 해서 열정과 사랑이 가치와 의미로 전환되기 때문에 심리장애가 아니다. 그러나 재혼은 결혼과는 달리 심리장애가 발생한다.

사람으로 살 때는 자신만 행복하면 되기 때문에 심리장애가 생기지 않는다. 심리는 상대가 있어야 작용하기 때문이다. 열정이 과해도 심리장애이고, 사랑이 과해도 심리장애이다. 열정과 사랑이 없어도 심리장애이다. 심리는 인식, 기억, 표현이 어느 한쪽으로 치우치지 않고 균형이 잡혀 있어야 장애가 발생하지 않는다. 재혼은 사람에서 인간으로 들어가기 때문에 심리장애가 발생할 가능성이 높다.

이혼을 해서 사람으로 돌아가면 남자는 열정을 추구하고 여자는 사랑을 추구해야 하는데, 가치와 의미도 함께 추구하면 심리장애가 발생한다. 재혼은 이혼의 상처를 가지고 있기 때문에 상처를 치료하지 않게 되면 심리장애가 발생한다. 상처가 많이 있는 여자라 하더라도 결혼을 하면 저절로 상처가 치료된다. 남자가 지속적인 관심을 주기 때문이다.

재혼일 때는 두 가지 기억을 가져간다. 하나는 결혼생활에 관련된 기억이고, 하나는 자아실현에 관련된 기억이다. 결혼생활의 기억은 약속과 신뢰에 대한 기억이고, 자아실현의 기억은 함께 가치와 의미를 만들어 가던 기억이다.

이혼한 여자는 이 두 개의 기억을 가지고 사람으로 산다. 즉 이혼의 상처를 가지고 살아가기 때문에 상처를 치료하지 않고 재혼을 하면 무조건 심리장애가 발생하는 것이다.

미혼일 때 상처가 많은 여자라고 하더라도 결혼을 하면 남편의 관심으로 상처가 치료된다. 그러나 재혼했을 때 재혼한 남편의 관심으로 상처가 치료되어야 하는데 안 되는 이유는 이혼의 상처로 인해 이미 심리장애가 발생했기 때문이다.

사람일 때 심리장애가 있으면 인간으로 넘어가도 심리장애가 따라온다. 초혼일 때는 결혼에 관한 기억데이터가 없기 때문에 심리장애가 없다. 하지만 재혼일 때는 이미 이혼할 때 만들어진 상처기억으로 인해 심리장애가 있다. 그래서 상처치료를 하지 않고 재혼을 하면 심리장애는 그대로 따라온다.

재혼한 여자가 가지고 있는 상처는 재혼하기 전의 결혼경험으로 인해 만들어진 기억이다. 전남편과 결혼생활을 하는 동안 쌓인 상처로 인해 심리장애가 발생한 것이다. 이혼할 때 상처치료를 했다면 스스로 사랑의 감정과 행복의 감정을 만들어 가는 능력을 가지고 있지만, 상처치료를 하지 않은 채 재혼을 해서 인간관계로 들어가면 상처는 더욱 커진다. 아무리 재혼한 남편이 관심을 갖고 위로를 해 줘도 상처치료가 안 되는 것은 이미 재혼하기 전부터 심리장애이기 때문이다. 그래서 재혼한 여자 중의 상당수가 우울증이나 중독증에 들어가 있는 경우가 많다.

여자 우울증의 근원은 상처이다. 여자가 상처치료를 하지 않으면 상처는 날이 갈수록 쌓이기만 한다. 그래서 여자는 나이가 많을수록 쌓인 상처가 많다. 재혼을 하기 전까지 상처치료가 안 되었다면 반드시 상처치료를 해야 된다.

인간의 신체와 마음은 좋은 감정, 나쁜 감정의 영향을 받게 되어 있다. 상처의 부정감정을 가지고 있으면 사랑의 감정과 행복의 감정을 느끼지 못한다. 그래서 재혼한 남편이 아무리 관심을 주고 위로를 해 줘도 심리장애이기 때문에 상처가 치료되지 않는다. 남자가 아무리 잘 해 줘도 여자가 불행한 삶을 살면 재혼이라 하더라도 결국 분리하게 되어 있다. 행복하게 살기를 원하면 무엇보다도 상처치료부터 해야 한다.

자녀가 예전 결혼생활 중에 아빠로부터 많이 맞았다면 재혼해서 새로운 규칙을 만들 때 이런 잘못만 하지 않는 이상 부당한 체벌은 없다는 식의 조항을 만들어 놓아야 아이가 부당함을 느끼지 않는다. 아이가 잘못을 저질러서 체벌을 받아도 자신의 체벌이 당연하다고 받아들이기 때문에 자식과 부모 간의 갈등이나 서운함은 생기지 않는다. 이때 아이는 자신에게 가하는 체벌이 정당하다고 생각하기 때문에 과거 아빠한테 맞았던 상처까지도 치료된다. 예전에 과했던 체벌은 재혼한 아빠가 수위를 낮춰 주고, 예전에 맹목적으로 받았던 사랑은 재혼한 엄마가 엄격한 규칙으로 제한하면서 가정을 이끌어 나가면 아이는 전보다 더 큰 행복과 안정감을 느낀다.

아이에게 좋은 부모는 자녀를 사랑해 주는 부모이다. 재혼을 하면 환경이 변하기 때문에 아이들의 낯섦은 당연하다. 이때 적응을 못 하는 아이는 반항적으로 나가서 부부가 결혼 초부터 곤욕을 치르기도 한다.

재혼을 한 부모는 아이가 힘들어하는 부분을 물어보고 이해를 해서 아이의 눈높이에 맞게 배려를 해 줘야 한다. 특히 아이의 우울한 감정이나 기분을 이해하는 것이 중요하다. 아이의 말을 가급적 경청하고 아이에게 부모로서의 믿음을 주는 것이 중요하다.

재혼을 하면 아이들에게 과민반응이 많이 나타난다. 잘 해 보고 싶은 마음의 표현이 있는가 하면, 피하고 싶어서 반항하는 마음도 있다. 마음이 없는 상태는 무관심이다. 모든 잘못이나 오해는 무관심에서 비롯된다. 재혼을 하면 아이에게 무조건적인 관심과 사랑이 아이의 심리를 안정시킨다. 모든 것을 마음으로 받아들이면 재혼가정의 아이라 하더라도 행복하다.

인간관계에서 만들어진 상처는 저장된 기억을 말하는 것이다. 상처의 기억이 올라올 때마다 힘들고 아프기 때문에 상처치료는 필수적이다. 여자는 상처가 치료되면 스스로 사랑의 감정과 행복의 감정을 만든다. 이런 여자는 재혼을 하더라도 스트레스와 상처가 만들어져도 그 즉시 행복으로 전환하기 때문에 건강하고 행복한 삶을 산다.

인간관계는 조화와 질서를 지키면서 함께 자아실현을 하는 것이다. 심리장애를 가진 채 재혼을 하면 인간관계를 왜곡시킨다. 재혼일 때 배우자 한쪽이 심리장애이면 정상적인 배우자라 하더라도 심리장애가 된다. 그 이유는 함께 가고 있기 때문이다.

초혼일 경우는 자아실현을 해 나가는 것만 알려 줘도 잘 살아간다. 그러나 재혼은 다르다. 이혼의 상처치료를 하지 않으면 왜곡된 열정과 사랑으로 살아가기 때문에 자아실현을 할 수 없다. 자아실현이 없는 인간관계는 사람으로 사는 것이기 때문에 심리장애이다. 그래서 재혼하기 전에 상처치료가 필요한 것이다.

재혼은 상처치료를 하지 않은 이상 기본적으로 심리장애가 동반된다. 열정과 사랑이 왜곡되면서 모든 것이 비정상으로 흘러간다. 자신은 정상이라고 하더라도 배우자가 심리장애이면 같이 왜곡된다. 심리장애인 상태에서 인간관계로 들어오면 남자가 추구하는 가치와 여자의 의미는 열정과 사랑이 된다. 함께 살아가는 결혼생활은 자아실현을 위해 가치와 의미를 추구해야 되는데, 열정과 사랑을 추구하면 인간의 자아실현은 왜곡될 수밖에 없다.

심리장애가 되면 모든 것을 정상인과 반대로 보고 생각한다. 부모가 심리장애이면 아이들에게도 문제가 생긴다. 진정한 삶의 가치와 의미를 추구하지 않은 채 오로지 자신의 재미와 즐거움을 위해 몰입한다면 열정과 사랑이 왜곡된 심리장애이다. 이렇게 되면 아이들은 부모로부터 방치되면서 문제아가 된다.

심리장애는 자신이나 배우자가 치료할 수 없다. 정상적으로 생각하지 못하기 때문에 아무리 노력하더라도 심리장애는 악화된다. 심리장애가 왔을 때는 반드시 전문가의 도움을 받아 치료해야 한다. 전문가의 도움으로 치료를 받지 않고 혼자서 혹은 배우자가 해결하다 보면 중증심리장애로 악화된다. 중증심리장애는 매우 심각해진 상태이다. 치료하지 않으면 본인은 물론이고 가족이나 주변 사람들도 위험하다.

재혼과 심리장애는 밀접하게 연결되어 있다. 이혼의 상처기억을 치료하지 않고 재혼하면 심리장애를 그대로 안고 가는 것이다. 이렇게 되면 재혼한 삶도 불행한 결말을 맞을 수밖에 없다. 이혼 후의 고립은 개인적인 단절감은 물론 사회적으로도 열등감을 느낀다. 그래서 정신적 심리적 나약함 때문에 인간관계를 맺길 원한다. 건강한 인간관계를 맺기 위해서는 상처치료가 필수이다. 상처치료를 하지 않은 이상 남자가 아무리 관심을 갖고 잘해 줘도 이미 심리장애이기 때문에 상처만 쌓일 뿐이다. 이혼하고 나서 좋은 사람을 만났다면 재혼하기 전에 상처치료부터 해야 행복한 결혼생활을 할 수가 있다.

  초혼은 결혼생활이 무엇인지 몰라서 시행착오를 겪으면서 살아가는 것이고, 재혼은 결혼경험을 바탕으로 살아가는 것이다. 초혼은 상황이 안 좋아도 어떻게 해야 되는지 방법을 모르기 때문에 일단은 견딜 수 있을 때까지 견딘다. 그러다가 상황이 호전되면 안도감과 함께 행복을 느낀다. 이것이 희로애락이 있는 인간의 삶이다. 하지만 재혼은 안 좋은 상황의 결말을 뻔히 알기 때문에 참을 수 없고 견디지 못한다. 결국 초혼은 너무 몰라서 이혼을 하고, 재혼은 너무 알아서 이혼을 하는 것이다.

경험의 함정

 한 아이가 튜브를 타는 것이 너무나 재미가 있어서 되돌아갈 거리도 가늠하지 않고 앞에 보이는 바위섬까지 겁도 없이 갔다. 바위섬에 올랐을 때 혼자의 힘으로 여기까지 왔다는 성취감에 행복과 보람을 느꼈다. 그러나 이런 기분도 잠깐이고 바위에서 해변을 바라보니 생각보다 너무 멀리 왔다는 생각이 들었다. 현 위치에서 다시는 육지로 되돌아갈 수 없는 절망감과 두려움에 싸여 울기 시작한다. 자신의 능력과 처지도 생각하지 않고 일을 저지르는 것은 왜곡된 열정이라고 할 수 있다. 하지만 아이는 해변으로 돌아가려면 전적으로 자신의 의지에 달려 있음을 깨닫고 울음을 그치고 돌아갈 방법을 찾기 시작한다.

 아이는 살기 위해서 바다를 연구하기 시작한다. 조류를 잘 파악해서 바람과 파도의 흐름을 분석한 뒤 기다렸다가 알맞은 시간에 튜브를 띄웠다. 철저히 계획하고 준비를 했음에도 예상치 않은 파도에 튜브를 놓쳤다가 물에 빠졌다가를 반복했다. 거의 탈진한 상태였지만 살아남기 위해서 포기하지 않고 해변을 향해 갔다. 해변에 도착했을 때 아이는 엄청난 감동을 맛봤다. 혼자 바위에 올랐던 성취감보다 고군분투해서 해변에 돌아온 안도감은 말 그대로 행복이었다. 난관을 극복했다는 사실 자체가 자아실현이었다. 이것이 결혼경험이 없는 초혼의 심리이다.

몇 년이 지난 뒤 이 아이는 똑같은 상황을 맞이한다. 튜브를 타는 것이 여전히 재미있고 즐겁지만 혼자 바위섬까지 튜브를 타고 가는 모험은 하지 않는다. 이미 한 번 모험을 했기 때문에 애서 힘든 난관을 극복하면서까지 에너지를 쓰고 싶지가 않아서이다. 이것이 재혼의 심리이다.

초혼과 재혼은 같은 결혼이지만 심리는 다르다. 재혼을 해서 행복한 결혼생활을 하기 위해서는 기존의 습관 위에 새로운 가치와 의미를 만들어야 한다. 그렇지 않고 기존의 습관대로 살면 전처럼 이혼의 수순을 밟는다.

사람에게는 몸과 마음이 있다. 그러나 몸 안에 마음이 들어 있는 것은 분명한데 몸의 어디에 마음이 들어 있는지는 아무도 모른다. 다만 우리가 마음을 의식으로 자각하면서 느끼기 때문에 마음이 뇌에 들어 있다고 많이들 말하지만, 과학적으로 증명되지는 않았다.

마음은 의식과 무의식으로 표현되지만 사람들은 마음의 실체가 없기 때문에 인식을 못할뿐더러 마음이 무엇인지조차도 해석하지 못한다. 그 이유는 기억 때문이다.

마음 안에는 인식, 기억, 표현인 심리가 작용하는데 심리는 마음과 분리되어 있다. 마음은 태어나서 죽을 때까지 변하지 않는다. 그 이유는 마음이 상하거나 다칠 상황이 되면 심리가 작용해서 무의식이 사전에 보호하기 때문이다.

심리학이나 정신의학에서는 마음을 부정한다. 그래서 마음에 의해서 심리가 작용한다는 것을 모른다. 이로 인하여 우울증, 노이로제, 공황장애, 분노장애 같은 심리장애가 치료되지 않는다. 심리인 인식과 기억과 표현이 마음을 중심으로 작용하고 있음에도 마음을 부정해 버리기 때문이다.

단 하나뿐인 의식과 무의식의 마음은 변하지 않는다. 이런 마음을 남자와 여자가 똑같이 가지고 있다. 마음은 오로지 하나지만 마음과 몸에서 작용하는 인식과 기억과 표현의 심리는 무한하다. 심리학은 무한한 것을 연구하는 학문이기 때문에 인류가 멸망하기 전까지도 심리를 연구해야 한다. 그래서 마음이 작용하는 핵심을 보지 못하면 죽을 때까지 심리를 모두 해석해 내지 못한다. 심리를 해석하려면 마음의 원리를 알아야 한다. 마음이 어떻게 작용되는지만 알아도 무한한 심리는 저절로 해석된다.

마음에는 의식과 무의식이 있다. 하나의 인식이 들어오면 인식한 것을 기억했다가 무의식적으로 표현하게 된다. 즉 인간은 특정한 원리와 체계에 의해 마음이 작용되고 있다는 것이다. 마음은 하나인데 심리가 모두 다른 것은 사람마다 경험한 기억이 다르기 때문이다. 그 사람이 가지고 있는 기억은 그 사람만의 고유한 특성이고, 그 기억으로 인해 그 사람의 인생이 만들어지는 것이다. 즉 기억은 자기 자신이다. 지금 현재 기억하고 기억되는 것이 나 자신이다.

마음은 생각과는 달리 쉽게 다룰 수 없다. 마음이 아프다, 마음이 상한다, 마음이 무너진다, 마음이 떠났다는 식의 표현은 많이 하지만 상대에게 억장이 무너지는 자신의 마음을 결코 보여 줄 수가 없다.

"네가 그렇게 내 마음을 못 믿겠으면 지금 당장 칼로 내 가슴을 갈라 보라고. 너 때문에 속이 얼마나 새까맣게 탔는지."

보여 주고 싶어도 보여 줄 수가 없는 것이 마음이다. 볼 수 없는 마음이기에 우리는 더욱더 마음이 작용하는 원리를 알아야 마음과 심리가 어떻게 작용하는지를 알 수가 있다.

　사람일 때의 남자는 목표가 즐겁고 재미있으면 될 뿐이지 어떤 것인지는 중요하지 않다. 남들이 행복한지 불행한지 전혀 관심 없고 오직 나만 즐겁고 재미있으면 된다. 이런 삶은 사람으로서는 성공한 삶이다. 사람에서의 여자는 굳이 사랑의 감정이 아니어도 좋은 감정만 느끼면 된다. '풍경이 아름다워, 눈이 내려서 포근해, 분위기가 너무 좋다'라는 긍정감정으로도 충분히 행복하다. 이때 행복의 대상이 꼭 사람일 이유는 없다. 자신만이 느끼는 좋은 감정만 있으면 된다. 이렇게 살면 사람으로서는 성공한 것이다.

　그러나 행복은 함께 자아실현을 해 나가면서 느끼는 것이다. 혼자 아무리 재미와 행복을 느껴도 값진 인생을 살았다고는 말하지 못한다.

　사람일 때는 스트레스와 상처가 없다. 나에게 조금이라도 안 좋은 것이 들어오면 그냥 외면하거나 끝내면 된다. 이런 이기적인 행동은 자기의 행복을 위해서이다. 예를 들면, 남자는 '저 여자와 사귀면 재미있을까?' 하고 머리를 굴리고, 여자는 '저 남자가 나를 행복하게 해 줄까?'라고 계산한다. 이런 만남은 사람에서 만들어지는 이해타산이다. 즉 사람관계는 오로지 자기 행복만을 위한 목적관계이다. 상대를 만났는데 즐겁지도 않고 행복하지도 않으면 돌아서는 관계가 사람관계이다.

　사람관계에서 인간관계로 들어갈 때 반드시 심리장애를 치료해야만 건강하고 행복한 재혼생활을 할 수 있다. 결혼에 대한 기억과 자아실현에 대한 기억을 동시에 갖고 있기 때문에 상처를 치료하지 않은 채 인간관계로 들어가면 남편도 아이도 심리장애가 발생한다. 이렇게 되면 정상적인 결혼생활을 할 수 없게 된다.

　이혼한 사람들에게 이혼사유를 물어보면 대부분 경제적 이유가 아니면 성격 차이라고 말하지만 실제는 아니다. 나를 제대로 알지 못하면 이혼한 원인도 제대로 분석하지 못한다.
　여자들은 감정을 가지고 있기 때문에 남자가 능력이 없다고 해서 쉽게 이혼하지 않는다. 결혼생활 내내 쌓인 상처를 치료하지 못해서 남자의 관심을 원하지만 남자는 여자의 상처에 관심이 없다. 수도배관이 막히면 배관을 뚫어야 물이 원활히 잘 흐른다. 여자의 쌓인 상처도 치료를 해서 없애야 마음이 가볍고 신체도 가뿐해서 모든 것을 긍정적으로 받아들인다.
　상처치료를 하지 않은 채 재혼을 하면 상처의 기억이 올라올 때마다 상처는 매우 많이 쌓인다. 이렇게 되면 아프고 힘들어서 견딜 수가 없다. 여자가 상처에 함몰되면 기억장애인 우울증이 발생하거나 상처해리인 중독증이 발생한다.
　이혼을 하고 나서 재혼을 하는 것은 쉽지 않은 결정이다. 어렵게 선택한 인생이라면 순탄한 과정을 거쳐 좋은 결과를 맺는 것이 무엇보다 중요하다. 재혼해서 오래 건강하고 행복한 삶을 살기 위해서는 심리장애를 치료한 후 인생의 관문을 통과하는 것이 무엇보다 중요하다. 상처를 치료해서 결혼이라는 경험의 자양분으로 재혼을 보다 건강하고 행복하게 키워 나가야 값진 인생을 살았다고 말할 수 있다.

07 질문과 답변

〈질문〉 재혼이 초혼보다 더 행복할 수도 있나요?

〈답변〉 많은 사람들이 궁금해하는 것 중의 하나가 재혼한 사람들의 행복이다. 이미 결혼한 경험이 있기 때문에 갈등 없이 잘 적응하고 사는지가 무엇보다 궁금해서이다. 부부는 신뢰를 바탕으로 자아실현을 해 나간다. 재혼한 남편과 아내는 결혼에 대한 기억과 자아실현에 관한 기억을 가지고 있다. 남자가 초혼이고 여자가 재혼이면 결혼과 자아실현에 관한 기억을 가지고 있다. 여자에게 결혼의 경험이 있느냐 없느냐가 중요한 것이 아니라 결혼에 대한 안 좋은 기억인 상처를 갖고 있다는 것이 중요하다. 재혼한 부부도 초혼처럼 처음에는 아무 문제 없이 잘 산다. 그러나 부부간에 갈등이 생기면 남자는 자신도 모르게 함부로 말을 툭 내뱉게 된다. "성격이 저러니 이혼했지." 남자의 이 한마디에 여자는 깊은 상처를 받는다. 그래서 이혼의 상처가 재혼의 결혼생활을 결정하기도 한다.

여자가 초혼일 때는 결혼에 대한 기억이 없어서 심리적으로 재혼보다 더 행복할 수는 있다. 그러나 이혼의 상처가 치료되고 나서 재혼을 하면 행복의 강도가 초혼보다 훨씬 더 크다. 산이 높으면 골이 깊듯이 행복도 상처가 클수록 더 크게 느낀다. 행복은 지극히 주관적인 감정이기 때문에 초혼이나 재혼으로 분류할 필요가 없다.

<질문> 자녀를 데리고 재혼했을 때 자녀에게 심리적인 부담감이 있을 것 같은데 어떻게 극복하면 되나요?

<답변> 재혼부부가 자녀와 함께 결합이 될 때, 여자는 이미 이혼의 상처를 가지고 있다. 자녀도 엄마의 상처기억과 연결되어 있다. 재혼해서 아이가 태어나면 그 아이는 엄마의 상처와는 무관하다. 상처기억과 연결된 아이와 상처기억이 없는 아이는 다르다. 재혼가정이라 하더라도 생활하는 데 있어서 여자의 과거 상처와 연결되지 않으면 크게 문제되지 않는다. 그러나 어떤 계기로 여자의 상처기억을 떠올리게 하는 상황이 벌어지면 부부 사이에 문제가 생긴다. 이런 돌발적인 문제가 생기지 않게 하기 위해서라도 재혼하기 전에 상처치료가 우선되어야 한다.

초혼 때는 결혼에 대한 상처가 없어서 아이를 막무가내로 혼내기도 하고 체벌도 한다. 초혼이기 때문에 체벌에 대한 심리적부담은 없다. 하지만 여자가 데려온 아이를 남자가 체벌하면 심리적인 문제가 발생한다. 아이는 엄마처럼 과거의 상처와 연결되어 있기 때문에 체벌이 부당해도 무조건 참아야만 한다. 이때 엄마나 아이에게 깊은 상처가 만들어진다. 그래서 재혼가정의 여자와 아이는 상처에 매우 취약하다.

재혼을 할 때는 여자가 상처치료를 하면 자녀들의 상처치료는 저절로 된다. 여자가 상처치료를 받으면 스스로 행복감정을 만드는 능력이 생기기 때문이다. 재혼을 해도 엄마가 불행하면 아이도 불행하고, 엄마가 행복하면 아이도 행복하다. 행복한 엄마 밑에서 자란 아이는 문제를 일으키지 않는다. 재혼하기 전에 미리 가족 구성원끼리 상호 규칙을 만들어서 갈등을 최소화해야 문제가 생기지 않는다. 이 규칙은 새로운 가정에 맞도록 조화와 질서를 만들어야 건강하고 화목한 가정으로 거듭난다. 결혼생활을 하면서 부부가 서로의 약속과 신뢰를 지키면 아이들도 아무 문제없이 건강하게 자란다. 자아형성기에 있는 아이가 부모의 행동을 이해 못할 때는 대화로 소통하면서 부모의 불합리한 행동을 이해시켜 주는 것이 무엇보다 중요하다.

〈질문〉 재혼해서 잘 살고 있는데 주변 가족들이 눈치 없이 과거 이야기를 꺼내는 바람에 부부 사이에 분란을 일으키는 경우도 많습니다. 사전에 입단속을 시켜야 되나요?

〈답변〉 재혼한 부부는 각자 결혼에 대한 기억을 가지고 있기 때문에 새로운 조화와 질서에 대한 규칙을 만들어 놓는 것이 무엇보다 중요하다. 부모나 형제자매에게도 사전에 이 규칙을 정확하게 인지시켜 줘야 부부의 과거에 대한 상처의 이야기가 나오지 않는다.

재혼부부는 상처치료가 됐다면 마음에너지가 강하게 작용하기 때문에 자아실현도 왕성하게 추구한다. 그러나 상처치료가 안 됐다면 과거 기억이 떠오르지 않게 하기 위해서 무조건 현재가 재미있어야 한다. 그래서 재혼은 초혼 때보다 배우자에게 더 많은 신경을 쏟아야 한다.

초혼 때는 부부가 아무 생각 없이 티격태격해도 이내 화해하고 넘어갔지만 재혼은 티격태격하면 과거의 상처기억이 먼저 올라오기 때문에 빨리 상처를 덮어야 한다. 그래서 늘 맛있는 것을 먹으러 다녀야 하고, 수시로 영화관이나 공연장을 다니면서 재미와 즐거움을 만들어야 한다. 아이들도 마찬가지다. 자주 놀이공원에도 데리고 다녀야 하고, 선물도 사주어서 늘 기쁘게 해 줘야 한다. 이것은 상처를 잊어버리기 위한 재미와 즐거움이다.

재혼가정은 즐거움과 재미가 없으면 쉽게 끝나 버린다. 상처치료를 안 했다면 되도록 과거의 상처기억과 연결되지 않도록 주변 가족들도 재혼가정의 새로운 습관에 동참해야 아무 탈 없이 오래 살 수 있다.

〈질문〉 조화와 질서를 지키면서 살다가도 자신도 모르게 스트레스와 상처가 올라오면 할 말, 안 할 말 다 하는 것이 인간입니다. 무의식의 습관을 바꿔야 하지 않을까요?

〈답변〉 인간은 의식적으로 자신의 기분과 감정을 컨트롤하려고 해도 어느 순간 분노가 치밀면 통제가 되지 않는다. 분노는 무의식의 표현이기 때문이다. 그래서 무의식의 습관을 바꾸는 것이 매우 중요하다. 무의식의 습관을 바꾸면 분노가 올라올 때 무의식이 저절로 부정기분과 부정감정을 긍정감정으로 전환한다. 무의식은 상처를 치료하기도 하지만 심리를 조절하는 능력도 가지고 있다.

재혼해서 기존의 습관을 새로운 규칙에 맞추려면 처음 얼마 동안은 상당히 불편하고 답답하다. 그러나 잘 살기 위해서는 이런 불편함을 당연히 감수해야 한다. 무엇이든 공짜로 얻어지는 것은 없다. 불편하더라도 새로운 습관을 만들기 위하여 의식적으로 꾸준히 반복하다 보면 자신도 모르게 무의식의 습관이 만들어진다.

회전판을 생각해 보자. 처음에는 의식적으로 힘을 가해서 돌리다 보면 어느 순간 손을 놓아도 저절로 잘 돌아간다. 이것이 무의식의 습관을 만드는 방법이다. 무의식의 습관이 만들어지면 상처의 기억이 무의식에 의하여 치료된다. 상처기억이 치료되면 행복의 감정과 사랑의 감정이 만들어진다.

결혼을 해 본 사람은 신뢰를 바탕으로 한 자아실현의 경험을 가지고 있다. 과거경험을 상처로 쌓아 두지 말고 치료해서 가치추구와 의미추구로 전환하면 더 큰 에너지를 얻는다.

재혼가정은 서로 다른 기억을 바탕으로 조화와 질서의 새로운 규칙을 만들어서 지켜 나가면 초혼 때보다 훨씬 큰 행복을 느끼면서 살아갈 수 있다.

<질문> **무의식의 습관은 어떻게 만드나요?**

<답변> 조화와 질서를 바탕으로 해서 만들어진 새로운 규칙을 의식적으로 꾸준히 실천하다 보면 자신도 모르게 무의식의 습관이 만들어진다. 팽이 돌리기를 생각해 보자. 처음에는 팽이가 잘 돌리기 위해 계속해서 채찍질을 한다. 팽이에 탄력이 붙으면 어느 순간부터 채찍질 없이도 잘 돌아간다. 무의식의 습관도 마찬가지이다. 무의식의 습관은 에너지가 움직이는 것이다. 그 에너지로 상처를 치료한다.

무의식의 습관이 만들어진 재혼가정은 스트레스와 상처를 만들지 않아 항상 행복하다. 아빠나 엄마가 회초리를 드는 상황이 와도 새로운 규칙이 무의식에 습관화되어 있으면 생물학적 아빠가 아니더라도 상처를 받

지 않고 당연한 체벌로 받아들인다. 이때 자녀는 부모의 회초리가 관심이라고 생각하기 때문에 상처가 치료된다.

재혼가정은 무엇보다 그 가정에 맞는 새로운 규칙을 만드는 것이 필요하다. 새로운 규칙을 만드는 것은 서로의 기억데이터가 다르기 때문에 서로의 기억을 조율하고 조정해야 생각기준을 공유할 수 있다. 스트레스와 상처는 서로의 기준에 어긋나기 때문에 생기는 것이다. 미리 생각기준을 조정해서 만들어 놓으면 갈등과 대립은 생기지 않는다.

〈질문〉 재혼을 했지만 과거 결혼생활의 좋은 습관은 그대로 가지고 가면 안 되나요?

〈답변〉 아무리 좋은 습관이라 하더라도 결혼의 상처들이 계속 작용을 하면 의미를 추구하는 자아실현은 없어진다. 초혼일 때는 결혼의 경험이 없어서 시행착오를 겪어 가면서 난관을 헤쳐 나가지만 재혼은 이미 결혼을 해 봤기 때문에 어떤 문제가 생기면 기억의 습관이 나온다. 이 습관은 자신의 자아실현의 습관인 것이다. 아무리 좋은 습관이라 하더라도 과거의 상황과 지금의 상황은 엄연히 다르다. 현재의 상황에 과거의 습관을 적용하면 문제가 발생할 수밖에 없다. 그래서 재혼을 하면 새로운 가치와 새로운 의미를 만들어서 가지고 가야 문제가 생기지 않는다.

오랫동안 형성된 습관을 바꾼다는 것은 어렵다. 그래서 예전의 습관은 그대로 두고 새로운 습관을 만드는 것이다. 대신 과거의 좋은 습관은 의식적으로 필요할 때 꺼내서 쓰면 된다. 이렇게 되면 기존의 습관과 새로운 습관 2개를 가지고 있는 것이다. 필요할 때 적재적소에 사용하면 된다. 재혼을 해서 새로운 가치와 새로운 의미를 추구할 때는 예전의 습관이 나오면 안 된다. 자아실현을 새롭게 만들어 가기 때문에 이때만큼은 새로운 습관이 필요한 것이다.

재혼한 아내의 경우 아이들 양육에 몰입하는 습관이 그대로 있고, 재혼한 남편은 경제적 가치를 추구하는 습관이 그대로 존재한다면 필요할 때 꺼내 쓰면 된다. 재혼을 해서 새로운 가치와 의미를 만들어 놓지 않고 과거의 습관만 고집하면 이혼하든지 아니면 참고 살든지 둘 중의 하나로 살아야 한다.

재혼은 새로운 삶을 살아갈 수 있는 기회를 맞이한 것이다. 재혼을 하고도 예전의 가치와 의미를 추구하면 새로운 기회는 나락으로 떨어질 가능성이 높다. 한 사람은 새롭게 변화했는데 한 사람은 예전과 같이 그대로라면 함께할 수 없어서 결혼생활은 파탄난다. 또다시 이혼하고 싶지 않다면 재혼의 심리에 맞게 변화해야 한다.

〈질문〉 재혼한 부부들을 보면 유난히 쇼윈도부부가 많은 것 같습니다. 재혼을 했는데 또 이혼하기가 껄끄러워서인가요?

〈답변〉 재혼한 부부라 하더라도 안 맞으면 갈라서면 되는데 안 갈라서는 이유는 사람으로 있기보다는 인간으로 있기를 원하기 때문이다. 부부 사이에 신뢰가 깨졌다면 아이들을 위해서라도 이혼하는 것이 낫다. 부부 사이가 안 좋으면 아이들의 자아형성에 독이 되기 때문이다. 결국 쇼윈도부부는 사람이면서 인간의 탈을 쓴 채 자신의 욕심만 챙기면서 산다. 쇼윈도부부에게는 함께하는 것이 없기 때문에 그들에게 필요한 것은 오직 돈이 아니면 허세이다. 이런 부부는 이혼한 사람들보다 훨씬 나쁘다. 철저하게 사람으로 살면서 인간의 탈을 쓴 무서운 사람들이다. 이런 사람들과 잘못 연결되면 큰코다친다. 무늬만 부부일 뿐 각자 사람으로 살아간다. 아이들 역시도 가족이라는 개념보다 자신만 편하고 풍족하면 된다.

이혼이나 재혼을 하면서 아이들이 문제아가 되는 이유의 대부분 부모의 책임이 크다. 재혼을 했을 때 아이들을 위해서라도 변해야 하고 새로운 습관을 만들어야 한다. 기존의 습관을 바꾸지 않은 채 예전의 의미와 가치를 추구하면 재혼은 반드시 깨지게 되어 있다. 반면 새로운 의미와 가치로 변화하면 기존에 추구했던 것까지 결합되어서 자아실현을 더 크게 이룰 수가 있다. 따라서 재혼을 하면 반드시 새로운 가치와 의미를 만들어야 더 큰 행복을 가져갈 수 있다.

〈질문〉 재혼을 했는데 남편과 서로의 기준이 맞지 않아 스트레스와 상처가 나날이 쌓여 갑니다. 아이와 주변 사람의 시선 때문에 감정을 억압한 채 살고 있는데 이혼을 하는 것이 정답인가요?

〈답변〉 감정을 억압한 채 살면 쇼윈도부부나 다름없다. 이런 삶은 이혼보다 더 나쁘다. 쇼윈도부부는 생활형편이 좋을 때는 상관없지만 어려워지면 주변에 남아 있는 사람은 아무도 없다. 목적관계이기 때문이다. 이럴 경우 인간관계도 없고 사람관계도 없어서 완전히 고립되고 단절된 상태가 된다. 자녀와의 인간관계도 사람으로 살았기 때문에 애정이 없다. 부모가 이혼을 하더라도 부모자식관계는 천륜이지만, 이미 살면서 인간관계에 문제가 생겼기 때문에 자녀의 자아형성도 왜곡되어 있다. 부모와 함께 살아가는 것이 아니라 개별적으로 살아가는 것이다.

재혼가정은 기본에 상처를 가져간다고 했다. 새로운 가치와 의미를 만들지 않고 재혼해서 살면 여자가 데리고 온 아이는 여자의 자식이지 남자의 자식이 아니다. 아이와의 관계는 분명히 인간관계이지만 아이는 남자와는 상관없는 관계가 된다.

새로운 가치를 만들지 않은 남자는 사람인 것이다. 여자도 마찬가지이다. 새로운 의미도 만들지 않고 남자의 아이를 키우면 말 그대로 남의 자식이다. 이렇게 되면 아이도 부모를 사람으로 인식할 수밖에 없다. 함께 살아도 인간관계를 형성하지 못하기 때문에 남남이나 다름없다.

아이에게 상처를 주지 않기 위해서라도 새로운 가치와 의미를 만들어서 서로가 만들어 놓은 규칙을 준수하면서 살아야 건강한 가정을 이룬다. 재혼은 상처의 기억을 가지고 있기 때문에 초혼 때보다 더 노력하면서 살아야 된다.

〈질문〉 재혼을 하면 주변의 인간관계가 남자를 중심으로 완전히 새롭게 변하는데 그들을 어떻게 대하는 것이 좋을까요?

〈답변〉 이혼을 하면서 사람으로 전환되었다. 사람에서 다시 인간관계로 들어가려면 기존의 인간관계는 사람관계로 바뀐 상태이다. 재혼한 남자를 중심으로 새로운 인간관계를 형성하면 기존의 사람관계는 인간관계로 회복된다. 남자도 여자와 연결된 사람들과 새로운 인간관계를 형성하면 기존의 사람관계가 인간관계로 전환된다. 그런데 대부분들 재혼을 하면 주변 사람들과 인간관계를 가지려 하지 않는다. 기존의 친구도 만나지 않고 재혼한 배우자를 중심으로 한 새로운 인간관계도 피한다. 그냥 부부끼리 재미있고 즐거우면 된다. 이렇게 되면 희로애락이 있는 인간관계가 제한되는 것이다.

재혼한 부부가 인간관계를 가지지 않으려고 하는 것은 새로운 인간관계의 두려움 때문이다. 과거의 인간관계에서 상처와 스트레스를 많이 받았기 때문에 되도록 인간관계를 멀리한다. 재혼부부 둘이서 아무리 재미있게 산다고 해도 주변과 인간관계를 형성하지 않으면 위험하다. 이혼을 하면 맺고 있던 인간관계는 모두 사람관계로 전환되기 때문에 재혼을 해도 인간관계를 회복하는 것이 쉽지가 않다.

인간은 사람들과 유기적으로 연결될 때 조화와 질서를 지키면서 살아가는 가치와 의미를 느낀다. 혼자만의 재미와 즐거움을 누리는 삶은 가치 있는 인생이 아니다. 새로운 사람과 인간관계를 맺고 희로애락을 느끼고 사는 것이 진정한 인생이자 행복이다.

〈질문〉 재혼하고 난 뒤 기존의 친구들을 만나면 이상하게 어색하고 불편합니다. 왜 그런가요?

〈답변〉 이혼기간 동안 기존의 친구들을 인간관계에서 사람관계로 전환시켜 놓았다. 사람과 사람일 때는 모든 것이 잘 통했다. 그러나 재혼을 하면서 인간관계로 들어간다. 엄밀히 따지면 친구들이 이상한 것이 아니라 내가 변한 것이다. 이혼기간 동안 인간관계에 있던 친구들을 사람으로 만들어 놓은 것이 나 자신이기 때문이다. 그들과 사람으로 있다가 나만 인간관계로 들어가다 보니 내 눈에 그들이 다르게 느껴진다.

재혼한 사람들의 공통점은 친구들이 서서히 떨어져 나간다. 재혼했다가 또 이혼을 하면 사람관계도 인간관계도 모두 사라진다. 이렇게 되면 아이들은 필요 없고 오로지 자신만의 행복을 위해 남자를 만나는 것이다. 이런 사람들은 재미와 즐거움이 의미라고 착각하기 때문에 인간관계로서의 삶을 살아가지 못한다.

사는 것이 힘들고 고달파도 이혼하는 것보다 지지고 볶으면서 사는 것이 더 낫다. 이혼하고 재혼했다가 또 이혼을 하게 되면 양쪽 모두 아이를 키우려고 하지 않는다. 사람이기 때문에 혼자만 편하고 행복해지고 싶어서이다. 재혼할 때 자녀문제를 생각해서라도 많은 고민과 자기성찰이 있어야 한다. 자녀문제가 자신의 인생을 구속하는 것도 있지만 부모자식 간의 인간관계는 내가 만들어 놓는 것이기 때문에 책임을 져야 하는 것이 인간 된 도리이다.

재혼을 좋다 나쁘다 구분하면 안 된다. 기존의 가치와 의미에 새로운 가치와 의미를 가져가면 강한 에너지로 인해 전보다 더 큰 자아실현을 추구한다. 거기다가 배우자라는 안전장치가 있다. 재혼해서 살다가 이혼의 위기가 왔다면 마음과 심리의 작용을 정확하게 알고 현명하게 대처해야 한다.

〈질문〉 이혼해서 혼자 살면 SNS를 많이 합니다. 외로움이나 고립감에서 탈피하는 데는 이것보다 좋은 것은 없습니다. 그러나 결국 이것도 사람관계입니다. 살아가는 데 전혀 도움이 안 되나요?

〈답변〉 요즘 사람들은 만남 대신 SNS를 많이 이용한다. 일종의 사회적 소통이다. 현실에서 사람을 만나면 서로의 생각기준이 달라서 상처와 스트레스를 많이 받는다. 그래서 인간관계를 맺는 것을 두려워하거나 피하고 싶어 하는 사람들이 SNS를 많이 이용한다. 그래서 특정한 목적을 갖고 소통을 하기 위한 용도로 만들어진 것이 SNS이다. SNS는 사람과 사람 간에 소통을 할 수 있는 역할을 하는 데 있어서 좋다.

그러나 SNS가 주는 부작용의 폐해는 크다. 서로 모르는 사이다 보니 인간관계에서 받는 상처와 스트레스는 감히 명함도 못 꺼낸다. 사람과 사람 사이에 마음이 연결되지 못하면 서로의 관점이 조금만 달라도 마구 물어뜯는다. 누군가가 자신을 물어뜯으면 가만히 당하고 있는 사람은 없다. 같은 부류의 사람끼리 물고 뜯는 것을 공생이라고 한다.

사람은 자기 행복만을 추구한다. 그렇기 때문에 타인과의 조화와 질서는 안중에도 없다. 상대가 스트레스와 상처를 입든지 말든지 자신이 하고 싶은 말을 거침없이 다 한다. 이렇게 되면 SNS에서도 상처와 스트레스 받기는 마찬가지이다.

여자들은 친구를 만나면 세상 돌아가는 이야기를 많이 한다. 장아찌 담는 법, 아이들 이야기, 물건 싸게 사는 이야기, 남편 흉보는 이야기를 하면서 쌓인 상처를 털어낸다. 그러나 SNS는 공개적이라서 속내를 이야기하지 않는다. 차라리 아파트 경비원과 따뜻한 인사말을 나누는 것이 훨씬 심리에 도움이 된다.

〈질문〉 SNS를 통해서 만나는 사람들도 많이 봤습니다. 대부분 외로움이나 허전함 때문에 만나는데 재혼으로 이어지는 사람들도 있습니다. 신뢰가 생겨서 재혼을 한 것인가요? 아니면 재미와 즐거움이 이어져서 재혼을 한 것인가요?

〈답변〉 SNS에서 표현할 때 남자는 재미와 즐거움을 느끼고자 하고, 여자는 남자의 관심을 받으려고 한다. 남자가 지속적으로 관심을 주면 여자는 사랑이라고 착각하고 왜곡된다. SNS를 하다 보면 남자는 열정이 과도하게 생성되고, 여자는 남자의 열정에 갈수록 사랑이 깊어진다. 모두가 중독증이 발생한 것이다.

여자의 경우는 남자가 보여 주는 것이 관심이 아니라, 반응을 보기 위해 한번 찔러 보는 것을 알아야 한다. 여자가 반응을 보이면 낚시에 걸려든 것이고 반응을 보이지 않으면 낚싯대를 다른 곳으로 옮긴다. SNS에는 노이로제와 우울증이 없다. 관심과 반응이 난무하기 때문에 오로지 중독증만이 존재한다. 그래서 SNS의 심리장애는 중독증 하나밖에 없다.

SNS에서 만나서 재혼을 했다면 둘 다 심리장애일 가능성이 매우 높다. 재미와 즐거움의 열정을 남자는 가치라고 착각하고, 여자는 남자의 관심을 사랑이라고 착각해서 의미를 둔다. 재혼해서 한동안 재미있게 살다가 재미와 즐거움이 더 이상 들어오지 않으면 그것으로 재혼은 끝이다. 기분으로 하는 재혼은 오래 지속되지 않는다. 심리장애를 치료해야 정상으로 돌아온다.

〈질문〉 **재혼을 하게 될 경우 아이들이 제일 마음에 걸립니다. 아이가 아주 어리면 괜찮겠는데 자아형성기라면 변화된 환경으로 인해서 영향을 많이 받을 것 같습니다. 현명하게 재혼하는 방법은 없나요?**

〈답변〉 재혼은 초혼과는 달리 좋아하는 감정만 가지고 할 수는 없다. 아무리 여자가 좋다고 하더라도 재혼과 동시에 혈육의 정이 생기는 것은 아니다. 막연히 좋을 것이라는 생각으로 접근하는 것은 환상에 가깝다. 그만큼 낯선 인간관계는 서로가 불편하고 서먹하다. 아이가 자아형성기라면 왜 부모가 이혼을 하게 되었는지를 먼저 솔직하게 이야기해야 한다. 아이가 이혼을 할 수밖에 없었던 부모의 상황에 대해 이해하면 각자의 본분에 맞게 열심히 살아가면 된다. 대신 서로의 생각기준을 정해 놓고 그 안에서 조화와 질서를 찾으면 아이가 있어도 큰 문제가 없다. 그러나 중요한 것은 좋은 부모의 역할은 자녀에게 관심을 쏟는 것이다. 부모가 자녀에게 관심을 보이면 자녀는 그것이 사랑이라고 자각한다. 가족은 공동체이다. 상대의 눈으로 보고, 귀로 들어야만 스트레스와 상처가 생기지 않는다. 갈등이 없는 가족은 매사 긍정적이다.

〈질문〉 힘들게 재혼을 했는데 도저히 현 남편과 살 수가 없어서 여자가 이혼을 했습니다. 사람들은 여자에게 참을성이 없다고 말합니다. 정말 여자에게 문제가 있는 건가요?

〈답변〉 결혼의 기억을 가지고 재혼한 남편과 함께 자아실현을 추구하다가 배우자의 신뢰가 깨져 버렸다. 남의 이목이 두려워 쇼윈도부부로 살아간다면 내 인생의 주인은 내가 아닌 타인들의 것이다. 절벽의 가장자리에서 떨어질 것 같은 위태로움을 느끼면서 살 필요는 없다. 당당하게 이혼해서 사람으로 살면서 고갈된 마음에너지를 다시 충전하면 된다. 재혼 후에 이혼을 했다고 해서 초혼 때의 이혼보다 훨씬 힘들다면 첫 이혼기간 동안 자기성찰이 없었다는 이야기이다. 자아실현의 준비가 전혀 되어 있지 않는 상태에서 남자가 주는 관심이 사랑이라고 착각해서 재혼을 한 것이다.

심리장애가 치료되지 않은 상태에서 재혼을 하면 모든 것을 비정상으로 보기 때문에 제대로 결혼생활을 못한다. 재혼을 해서 이혼한 여자들은 참을성이 없는 것이 아니라 심리장애이기 때문에 그렇다. 사람으로 돌아가서 상처치료부터 해야 정상으로 회복한다.

〈질문〉 여자에게 사춘기 아이가 있습니다. 아이를 생각한다면 굳이 재혼할 필요가 있나요? 아이에게 삶의 의미를 두고 가치를 추구해도 되지 않나요?

〈답변〉 상처치료를 하지 않았다면 이혼이 주는 상처는 여자를 그냥 두지 않는다. 마트에서 남편과 함께 장을 보는 여자만 봐도 상처가 올라오고 공원에서 아이와 놀아 주는 남자만 봐도 상처가 올라온다. 상처가 올라오면 여자는 견딜 수가 없다. 그래서 상처해리가 오거나 중독증이 발생하기 쉽다. 이혼 후에 이런 위험에 빠지지 않기 위해서라도 여자는 반드시 상처를 치료해야 한다. 상처가 치료되면 이런 상황과 마주쳐도 살짝 기분이 우울할 뿐 이내 긍정감정으로 전환한다.

이혼을 했다고 해서 무조건 재혼을 해야 하는 것은 아니다. 이미 상처가 치료되었기 때문에 혼자 살면서 아이에게 의미를 추구하면 된다. 스스로 행복의 감정, 사랑의 감정을 만들어 가기 때문에 이런 엄마와 사는 아이는 행복을 느낀다. 살다가 좋은 사람을 만나면 상처가 이미 치료되었기 때문에 재혼해도 행복하게 살 수 있다.

〈질문〉 초혼이고 재혼이고 여자 하기 나름이지 않을까요?

〈답변〉 초혼은 결혼경험이 없기 때문에 처음부터 하나하나 만들어 가는 과정을 겪는다. 가족들과 지지고 볶으면서도 자연스럽게 조화와 질서를 만들어 간다. 하지만 재혼은 이미 결혼의 경험을 가지고 있다. 그럼에도 불구하고 재혼도 초혼이라고 생각하면서 배우자와 함께 하나하나 새롭게 가치와 의미를 만들어 가야 한다. 자신을 변화시키지 않고 기존의 경험으로 살아간다면 재혼은 쉽게 파탄이 난다. 재혼은 초혼의 경험을 기준으로 삼으면 또 이혼의 수순을 밟는다. 재혼하기 전에 초혼할 때의 마음인 열정과 사랑이 아니라 새로운 자아실현을 위해서 가치와 의미를 추구해야 한다. 이것은 이미 자신의 마음이 사람에서 인간으로 바뀌었다는 이야기이다. 이것을 정확하게 알고 가야 문제가 생기지 않는다. 결국 여자의 행복은 초혼이든 재혼이든 스스로 만들어 가는 것이다.

〈질문〉 재혼부부 중에 중년이 차지하는 비율이 높다고 합니다. 결혼생활이 오래 지속되면 미운 정 고운 정이 들어서 쉽게 못 헤어진다고 하던데 아닌가요?

〈답변〉 결혼하는 부부 5쌍 중 1쌍이 재혼부부라는 통계가 있다. 이들 가운데 중년커플의 비율이 가장 높지만 65세 이상의 황혼재혼도 많다고 한다. 나이가 들어서 재혼을 한다는 것은 그만큼 살아갈 날이 많이 남았다는 이야기이다. 중년에 이혼을 많이 하는 것은 자녀가 어느 정도 컸기 때문에 굳이 엄마의 손길이 필요가 없다는 것이다. 대부분 부부간의 신뢰가 깨져도 이혼을 못 하고 산 것은 자녀가 어렸기 때문이다. 중년이 되어서 이혼을 하고 재혼을 하는 것은 그만큼 자녀문제에 자유롭기 때문이기도 하다.

여자는 스트레스가 들어오면 무조건 수용해서 상처로 쌓아 두기 때문에 여자는 나이가 많을수록 상처가 많다. 그래서 상처가 작용하면 못 견디기 때문에 늦게라도 여건이 되면 이혼을 하려고 한다.

재혼은 초혼과 다르다. 상대에 대한 좋은 감정만 가지고 쉽게 마음을 결합할 수는 없다. 서로에 대한 믿음이 무엇보다 중요하기 때문에 서로 진정성을 갖고 결합해야 후회 없는 재혼이 된다. 재혼의 적은 상대에 대한 불신이다. 초혼과는 달리 조금만 불신이 생겨도 쉽게 무너지는 것이 재혼부부이다. 그래서 재혼하는 부부 사이에 무엇보다 솔직함이 담보되어야 모든 것을 믿고 맡길 수가 있다. 대부분 이혼하면 지긋지긋한 결혼생활이 생각나서 가급적 재혼을 생각하지 않는다. 인간에서 사람으로 넘어가는 과정이 너무도 힘들었기 때문에 다시 삶에 변화를 주고 싶지가 않아서이다. 그러나 진정으로 신뢰할 수 있는 사람을 만나면 여자는 사랑의 감정과 행복의 감정을 느끼고 싶어 한다. 미운 정도 알고 보면 상처이다.

〈질문〉 아빠가 재혼을 했는데 새엄마가 필요 이상 잘 해 줘서 부담을 느낀다는 아이들도 있습니다. 새엄마에게 솔직한 마음을 이야기해야 하나요?

〈답변〉 여자가 재혼을 하면 아이들과 빨리 친해지고 싶어서 지나치게 관심을 많이 가진다. 지나침은 모자람보다 못하다. 아이들은 아빠의 재혼으로 갑작스럽고 낯선 환경에 놓였다. 그래서 아이들은 앞으로 자신에게 무슨 일이 생길지, 어떤 일이 일어날지 불안한 상태이다. 여자는 아이들이 변화에 대해 정서적인 안정감을 찾을 수 있게 보살피는 것이 중요하다. 여자들은 재혼을 하면 필요 이상으로 잘하려고 하고 완벽해지려고 한다. 이럴 경우 여자를 바라보는 시선이 불편하기도 하고 안쓰럽기도 하다. 그냥 있는 그대로의 모습을 보이는 것이 중요하다. 굳이 환심을 사려고 노력하지도 말고 평소 생활하던 대로 하는 것이 받아들이는 사람도 부담이 없다. 자신의 역할에 충실하면서 지혜롭게 집안일을 해 나가면 된다.

재혼을 한 가정에 아이들이 있다면 무엇보다도 우선 아이들의 혼란스러운 감정을 잠재워 줘야 한다. 아이들이 혼란을 극복하고 나서 심리가 안정되면 그때 관심을 가지고 편안하게 다가가면 된다. 아이들이 자신의 어려움이나 해결하지 못한 문제에 대해 이야기할 때 잘 경청해서 공감을 해 주고 연민을 느끼는 태도를 보여 줘야 한다. 아이들은 자신이 힘들게 말함으로써 정당한 평가를 받기를 원한다. 재혼가정은 부모가 아이들에게 한목소리를 내야 아이들이 어느 한쪽으로 기울지 않는다.

재혼하기 전에 서로 아이들의 문제점을 미리 파악해서 칭찬할 때는 부부가 함께 칭찬해 주고 체벌을 할 때는 부부가 의견일치를 봐야 서운함이나 오해가 생기지 않는다. 아이에게 환심을 사거나 완벽한 엄마가 되려고 애쓰지 말고 엄마라는 역할에 충실하면 아이들도 자신의 역할에 충실하게 된다.

제5장

사별의 심리

◇01
만남과 이별

사람은 태어나서 죽는 날까지 많은 사람들과의 만남과 이별을 겪으면서 살아간다. 만남의 순간은 기쁨이지만, 이별의 순간은 슬픔을 동반한다. 명절 때 고향에 계신 부모님만 뵈어도 만남과 이별의 감정변화가 어떻게 작용되고 어떻게 표현되는지를 알 수 있다.

명절이 되어서 고향에 가면 부모님은 자식들이 대문에 들어서기도 전에 반가워서 방안에서 맨발로 뛰어 나오신다. 주름이 깊이 파인 얼굴에 연신 함박웃음을 지으며 손을 잡고 기뻐하신다. 그러나 짧은 명절을 함께 보내고 자식들과 헤어지는 날, 부모님은 연신 돌아서서 눈물을 훔친다. 이런 모습을 보면서 고향집을 떠나는 자식들의 눈에도 눈물이 맺힌다. 사소한 이별이라 하더라도 슬프지 않은 것은 없다. 하물며 사별의 슬픔을 어디에다 비할 수 있겠는가?

슬픔 중에서 가장 큰 슬픔이 배우자와의 사별이다. 사별은 상대가 이 세상에 더 이상 존재하지 않는다는 상실감과 절망감 때문에 숨도 제대로 못 쉰다. 배우자의 사별은 세상의 그 어떤 고통과도 비교할 수가 없다. 그러나 사별은 현실이다. 떠난 사람을 평생 애도만 하면서 살 수는 없다.

대부분 남편과 갑작스럽게 사별한 아내들은 충격으로 기절하면서 병원의 응급실로 실려 가는 경우가 있다. 그만큼 사별이 주는 충격은 매우 강력하다.

배우자와의 갑작스러운 사별은 강력한 트라우마를 동반한다. 그래서 한동안 넋이 나간 채로 지내기도 하고, 며칠을 통곡만 하면서 지내기도 한다. 사별을 했다는 사실을 현실로 받아들일 때 대부분의 여자들은 슬픔보다 분노를 더 많이 느낀다고 한다. 함께 자아실현을 하면서 잘 살아오다가 남편이 일방적으로 갑자기 이탈을 해 버렸다는 생각이 들어서다. 홀연히 떠난 망자를 생각하면 괘씸하기도 하고 불쌍하기도 해서 수많은 감정이 교차된다. 이것이 사별의 심리이다. 이런 심리상태가 지속되면 논리적인 사고나 판단을 하기가 어렵다. 그래서 마음이 안정될 때까지 차분히 기다리는 것이 좋다.

남편과 사별한 여자들을 보면 공통점이 있다. 주변 친구나 지인들의 이야기에 집중하지 못하고 혼자만의 생각에 빠져 있기가 일쑤이다. 그래서 사람들을 만나도 어울리지도 못하고 겉돌기만 한다. 여자는 친구들을 만나도 자신과 다른 세계에 사는 것 같아서 불편하고 이질감을 느낀다. 이런 괴리감 때문에 여자는 친구들과 만나는 것도 싫어진다. 부모님이나 형제자매들도 마찬가지이다. 자신은 아무렇지도 않는데 괜히 동정을 받는 것 같아서 싫다. 그래서 외출도 하지 않고 집에만 있는 경우가 많다. 이런 심리가 지속되면 식욕저하, 의욕저하, 수면장애 등이 나타나면서 건강에도 적신호가 켜진다.

배우자와 사별했을 때 이런 감정의 변화는 지극히 정상적이다. 남편이 더 이상 존재하지 않는다는 사실에 깊은 슬픔을 느껴서 제대로 된 일상생활을 못 할 것만 같았는데, 시간이 지나면서 슬픔의 무게도 조금씩 덜어지는 것을 느낀다. 그러나 사별의 슬픔에서 오랫동안 벗어나지 못하고 우울증으로 빠지는 여자들도 많다. 이런 여자들은 우울증치료를 해야만 정상적인 삶을 살 수 있다.

　사별의 슬픔에서 벗어나는 기간은 사람마다 다르다. 통상 1~2년이 제일 많다고 한다. 사별의 심리에서 벗어나기 위해서는 배우자가 이 세상에 없다는 것을 스스로에게 각인시켜야 한다. 현실을 받아들여서 사별의 충격을 수습하고 상실감과 절망감에서 벗어나야 비로소 사별의 심리에서 벗어난다. 어느 정도 변화된 환경에 적응되면 우울증으로 들어가지 않도록 가족이나 친구들과 함께 시간을 보내는 것도 도움이 된다.

　연애할 때는 자신만 즐겁고 재미있으면 되지만, 결혼은 두 사람이 신뢰를 바탕으로 인간관계를 맺는다. 이때 남자의 열정은 가치추구로 전환되고, 여자의 사랑은 의미로 전환된다. 두 사람이 결혼을 해서 인간관계를 맺었기 때문에 부부가 된다. 결혼은 배우자와 함께 가치와 의미의 자아실현을 추구하면서 사는 것이다. 두 사람이 행복이라는 한 방향을 바라보면서 살다가 한쪽 배우자가 일방적으로 약속이나 신뢰를 깨트려 버리면 결합된 마음이 분리된다. 이것이 이혼이다. 이혼을 해서 사람으로 살다가 좋은 사람을 만나 다시 인간관계로 돌아가는 것이 재혼이다. 이혼보다는 재혼이 낫다. 인간은 함께 자아실현을 할 때 값진 인생을 사는 것이기 때문이다.

　인생의 주기를 보면 만남과 헤어짐의 연속이다. 인생주기에서 결혼, 이혼, 재혼은 본인 스스로 선택한 인생이지만 사별은 자신의 의사와는 무관하게 찾아온다. 그래서 더욱 충격과 혼란에 빠져서 사별의 트라우마를 겪는다.

사별 후의 삶은 함께하다가 혼자가 되기 때문에 낯설고 불편하고 두렵기까지 하다. 그러나 혼자지만 사람으로 가지 않고 인간관계에서 사는 것이 사별의 심리이다. 사람으로 전환하지 않는 것은 삶의 의미가 변화하지 않은 채 기억 속에서 사별한 배우자와 유대관계를 가지고 있기 때문이다.

여자가 배우자와 사별을 하고 나면 하나에서 열까지 모두 어려운 일만 생기고 기쁜 일이 거의 없다. 더욱이 남편이라는 안전장치도 없어서 무슨 일이 생기면 늘 당황스럽고 혼란스럽다. 한밤중에 갑자기 전기가 나가거나 현관 키가 고장이 나서 경고음이라도 울리면 무서움에 아이와 어쩔 줄을 몰라 한다. 이런 경험은 처음이 아니지만 남편과 있을 때 겪은 것과 없을 때 겪은 것은 심리적으로 다르다.

남편과 사별을 하게 되면 처음에는 모든 것이 혼란스럽다. 일어나는 일에 대한 모든 판단과 결정을 오로지 혼자 해야 된다는 부담감에 삶이 위축된다. 그래서 의욕이 저하되면서 긍정적인 삶의 에너지는 고갈되고 부정감정의 에너지만 커진다. 이렇게 되면 자존감과 자신감을 잃어버려서 무기력하고 초라한 자신과 대면하게 된다. 어느 날 거울을 보면 초췌하고 초라한 낯선 여자가 보인다. 그래서 여자는 더욱 살고 싶지가 않게 된다.

하루라도 빨리 사별의 트라우마에서 벗어나야 건강하고 행복한 삶을 살 수가 있다. 자신의 잘못으로 남편을 먼저 보냈다는 부정감정을 떨쳐내고 긍정적인 시선으로 사별을 바라봐야 살아갈 힘을 얻는다. 남편의 존재가 사라졌다고 해서 비탄에 젖은 채 자신만의 동굴에만 틀어박혀 있지 말고, 시간이 걸리더라도 인간관계가 시작되는 동굴 바깥으로 나오는 것이 중요하다.

사별을 했을 때, 예전의 감정으로 회복될 때까지 가능하면 가족관계가 아니면 만나지 않는 것이 좋다. 혼자 있는 것이 힘들어서 사람들과 소통하기 위해 모임에 나갔다면 위로와 공감보다는 상처를 더 많이 받는다. 사별의 심리를 이용해서 자신의 실속을 차리는 사람들이 있는가 하면, 여자의 슬픔을 다 이해한다는 듯 지나치게 조언하는 사람들도 있다. 더욱이 여자가 처한 상황을 부러워하는 사람들도 있다. 이러한 인간관계는 여자에게 상처만 줄 뿐이다.

"나도 남편과 사별해서 혼자 자유롭게 살고 싶다."

"아직 젊은데 평생 혼자 살 거 아니잖아요?"

"언제까지 슬픔에 빠져 살 거야? 요즘 남자들은 우울한 여자를 싫어해!"

사람들은 아무렇지 않게 말을 툭툭 던지지만 받아들이는 상처의 강도는 '개구리에게 장난삼아 던지는 돌멩이'처럼 치명적이다. 그래서 여자는 상처받기 싫어서 외출도 안 하고 집에만 틀어박혀 산다.

사별한 사람들은 일반인들의 상처와는 달리 트라우마가 강력하다. 똑같이 남편과 사별을 했다고 해도 받아들이는 슬픔의 무게나 강도는 똑같지 않다. 여자의 기억 속에 사별한 남편이 어떤 모습으로 각인이 되어 있는지 잘 모르면서 무턱대고 위로하는 것은 오히려 여자에게 독이 된다.

일반적으로 사별을 한 여자들은 남편과의 기억에 고착되어 있기 때문에 다른 사람들이 비집고 들어올 공간이 없다. 자신만의 세계에서 고인에 대한 미안함, 그리움, 죄책감에 빠져 있어서 오랜 기간 연애도, 재혼도 하지 않고 우울하게 살게 된다.

사별한 아픔이 너무나 커서 위로받기 위해 자신의 마음을 함부로 열어 보이면 여자는 상처만 받는다. 그렇다고 해서 인간관계를 끊고 살 수는 없다. 사람으로 살면 오로지 혼자이기 때문에 만남과 이별에서 자유롭다. 그러나 인간으로 살면 기쁨과 슬픔, 즐거움과 노여움도 함께한다. 즉 인간으로서 조화와 질서를 지켜 가면서 서로의 마음을 나눠 가지는 것이다.

사별하고 혼자 산다고 해서 사람으로 돌아가는 것이 아니다. 사별은 인간관계에 여전히 속해 있다. 삶의 의미가 변하지 않은 채 기억 속의 남편과 계속 유대관계를 맺고 있기 때문이다.

사랑하는 사람과 사별했을 때 기혼도 있고 미혼도 있다. 젊은 사람도 있고 나이든 사람도 있다. 하지만 사별은 살아온 모든 기억들을 수렴하기 때문에 상실감과 절망감은 누구나 똑같이 느낀다. 그래서 사별로부터 자유로운 사람은 없다.

심지어 기르던 애완동물과 사별을 해도 사별의 트라우마가 발생한다.

애완동물은 평균 수명이 13년 정도이다. 애완동물을 새끼 때부터 키운다고 해도 사별에서 자유로울 수 없다. 사별은 인간관계뿐만 아니라 자신과 특별한 관계에 있는 대상도 똑같은 상실감과 절망감을 느낀다. 그렇다고 해서 어린아이나 청소년들에게 이런 감정을 겪지 않게 하려고 무조건 애완동물을 못 키우게 할 수는 없다. 사별이 자신에게 어떤 의미를 가지고 있는지 미리 알고 있어야 사별했을 때, 심각한 심리장애가 발생하지 않는다.

사별은 자신이 아끼던 사람이 이 세상에 없기 때문에 무조건 사별의 트라우마를 겪는다. 지금까지 관심을 갖고 애정을 쏟았는데 자신의 의지와는 상관없이 물리적으로 차단되었다면 남자에게는 열정을, 여자에게는 사랑을 빼앗아 가는 것과 마찬가지이다. 여기에는 인간관계뿐만 아니라, 애완동물과 같은 특정한 대상도 포함이 된다. 애완동물과도 사별의 트라우마를 겪는데 하물며 모든 것을 함께하면서 살아가던 부부가 사별을 겪으면 그 충격은 매우 강력하다.

여자가 남편과 사별을 했다면 일단 인생의 가치가 무너진다. 뜻하지 않게 함께하다가 혼자가 되었지만, 사별은 사람으로 돌아가지를 못한다. 여자는 기억 속에 사별한 남편과 함께 있기 때문에 사람으로 돌아가지 못하고 의미를 추구하면서 자꾸 가치를 만들려고 한다. 이것이 사별의 위험성이다.

반대로 남자가 아내와 사별했다면, 남자는 자신의 가치를 추구하면서도 의미를 찾으려고 노력하게 된다. 이때 문제가 발생한다. 돈을 많이 벌어도, 지위가 올라가도 함께 기뻐할 사람이 없기 때문에 '왜 살지?' 하고 우울한 기분에 사로잡힌다. 이런 우울한 기분이 지속되면 남자에게는 노이로제성 우울증이 발생한다.

가치는 열정을 기초로 하는 기분이고, 의미는 사랑을 기초로 하는 감정이다. 여자는 의미를 가지고 가면서 가치를 추구하는 것이 어렵지 않다. 그래서 남편과 사별한 여자는 의미와 가치를 동시에 가지고 갈 수 있다. 반면 아내와 사별한 남자는 기분만 갖고 있기 때문에 감정을 만들지 못한다. 가치는 그대로 가져가지만 스스로 의미를 만들지 못하기 때문에 다른 의미를 찾으려고 노력하게 된다. 이 과정에서 노이로제성 우울증이나 중독증이라는 심리장애가 발생할 가능성이 매우 높다.

사별의 후의 허전함과 슬픔은 장기간 지속되지만 사랑하는 사람의 죽음을 인정해야만 남편이 없는 새로운 삶을 살아갈 수 있다. 그러나 사별 후에도 고인과의 유대감으로 바뀐 현실에 적응하지 못하고 자신만의 기억에 집착하면서 사는 사람들이 많다.

  사람은 사별의 트라우마를 겪으면 자연스럽게 깨달음을 얻는다. 깨달음은 먼저 간 남편에 대한 죄의식과 원래의 감정으로 회복하려는 힘이 상충될 때 나타난다. 여자인 경우 자신의 의미와 가치에 대한 것과 떠난 사람에 대한 죄의식이 동반될 때 온다. 그러나 두 개의 감정에 균형을 잡지 못하면 중독증과 우울증을 반복해서 겪는다. 이런 경우 사별의 트라우마를 치료해야 심리장애가 발생하지 않는다. 무엇보다도 기억에서 벗어나서 남편의 사별을 인정하고 새로운 의미를 찾음으로써 새 출발을 할 수가 있다.

사별을 말할 때

함께 가치와 의미를 추구하다가 갑자기 한쪽이 사라지면 무조건 트라우마를 겪는 것이 인간이다. 사별의 대상이 자녀라고 하면 아빠의 고통도 매우 크지만 엄마의 고통에 비할 수 없다. 엄마는 남편과 아이와 함께 삶의 의미를 추구해 나가기 때문이다.

아이의 부재는 엄마에게 슬픔과 분노를 넘어 세상이 전부 무너졌다고 생각한다. 더 이상 세상을 살아갈 의미가 없어서 극단적인 선택도 많이 하게 된다. 자녀와 사별한 엄마는 그리움보다 죄책감에 더 많이 시달린다. 아이가 살아 있을 때 좀 더 잘 해 주지 못했던 것에 집착해서 스스로를 괴롭힌다. 특히 칭찬보다 꾸짖음이 많았던 것이 기억나면 마음은 천 갈래 만 갈래로 찢어진다.

"성적이 왜 이것밖에 안 나왔니? 없는 돈에 과외를 세 개나 붙여 줬는데 고작 성적이 이거야?"

부모는 아이를 잃고 나서 깨닫게 된다. 아이의 존재가 자신들에게는 행복이었다는 것을. 공부를 잘하든 못하든 전혀 상관없다는 것을 깨닫게 된다. 살아서 존재하는 것만으로 크나큰 축복임을 아이를 잃고 난 후에 깨닫게 되는 것이 안타까울 뿐이다.

밤만 되면 동네골목을 돌아다니면서 쓸모없는 물건을 주워 오는 여자가 있었다. 여자의 집은 주워 온 물건들로 가득해진다. 심리상담사가 여자를 찾아가서 이유를 물어보니 여자의 실수로 어린 아들을 어이없게 잃은 트라우마가 있었다. 여자에게 그 상처는 파내고 싶어도 파낼 수 없는 상처였다. 그래서 밤만 되면 아들 생각에 도저히 견딜 수가 없어서 날이 밝을 때까지 무작정 동네를 헤맸다고 한다. 어느 날 동네를 헤매다가 골목 한가운데 버려진 장난감 하나가 눈에 띄어 주웠는데 이상하게도 위로가 됐다고 한다. 그래서 위로를 받기 위해 물건들을 줍기 시작했는데 이제는 발 디딜 틈 없이 쌓인 것이다.

동네 사람들은 미관상 좋지도 않고 냄새가 난다고 매일 구청에 민원을 넣지만, 여자는 자신의 물건에 손도 못 대게 한다. 이런 하찮은 물건들은 타인의 눈에는 쓰레기에 불과하지만, 여자에게는 소중한 위로였기 때문이다.

사별은 남자에게 열정을 차단하고 여자에게는 사랑을 무너뜨린다. 인간관계에서는 가치가 멈추고 의미가 무너진다. 그러나 인간관계에서 배우자를 잃었다면 시간이 걸리더라도 가치와 의미를 회복해서 자아실현을 하면 새로운 삶에 자연스럽게 적응된다. 그러나 인간이 아닌 대상이 관계될 때는 반드시 다른 대상으로 대체해야만 아픔이 덜하다. 그래서 보통 애완동물이 죽으면 그 슬픔을 잊지 못해 똑같은 종을 분양받아 전보다 더 큰 사랑을 쏟기도 한다.

연애할 때는 사랑과 열정을 가지고 상대에게 무엇이든 해 줄 수 있다고 생각하지만 이것은 어디까지나 자신의 기분과 감정일 뿐이다. 남자는 지금 자신이 재미있고 즐거우면 되고, 여자는 지금 사랑을 느끼기 위해 남자의 관심만 있으면 된다. 오로지 자신만의 행복과 사랑이 중요하다. 이런 이기적인 연애도 열정과 사랑이 차단되면 사별의 트라우마와 같은 기분과 감정을 느낀다. 사별의 심리는 꼭 죽음만을 의미하는 것이 아니다. 인간관계의 단절에서도 사별의 심리를 느낀다.

사별의 심리에서 회복되면 다시 좋은 남자, 좋은 여자를 만나서 연애를 시작한다. 그러나 다시 연애를 한다고 해서 사별의 트라우마와 같은 스트레스와 상처가 없어지는 것이 아니다. 트라우마를 치료하지 않은 이상 사별의 트라우마는 마음 깊숙이 단층을 이루며 쌓여 있다.

연애할 때도 이별과 만남이 반복되면 자신도 모르게 사별의 트라우마에 준하는 상처들이 쌓인다. 그런데 결혼을 하면 놀랍게도 쌓인 상처가 열정과 사랑이 가치와 의미로 전환되면서 모두 치료된다. 그래서 연애할 때 상처를 많이 입고 고통 속에서 살던 여자라 하더라도 결혼을 하면 거의 대부분 치료된다.

인간관계로 들어가면 무조건 함께 가치와 의미를 추구하기 때문에 열정과 사랑이 사라진다. 인간관계에 있으면서도 가치와 의미를 추구하지 않고 열정과 사랑을 추구하면 이는 심리장애이다. 배우자 한쪽이 심리장애가 되면, 부부의 인간관계는 파괴되기 시작한다. 심리장애에 들어가는 전환점은 인간으로 살면서 사람으로 살아가고, 사람으로 살면서 인간으로 살아갈 때 심리장애가 나타난다. 따라서 지금 인생의 주기에 자신의 위치가 어디에 있는지를 아는 것이 중요하다.

요즘 사람들은 연애는 너무 가볍게 생각해서 수시로 만나고 수시로 헤어진다. 그래서 요즘의 연애를 인스턴트 연애라고 많이 말한다. 자신의 기분에 따라 열정을 만들고, 분위기에 취해 사랑을 느낀다. 그러나 즉흥적인 기분과 분위기에서 벗어나는 순간 자신의 열정과 사랑이 무모했다는 것을 알고 쉽게 헤어진다. 그러다가 또 다른 재미와 즐거움이 생기면 새로운 연애를 시작한다. 이런 만남과 헤어짐을 반복하다 보면 자신도 모르게 상처가 쌓인다. 상처가 계속 쌓인 상태에서 또 누군가와 이별을 하게 되면 사별의 트라우마와 같은 강력한 슬픔의 감정을 느끼게 된다.

자존심이 강한 중년의 여자가 있었다. 평소 운동을 좋아하던 남자는 체격도 다부지고 건강했다. 어느 날 남자가 콧물이 나고 열이 나서 대수롭지 않은 마음으로 병원에 갔는데 생각지도 않은 패혈증에 걸려 한 달도 못 돼서 세상을 떠났다.

중년의 여자는 사별의 트라우마보다 자존심이 먼저 상했다. 남편이 없다는 사실만으로도 다른 사람들에게 무시를 당할까 봐, 동정을 받을까 봐 신경이 쓰였다. 더욱이 여자는 평소 남편의 높은 지위로 권위까지 누렸는데 이제 남편과의 사별로 모든 것이 물거품이 되었다.

삭풍이 몰아치는 겨울날, 남편을 추모공원에 안치한 뒤 직계가족 모두 각자의 자가용으로 여자의 아파트로 향하는데 아파트 단지에 들어서기 전에 여자로부터 전화가 왔다.

"상복 안 갈아입은 사람은 지금 차 안에서 갈아입어. 머리에 꽂은 흰 핀도 빼고 완장도 전부 없애! 아파트 경비원이고 이웃에게 내가 미망인이 됐다는 것을 보여 주고 싶지 않아!"

가족들은 미망인의 의견을 존중해 줬다. 그 후 자식들은 물론이고 사위나 며느리까지 혼자 계시는 어머니가 걱정이 되어서 전화를 하거나 찾아뵈면 "나 괜찮으니깐 괜히 전화하고 찾아올 생각은 마라. 너희들이 관심

갖는 거 싫어!"라고 선을 분명히 그었다.

여자의 이런 지나친 행동은 자신의 약점을 극복하기 위한 일종의 열등감이다. 여자의 철통같은 마음을 들여다보면 불안감, 초조함, 외로움, 단절감과 같은 많은 감정이 얽혀 있다. 이런 감정을 들키고 싶지가 않아서 스스로 차단막을 치는 것이다.

사람은 자기중심이 지나치게 강하면 사람들과의 교류가 어렵다. 이것은 자존감이 아닌 자존심이다. 엄격하게 자신을 다루는 사람은 혼자 있을 때 스스로 자신을 비하한다.

"아이들이 저녁을 함께 하자고 그렇게 간청했는데 한칼에 거절하고 청승맞게 혼자 밥을 먹고 있다니! 아이들에게 동정을 받는 게 어떻다고. 정말 내가 한심하네."

사람은 진정으로 상대가 자신의 상황을 걱정하고 배려해 주면 관대하게 받아들일 줄도 알아야 한다. 인간은 사람들과 어울릴 때 행복해지면서 에너지를 얻는다. 즉 생명력을 얻는 것이다. 다른 사람들에게 동정을 받는 것도 싫고 상처받는 것도 싫어서 스스로 거리를 두면 아무도 먼저 다가가지 않는다.

완벽주의 성향이 있는 사람은 자신과 타인에게 매우 엄격하다. 그래서 자신은 물론 타인의 실수도 용납하지 못한다. 이런 사람은 주변의 친구들과도 마음을 털어놓고 지내지 못한다. 자기 연민이 없는 사람은 타인에게도 연민을 못 느낀다. 그래서 늘 혼자이고 외롭고 고독하다. 자신이 힘들 때 진정으로 자신을 위로해 주는 사람이 있으면 마음을 열어야 한다. 그래야만 공감하고 함께 어울리면서 인간으로 살게 된다.

인간관계에서 사별의 심리는 죽음만 해당되는 것이 아니다. 인간관계가 단절되어도 마찬가지이다. 그래서 이혼을 할 때 인간관계가 단절되면 사별과도 같은 고통을 느끼는 것이다. 따라서 사람은 상대의 죽음을 경험해도, 인간관계에서 단절되어도 동일한 사별의 심리가 작용한다.

사별은 함께한 상대를 현실세계에서 다시는 만날 수 없지만 이혼을 한 인간관계의 단절은 상황이 되면 다시 만날 수도 있다. 이것이 사별과 이혼의 차이이다.

사별은 의미와 가치를 함께 추구하던 사람이 현실세계에서 사라짐으로써 함께해 왔던 의미와 가치가 무너져 버렸다. 더 이상 존재할 수 없기 때문에 함께하는 의미가 없어진 것이다. 의미가 사라지면 강력한 상처가 작용한다. 더 이상 의미를 나눌 사람이 없기 때문에 고통을 받는 것이다.

사람들은 이혼이나 실연을 해도 사별과 같은 강력한 트라우마가 생긴다고 하면 누구도 믿지 않는다. 이혼과 실연에도 자신도 모르게 사별의 심리가 작용한다. 이혼을 해도 함께하던 가치와 의미가 사라져서 자신도 모르게 상처가 쌓이기 때문이다. 대신 이혼이나 실연은 상대가 존재하고 있기 때문에 언젠간 다시 의미와 가치를, 열정과 사랑을 만들 수 있다. 결국 연애하다가 헤어질 때도, 결혼해서 이혼할 때도 사별과 비슷한 심리가 만들어진다. 결국 인간은 마음을 준 누군가와 이별할 때 사별의 심리가 작용한다.

사별 트라우마

　사별의 사전적 의미를 보면 죽어서 헤어진다는 뜻이다. 그렇다면 사별의 트라우마는 무엇일까? 트라우마는 스트레스인 나쁜 기분이나 상처의 나쁜 감정이 매우 강력한 것이다. 대부분의 사람들은 기분과 감정이 똑같은 것이라고 생각한다. 남자의 마음은 스트레스인 기분이 작용하는 것이고, 여자의 마음은 상처인 감정인 작용한다. 기분과 감정이 똑같다는 것은 남자의 마음과 여자의 마음이 똑같다는 것과 마찬가지이다. 서로의 마음이 똑같다고 단정하기 때문에 갈등이 생기면서 충돌하게 된다.

　남자의 마음과 여자의 마음은 다르다. 결혼을 해서 부부가 갈등을 일으키는 것도 남자의 마음과 여자의 마음이 다르다는 것을 알지 못하기 때문이다. 다름을 인정하지 않으면 서로의 생각기준이 맞지 않아 사사건건 스트레스와 상처가 발생한다. 스트레스와 상처를 힐링하지 못한 채 갈등이 반복되면 남자는 노이로제, 여자는 우울증이 발생한다.

　스트레스는 기분이고 상처는 감정이다. 트라우마는 스트레스와 상처가 작용되어 자신도 모르게 나쁜 기분과 감정이 지속적으로 작용하는 것이다. 이런 심리의 문제가 지속되면 심리장애로 악화된다. 나쁜 기분과 나쁜 감정이 들어오면 그때그때 힐링해야 심리문제가 생기지 않는다. 심리장애의 원인은 결국 트라우마로 인한 것이다.

마음에는 의식과 무의식이 있고, 기억은 뇌에 있다. 의식인 인식은 다섯 개의 감각기관을 통해서 들어온다. 무의식은 기억을 통해 말과 행동과 표정으로 표현한다. 의식과 무의식은 모두 신체와 연결되어 있기 때문에 인식에 장애가 생기면 노이로제가 발생하고, 표현에 장애가 생기면 중독증이 발생하며, 기억에 장애가 생기면 우울증이 발생한다.

노이로제, 중독증, 우울증이 발생하면 심리장애인데, 이 심리장애가 발생하는 원인이 트라우마이다. 트라우마는 기분과 감정이기 때문에 실체가 없다. 스트레스는 노이로제를 유발하고, 상처는 우울증을 유발하는데 스트레스를 힐링한다고 무조건 기분전환을 하면 중독증이 추가로 발생한다.

남자는 중독으로 빠지면 재미와 즐거움에 몰입하기 때문에 인식이 편해지면서 노이로제가 사라진다. 치료의 관점에서 볼 때는 중독증은 나쁜 것도 아니고 좋은 것도 아니다.

중독증에는 두 가지가 있다. 자신에게만 피해를 주는 중독증이 있고, 자신뿐만 아니라 타인에게까지 피해를 주는 중독증이 있다. 자신에게 피해를 주는 것에는 일중독, 운동중독, 공부중독 등이 있는데 이것은 표현이 과다할 뿐 자신의 가치를 높이는 데 에너지가 될 수 있다. 그래서 중독을 좋다 나쁘다 단정할 수 없다. 중독은 강력한 열정을 만드는 에너지이기 때문에 이를 잘 활용하면 매우 큰 가치를 이룰 수가 있다.

자신과 타인에게 피해를 주는 중독은 많다. 알코올중독, 도박중독, 마약중독, 관계중독 등은 본인의 삶을 피폐하게 만들기도 하지만, 주변의 사람들도 모두 망가뜨려 놓는다. 그래서 가능하면 이런 중독에 빠진 사람과는 어울리지 않는 것이 좋다. 상처의 감정인 우울증에 들어가 있는 사람도 중독증에 빠뜨리면 우울증이 사라진 것처럼 느껴지지만, 실제로는 우울증은 그대로 이면서 중독증이 발생되어 중증심리장애로 악화된 것이다.

노이로제, 우울증, 중독증을 이야기하는 이유는 사별의 트라우마를 이야기하기 위해서이다. 사별의 트라우마는 사별의 스트레스에 관련된 노이로제와 사별의 상처와 연결된 우울증과 사별의 심리장애에서 유발된 중독증 중의 하나가 발생될 수 있다.

사별의 트라우마는 남자와 여자가 다르게 작용한다. 남자가 사별의 아픔을 겪으면 대체로 중독증으로 가게 된다. 남자에게는 아내, 딸, 부모님 등 사별의 대상이 중요하지 않다. 남자들은 사별의 트라우마를 겪으면 노이로제가 발생하기 때문에 사별과 관련된 것이 하나라도 자각되면 죽음과 연결된다. 그래서 남자에게 사별의 트라우마는 매우 강력한 스트레스이자 노이로제로 작용한다.

남자가 지속적으로 사별의 트라우마를 겪는다면 노이로제가 발생한다. 이때 트라우마를 치료하지 않고 방치하면 공황장애나 충동장애로 나타난다. 공황장애나 충동장애의 근원은 지속되는 스트레스인 노이로제이다.

여자도 사별의 트라우마를 겪으면 남편이든 자녀든 부모님이든 대상이 중요하지 않다. 자신이 관심을 갖고 사랑하는 인간관계에서만 상처가 만들어진다. 그래서 여자는 사별의 트라우마로 상처가 강력해지면 우울증이 생긴다.

남자는 인식에 문제가 생겨 노이로제가 발생하고, 여자는 기억에 문제가 생겨 우울증이 발생한다. 남자는 인식에 문제가 생기면 인식이 들어오는 순간 못 견디기 때문에 재미있고 즐거운 중독증으로 빠지게 되고, 여자는 아프고 고통스러운 기억의 상처에서 벗어나기 위해 중독으로 들어가는 것이다.

사별한 여자들은 이혼한 여자와는 달리 쉽게 중독증으로 잘 들어가지 않는다. 사별한 배우자의 기억이 그대로 있기 때문이다. 그래서 어떤 여자는 남편과의 기억에서 평생 **빠져나**오지 못한 채 아프고 무기력하게 살아간다.

인간은 함께 자아실현을 하면서 사는 것이 값진 인생이라고 했다. 이런 여자들은 사별의 심리장애를 치료해서 자신만의 기억의 동굴에서 **빠져나**와야 건강하고 행복한 삶을 살 수 있게 된다.

남자들은 보통 49일이 지나면 사별의 트라우마가 사라진다. 그러나 사별의 트라우마가 6개월 이상 지속되면 노이로제가 발생한 것이다. 평상시 일상생활을 잘 하다가도 사별과 관련된 인식이 들어오면 남자는 자신도 모르게 노이로제로 고통을 받는다. 주변 사람들은 이런 남자를 잘 이해하지 못해서 소심한 성격을 탓하기도 한다. 남자가 사별을 하고도 6개월 이상 스트레스가 지속된다면 노이로제를 치료해야 한다. 노이로제를 치료하는 방법으로는 인식하는 것을 다른 쪽으로 돌리기 위하여 중독증에 빠트린다.

'자라 보고 놀란 가슴 솥뚜껑 보고 놀란다'는 속담이 있다. 인식장애를 표현장애인 중독증에 빠트려서 새롭게 인식하도록 만들어야 치료된다. 자라는 자라고 솥뚜껑은 솥뚜껑이라는 것을 정확하게 인식시켜 줘야 심리장애가 사라진다.

심리장애는 인식, 기억, 표현 중의 하나가 과다해서 문제를 일으키는 것이다. 심리장애의 치료는 한쪽 심리가 과하면 다른 심리로 작용하게 해서 균형을 맞추는 방법을 사용한다. 인식이 과다하게 들어오면 표현을 하게 함으로써 심리의 균형을 맞추고, 기억이 과다하면 표현을 하게 함으로써 심리의 균형을 맞춘다. 이 치료법은 마음의 원리이자 마음의 작용인 심리를 이용해서 불안정한 심리를 안정시키는 기법이다.

트라우마는 강력한 상처와 강력한 스트레스이다. 지금 현재 스트레스가 들어오지 않는데도 스트레스가 계속 작용한다면 노이로제이다. 지금 현재 상처가 기억되지 않는데도 우울감이 계속 느껴진다면 우울증이다. 결국 심리장애를 유발하는 트라우마는 무의식의 작용이기 때문에 실체가 없다. 사별의 트라우마도 치료를 하면 인식과 표현, 기억과 표현이 균형을 잡으면서 자신도 모르게 심리가 안정된다.

사별은 이혼이나 실연으로 인한 단절된 인간관계와는 달리 배우자와의 관계가 영원히 회복될 수가 없다. 그래서 사별의 트라우마는 함께하던 존재가 없어지면서 만들어지는 것이다. 아이가 먼저 부모 곁을 떠났다면 남자는 아이와 연관된 모든 것이 스트레스이고, 여자는 모든 것이 상처이다. 되돌릴 수 없는 이별이기 때문이다.

여자들은 이혼이나 사별의 상처를 가지고 있으면 자존감이 낮아지면서 타인에 대한 의존성이 높아진다. 이런 현상은 상처가 작용하기 때문이다. 그래서 여자는 무엇보다 상처를 치료해서 자존감을 높여야 한다. 자존감이 생기면 자신감은 저절로 따라온다.

여자들이 감정을 가지고 살아가는 이유는 행복을 만들 수 있기 때문이다. 상처로 인해 아프고 고통스럽지만 이것을 치료하면 스스로 행복을 만들어 간다. 그러나 이런 인생의 원리도 모르고 아프고 힘들면 무조건 상처를 느끼지 않기 위하여 재미와 즐거움에 빠지는 여자들이 많다. 재미와 즐거움은 기분이다. 기분은 즉흥적이고 일회성이기 때문에 중독에 빠지면 감정을 잃어버린다. 감정을 잃어버리면 사랑의 감정과 행복의 감정은 물론이고 모성애도 잃어버려서 남편은 물론 아이들까지 망쳐 버린다. 이렇게 되지 않기 위해서라도 여자에게는 상처치료가 필요하다.

남자는 사별의 트라우마가 발생하면 인식에 문제에 생기기 때문에 인식을 다른 것으로 전환시켜 줘야 한다. 그래서 남자에게 노이로제가 발생하면 일단 중독으로 빠트려서 인식의 문제를 표현의 문제로 전환시킨다. 그러나 중독에 빠트렸다고 해서 노이로제가 치료된 것은 아니다. 우울한 기분이 재미와 즐거움에 묻힌 것이다. 즐거움이 멈추게 되면 여전히 스트레스는 지속된다. 노이로제일 때 치료를 해서 예전으로 회복해야 자아실현을 해 나갈 수 있다. 치료하지 않으면 중증노이로제로 간다. 남자의 중증노이로제는 정신병으로 진행된다.

사별의 트라우마를 겪고 있다는 이야기는 스트레스와 상처를 지속적으로 겪고 있다는 이야기이다. 이때 상처와 스트레스만 치료하면 되는데 이를 방치해서 문제를 더 확대시킨다. 사별의 트라우마가 있을 때 남자들은 자신도 모르게 재미있고 즐거운 것에 빠져들어서 이것이 인생의 가치라고 믿게 된다. 그러다가 사별과 관련된 인식이 들어오면 갑자기 공황발작을 일으킨다. 이때 주변에 누군가가 있지 않으면 생과 사를 넘나들 만큼 위험한 상태가 된다.

여자에게 사별의 트라우마가 발생하면 무조건 우울증으로 들어간다.

매사 의욕이 없고 힘들고 답답하다. 그래서 하루 종일 무기력한 채로 지낸다. 먹을 반찬이 없어서 마트에 가야 함에도 집 밖을 나서는 것이 귀찮기도 하고, 사람들과 마주치는 것이 싫어서 반찬도 없이 밥을 먹기도 한다. 마트에 꼭 가야 할 일이 있으면 사람들과 마주치지 않는 밤에 얼른 다녀온다. 사별의 우울증은 스스로 자신을 인간관계에서 격리시키는 것이다. 이런 생활방식으로 평생을 사는 사람들도 있다.

사별의 우울증은 강력한 사별의 상처가 쌓여서 아프고 고통스러운 마음을 보호하기 위해 감정의 기억을 차단해 버리는 것이다. 남편과 사별했다고 해서 평생을 죄인이 되어 우울하게 살 수는 없다. 남편과 사별하더라도 아이를 비롯해서 부모님과 형제자매 등 남겨진 인간관계가 많다.
사별의 우울증을 치료하기 어려운 것은 자신의 상처를 치료해 줄 수 있는 대상이 존재하지 않기 때문이다. 그래서 사별의 우울증은 이별할 준비가 되어 있느냐, 되어 있지 않느냐에 따라 우울증의 크기와 강도가 달라진다. 준비가 되어 있지 않는 사별은 무조건 사별의 우울증이 깊어진다.
아빠와 사별한 아이들은 엄마가 사별의 트라우마에서 벗어나지 못한 채 늘 아프고 힘들고 우울해하면 아이들도 어둡고 침울한 채 성장한다. 부정감정이 많은 아이들은 심리가 불안정해서 문제를 많이 일으킨다. 반항하거나 나쁜 친구들과 어울리면서 문제아로 성장한다.
사별의 트라우마를 겪는 여자는 아이를 위해서라도, 가족을 위해서라도 사별의 상처를 치료해야 행복의 감정과 사랑의 감정을 만들어 갈 수 있다.

사랑과 이별

　부모님이 연세가 많아서 지병으로 돌아가셨다. 자식들에게 사별의 트라우마가 생겼다면 부모님은 지금까지 잘 살아오셨다고 보면 된다. 부모님이 돌아가셨음에도 자식들에게 사별의 트라우마가 없다면 부모님과 자식은 인간관계가 아닌 사람으로 살아왔다고 봐야 한다.

　인간은 누구나 할 것 없이 당연히 죽는다. 당연한 죽음인 줄 알면서도 죽음 앞에 극심한 고통을 느끼는 것이 인간이다. 태어나서 지금까지 고인과 희로애락의 감정을 섞으면서 살아왔기 때문에 사별의 트라우마가 발생하면 힘든 상황을 견디지 못해서 우울증 또는 노이로제가 발생한다.

　사별의 트라우마는 고인이 더 이상 이 세상에 존재하지 않는다는 사실로 인해 강력한 스트레스와 상처가 만들어지는 것이다. 사별의 트라우마에서 벗어나기 위해서는 강력한 스트레스는 강력한 열정으로 바꿔 주고, 강력한 상처는 강력한 행복으로 바꿔 주면 된다.

　스트레스와 상처의 정반대에는 열정과 사랑이 있다. 스트레스와 상처를 무조건 두려워하고 억압할 것이 아니라 열정과 사랑으로 전환시키면 긍정에너지가 만들어진다. 함께 의미와 가치를 추구하면서 잘 살아오다가 사별이라는 상처와 스트레스가 만들어지다 보니 트라우마가 생긴 것이다. 이 트라우마를 치료하면 열정과 사랑이 만들어진다.

사람은 인간관계를 맺지 않으면 미국의 9.11 테러, 일본의 대지진, 세월호 사건 등이 일어나도 잠깐 마음만 아플 뿐 트라우마가 만들어지지 않는다. 그러나 이러한 사건에서 가족이나 친지가 있었다면 매우 강력한 스트레스와 상처가 만들어진다. 이것이 사별의 트라우마이다.

미국의 9.11 테러가 발생한지 15년이 넘었지만 그 일을 당한 사람들 중에 30%는 지금도 외상후스트레스장애에서 벗어나지 못하고 있다. 치료된 70% 중에 남자는 이미 9.11 테러의 고통을 잊어버렸고 여자는 사랑하는 사람들의 관심과 위로로 치료되었다. 하지만 트라우마를 인식하고 기억하는 30% 중의 절반은 중독에 빠졌고, 절반은 노이로제와 우울증으로 여전히 고통을 받고 있다.

사별의 트라우마는 누군가가 치료해 주는 것이 아니라 자신 스스로 치료해야 고통에서 벗어날 수 있다. 현재 자신이 겪는 트라우마를 나쁜 것으로 인식하면 치료가 되지 않는다. 나쁘다는 부정생각을 하면 무의식이 생각대로 작용하기 때문이다. 그래서 스트레스와 상처를 치료하기 위해서는 마음과 심리가 어떻게 작용되는지를 알아야 치료가 수월해진다. 상처를 알고 이해하면 상처는 이미 절반 이상 치료되었다고 보면 된다. 사별의 트라우마도 마음의 작용과 심리의 작용을 알면 치료가 된다.

인간관계에 있다 하더라도 스트레스와 상처가 많으면 대부분 사람들은 기분전환을 많이 한다. 취미동호회, 강연회, 쇼핑 등을 다니면서 스트레스와 상처를 잊으려고 한다. 기분전환이 습관화되다 보면 자신도 모르게 재미와 즐거움의 중독에 빠진다. 이렇게 되면 가족과 함께하는 조화와 질서는 내팽개치고 오로지 자신의 행복만 추구하게 된다. 시간이 갈수록 재미와 즐거움에 더욱 탐닉하게 되면서 의미도 모성애도 다 내팽개치게 된다. 스트레스와 상처가 지나치면 우울증과 노이로제가 되고, 재미와 즐거움이 지나치면 중독증이 된다. 심리장애는 인식, 기억, 표현 중에 하나가 과다하면 발생한다. 그래서 인간이 살아가는 최우선 덕목은 균형과 조화이다. 심리를 균형 있게 조정하면서 살게 되면 마음과 심리는 안정되면서 긍정에너지가 만들어진다.

사별의 트라우마는 사람이라면 누구나 겪는 고통이다. 배우자와의 사별은 물론이고, 연애하다가 버림을 받았거나, 이혼을 했거나, 키우던 강아지가 사고로 죽는 것도 사별의 트라우마다. 사별의 트라우마로 인해 아프고 고통스러운 상황을 견뎌 내지 못하고 그냥 주저앉으면 우울증 또는 중독증에 빠진다.

사별의 트라우마를 치료하면 행복이 만들어지지만 트라우마가 없으면 행복을 느낄 수 없다. 그 이유는 자아실현을 하지 못하기 때문이다. 상처가 없다면 어려움을 극복하려는 의지도 노력도 불필요하다. 삶은 희로애락의 기복이 있어야 감동도 있고 행복이 있는 것이다.

어떤 남자가 아내와 사별하고 난 뒤 괴로움을 잊기 위해 혼자 여행을 떠났다. 하루 종일 호숫가를 산책하고 해 질 녘에는 창가에 앉아 독서에 집중한다. 그러나 시간이 갈수록 뭔가가 채워지는 것이 아니라 뭔가가 빠져나가는 것 같아서 남자는 답답하고 우울했다. 그래서 이제는 책도 손에 잡히지 않고 산책하는 것도 귀찮아져서 하루 종일 침대에 누워 먼 산만 바라본다. 그러다가 갑자기 "내가 왜 살아야 되지?" 하는 생각에 사로잡히면서 자신의 존재가 무가치하게 여겨진다. 그래서 호수에 빠져 죽기로 결심을 하고 옷을 주워 입으면서 창밖을 내다본다.

민박집 주인남자가 작업복을 두르고 마당에 놓인 낡은 야외 식탁 벤치에 페인트를 칠하는 것이 보인다. 식탁과 의자가 일체형인 벤치는 모두 세 개인데 아직 한 개도 완성을 못 했다. 혼자 세 개를 끝내려면 오늘 중으로는 어려워 보인다. 그래서 남자는 이 사람을 도와주고 호숫가로 나가도 될 것 같아서 페인트칠에 동참한다. 낡은 식탁 벤치가 새 페인트로 단장이 되어 가면서 이상하게도 남자의 마음에 뭔가 꽉 채워지는 느낌이 든다. 조금 전까지만 해도 무가치하게 여겨졌던 자신의 존재가 조금씩 드러나기 시작하면서 무엇인가 자신에게 가치가 부여되는 듯하다. 남자는 페인트칠이 완성될수록 우울하고 나른한 생각에서 벗어나 무엇이든 시도해 보고 싶은 욕구가 차올랐다. 이것이 자아실현이다.

남자와 여자는 인식하는 것이 다르기 때문에 사별의 트라우마를 대처하는 방법도 다르다. 여자는 상처를 기억하기 때문에 고통을 받는다. 반면에 남자는 들어오는 인식 때문에 스트레스를 받는다. 사별한 남자를 유심히 보면 인식에 문제가 있음을 알 수가 있다. 즐겁게 친구들과 술을 마시다가도 사별과 연관된 무언가가 인식되어 들어오면 갑자기 견딜 수 없는 고통을 느낀다. 이런 기분이 지속되면 스트레스로 인해 노이로제가 발생되는데, 즉시 기분전환을 하지 않으면 노이로제의 강도가 점점 커진다.

남자들은 노이로제의 강도가 커지면 '왜 살지?'라고 생각하기 때문에 노이로제는 생과 사의 문제로 들어간다. 이때 주변에서 관심을 가지지 않으면 극단적인 선택을 할 수도 있다.

배우자와 사별할 때 남자의 스트레스 강도는 공황장애, 불안장애, 분노조절장애 등이 동시에 발생한다고 생각하면 된다. 장애가 하나만 와도 견디기 힘든데, 세 개가 한꺼번에 덮치기 때문에 생과 사의 갈림길에 놓이는 것이다. 그래서 무엇보다 남자를 살려 놓은 뒤 중독에 빠트려서 인식을 전환시킨 다음에 치료해야 한다. 중증우울증이나 노이로제는 죽고 사는 문제이기 때문에 중독증으로 전환해야만 한다. 우선은 살려 놓은 후에 치료해야 하는 것이다. 사별로 인한 남자의 노이로제는 그만큼 위험하다.

여자는 상처의 기억을 가지고 있어서 상처가 쌓일수록 힘들고 고통스럽다. 여자들은 상처가 많이 쌓이면 외상트라우마를 동반하기 때문에 우울증, 불면증, 섭식장애, 불안장애 등이 한꺼번에 나타난다. 그래서 사별의 트라우마는 여자들의 일반적인 고통이 아니라 하늘이 무너질 만큼의 강력한 고통이다. 이때 즉시 치료하지 않으면 중증우울증으로 들어가면서 위험한 상태가 된다.

여자들이 우울증을 치료하는 것은 상처를 치료해서 행복해지려는 것이다. 그러나 상처치료가 싫어서 재미와 즐거움의 중독증에 빠진 여자들은 오히려 상처만 키우다가 감정을 잃어버린다. 감정을 잃어버린 여자는 사랑도 행복도 모두 잃어버린다. 더 나아가서 모성애마저도 잃어버려 나중에는 폐인이 되어 생을 마감한다.

"인생 뭐 있어? 즐겁고 재미있게 사는 것이 최고지!"라면서 순진한 친구까지 오염시켜 오로지 자신만 즐거우면 되는 사람으로 만들어 놓는다. 트라우마가 아프고 고통스럽다고 해서 상처를 좋은 기분으로만 덮으려고 하면 안 된다. 상처를 기분전환으로 덮어 놓아도 상처는 계속 커지면서 작용하기 때문이다.

　주변에 사별의 트라우마로 힘들어 하는 사람이 있다면 시간을 갖고 기다려 줘야 한다. 사별도 인간이 겪는 희로애락 중의 하나이다. 상처의 고통이 아프고 무섭다고 무조건 잊거나 억압하지 말고 치료해서 행복으로 전환하면 된다. 인생의 경험은 타인이 만들어 주는 것은 아니다. 희로애락의 감정은 오로지 자신의 기억으로 자신이 만들어 가는 인생이다. 그렇기 때문에 자신의 기억을 가진 사람은 전 세계에서 오로지 자신 한 명뿐이다. 이것을 인정하면 자신을 존중하고 사랑하게 된다. 다른 사람을 존중하고 사랑하는 방법은 나 자신을 존중하고 사랑하면 저절로 실천된다.

　스트레스와 상처의 정반대에 열정과 사랑인 행복이 기다리고 있다. 남자는 기분을 가지고 있어서 행복의 감정과 사랑의 감정을 만들지 못한다. 대신 남자의 열정에 여자가 사랑을 느끼면 여자는 행복의 감정을 만들어 낸다. 이때 남자는 여자의 행복한 감정을 통해서 진정한 행복을 느낀다.

　사별의 상처는 아프고 고통스럽다. 그러나 상처 없이는 행복을 절대 만들지도 느끼지도 못한다. 상처를 치료하면 스스로 사랑의 감정과 행복의 감정을 만들기 때문에 여자들의 상처치료는 필수적이다.

　사별의 트라우마는 강력한 상처가 계속 작용되는 것이다. 트라우마를 치료해서 상처의 기억에서 벗어나면 스스로 동굴에서 나와 환한 햇살을 몸에 쬐인다. 나른하면서 기분이 아주 좋다. 이것이 행복의 감정과 사랑의 감정으로서 상처치료가 주는 행복이다.

◇05◇
사별 후의 삶

 사별의 정의는 혼인은 하였으나 배우자가 사망하고 현재 재혼하지 않고 혼자 사는 경우를 말한다. 일반적으로 사별을 죽음이라고 하지만 심리에서의 사별은 이별도 포함한다.

 사람은 사별을 하면 극심한 감정의 변화를 겪는다. 그래서 오랫동안 정신적 정서적 충격에서 헤어 나오지 못한다. 사별을 하고 나서 정신적 정서적 충격에서 벗어나기까지는 많은 시간이 소요된다. 배우자와의 인간관계에 따라 슬픔의 경중이 있다 하더라도 예전의 감정으로 회복하기까지 아프고 힘든 과정을 거쳐야 한다. 이 과정에서 많은 기억과 생각으로 자신을 깊이 돌아보고 성찰하기도 한다. 이때 마음의 깨달음을 얻어 지금까지 자신의 생각기준이 잘못됐다는 것을 알고 상처를 이해하게 되면 자연스럽게 상처가 치료되기도 한다.

 남편이 갑작스럽게 세상을 떠나면 "어떻게 우리에게 이런 일이 일어났을까?" 하고 가족들은 망연자실한다. 지금 돌아가는 상황이 너무나 비현실적이어서 마치 꿈을 꾸는 것 같다. 그래서 남편의 죽음 앞에서 눈물도 나오지 않는다.

 한동안 혼란한 상황이 정리되고 나면 그제야 자신에게 닥친 상황이 어떤 것인지를 인지하게 된다. 이때 죽음을 부정한다고 해서 예전으로 회복할 수 있는 것이 아니라는 사실을 인정하는 순간 여자는 자책과 죄의식에 빠져든다.

"아침에 남편과 다투지만 않았어도 저렇게 황망히 가지 않았을 텐데. 내가 죽인 거나 마찬가지야!"

사별을 하면 무엇보다 배우자의 부재를 현실로 받아들여야 한다. 배우자에 대한 심리적 자책감과 죄책감이 무엇인지를 하나하나 되짚어 보면서 사별의 상처가 무엇인지를 아는 것이 중요하다. 상처를 알고 이해하면 스스로 상처를 치료할 수 있다.

남편과 사별한 뒤 충격에서 벗어난 여자들은 자신을 자책하면서도 무정하게 떠나 버린 배우자만 생각하면 분노가 치민다. 함께 자아실현을 해 나가다가 말도 없이 무단이탈을 한 것이기 때문이다. 사별의 심리는 분노의 대상이 처음에는 자신이었다가 시간이 지나면서 사별한 남편으로 옮겨 간다. 그래도 분노가 가라앉지 않으면 남편을 죽게 한 가해자를 끌어들이고 남편을 살리지 못한 의사도 끌어들여서 분노를 키운다. 그래도 화가 가라앉지 않으면 남편의 친구, 남편의 가족까지도 분노의 범주에 집어넣는다. 그래도 분노가 사라지지 않으면 신에게 저주를 퍼붓는다. 그만큼 사별의 트라우마는 매우 강력한 상처이다.

"신이 있다고? 있었다면 남편의 사고를 사전에 막았겠지. 신이 있다는 것은 다 헛소리야."

여자의 분노 속에는 비참한 기분과 감정이 숨어 있다. 그래서 더욱 사람들과의 만남을 배척하고 매사 부정적인 감정만을 가지고 살아간다. 이때 가족들은 여자가 정상적인 생활을 할 수 있도록 자주 유대관계를 가지면서 관심을 줘야 닫힌 마음을 조금씩 열기 시작한다.

인간관계는 서로 관심을 가지고 위로와 배려를 하면서 함께 살아가는 것이다. 이런 인간관계가 지속되다 보면 여자는 자연히 예전의 감정으로 돌아온다. 사별로 인해 슬프고 아픈 것은 사실이지만 배우자의 부재를 현실로 받아들이면서 가능하면 사별한 배우자와의 기억을 끊고 새로운 가치와 의미를 만들어 가야 한다. 이때 여자가 가장이 없는 새로운 환경에 적응할 수 있도록 주변에서 관심을 갖고 도와줘야 한다. 그래서 새로운 환경에서 새로운 인간관계를 형성하면서 인간으로서 자아실현 하면서 살아갈 수 있다.

남자가 사별의 트라우마를 겪으면 인식에 장애가 생기기 때문에 생과 사를 넘나든다. 그래서 사별초기에는 가족들이 무조건 남자 옆에 머물면서 남자를 보호해야 한다. 일단 남자가 극단적인 선택을 하지 않고 살아 있으면 스스로 인식을 전환하려고 노력한다. 이때 대부분의 남자들은 지속적인 스트레스인 노이로제에서 벗어나기 위해 중독으로 빠져든다. 중독의 대상이 무엇이 되었든 재미와 즐거움에 빠지면 마치 자신이 가치를 추구하고 있는 것처럼 느껴져서 살맛이 나는 것으로 느낀다. 이때 여자를 만나면 여자의 반응에 중독이 되어서 남자는 배우자와 사별한 것도 잊어버린다. 부모님이 중환자실에 들어갔다고 해도 개의치 않고 재미와 즐거움을 찾아간다. 남자가 이런 상황이 되면 주변 친구들이나 지인들이 손가락질하기 시작한다.
"저 인간 말이야, 마누라 보낸 지 얼마나 됐다고 저런 행동을 하고 다녀? 심지어 부모님이 오늘내일 하는데. 인간쓰레기가 따로 없다니깐!"
사별을 겪은 친구를 쓰레기라고 폄하하기 전에 사별의 트라우마가 얼마나 견디기 힘들었으면 중독에 빠졌을까 하고 한 번쯤은 생각해야 한다. 여자가 중독증에 빠지는 것도 마찬가지이다. '상처의 고통이 얼마나 아프고 힘들었으면 중독에 들어갔을까' 하고 여자의 입장에서 한번 생각해 보라는 것이다. 상처의 아픔은 당사자가 아니면 그 강도를 알 수 없다.

신체에 총알이 박히면 총알 부위를 도려낼 때 마취를 한다. 마취를 하지 않으면 강력한 통증으로 인해 총알을 빼내지 못한다. 중독도 알고 보면 상처의 통증을 잊기 위해 마취주사를 놓는 것과 마찬가지이다. 약효가 떨어지면 살을 도려내는 것 같은 상처의 통증이 몰려와서 더 센 주사를 맞아야 통증이 진정된다. 이것이 중독증이다.

남자와 여자가 사별의 트라우마를 겪으면 사별에 관련된 인식과 기억과 표현의 심리가 정반대로 작용한다. 남자는 스트레스가 작용하면 재미있고 즐거운 기분을 집어넣어 잊어버리려 하고, 여자는 상처가 작용하면 남자의 관심으로 상처를 치료하려고 한다. 그러나 심리장애에 들어가면 열정과 사랑이 왜곡되어서 더 큰 문제를 일으킨다.

전업주부인 여자는 사별의 트라우마로 인해 자신만의 기억에 빠져서 그 누구와도 교류하는 것을 내켜 하지 않는다. 친구가 전화를 해도 받지 않고 누군가가 집에 찾아와도 없는 척한다. 사람들을 만나서 이야기하는 것도 싫고, 시선을 마주치는 것도 싫다. 그래서 아예 외출을 하지 않는다. 스스로 인간관계를 차단한 채 무기력하고 우울한 삶을 산다. 하지만 사회생활을 하는 주부들은 우울한 기분을 전환할 수 있는 환경에 노출되어 있어서 자신도 모르게 중독으로 가는 경우가 많다.

여자가 사별의 트라우마로 인해 우울증에 들어가 있을 때 친구나 지인들과의 인간관계를 차단해야 중독증으로 빠지지 않는다. 남자가 노이로제에 들어갔을 때는 사는 것이 우선되어야 하기 때문에 건전한 중독증으로 가도록 도와야 한다. 중독은 열정을 동반하기 때문에 회복 여부는 그때 판단하면 된다.

사별의 트라우마를 겪고 있는 남자와 여자의 심리가 전혀 다르게 작용하기 때문에 조언을 하더라도 마음의 원리를 정확하게 알고 난 다음에 조언해야 문제가 생기지 않는다. 마음과 심리가 작용하는 원리를 정확하게 알지 못하고 조언을 하면 상태를 더욱 악화시킬 뿐이다.

사별의 트라우마는 다른 트라우마와 달리 강력하기 때문에 무조건 심리장애로 들어간다. 이때 남자는 남자가 조언을 해 줘야 하고 여자는 여자가 조언을 해 줘야 한다. 그 이유는 남자의 마음과 여자의 마음이 다르기 때문이다. 사별한 사람들은 이미 사별의 트라우마를 갖고 있기 때문에 이성이 조언하면 즉시 관계중독으로 들어간다. 그래서 상담도 동성에게 받아야 문제가 확대되지 않는다.

배우자의 사별과 마주하는 것은 참으로 슬프고 견디기 힘들다. 결혼해서 인생의 동반자로서 희로애락의 정을 쌓으면서 지금까지 살아왔다. 사랑과 신뢰를 바탕으로 결혼해서 자녀를 낳고 기르면서 인생의 어려움과 즐거움을 함께 공유하던 사람이 어느 날 곁에서 영영 사라졌다면 남은 배우자는 하늘이 무너지는 충격에서 헤어날 수가 없다. 하지만 언제까지 쓰러진 채로 살아갈 수는 없다. 배우자의 죽음을 인정하고 함께 살아온 것에서 혼자가 되었다는 것을 자각해야 한다. 결혼생활 내내 상대방에게 의지했던 경제적 부분도 이제는 자신이 독립적으로 맡아서 해결해야 한다. 아이의 양육도 누구의 도움 없이 혼자 해 나가야 되는 현실을 외면할 수 없다. 그래서 이제는 남편의 아내에서 벗어나 가장으로서의 역할을 해야만 하기 때문에 경제적 심리적 부담감에서 자유로울 수 없다.

사별 후의 새로운 환경과 새로운 삶에 적응하기 위해서는 예전의 감정으로 회복되어야 한다. 현실에서 남편의 부재를 인정하면서도 심리적으로는 인정하고 싶지 않은 것이 사별의 심리이고, 사별의 트라우마이다. 즉 사별한 남편이 자신의 기억 속에서 살기 때문에 남편과의 유대관계가 지속되는 것이다. 사별의 트라우마가 치료되면 가끔 기억에 존재할 뿐, 실제로는 자신의 기억에서 추억으로 남아 있게 된다.

사별의 트라우마가 기억 속에서 사라지는 것과 기억 속에서 존재하고 있는 것 중 어느 것이 살아가는 데 있어 도움이 될까? 트라우마가 기억 속에 있으면 상처이다. 트라우마가 기억 속에서 사라지면 상처도 사라지는 것이다.

사별한 배우자가 기억 속에 존재하고 있으면 남편에 대한 믿음이 있기 때문에 심리에 문제가 발생하지 않는다. 그러나 트라우마가 기억에서 사라지면 남편에 대한 믿음이 사라지기 때문에 심리에 문제가 발생한다.

자녀의 기억 속에는 아직 아빠가 남아 있는데 엄마의 기억 속에는 아빠가 없으면 자녀와 엄마의 관계에 문제가 발생한다. 그 이유는 아빠에 대한 서로의 기억이 다르기 때문이다. 아빠에 대한 기억이 자녀와 엄마가 동시에 사라지면 크게 문제될 것이 없는데 한쪽은 있고 한쪽은 없으면 문제가 생긴다. 그래서 사별가정의 가족갈등은 이혼가정과는 다르다.

인간은 누구나 자신의 생각대로, 자신의 생각기준으로 살아간다. 엄마가 믿는 것과 아이들이 믿는 것은 다르다. 아빠에 대한 사별의 트라우마는 엄마와 동시에 발생했지만 그 트라우마가 치료되고 사라지는 것은 각자 다르다. 그러다 보니 시간적 괴리로 인해 가정이 해체되는 것이다.

사별에서 자녀들이 어리다면 트라우마는 금방 사라진다. 기억에 대한 믿음보다 자녀들이 엄마만 바라보고 살기 때문이다. 자녀가 있는 여자는 빨리 기억에서 벗어나서 새로운 가치와 의미를 만들어야 아이들이 행복하게 성장한다. 엄마가 기억에서 벗어나지 못하면 아이들은 늘 우울하고 힘든 시간을 견뎌야만 한다. 엄마가 오랫동안 사별의 트라우마에서 벗어나지 못하면 자녀들의 마음은 엄마와 분리되면서 가정이 해체되기 시작한다. 엄마를 사랑하지 않아서 분리되는 것이 아니라 분리되지 않으면 엄마의 트라우마 때문에 고통을 받기 때문이다.

자녀와의 사별을 보면 엄마와 아빠가 있다. 자식에 대한 사별의 트라우마에서 아빠는 벗어났는데 엄마가 벗어나지 못했다면 아빠의 인생도 불행할 수밖에 없다. 그래서 이 부부는 이혼만 하지 않았을 뿐 이미 가족 간의 해체현상이 일어났다고 보면 된다. 서로 다른 기억 때문에 동등한 인간관계를 유지하기가 힘들다. 하지만 무한책임을 가진 남편은 힘들어도 아내를 지켜 주지 않으면 아내가 사별의 트라우마로 평생 고통받는다는 것을 안다. 그래서 남편은 지속적인 스트레스를 받으면서도 아내 곁을 떠나지 않고 산다. 그러나 남편의 스트레스가 긴 시간 지속되면 남자는 노이로제로 인해 죽고 사는 문제로 들어간다.

지금 사별의 트라우마로 힘들어하는 사람이 주변에 있다면 트라우마에서 벗어날 수 있게 관심을 가지고 도와줘야 한다. 트라우마는 지속되는 강력한 스트레스와 상처이다.

마지막 의식

    이혼일 때, 재혼일 때, 연애할 때, 결혼할 때 반드시 인간관계에 변화가 일어나게 되는데, 사별에서는 인간관계가 전혀 변화하지 않는다. 그래서 사별에서는 인간관계로 인한 문제가 발생하지는 않는다.

    그렇다면 사별의 심리장애는 무엇일까? 사별을 제외하고 생각해 보면 심리장애는 세 가지가 있다. 인식장애인 노이로제, 기억장애인 우울증, 표현장애인 중독증이다. 사별의 트라우마는 인식, 기억, 표현 중에 하나가 장애가 발생하여 오작동을 일으킨 것이다.

    사별의 트라우마를 겪으면 반드시 연결되는 심리장애는 노이로제와 우울증이다. 사별과 연결된 인식과 기억이 작용하면 심리장애가 발생된다는 것이다. 사별의 트라우마는 매우 강력하다. 치료하지 않고 방치하면 무조건 중증심리장애가 발생한다. 중증심리장애는 정신병으로 들어가는 전 단계이다.

    여자는 감정이 작용하면서 기억에 문제가 생기면서 갑자기 우울증이 생긴다. 평상시에 밝고 명랑한 여자라 하더라도 배우자와 사별을 겪으면 갑자기 우울증으로 빠진다. 남자도 배우자와 사별을 겪으면 노이로제로 들어간다. 노이로제가 발생하면 제일 먼저 심장이 아프다. 심장이 조여드는 통증과 함께 숨이 가빠지면서 공황발작이 온다. 그래서 금방이라도 죽을 것만 같은 공포와 불안에 휩싸인다. 남자에게 사별의 트라우마는 상상을 초월하는 고통이 뒤따른다.

여자는 중독증에 있다가 우울증으로 들어갈 때, 남자는 중독증에 있다가 노이로제로 들어갈 때가 위험하다. 우울증과 노이로제에서 중독증으로 들어간 사람들은 정신병증의 초기라고 보면 된다. 일반적인 중독은 재미있고 즐거우면 되지만, 사별의 트라우마라는 심리장애에서의 중독은 매우 위험하다.

남자가 도박중독에 빠져서 재미와 즐거움으로 매일 날밤을 새운다. 그러다가 순간적으로 사별에 관련된 인식이 들어오면 죽을 만큼 고통스러워서 견디지를 못한다. 중독증에서 노이로제로 들어간 것이다. 아무리 사는 것이 즐겁고 재미가 있더라도 사별에 관련된 인식이 안 들어올 수는 없다. 이때 치료가 됐다면 아무 문제가 없지만 치료되지 않은 채 중독에 빠져 있다가 노이로제가 발생하면 자신도 모르게 정신이 이상해지는 것이다. 노이로제가 중증이면 두 개의 심리장애가 동시에 작용해서 정신을 잃게 만들어 버린다. 말하자면 정신병증이 발생하는 것이다.

인간은 의식과 무의식이 순차적으로 작용하면서 의식에서 고통을 느낀다. 고통을 느끼는 이유는 무의식이 치료한다는 이야기이다. 무의식은 정반대의 에너지가 작용하고 있는데 노이로제와 중독증은 정반대의 에너지이기 때문에 동시에 결합되면 아무도 통제할 수 없게 된다.

배우자와 사별을 하면 혼자지만 사람으로 돌아가지 않는다. 이것은 기억 속에 믿음을 매개로 배우자와 유대관계를 지속하기 때문이다. 여자는 배우자와 사별을 겪으면 남편과의 인간관계에 머물고 있지만 다른 인간관계에서는 문제가 발생한다. 여자는 자신의 기억 안에서만 살기 때문에 누구와도 교류하지 않는다. 이것은 여자가 기억 속의 배우자에게 지속적으로 의미를 추구하기 때문이다.

사별의 트라우마는 일정 기간 지나면 배우자와의 기억을 긍정감정으로 전환해야 새로운 환경에서 새로운 삶을 살 수 있다. 그렇지 않으면 자신만의 동굴에서 한 발짝도 나오지 못한다.

남자는 인생의 가치를 추구한다. 배우자와 사별했다면 남자의 가치추구는 노이로제에 들어가 있다. 이때 남자는 가치추구를 다른 것으로 전환해야 한다. 만약 배우자와 사별하기 전에 경제적 가치를 추구했다면 사회적 가치나 관계적 가치로 방향을 전환해야 한다. 그 이유는 사별한 남자는 인생 전체를 바꾸지 않으면 노이로제로 견디지 못하기 때문이다.

남편과 사별한 여자는 남편의 기억을 그대로 가지고 가지만, 아내와 사별한 남자는 그 기억으로 인해 인식장애가 발생한다. 그래서 사별한 아내와 연결된 무엇이라도 인식되면 견딜 수가 없어서 중독증으로 들어가게 된다.

사별의 트라우마를 가진 남자들을 치료할 때 가장 많이 쓰는 방법이 기존의 가치를 새로운 가치로 추구하게 만들어 주는 것이다. 이렇게 되면 인생이 새롭게 변하면서 사별의 트라우마가 치료된다. 그러나 여자의 치료법은 다르다. 사별한 남편에게 향해 있는 삶의 의미를 다른 쪽으로 돌리는 것이다. 자연스럽게 삶의 의미를 바꾸면 사별의 트라우마도 치료된다. 이렇게 되면 상처기억이 치료되면서 사별의 트라우마가 치료되는 것이다.

만약 자녀와 사별했다면 여자는 남편의 사별보다 더 힘들어진다. 대신 남편과 이혼해서 재혼을 하면 삶의 의미가 바꿔 버리기 때문에 자녀는 머릿속에서 자연스럽게 사라진다. 자녀를 향하던 삶의 의미가 다른 남자로 옮겨 갔기 때문에 기억에 해리현상이 일어난 것이다. 자녀와 사별을 해도 의미와 가치가 바뀌지 않다가 누군가를 만나면서 삶의 의미가 바뀌면 사별의 트라우마는 사라진다.

남자는 인생의 가치가 변화되면 배우자에 관한 기억을 하면서도 잘 살아간다. 그러나 인생의 가치를 바꾸지 않고 그대로 유지하면 배우자의 기억은 사라진다. 사별의 트라우마로 인해 중독증으로 들어가기 때문이다. 사별한 배우자의 기억을 유지하기 위해서는 남자는 인생이 바뀌어야 하고 여자는 기존의 삶이 그대로 유지해야 한다. 이렇게 남자와 여자의 심리는 정반대로 작용한다.

남자는 아내와 사별했는데 기존의 삶을 그대로 유지하면 심리장애이고, 여자는 남편과 사별했는데 삶의 의미가 변하면 심리장애이다.

사별의 트라우마로 인한 심리장애는 남자는 노이로제, 여자는 우울증이다. 남자는 사별과 연관된 것이라면 무조건 차단하려고 하고, 여자는 기억에서 계속 끄집어내려고 한다. 하지만 중독증으로 넘어가면 남자는 계속 사별의 스트레스를 끄집어내려고 하고, 여자는 사별의 상처를 잊어버리기 위하여 상처를 차단한다. 남자와 여자의 심리가 이렇게 다르게 작용하는 것을 알아야 인간관계에서 더 이상의 상처를 받지 않는다.

중독은 전염성이 매우 강하다. 친구나 지인이 중독에 들어가 있으면 자신도 모르게 전염이 되어 중독증에 빠진다. 사람은 끼리끼리 모인다. 인간관계를 맺을 때 상대가 사람인지 인간인지를 구분하는 것이 중요하다.

현실은 더 이상 과거가 아니다. 그럼에도 사별한 사람의 마음속에는 과거의 기억이 현실처럼 존재하거나, 자신이 만든 가상현실을 진짜처럼 느끼면서 살기도 한다. 어떤 특정한 환경이나 상황을 자신이 스스로 만들어서 마치 배우자가 실제로 살아 있는 것처럼 착각해서 예전의 환경에서 사는 사람도 있다.

2014년 겨울, 방배동에서 죽은 사람과 7년 동안 동거해 오던 가족이 있어 놀라움을 자아낸 사건이 있었다. 뭔가 가족들의 행동이 이상해서 이웃들이 경찰에 신고를 했는데 경찰이 그 집에 들어가 보니 7년 전에 간암투병생활을 하다가 죽은 집주인의 시신이 거실에 이불을 덮은 채 놓여 있었다. 시신은 약사인 아내가 방부처리를 해서 크게 부패하지 않았다고 했다. 더욱 놀라운 것은 이 집에는 죽은 사람의 아내와 자녀 셋, 죽은 남자의 누나가 시신이 있는 집에서 함께 생활을 해 왔던 것이다. 더욱 놀라운 것은 부인은 평소대로 약국을 운영했고 이웃들을 만나면 마치 남편이 살아 있는 것처럼 이야기를 했다는 것이다. "오늘 머리를 감겨 줬더니 아주 좋아했어요. 그이가 종일 누워만 있으니깐 손톱발톱이 얼마나 빨리 자라던지 삼 일에 한 번씩 잘라 줘야 돼요."

경찰이 더욱 놀란 것은 이 가족들은 독실한 천주교 신자였다고 한다. 7년 동안 함께 산 것도 부활을 할 것이라는 왜곡된 종교적 신념을 가지고 있었기 때문이다.

가까운 배우자의 부재는 무섭고 절망적이다. 항상 힘들 때 자신을 배려해 주고 지지해 주던 사람이 이 세상에 존재하지 않는다는 사실을 절대로 인정할 수가 없다. 그래서 사랑하는 사람의 죽음을 부정하기 위해 시신을 처리하지 않은 채 동거하는 것이다. 동거를 함으로써 심리적인 위안을 얻는 것이다. 게다가 가족구성원끼리 고인에 대한 믿음이 형성되면 사체를 방치한 죄책감이 생기지 않고 함께하는 것이 당연하다고 생각한다. 믿기지 않지만 이런 경우가 종종 드러난다.

보통은 사람이 죽으면 가까운 친인척들이 다 알지만 핵가족이 확산되면서 외부와의 접촉이 단절되는 탓에 금방 탄로가 나지 않는다. 시신과 동거하는 가족들을 보면 대개 부활할지도 모른다는 무모한 종교적 믿음이 대부분이다. 즉 자신들만의 세계에 갇혀서 산다고 봐야 한다.

07
이제 안녕

　이혼가정도 있고, 재혼가정도 있지만 그중에서도 특히 사별가정은 위험하다. 기억에 대한 믿음이 있느냐, 없느냐에 따라 가족구성원 간에 괴리가 생기면서 마음이 서서히 분리된다.

　자녀의 사별로 부부간에 스트레스와 상처로 결혼생활이 비참하게 망가졌을 때 새로운 생명이 탄생하면 사별의 트라우마는 치료된다. 새 생명의 새로운 인간관계가 사별로 잃은 자식과 대체되는 것이다. 새로운 아이가 아니더라도 아이들을 입양해도 치료된다. 자녀와의 사별이 힘든 이유는 함께해 온 자아실현이 무너졌기 때문이다. 그러나 새로운 인간관계가 만들어지면 다시 함께 자아실현을 하면서 행복하게 살아간다.

　사별은 이혼과 다르다. 이혼일 때는 '함께'에서 혼자가 되기 때문에 인간에서 사람으로 전환한다. 반면 사별은 '함께'에서 혼자가 되어도 사람으로 전환되는 것이 아니라 인간에서 머물러 있다. 믿음과 신뢰를 바탕으로 하는 고인과의 유대관계 때문이다. 그래서 상대는 현실에 존재하지 않지만, 인간관계는 그대로 유지되는 것이다. 만약 이때 중독으로 가게 되면 심리장애가 발생한다. 심리장애는 인간관계에서 사람으로 돌아간 것이다. 사별일 때 인간관계가 파괴되면 사별의 심리는 이혼의 심리와 동일해진다.

사별일 때는 인간관계가 파괴되지 않지만 이혼일 때는 사람으로 넘어가면서 인간관계에 문제가 발생한다. 그래서 결혼을 해서 이혼을 하면 인간관계가 사람관계로 바뀌는데 사람으로 바뀌지 않고 인간관계에 있으려고 하면 자신도 모르게 심리장애가 발생한다. 이혼의 심리에서는 인간이 아니라 사람임을 인정해야 심리장애로 들어가지 않는다. 하지만 사별의 트라우마는 그대로 인간관계에 머물기 때문에 문제가 발생하지는 않는다.

자녀관계도 마찬가지이다. 사별가정에서는 엄마가 인간관계에 있기 때문에 자녀관계가 파괴되지 않고 그대로이다. 이혼가정에서는 엄마의 인간관계가 사람으로 바뀌기 때문에 자녀들의 인간관계도 파괴된다.

이런 마음의 원리를 볼 때 언젠가 가족 중의 누군가와 사별한다고 해도 가족구성원들과의 인간관계는 그대로 유지가 된다. 따라서 사별가정을 편모가정 또는 편부가정으로 분류해서 보면 안 된다. 사별가정을 볼 때는 가족 누구에게 사별의 트라우마가 있는지를 살펴봐야 한다. 한쪽만 고인에 대한 믿음을 가지고 있으면 고통스럽고 아프다.

아이들은 아빠에 대한 사별의 트라우마에서 벗어나서 일상으로 복귀했는데, 엄마는 아직도 아빠의 기억에서 벗어나지 못했다면 엄마와 자녀는 소통이 안 된다. 소통이 안 되는 인간관계는 시간이 갈수록 괴리가 생기면서 결국에는 단절된다.

아이들이 사별의 트라우마에서 벗어났다면 엄마도 빨리 사별의 트라우마에서 벗어나 일상으로 돌아와야 한다. 아이들의 기분과 감정은 엄마의 말과 행동과 표정에 따라 달라진다. 엄마가 늘 우울하고 무기력하게 처져 있으면 아이들의 삶은 부정적으로 작용된다. 그래서 들어오는 인식이 모두 부정적이어서 기억되는 것도 모두 스트레스와 상처가 된다. 이런 상태가 지속되면 아이들도 심리장애가 발생한다. 그래서 폭식과 거식을 반복하고, 불안과 우울로 쉽게 피로감을 느낀다. 반면 엄마가 사별의 트라우마에서 벗어나 새로운 의미와 가치를 찾으면 모든 것을 긍정적으로 받아들이기 때문에 표정부터 달라진다. 이렇게 되면 아이들의 기분과 감정도 긍정적이 되어서 명랑하고 밝은 아이로 자라게 된다.

아이들은 부모의 올바른 말과 행동과 표정을 통해 좋은 습관이 만들어진다. 부모가 웃으면 아이도 웃는다. 그래서 부모는 아이들의 거울이라고 하는 것이다.

남자들은 기분이 작용하기 때문에 똑같은 사실이라 하더라도 여자보다 빨리 잊어버린다. 아빠와 사별한 아들은 사별의 순간에 격렬하게 울음을 토해 내고는 돌아서면 얼마 지나지 않아 아빠를 잊어버린다. 엄마는 이런 아들을 이해할 수가 없어서 스스로 상처를 만든다. 아들은 아들대로 엄마만 보면 짜증이 난다. 학교에서 돌아오면 반겨주기는커녕 컴컴한 방 침대에 누워 휴지로 눈물만 닦고 있기 때문이다. 아들이 화를 내는 것은 엄마가 싫어서가 아니다. 지속되는 스트레스를 견딜 수가 없어서이다. 이것은 여자의 마음과 남자의 마음이 다르기 때문이다. 남자의 기분은 일시적이고 여자의 감정은 오래 지속되기 때문에 서로 스트레스와 상처로 갈등을 겪을 수밖에 없다. 이럴 경우 아들은 학교가 끝나도 집에 잘 들어오지 않는다. 엄마만 생각해도 스트레스가 올라오기 때문에 PC방이나 공원에서 친구들과 어울려서 논다. 그만큼 엄마의 행동이 아이에게 많은 영향을 미친다.

딸도 마찬가지이다. 엄마보다 딸이 먼저 사별의 감정에서 벗어났다면 힘들어하고 우울해하는 엄마를 볼 때마다 상처가 올라온다. 그래서 딸은 이미 사별의 감정에서 빠져나왔다고 해도 엄마와 함께 있는 한 상처의 기억으로 인해 사별의 트라우마가 지속된다.

딸은 사별의 트라우마가 올라올 때마다 아프고 고통스러워서 견디기가 힘들다. 그래서 딸은 상처를 견디지 못하고 가출을 하거나 따로 나가서 산다. 그래야만 사별의 트라우마에서 벗어날 수 있기 때문이다.

남편과 사별했을 때 엄마가 먼저 자신의 감정을 추슬러야 아이들이 심리적으로 안정을 찾는다. 가족들은 마음이 유기적으로 연결되었기 때문에 한 사람이 아프면 모두가 아프다. 엄마가 예전의 감정으로 회복되면 아이들도 따라서 회복된다.

사별가정이 위험한 이유는 가족구성원들의 기억이 모두 다르기 때문에 감정이 일치되기가 쉽지 않기 때문이다. 아빠와의 유대가 끊어지지 않은 엄마를 보면서 스트레스와 상처로 가득했던 아이들은 성인이 되자마자 집을 나와 독립한다. 심리적으로 자유로워지고 싶어서이다. 이렇게 되면 가정이 해체되기 시작한다. 남편과의 사별 후에 무엇보다도 여자는 기억의 유대관계를 끊고 새로운 의미와 가치를 설정해야 아이들이 바뀐 환경에서도 건강하게 살아갈 수 있다. 아이들을 위해서라도 여자는 이제 기억 속의 남편과 안녕을 고해야 된다. 그래야만 아이들과 헤어지지 않고 행복하게 살 수 있다.

답답한 이야기지만 배우자와 사별을 하면 가상현실에 빠져 사는 여자들도 있다. 가상현실의 기본개념은 실제와 유사하지만 자신의 상상력으로 만든 거짓의 세계이다. 비록 가상이긴 하지만 자신의 눈에 남편이 분명 살아서 존재하고 있다고 느낀다. 얼굴도 보이고 목소리도 들려서 감각을 통해 느끼기도 한다. 과거의 기억으로 돌아가거나 자신이 만든 가상현실 속으로 들어가더라도 인간에게 마음과 심리가 작용하는 것은 마찬가지이다.

놀랍게도 마음은 실제냐 가짜냐가 중요하지 않다. 마음은 반드시 신체를 통해서 작용하는데, 생각하는 순간 신체도 반응한다. 마음도 몸과 연결되어 있지만 심리인 인식과 기억과 표현도 몸과 연결이 되어 있다. 그래서 의식으로 느낄 때 존재하는 것과 존재하지 않는 것 모두 느낀다. 가짜로 느끼든, 기억 속에서 느끼든, 마음에서 느끼든 모두 마찬가지이다. 즉 실제와 가짜가 같은 것이 된다. 그래서 마음으로 볼 때 가상과 현실의 구분이 없다.

마음의 작용으로 볼 때 가상도, 과거도 현실이다. 요즘 VR이 유행하고 있다. VR의 고글만 쓰면 무릉도원에서 예쁜 여자와 유흥을 즐긴다. 증강현실이지만 분명 그 안에서 인간은 재미와 즐거움으로 인해 행복을 느낀다. 가상현실이지만 심리가 작용하기 때문에 실제로 이 상황을 인식하고, 기억하고, 표현한다.

그렇다면 가상현실에서 마음은 어디에 가 있을까? 가상과 현실이 구분이 안 되면 굳이 인간의 마음을 찾을 필요가 없다. 어차피 심리를 통해 몸으로 느끼고, 느낀 것을 말과 행동과 표정으로 표현하면 마음의 작용을 알 필요가 없다. VR의 세계에 들어가 아름다운 풍경에 안식을 얻고, 예쁜 여자에게 열정을 쏟으면서 행복하게 살아가면 그만이다. 스트레스와 상처도 없는 천국의 삶이 증강현실에 있다.

가상현실이 활성화되면 정작 현실은 필요 없는 존재가 되어 버린다. 그래서 현실에서 연애와 결혼이 필요 없다. 가족도 필요하지 않게 된다. 미래사회는 가상현실만 존재하게 되고, 현실세계는 사라지게 된다. 스트레스와 상처로 갈등하는 현실을 살아가지 않아도 가상현실로도 얼마든지 똑같이 느끼기 때문이다.

따라서 가상현실이 인간의 마음속으로 들어오면 안 된다. 가상현실이 만들어지더라도 심리에서만 존재하고 있어야지 마음으로 들어오면 문제가 커진다. 가상현실은 기계의 세상이고, 현실은 인간관계에서 만들어지는 세상이다.

사별한 여자가 기억 속에서 빠져나오지 못하는 것도, 가상현실에 빠져 사는 것도 알고 보면 의미를 회복하려 들지 않기 때문이다. 그 이유는 자신도 모르게 죄의식이나 죄책감을 갖기 때문이다.

사별의 트라우마는 워낙 강력한 상처이기 때문에 상처치료를 해서 새로운 의미와 가치를 추구해야 예전의 삶으로 돌아갈 수 있다. 자신만의 세계에서 빠져나와 현실을 직시할 때 존재의 가치를 느낀다. 인간은 인간관계에서 소통될 때 비로소 행복을 느끼는 것이다.

질문과 답변

〈질문〉 여자가 남편과 사별하면 가장 역할을 해야 하기 때문에 사별로 인한 자녀의 정서적 문제, 경제적 어려움, 한 부모 가정의 소외감 등으로 상처를 많이 받습니다. 이때 자녀의 정서적 문제는 어떻게 다뤄야 하나요?

〈답변〉 사별가정의 가족들은 고인에 대한 상실감뿐만 아니라 경제적 심리적 불안감을 가지고 있다. 아빠의 갑작스런 죽음으로 자녀는 심리적으로 매우 불안정하다. 더욱이 한 부모 가정이라는 사회적 편견으로 정서적인 어려움도 겪는다. 아빠의 상실로 인한 우울감과 미래에 대한 불안감으로 심리가 불안정하면 자녀들은 비행청소년으로 갈 가능성이 높다.

사별한 여자들이 가장 큰 어려움을 느낄 때는 자녀문제에 대해 의논할 배우자가 없을 때이다. 한 부모 가정의 자녀들은 아버지 혹은 어머니의 빈자리에 대한 상실감으로 부정적인 감정이 형성될 가능성이 많아서 갑작스런 변화에 적응하기까지 많은 어려움이 있다. 이때 자녀의 중심을 잡아 주는 것이 엄마이다. 엄마가 먼저 새로운 변화에 적응해서 새로운 가치와 의미를 만들어야 자녀들도 엄마를 통해 긍정에너지를 얻는다. 엄마가 자녀들과 자아실현을 해 나가면 주변에서도 많은 관심과 지지를 보낸다. 이렇게 되면 엄마는 자존감과 자신감을 가지고 가치와 의미를 추구해 나간다. 자녀들은 이런 엄마를 인정하고 존중함으로서 심리적 안정을 느낀다. 결국 엄마와 자녀는 함께 자아실현을 하면서 행복을 향해 공존하는 것이다.

엄마가 사별의 트라우마를 치료해서 스스로 행복감정을 만들 수 있으면 아빠의 사별로 인한 자녀의 스트레스와 상처는 자연스럽게 치료된다. 성장하는 자녀들에게는 엄마의 행복이 무엇보다 중요하다.

〈질문〉 떠난 사람을 잘 보내는 길은 남은 사람이 행복하게 사는 것이라고 생각합니다. 그렇다면 어떻게 사는 것이 행복한 것인가요?

〈답변〉 누구에게나 이별의 순간이 온다. 사별 후에 일어나는 자책감이나 절망, 분노, 무력감 등은 당연한 감정이다. 옛날에는 남편이 죽으면 조문객이 올 때마다 미망인이 곡(哭)을 했다. 사별의 슬픔을 억압하지 않고 울음으로 표출하는 것은 심리건강에 좋다. 북받치는 슬픔을 표현하지 않으면 마음에 병이 생기기 때문이다.

배우자와 사별을 했을 때 슬프면 울고 답답하면 소리를 질러 표현을 할수록 사별의 부정감정이 사라진다. 아무리 힘든 상황이라 하더라도 어떤 생각을 하느냐에 따라서 행복감정 또는 부정감정을 갖게 된다. 사별한 사람을 생각할 때 좋은 기억을 떠올리는 것이 좋다. 고인에게 못 해 준 것만 떠올리는 부정감정에 빠지면 무기력해지면서 사는 것 자체가 두려워진다. 있는 그대로 남편의 죽음을 받아들이고 한편으로는 남편이 항상 자신을 지지해 준다는 생각을 하면 용기를 얻는다.

삶이란 힘든 난관을 얼마나 잘 이겨 내느냐가 중요하다. 부정적인 생각에만 빠져서 변화할 노력조차 하지 않는 사람들은 미래가 불투명하다. 사별은 길을 잃어버리는 것이 아니라 새로운 길을 찾는 것이다. 이런 의미에서 사별 후에 남은 사람은 살아가는 힘을 외부에서 얻는 것이 아니라 자기 안에서 얻는 것이다. 사별의 감정을 극복한 뒤 남편의 부재를 인정하고 이해해야 한다. 마음을 새롭게 해서 부정감정을 긍정감정으로 변화시킬 때 남편이 없어도 아이들과 행복한 삶을 살 수가 있다.

〈질문〉 남편과 사별한 여자들을 보면 애완동물에 유난히 많이 집착합니다. 이는 외로움 때문인가요?

〈답변〉 여자들은 부정감정인 상처를 기억한다. 상처를 기억하는 이유는 무의식이 치료를 하기 위해서이다. 여자들은 좋은 것이 들어오면 무의식의 에너지를 좋은 기억에 모두 소진해 버리기 때문에 좋은 기억을 쌓아두지 못한다. 그래서 기억에는 쌓인 상처가 대부분이다.

여자에게 상처가 올라올 때 무의식이 상처를 치료하기 위해 작용한다. 남편과의 사별은 사랑도 잃어버렸고 가족 중의 한 사람도 잃어버렸다. 그래서 잃어버린 가족을 채우기 위해 집착하는 것이 반려견이나 반려묘이다. 말하자면 부재중인 남편에 대한 일종의 자기만족이다. 이런 사람은 동물과 관계를 맺었기 때문에 스트레스나 상처가 없다. 그래서 애완동물에 더 마음을 준다.

애완동물은 인간관계가 아니기 때문에 무의식이 작용할 이유가 없다.

인간관계가 중요한 것은 함께 마음을 나누기 때문이다. 인공지능과 가상현실이 아무리 현실과 똑같은 상황을 만들어 낸다고 하더라도 마음을 나눌 수가 없기 때문에 자아실현을 할 수가 없다. 애완동물에 집착하는 것은 스트레스와 상처를 잊기 위한 자기만족이다.

〈질문〉 나이가 들수록 결혼식장보다 장례식장에 가는 횟수가 더 많습니다. 우리는 언제 죽음을 인식하게 되나요?

〈답변〉 삶과 죽음은 동전의 양면과도 같다. 사람은 사물을 인지할 나이가 되면 만남과 이별을 인지하고 죽음을 인지한다. 아이들이 유치원에 갈 때 엄마와 떨어지지 않으려고 하는 것은 애착이다. 이때 처음 이별을 인지하게 된다. 아동기나 청년기에는 죽음에 대해 심각하게 생각하지 않는다. 나이가 들면 누구나 죽는다는 막연한 생각만 할 뿐이다. 많은 사람들이 보다 직접적으로 죽음을 받아들이는 나이는 노년기이다. 죽음을 받아들인다고 해서 죽음에 대한 공포나 불안이 없는 것은 아니다. 죽음이 다가올수록 지나온 삶에 대한 후회와 반성으로 인해 자책과 죄책감을 느낀다. 그래서 노년에는 하루하루가 새롭고 안타깝다.

〈질문〉 타인의 죽음을 대하는 태도와 자신의 죽음을 대하는 태도는 다를 것 같습니다. "나 죽으면 화장해서 바다에 뿌려 줘!" 하면서 자신의 죽음을 가볍게 생각합니다. 그러나 정작 타인의 죽음 앞에서는 죽음을 무겁게 받아들입니다. 이런 반응의 차이는 무엇인가요?

〈답변〉 배우자와의 사별은 죽음 이상의 의미를 가진다. 인생을 함께한 사람으로서 희로애락을 같이했기 때문이다. 그래서 사별은 상실의 충격으로 사별의 트라우마가 생긴다. 깊은 개인적 상실을 경험하기 때문에 죽음이 더없이 무겁고 경건할 수밖에 없다.

나이가 들면 죽음은 가까이에 있는 미래와도 같다. 미리 죽음에 대해서 생각을 해 두면 삶에 대한 생각도 동시에 하게 된다. 그래서 삶에 대한 애착이 커지면서 더 열심히 가치와 의미를 추구한다. 비록 나 자신은 담담하게 죽는다고 하더라도 남은 사람은 자신이 받아들였던 죽음과 똑같은 무게로 죽음을 받아들일 것이다. 떠나는 사람은 죽으면 그만이다. 그래서 가볍게 죽음을 받아들일 수가 있다. 그러나 남은 자의 슬픔은 오래간다.

〈질문〉 배우자와의 사별 후에 가치와 의미를 바꿔야 되나요? 안 바꾼 채 살아가도 되지 않나요?

〈답변〉 가치는 사회나 환경에 따라 달라진다. 그러나 변하지 않는 한 가지는 자기행복이다. 인간이 아닌 대상을 향해 가는 것이 경제적 가치, 사회적 가치, 관계적 가치이다. 즉, 인간이 아닌 대상을 향해서 행복을 추구해 나가는 것을 가치추구라고 한다. 의미추구는 인간을 대상으로 마음을 통해서만 느낄 수가 있는 것이다. 그래서 함께 행복추구를 위해 자아실현을 하는 것이 삶의 의미이다. 추구하는 가치는 변할 수 있어도 여자의 삶의 의미는 바뀌지 않는다. 의미는 행복과 연결되어 있다. 결국 인간은 행복해지기 위해서 자아실현을 하는 것이다.

남편과 사별하고 오로지 기억 속에만 머무는 여자가 있다. 이런 여자는 기억 속에 남편이 항상 존재하기 때문에 삶의 의미가 변화되지 않는다. 또 다른 여자는 사별의 슬픔을 극복하고 한 집안의 가장으로서 경제적 가치를 추구한다. 아이들이 있기 때문에 삶의 의미는 변하지 않는다. 이때 가치와 의미를 균형 있게 가지고 가야 스트레스와 상처를 받지 않는다. 삶의 의미는 감정이고, 가치는 기분이다. 가치가 중심이 되면 삶의 의미는 사라지고 있다는 뜻이다. 이렇게 되면 모성애도 사라지기 때문에 자녀와의 사이에 문제가 생긴다.

여자가 살아가면서 의미를 잃어버리면 감정인 모성애도 잃어버린다. 추구하는 경제적 가치가 매우 크더라도 의미를 잃어버리면 사랑의 감정과 행복의 감정을 만들어 내지 못한다. 여자가 엄청난 돈을 써 가면서 자식들을 골프 유학을 보내고 박사를 만드는 것은 의미추구를 하는 것이 아니다. 내가 돈을 쏟아부은 만큼 더 많은 가치를 창출해야 된다는 생각이 지배적이다.

남편과 사별했다면 어느 정도 애도의 기간을 가진 다음에 남편을 떠나보내고 새로운 가치와 의미를 만들어야 한다. 그래야만 아이들도 새로운 가치와 의미로 변화되어 새로운 출발을 한다. 그렇지 않으면 아이들을 경제적 가치로만 보기 때문에 자식도 엄마를 목적관계로 대한다. 무엇보다 의미와 가치를 균형 있게 가지고 가야 함께 행복을 위해 자아실현을 해 나간다.

〈질문〉 같은 배우자의 사별이라 하더라도 어떤 여자는 금방 예전으로 돌아오는데 어떤 여자는 평생 자신만의 동굴에서 나오지 않습니다. 남편에 대한 의존도에 따라 다르게 나타나는 것인가요?

〈답변〉 사별의 슬픔을 표현하는 방식은 사람마다 다르다. 어떤 사람은 감정을 억누르기 때문에 남들 눈에는 별 슬픔을 못 느낀다고 생각할 수도 있다. 슬퍼하는 방식은 각자의 문화적 배경, 성격, 경험 그리고 사별한 사람과의 친밀도에 따라서 다르다. 배우자와 사별하면 감정을 감추기보다는 슬프면 울고 분노가 차오르면 소리도 지르고 하면서 자신의 감정을 표현하는 것이 좋다. 그만큼 마음의 상처를 덜어낼 수가 있기 때문이다. 사별한 뒤에 겪는 어려움 중의 하나가 자신의 감정을 다스리지 못하는 데 있다. 화가 나다가도 울음이 터지고, 짜증이 나다가도 우울해진다.

감정기복은 자신의 감정을 표출하는 것이기 때문에 상처표현을 많이 할수록 사별의 심리는 안정을 찾는다. 이것은 기억과 표현의 심리가 균형을 맞추기 때문이다. 이런 사람들은 1~2년이 지나면 원래의 감정으로 돌아온다. 그러나 날이 갈수록 배우자에 대한 기억이 생생하게 떠오르거나 자신이 사는 현실세계가 가상세계처럼 느껴져서 슬픈 감정이 사라지지 않는다면 사별의 트라우마로 인한 우울증이 발생한 것이다. 사별의 트라우마는 치료를 해야 기억 속의 남편과 유대관계를 끊고 새로운 의미와 가치를 만들어 갈 수가 있다. 남편과 사이가 안 좋았던 여자라면 어느 정도 애도기간이 지나면 원래의 감정으로 돌아온다. 시간이 많이 지났는데도 원래의 감정으로 돌아오지 않으면 상처를 치료해야 한다. 우울증을 방치하면 중증우울증으로 악화된다. 중증우울증은 정신병증이다. 정신병이 나타나면 호미로 막을 것을 가래로도 못 막는다. 자신만의 동굴에서 나오지 않는 사람은 우울증이기 때문에 상처치료가 반드시 필요하다.

〈질문〉 아빠와 사별하기 전까지 자녀는 공부를 잘하는 모범생이었습니다. 그러나 아빠의 사별한 이후 자녀는 180도 달라졌습니다. 어떻게 달래야 하나요?

〈답변〉 엄마나 집안어른들은 아빠의 죽음에 대해 아이들과 이야기하는 것을 꺼린다. 현실로부터 아이들을 보호하고 싶어서이다. 그래서 엄마는 자신의 슬픔을 눈치채지 못하게 억지로 밝은 척하기도 한다. 이런 환경으로 인해 자녀는 공개적으로 자신의 슬픔을 표현할 기회가 없어서 혼자 삭이고 억압한다. 아빠와 사별을 경험한 자녀가 있다면 자연스럽게 아빠의 죽음에 대한 반응을 하도록 해야 한다. 부모 한쪽의 죽음은 자녀의 정서에 아주 나쁜 영향을 미치기 때문에 감정을 억압하는 것보다 표현하는 것이 좋다. 자녀가 슬픔을 표현하지 않으면 상처가 더 쌓여서 수면장애, 의욕상실 등을 겪게 된다. 이렇게 되면 자녀는 우울증으로 진행된다. 우울증의 근원은 상처이다. 상처를 치료하는 방법은 소중한 사람들의 관심과 위로이다. 엄마나 집안어른들이 자녀가 슬픔을 극복할 수 있도록 지속적인 관심을 가져 주면 원래대로 회복된다.

〈질문〉 자녀는 아빠의 사별충격에서 벗어나서 예전으로 돌아왔는데 엄마는 아직도 사별충격에서 벗어나지 못해 무기력하게 있다면 아이의 심리가 다시 사별 쪽으로 옮겨가나요?

〈답변〉 남편과 사별하고 혼자 자식을 키우는 여자는 신체적으로도 정신적으로도 사는 것이 힘들고 고통스럽다. 그래서 인생살이가 힘들고 고달플 때마다 먼저 간 남편에 대해 서운한 감정과 그리움을 자신도 모르게 표현할 때가 있다. 이렇게 되면 아이들은 스트레스와 상처를 받는다.

자아형성을 하는 아이에게는 엄마의 긍정감정이 필수적이다. 신세한탄을 하면서 무의식적으로 내뱉는 말 한마디가 때로는 아이에게 비수가 되어 꽂히기도 한다. "애들 생각해서라도 제발 사람 좀 돼라" 하면서 부모님이 비탄에만 잠겨 있는 여자가 답답해서 충고한다. 사람이 되라고 하는 것은 슬픔에서 벗어나 근본부터 제대로 살라는 이야기이다.

모든 사람들은 근본을 기초로 인간관계를 유지하면서 공존한다. 인간관계에서 공존하지 못하는 사람을 보고 '후레자식'이라고 하는 것도 자신의 입장만 생각하고 다른 사람의 입장은 전혀 개의치 않는다는 뜻이다. 즉 사람이 되라고 하는 것은 아이들과의 인간관계에서 근본이 없다는 이야기이다.

인간은 근본이 무너지면 사람으로 돌아가서 근본을 만든 뒤 인간관계로 다시 돌아오면 된다. 하지만 사람에서 인간성을 회복하지 못한 채 인간관계를 맺으면 본인은 물론이고 모두를 파괴시킨다. 현재 자신과 인간관계를 맺고 있는 상대가 자기 행복만을 추구하는 이기적인 사람인지, 타인과 함께 행복을 추구하는 이타적인 사람인지를 잘 봐야 인간관계가 조화와 질서를 이룬다. 아이들의 심리를 안정시키기 위해서는 엄마는 사별의 심리에서 하루라도 빨리 벗어나야 한다.

〈질문〉 아빠와 사별하기 전까지 엄마는 매일이다시피 아빠의 폭력에 시달렸습니다. 이런 경우 아빠가 돌아가시면 오히려 아이는 심리적으로 안정이 될 것 같습니다. 아닌가요?

〈답변〉 부부싸움으로 폭력을 목격한 아이에게는 이런 가정환경이 상처로 기억된다. 아이의 잠재의식 속에는 아빠에 대한 반항심과 부당함, 억울함이 자리 잡는다. 그래서 아빠에 대한 인식이 부정적이기 때문에 매사 부정기분과 부정감정으로 채워져 있어서 인간관계가 반항적이고 까칠하다. 이런 성격이 습관이 되면 아이가 어른이 되면 폭력적인 행동을 자신도 모르게 하게 된다.

심리는 어릴 때부터 지금까지의 습관이 모여서 만들어진다. 아빠의 죽음으로 인해 반항적이고 까칠하던 아이가 성격이 변할 것 같지만 실제는 변하지 않는다. 엄마가 사별의 트라우마에서 빨리 벗어나지 못하면 아이들은 스트레스와 상처 때문에 더욱 나빠진다. 엄마는 이런 아이들의 심리를 알고 하루라도 빨리 상처치료를 해서 사별의 트라우마에서 벗어나야 한다. 그래서 자기중심을 확실하게 잡은 뒤 새로운 의미와 가치를 만들어야 한다.

엄마의 상처가 치료되어서 사랑의 감정과 행복의 감정을 만들면 아이의 부정습관도 긍정습관으로 변화한다. 아이들은 부모의 영향을 많이 받는다. 엄마가 행복하면 아이도 행복하고, 엄마가 불행하면 아이도 불행해진다는 것을 알고 하루라도 빨리 사별의 트라우마에서 탈출해야 한다.

〈질문〉 배우자와 사별한 사람이 직장에 복귀했습니다. 직장상사나 동료들의 입장에서 평소보다 더 관심을 쏟고 위로해 주고 싶은데 당사자가 부담을 느낄 것 같습니다. 어떤 태도를 취해야 하나요?

〈답변〉 사별의 경험은 인간이라면 누구나 겪는 보편적인 경험이자 슬픔이다. 그러나 배우자의 사별을 경험한 직장동료가 출근했을 때 초연해지기란 쉽지 않다. 무언가 한마디 위로의 말을 건네야 할 것도 같고 슬픔을 이해한다는 태도도 보여야 될 것 같아서 직장 분위기가 어색해진다. 이럴 때는 무엇인가 관심을 보이려고 하지 말고 평소대로 대하면 된다. 사별을 경험한 배우자는 직무에 복귀하는 순간 내가 아직 살아 있고 삶이 가치 있다는 것을 일을 통해 깨닫게 된다.

배우자와의 사별을 경험한 사람은 새로운 마음가짐으로 무장하기 때문에 일에 대한 욕구가 강하다. 이때 동료들은 일에 대한 관심을 보이면서 자연스럽게 다가가면 된다. 배우자의 사별을 경험한 직장인들은 삶에 대한 새로운 인식으로 인해 사별심리에서의 회복이 빠르다. 그래서 사람들과의 관계도 전보다 더 깊어지기도 한다. 시간이 흘러 사별의 상처가 완전히 아물면 배우자의 상실에 대한 이야기를 공개적으로 하기도 한다. 이때 관심을 가지고 위로하고 배려해 주면 된다.

〈질문〉 사별을 하면 '함께'에서 혼자가 되기 때문에 자아실현이 멈추나요?

〈답변〉 자아실현이 일상적이다 보니 본인 스스로 자아실현을 추구하는지도 모르고 산다. 그러나 인간관계에서 이혼이나 사별을 경험하면 크나큰 고통을 느끼는 것은 함께 추구해 나가던 자아실현이 멈추기 때문이다. 남자와 여자가 사랑을 하다가 헤어지면 일정 기간 동안 아픔과 고통을 겪는다. 그러나 힘든 시기를 보내고 나서 다시 열정을 쏟고 사랑할 수 있는 상대를 만나면 아픔과 고통은 저절로 상쇄된다. 그러나 인간관계에서의 이별이나 사별은 아픔과 고통이 잘 회복되지 않는다. 자아실현이 멈추기 때문이다. 평소 가치와 의미를 추구하면서 살아도 스트레스와 상처 때문에 자신이 자아실현을 추구하는지, 안 하는지 잘 느끼지 못한다.

여자는 자신의 기준에 맞지 않아 삶 자체가 힘들어도 가족의 행복을 위해 헌신한다. 남자도 자신의 기준에 맞지 않아 크고 작은 스트레스를 받아도 가족들을 위해 열심히 가치를 추구한다. 이것이 가정의 의미이고 가족의 의미이다.

배우자가 사별해도 사람으로 돌아가지 않고 인간관계에 있는 것이 사별의 심리이다. 여자는 기억 속에서 남편과 유대관계를 맺고 있기 때문에 삶의 의미가 그대로 유지되고 남자는 사별한 아내를 생각하면서 지속적으로 가치를 추구하면서 산다. 사별해서 혼자가 되어도 자아실현은 그대로 해 나가지만 배우자와의 사별에는 반드시 심리장애가 동반된다. 그 이유는 사별의 스트레스와 상처가 너무 크고 강하기 때문이다. 사별의 트라우마가 생기면 반드시 치료를 해야 자아실현을 지속해 나갈 수 있다.

〈질문〉 '세월이 약'이라는 말이 있습니다. 사별의 트라우마를 치료하지 않고 그냥 두면 어떻게 되나요?

〈답변〉 지속되는 사별의 트라우마인 스트레스와 상처를 견디지 못하면 남자는 노이로제에서 중독증으로 들어가고, 여자는 우울증에서 중독증으로 들어간다. 사별의 트라우마로 인해 발생한 노이로제나 우울증에서 벗어나기 위해 스스로 재미와 즐거움의 중독으로 전환시키는 것이다. 노이로제나 중독증이나 같은 심리장애이지만 중독증은 모든 것이 재미있고 즐겁기 때문에 중독에 몰입하는 동안만큼은 사별의 아픔을 못 느낀다. 그래서 사별로 인한 우울증 또는 노이로제를 중독증으로 전환하면 아프지 않다. 대신 치료는 상처의 아픔을 느껴야만 할 수가 있기 때문에 중독증에서는 치료할 생각을 하지 못한다.

상처치료는 아프고 힘들다. 그 이유는 상처와 대면해서 하나하나 치료해야 되기 때문이다. 중독증에 있는 사람들은 스트레스와 상처가 너무 고통스러워서 우울증이나 노이로제를 치료할 생각은 않고 재미와 즐거움으로 덮어 두는 것이다. 그래서 본인은 스트레스와 상처가 치료된 것처럼 느끼지만 스트레스와 상처는 계속 작용한다. 만약 중독증이 있는 상태에서 노이로제나 우울증으로 되돌아가면 중증심리장애가 발생한다. 감정장애에서 의식장애로 갔다가 다시 감정장애로 전환되면 정신분열증, 과대망상증, 조현병, 조울증 등이 발생한다. 이것은 의식과 무의식의 충돌로 심리장애 2개가 동시에 발생하기 때문이다. 이런 증상이 오면 위험하기 때문에 최대한 빨리 치료를 해야 한다. 따라서 사별의 트라우마는 초기에 발생했을 때 즉시 치료하는 것이 가장 좋다.

〈질문〉 남자가 살아생전에 여자를 그토록 사랑하고 아꼈음에도 사별했다고 해서 금방 재미와 즐거움에 빠지는 것은 이해가 잘 되지 않습니다. 여자는 평생을 남자를 그리워하며 살지 않나요?

〈답변〉 여자는 감정을 기억하고 남자는 기분을 기억한다. 남자의 기분은 일시적인 것이라서 빠르게 증발해 버린다. 그래서 남자들은 사실만 기억하기 때문에 사실이 맞다 아니다로만 가는 것이다. 여자는 감정이 지속되기 때문에 좋다 싫다로만 간다.

배우자와의 사별 후에 여자의 삶과 인생을 보면 남편이 존재하지 않아도 기억과 연결되기 때문에 새로운 의미를 만들지 못한다. 그래서 여자는 사별의 트라우마를 잊기까지 계속 기존의 의미만 고집한다. 여자가 사별 이후에 신뢰할 수 있는 남자를 만나 재혼을 하면 삶의 의미가 바뀐다.

사별한 지 오래되어도 기존의 의미가 그대로 유지가 된다면 기억장애인 우울증이다. 치료해서 사별의 트라우마에서 벗어나야 한다. 사별의 상처가 사라지면 여자는 자신에게 새로운 의미와 가치를 부여한다. 이렇게 되면 주변의 가족들도 긍정에너지를 얻는다.

남자가 사별 후에 재미와 즐거움에 빠지는 것은 그만큼 사별의 트라우마가 강력하다는 반증이다. 심리는 인식과 기억과 표현을 하는 것이다. 인식은 노이로제를 동반하고, 기억은 우울증을 동반하고, 표현은 중독증을 동반한다. 사별의 심리는 남자에게 인식의 문제가 생긴 것이기 때문에 마음과는 상관이 없다.

〈질문〉 사별한 아내가 유독 바다를 좋아해서 시간이 날 때마다 추억이 있는 바닷가에 가서 아내를 그리워하는 남자를 보았습니다. 이런 행동이 수년간 이어졌다면 심리장애인가요?

〈답변〉 사별의 심리를 이야기할 때 남자는 노이로제이고, 여자는 우울증이다. 만약에 남자가 아내와 사별했다면 아내와 연관된 것이 들어오면 강력한 스트레스로 견디지 못한다. 아내가 피아노를 잘 쳤다면 피아노만 봐도 견딜 수 없을 정도로 고통을 느낀다. 이것이 인식장애이다.

남자의 사별의 트라우마를 없애기 위해서는 남자는 다섯 개의 감각기관을 통해 인식되어 들어오는 정보가 사별한 아내와 연관되지 않도록 만드는 것이 중요하다. 인식의 심리장애는 기억과 연결되면 만들어진다.

　남자에게 아내의 사별과 관련된 이야기했을 때 남자가 힘들고 괴로워하면 정상적인 사별의 심리이다. 그러나 사별의 트라우마를 치료하지 않았음에도 아내의 이야기를 해도 아무렇지 않게 받아들인다면 이미 중독증으로 간 것이다. 아내가 좋아하는 바다에 주기적으로 가는 남자는 심리장애이다. 사별로 인한 심리장애는 혼자서는 물론이고 주변의 그 누구도 치료하지 못한다. 바다에 가서 우연히 마음에 드는 여자를 만났다. 남자의 관심에 여자가 반응하면 남자는 그 즉시 관계중독에 들어간다. 사별의 트라우마가 있는 남자는 반드시 전문가의 도움을 받아 치료해야 중증심리장애로 악화되지 않는다.

부록 1
감정과 행복

◇01◇ 감정의 기억

인간에게 감정은 심리의 원천이기 때문에 중요하다. 이러한 감정은 기분이 지속되는 것으로서 여자가 주로 느끼는데, 남자는 일시적인 기분으로 느낀다. 이러한 감정은 희로애락(喜怒哀樂)을 느끼면서 인간관계에 직접적인 영향을 미친다.

먼저 인간의 기억을 알아야 한다. 인간은 현상과 감정으로 분리하여 기억한다. 현상은 특정한 사실과 사건에 관한 내용이고, 이는 다섯 개의 감각기관을 통하여 받아들여지는 정보로서 느껴지고 자각된다. 또한 현상은 남자와 여자 모두 필요에 의하여 기억하며 인간이면 누구나 작용한다.

반면 감정은 특정한 사실과 사건에 의하여 발생하는 기분이다. 이는 외부정보의 현상에 의하여 심리에서 발생하고 기분으로 느껴지고 자각된다. 기분은 일시적인 느낌이고, 기분이 지속되는 느낌을 감정이라고 한다. 그래서 기분과 감정은 동일한 느낌이라 할 수 있다. 이때 감정은 남자와 여자가 기억하는 것이 다르다. 남자는 기분을 감정으로 확대하여 생각하기 때문에 부정기분은 제거하게 됨으로써 부정감정을 기억하지 못하고 긍정감정으로 기억한다. 반면, 여자는 기분이 심리작용을 지속하기 때문에 부정감정을 치료하기 위하여 부정감정을 기억하고 긍정감정을 기억하지 못한다.

현상과 감정이 함께 기억되면서 마치 현상과 감정이 동시에 발생한 것처럼 인식하는 것이 인간이다. 그래서 남자는 현상을 기억하더라도 긍정감정만 기억하기 때문에 기억하는 모든 현상은 긍정적으로 생각한다. 반면 여자는 현상을 기억하더라도 부정감정만 기억하기 때문에 기억하는 모든 현상은 부정적으로 생각한다.

남자는 부정기분이 생기면 이를 제거하고 즐거운 긍정기분에 몰입함으로써 현상과 함께 부정기분보다는 긍정기분으로 기억한다. 그래서 과거를 기억할 때 힘들고 어려웠던 현상을 좋은 추억으로 기억한다. 다만 부정기분을 기억하지 못하면서 현상도 같이 잊는 경우가 많다.

여자도 부정감정을 기억하기는 하지만 부정감정을 치료하면 무감정으로 기억하면서 행복의 감정을 만든다. 그래서 긍정감정이 만들어지고 행복감정이 만들어지면 그 부정감정을 유발한 현상을 기억하더라도 부정감정이라 생각하지 않는다. 현상을 기억했을 때 부정감정으로 기억되면 치료되지 않은 채 상처로 기억되는 것이다.

이에 따라서 남자가 과거의 부정기분으로 고통을 겪는 것은 심리장애가 발생했다는 것이고, 여자가 과거의 부정감정을 잊어버린 것은 심리장애가 발생했다는 것이다. 따라서 여자가 과거의 부정감정을 기억하여 아파하고 힘들어하는 것은 치료가 되지 않았을 뿐이지 정상적인 심리이다.

이처럼 현상은 남자든 여자든 누구나 필요에 의해서 기억한다. 필요에 의해서 기억하고 생각에 의하여 연상되는 것으로 기억한다. 기억을 안 해도 상관없다. 특정한 현상의 사실과 관련한 감정을 기억할 때 남자와 여자가 다르다. 이로 인하여 인간관계에서 희로애락의 감정이 발생하는 것이다.

남자는 즐겁고 재미있는 것을 잘 기억하는데 상처는 기억하지 못한다. 트라우마에 대한 마음의 거부방어기제가 작용하기 때문이다. 반면 여자는 즐겁고 재미있는 것을 잘 기억하지 못하고 상처를 잘 기억한다. 트라우마에 대한 마음의 수용방어기제가 작용하기 때문이다. 이것이 '감정기억의 오류'로서 남자와 여자가 감정을 다르게 기억하는 것을 알지 못하면 상대도 자신처럼 동일하게 감정을 기억할 것이라고 왜곡된 생각을 하면서 오해하게 된다.

결국 감정기억은 현재행복을 추구하느냐 미래행복을 추구하느냐에 따라서 달라지는 것을 알 수 있다. 여자는 현재행복을 추구하기 때문에 상처의 부정감정을 받아들여 기억하고 이를 치료함으로써 긍정심리로 전환하여 현재행복을 느끼도록 만든다. 그래서 여자는 행복의 에너지를 만드는 공장이라고 한다. 이것이 남자에게는 없다.

인간의 심리에서 기억(記憶, Memory)은 매우 중요하다. 기억이란 사물 또는 지식을 뇌에 저장하거나 되살려 생각을 해내는 것으로 학습과 경험에 의하여 현상의 사실과 감정이 함께 기억된다. 감정은 부정감정과 긍정감정 그리고 무감정으로 구분할 수 있으며, 감정의 기억은 마음의 방어기제에 의하여 결정된다.

마음의 방어기제는 행복을 추구하는 심리의 기준에 맞도록 감정을 처리하여 행복을 유지하고 회복하는 심리의 처리장치라고 할 수 있다. 따라서 남자와 여자의 감정기억에 따라서 심리의 정상과 비정상을 구분할 수 있고, 심리문제와 심리장애의 원인을 알 수 있기 때문에 감정기억은 인간 심리의 중요한 요소이다.

감정은 현상에 대한 부정감정, 긍정감정, 무감정으로 구분되어 기억하고, 이와 함께 부정감정과 긍정감정은 감정의 크기가 함께 기억된다. 공부하여 기억된 지식보다는 경험에 의하여 기억된 지식에서 감정이 발생하고, 기억된 감정은 인간의 심리에 직접적인 영향을 준다. 또한 기억은 특정한 현상에 대한 기억과 감정의 기억으로 구분을 할 수 있으며, 현상의 기억과 감정의 기억은 동시에 발생한다.

현상의 기억은 남자와 여자가 필요할 때 의식에 의하여 기억하지만, 감정의 기억은 남자와 여자가 마음의 방어기제에 의하여 다르게 기억한다. 즉 남자는 긍정기분을 기억하고 부정기분을 기억하지 못하도록 마음의 방어기제에 의하여 통제되고, 여자는 부정감정을 기억하고 긍정감정을 기억하지 못하도록 마음의 방어기제에 의하여 통제된다.

인간관계에 있어서도 심리작용 후 긍정감정이 발생하였느냐, 부정감정이 발생하였느냐에 따라서 인간관계가 형성되기 때문에 감정의 기억은 인간관계를 결정하는 중요한 요소이다. 특히 부정감정의 기억은 인간관계의 문제뿐만 아니라 심리문제와 심리장애를 유발하는 요인이 되기 때문에 부정감정의 기억을 외상(外傷) 또는 트라우마라고 한다.

학습된 지식의 경우에는 심리작용의 결과가 아니라 일반 정보를 받아들여 지식으로 만들기 때문에 대부분은 감정이 발생하지 않고 지식의 현상으로만 기억이 된다. 그러나 경험된 지식과 특정 사건에 대한 기억은 신체의 감각기관을 통하여 정보를 받아들인다. 이것은 의식에 의하여 감정이 형성되어 현상과 함께 감정이 기억되기 때문에 습관과 마음에 통제를 받게 되고, 기억된 감정은 심리에 영향을 준다. 따라서 감정이 발생하게 되면 마음이 긍정감정이냐 부정감정이냐를 결정하여 어떤 방어기제를 작용할 것인지 결정하고, 의식에 의하여 감정을 기억하도록 할 것인지를 통제한다.

　남자와 여자가 감정의 기억을 다르게 하는 것은 마음이 행복을 추구하는 심리의 기준에 맞도록 방어기제가 작용하기 때문이다. 그래서 남자의 마음은 미래의 행복을 추구하고, 여자의 마음은 현재의 행복을 추구하기 때문에 남자는 미래의 행복을 추구하기 위하여 부정기분에 대한 거부방어기제가 작용하여 부정기분을 기억하지 못하고, 긍정기분에 대한 수용방어기제가 작용하여 긍정기분을 기억한다. 반면 여자는 현재의 행복을 추구하기 위하여 부정감정에 대한 수용방어기제가 작용하여 부정감정을 기억하고, 긍정감정에 대한 거부방어기제가 작용하여 긍정감정을 기억하지 못한다.

〈감정의 구성〉

　인간의 감정은 외부에서 유입되는 것이 아니라 자신의 심리에서 발생한다. 비록 외부로 표현할 수는 있지만, 다섯 개의 감각기관을 통하여 외부정보를 받아들일 때는 감정이 유입되지 않는다. 심리는 감정의 작용이라 할 수 있으며, 감정은 심리에서 발생한다. 즉 감정은 자신의 마음에서 발생한다.

　심리의 감정은 의식의 감정, 습관의 감정, 마음의 감정 등 3가지로 구분할 수 있다.

　의식의 감정은 기억되어 자각되는 감정이다. 남자는 긍정감정(기분을 감정이라 착각)이지만, 여자는 부정감정 또는 무감정이다. 기억된 실제의 감정으로서 자신이 의식적으로 기억하고 있고, 생각과 기억의 작용에 의하여 발생한다. 또한 의도적으로 기억해야 생각할 수 있기 때문에 과거에 대한 기억을 해야만 한다. 이와 같이 의식의 감정은 실제 기억되어 있는 감정이다.

두 번째는 습관의 감정으로서 익숙해진 감정이고, 일정한 패턴으로 형성된 무의식의 감정이다. 따라서 주변에서 좋은 일이 생기든 나쁜 일이 생기든 자신도 모르게 형성된 감정이다. 그래서 패턴에 의해서 발생하는 감정인데, 연관되는 현상에 의해 일정한 패턴이 작용하면서 발생하는 감정이다. 무의식적으로 작용하면서 자신에게 익숙해져 있는 감정이다. 이 습관의 감정은 실제 기억하지 않았음에도 불구하고 자신도 모르게 발생하는 감정이다.

세 번째는 마음의 감정인데, 마음은 다섯 개의 감각기관을 통하여 유입된 감각정보에 대한 마음의 감정기준에 의하여 감정판정을 한 후 습관으로 처리할 때 만들어지는 감정이다. 즉 현재의 외부정보에 대하여 마음에서 생성되는 감정이다. 유입된 정보가 행복을 추구하는 기준에 맞지 않으면 부정감정으로 판정하고, 행복을 추구하는 기준에 맞으면 긍정감정으로 판정한다. 이에 따라서 다섯 개의 감각기관을 통해서 들어오는 감각정보를 종합했을 때 마음에서 판정되는 감정을 '마음의 감정'이라고 한다.

이처럼 인간의 심리에서는 3개의 감정이 작용하는데 3개의 감정이 똑같다고 할 수 없다. 기억된 감정, 익숙해진 감정, 마음의 감정은 다를 수 있다. 이렇게 3개의 감정이 다르면 고민하고 생각하면서 감정을 처리하는 것이 조금 느려진다. 생각해야 하기 때문이다. 그래서 심리의 억압과 강박이 발생하는 것이다.

　심리의 감정이 3개이기 때문에 서로 다르게 되면 2개는 같고, 하나가 다르다는 뜻이다. 3개가 전부 다를 수는 없다. 감정은 긍정감정 또는 부정감정으로 분리되기 때문이다. 이처럼 두 개는 같지만 하나가 다른 경우에 고민하게 된다. 대체적으로 여자에게 많이 발생하면서 과거의 기억된 기억을 끌어와서 생각을 지속하는 것도 이 3개의 감정이 다르면 나타나는 현상이다.

　이와 같이 감정은 상대가 준 것이 아니라 자신의 심리에서 만들어지는 것을 알 수 있다. 심리에서 결정된 감정이 감각정보에 대한 감정인데, 실제 감각정보가 갖고 있는 감정과 같은 감정일 확률은 거의 없다. 상대가 표현한 감정과 자신이 자각하는 감정이 다르기 때문이다. 따라서 외부에서 발생하는 감정과 자신이 생각하는 감정은 별개이다.

〈오감과 감정〉

　인간은 다섯 개의 감각기관을 갖고 있다. 눈으로 받아들이는 시각, 귀로 듣는 청각, 피부로 느끼는 촉각, 코로 냄새를 맡는 후각, 혀로 맛을 느끼는 미각 등을 오감이라고 한다. 이 오감에 심리가 작용하면서 기분 또는 감정을 만든다. 이렇게 만들어진 기분 또는 감정이 인간관계에서 심리작용을 하면서 희로애락을 만들어가는 것이고, 행복과 불행을 느끼는 것이다.

　기분이 나쁜 부정감정 또는 아프고 힘든 부정감정이 되면 오감은 모두 부정적으로 인식된다. 느껴지는 것도 기분이 나쁘게 된다. 이를 역으로 말하면 오감을 좋게 만들면 심리가 좋게 되는 것과 같다. 패션테라피를 하는 것도 동일한 원리이다. 또한 다양한 다른 테라피(Therapy)를 살펴보면 모두 오감 중 하나를 좋게 만들어서 심리를 좋게 하려는 것임을 알 수 있다. 따라서 오감을 변화시키면 심리가 변화된다.

감정의 작용으로 형성되는 심리는 오감에 영향을 미치기 때문에 역으로 해석하면 오감에 의해서 감정에 영향을 줄 수 있고 심리를 조정할 수 있다. 그래서 아프고 힘든 마음이 될 때는 좋은 것을 보도록 하고 긍정적인 오감을 갖도록 노력하면 자신도 모르는 사이에 심리가 안정되어 좋아진다. 이는 심리장애보다는 심리문제를 해결할 때 유용하다.

이에 따라서 인간에게 성(Sex)은 매우 중요하다. 섹스를 인식할 때는 다섯 개의 감각기관이 모두 좋은 느낌으로 받아들여지고, 말과 행동과 표정을 통하여 상대에게 성적으로 표현될 때도 감각기관의 좋은 작용이 동시에 발생한다. 즉 자신과 상대의 오감이 동시에 충족되고 만족되도록 하는 것은 성(Sex)이 유일하다. 그래서 성(Sex)은 인간관계에서 매우 중요한 역할을 하고, 인간심리에 엄청난 영향을 미친다.

자신도 모르게 몸의 기분과 느낌이 좋아져서 흥분되는 감정, 좋은 감정을 느끼게 되면 의식은 싫어하면서도 무의식은 자신도 모르게 심리를 좋아지면서 안정되는 것이다. 또한 어떤 여자들은 상처를 많이 갖게 되면 계속 먹으려고 하는 사람이 있다. 섭식장애가 발생하는 원인도 자신의 심리안정을 위하여 먹는 것에 집중하면서 생기는 현상이다. 이런 섭식장애를 가진 사람들은 미각과 후각을 통해 자신의 심리를 안정시키려고 하는 것이다. 이때는 촉각, 청각, 시각 등으로 전환시켜 주면 섭식장애가 없어진다. 다만 또 다른 심리문제나 심리장애가 발생하겠지만, 우선은 현재의 심리장애는 없어진다.

이때 오감은 감정을 받아들이는 역할도 하지만, 감정을 표현하는 역할도 한다. 그래서 오감은 심리에 영향을 받기도 하지만 심리에 영향을 주기도 한다. 따라서 감정이 좋지 않을 때는 시각, 청각, 촉각, 후각, 미각 등의 오감을 좋게 하여 심리안정을 갖도록 하는 것도 좋은 방법이다. 다만 이런 방법은 일시적인 효과를 갖는다. 비록 일시적인 효과지만 이것이 지속되면 자신도 모르는 사이에 심리안정이 된다. 즉 자신의 심리를 치료하는 방법의 하나로서 사용하는데, 환경 또는 상황에 따라서 심리를 치료할 수 있는 습관을 만들면 효과적이다.

감정의 발생

　감정은 자신의 심리에서 발생한다. 이때 감정 중의 하나가 자신이 기억하고 있는 감정기억에 의하여 발생하는 감정으로서 의식에 의하여 생각과 기억이 함께 작용한다.

　트라우마의 감정기억은 생각하는 의식이 작용하고, 의식이 작용하면 무조건 기억된 부정감정은 억압한다. 일단은 생각이 고민하면서 통제한다. 이 과정에서 습관의 감정과 마음의 감정이 동일한지, 아니면 다른지 해석하는 시간이 필요하기 때문이다. 그런데 서로의 감정이 상이하면 생각이 더 많아지면서 이해와 해석을 위한 심리가 작용한다. 그래서 어떤 감정으로 결정할지 고민하는 것이다. 이렇게 고민하다가 감정이 결정되면, 이때 당시의 외부정보에 감정을 결합하여 표현한다. 억압을 할 당시의 외부정보가 유입되는 상황은 이미 지나갔고 새로운 외부정보가 유입되었기 때문에 생각하면서 고민하면서 감정을 억압하면서 통제하다가 감정이 결정된 후에는 새로운 외부정보와 결정된 감정을 결합하여 표현하고 기억한다. 그런데 이전에 있었던 감각정보와 지금 있었던 감각정보는 분명히 다르다. 이전에 만들어졌던 감정을 억압했다가 다음에 만들어지는 감각정보에다 결합해서 표현하는 것이다.

이를 흔한 말로 '종로에서 뺨 맞고 한강에서 화풀이하는 것'과 똑같은 이치이다. 즉 종로에서 뺨 맞았단 얘기는 종로에서 발생한 감각정보에 의해서 만들어졌던 감정이었는데, 이 감정을 생각이 고민하면서 억압해 두었다가 한강이라는 다른 감각정보를 통해서 표현하는 것이다. 이런 현상은 일상생활에서 매우 많이 발생한다.

예를 들어, 엄마에게 잔소리를 들었다. 그러면 그 잔소리는 내가 잘못해서 엄마의 부정감정이 표현된 것일까? 분명 이전에 다른 요인으로 인하여 부정감정이 생긴 것을 억압해 두었다가 지금에야 표현하는 것이다. 이때, 엄마는 왜 부정감정을 나에게 표현하는 것인지 생각해야 한다. 엄마는 자신의 부정감정을 치료하기 위하여 가장 가깝고 사랑하는 사람을 통하여 무의식의 습관이 작용하면서 표현한다. 친밀한 사람 또는 사랑하는 사람이 아니면 작용하지 않는다. 그렇지 않으면 억압을 한다.

따라서 외부에서 스트레스를 많이 받는 사람들은 주로 어딘가에 가서 분명히 억압되어 있는 부정감정을 표현한다. 이때 표현하는 대상은 가장 가까운 사람 또는 가장 사랑하는 사람에게 표현한다. 그래서 가장 가깝고 사랑하는 사람이 피해를 입는다. 그러나 이러한 심리작용에 대한 사실을 모른다. 특히 부정감정이 억압되었다고 생각하지 않는다. 따라서 부정감정을 억압했다가 자녀들에게 심하게 혼내는 경우, 자녀들은 엄마에게 "왜 나에게 뭐라고 하느냐? 내가 뭘 잘못했다고 그러냐?"라고 말한다.

이와 같이 기억된 부정감정은 즉시 표현되지 않고, 의식인 생각이 억압을 했다고 표현한다. 이때 표현할 때는 친밀한 인간관계에서 표현되는 경우가 가장 많다. 즉 의식으로 억압하고, 무의식으로 표현함으로써 부정감정을 치료하려고 하는 것이다.

〈심리작용의 감정〉

　심리작용이란 자신과 상대의 심리가 외부표현을 통하여 서로의 의식으로 받아들여질 때를 말하는 것으로서 자신의 심리 중 5%의 의식, 5%의 습관, 90%의 마음이 말과 행동을 통하여 외부로 표현이 되면 상대는 100%를 생각하고 의식으로 받아들인다.

　이 과정을 심리작용이라 하는데 자신의 말과 행동의 과정과 결과에 의하여 상대의 감정이 발생한다. 문제는 자신의 말과 행동의 95%는 무의식(습관과 마음)에 의하여 표현되기 때문에 자신은 의식으로 생각하지 않고 하는 말과 행동이지만, 상대는 이를 모두 100% 생각하고 의식으로 받아들인다. 이로 이때 심리작용의 오류가 발생한다. 이는 인간관계의 심리작용에서 매우 중요한 오류인데 자신의 뜻과 상대가 생각하는 것이 왜곡되거나 오해가 생기는 원인이 되고, 감정발생의 중요한 요소이다.

　이와 같이 심리작용은 자신과 상대의 심리가 상호 의식으로 받아들여지는 과정으로서 혼자의 경우에는 심리작용이 불가능하고 감정기억만 하게 될 뿐이다. 심리작용의 결과로 긍정감정 또는 부정감정이 발생하기 때문에 결국 인간관계는 자신과 상대의 심리작용을 통하여 감정이 발생하는 과정에서 결정되는 것이다.

　감정발생은 심리작용을 할 때 자기중심과 상대중심에 따라서 긍정감정과 부정감정이 발생하게 된다. 자기심리의 중심과 상대심리의 중심이 상호 조화를 이루는 심리작용을 하게 되면 자신과 상대는 모두 긍정감정을 갖게 되고 행복을 갖게 된다. 이와 같이 심리작용을 하는 것을 긍정감정의 교류 또는 교감(交感)이라 한다.

자기심리로만 편중된 심리작용의 결과는 자신에게는 긍정감정이 발생하게 되지만 독선, 독단, 자기감정에만 충실, 상대에 대한 이해와 배려가 전혀 없고, 상대는 고통과 상처를 갖게 되며, 인간관계가 파괴, 심리작용이 불가능하게 되는 등 자신의 행복추구를 위하여 상대에게 상처를 주는 심각한 문제가 발생한다.

또한, 상대심리로만 편중된 심리작용의 결과는 상대는 긍정감정이 발생하게 되지만 의존적, 자신감 상실, 쉬운 감정동화(상대에게 끌려감), 상대를 이해하고 배려하기보다는 일방적인 희생, 상대행복을 위하여 자신이 상처를 입고, 인간관계가 복잡해지며, 심리작용이 불가능하고, 비정상적인 인간관계가 형성되며, 자기 심리의 억압과 강박이 발생하는 등 상대의 행복추구를 위하여 자신이 상처를 입게 되는 심각한 문제가 발생한다.

이와 같이 어느 한쪽으로 일방적인 심리중심의 심리작용을 하면 심각한 문제가 발생하기 때문에 심리작용의 조화를 이루어서 자신과 상대 모두가 긍정감정을 만드는 것이 필요하다. 이때 심리작용의 조화를 이루는 방법은 상대에 대한 이해와 배려이다.

심리와 마음에너지

먼저 긍정감정과 긍정심리는 다르다. 감정은 하나의 객체로 존재하는 것이지만, 심리는 감정이 작용하는 것을 의미한다. 긍정감정을 갖고 있다고 해서 긍정심리가 만들어지는 것은 아니다. 긍정감정이 다른 심리에도 긍정감정을 주도록 작용하는 것을 긍정심리라고 한다. 따라서 긍정감정과 긍정심리를 개념이 다르다.

남자의 긍정심리와 활성에너지는 긍정기분과 활성에너지가 아니다. 정확하게 말하면 남자는 긍정기분을 기억하는 것이 아니라 긍정심리가 작용한다. 그래서 남자는 열정을 갖게 되면 심리작용의 욕구, 헌신하는 욕구와 같은 긍정심리가 작용하면서 열정에서 긍정기분이 발생한다. 따라서 열정이 생기면 헌신하는 열정을 갖는다. 이것이 바로 스트레스를 즐기는 힘이 된다. 어렵고 힘들어도 누군가를 위해 헌신하는 것이 재미있고 즐거우면 바로 열정이다.

반면 상대를 위한 열정이 아니라 자신을 위한 열정을 갖는 경우가 있는데 목적의식 또는 쾌락주의가 해당된다. 긍정감정을 극대화하여 마치 마약에 중독된 것과 같이 끊임없이 쾌락을 찾는 것은 자신만을 위한 열정에 빠지는 것이다. 그래서 대부분의 열정은 상대를 위하여 헌신할 때

형성된다. 분명 상대를 위하여 무엇인가를 하는 것, 그러기 위하여 노력하는 것은 스트레스인데, 이 스트레스를 재미있고 즐겁게 인식한다. 즉 헌신을 하는 것이다.

이렇게 헌신하는 열정을 갖게 되면 긍정기분이 발생하는데, 이것이 지속되면서 자신도 모르게 무의식의 사랑인 무한책임이 형성되면서 자신에게 긍정심리가 작용하게 된다. 그래서 상대와 함께하는 미래의 희망과 기대감을 갖게 되면서 끊임없이 미래행복을 추구하는 것이다. 그러면서 자신에게는 열정의 에너지가 지속적으로 생성된다. 이처럼 남자는 열정을 가지면 열정의 에너지가 발생한다.

남자의 열정은 현재 느껴지지만, 열정의 에너지는 막연하게 만들어진다. 결국은 심리에서 긍정심리가 작용한다는 것이다. 열정의 에너지는 긍정심리가 작용하는 것이고 남자의 열정은 스트레스를 즐기는 힘이다.

여자는 상처를 치료하면 긍정심리가 만들어지고 사랑이라는 활성 에너지가 발생한다. 즉 마이너스(부정감정)에서 제로(치료 후 무감정)가 되면서 마치 플러스가 된 것 같은 그런 감정을 느끼는 것이다. 이때 긍정감정이 만들어지는데 실체는 아니다. 남자의 긍정심리는 실체가 있지만, 여자의 긍정심리는 실체가 없다.

그래서 여자는 사랑의 감정을 갖게 되면서 상대와 교감하면서 긍정심리가 작용한다. 감정은 느끼는 것이고, 심리는 작용하는 것이기 때문에 사랑의 감정을 갖게 되면서 상대와 교감한다. 즉 긍정감정을 주고받으면서 심리가 작용한다는 뜻이다. 이를 통하여 여자는 현재행복을 느낀다. 그래서 여자는 사랑의 에너지가 만들어진다. 부정감정이 치료되면서 여자들은 활성에너지인 사랑의 에너지가 만들어지고 현재행복을 느끼는 것이다.

이때 주의해야 할 사항은 심리장애가 발생할 수 있다는 것이다. 남자는 열정이 왜곡되어도 긍정감정은 만들어진다. 자신에게 좋다. 그러나 이 긍정감정이 심리에서 작용할 때는 부정심리로 작용한다. 그래서 열정이 왜곡되면 부정심리가 작용한다. 또한 여자는 사랑이 왜곡되더라도 긍정감정이 만들어진다. 감정이 좋다. 그러나 이 긍정감정이 심리에서 작용할 때는 부정심리로 작용한다. 이것이 심리장애이다. 자신은 분명 좋은데, 심리가 작용하면 문제가 발생하는 것이다.

남자는 긍정감정이 자기 자신만을 위하고 극대화되면 열정의 에너지가 소모된다. 긍정감정이 발생한 것은 맞지만 부정심리가 작용하기 때문이다. 남자의 부정심리와 소모에너지가 작용하는 것은 남자는 열정이 왜곡되면서 목적과 쾌락을 추구하기 때문이다. 끊임없이 강한 긍정감정을 요구한다. 따라서 남자에게 심리장애가 발생하면서 부정심리가 작용하는데, 긍정감정이 크면 클수록 부정심리의 작용도 커진다. 이에 따라서 남자는 미래행복과 희망과 기대를 착각한다.

원래 미래행복은 막연하지만 긍정감정을 갖는 것이 미래행복이라 확신하면서 왜곡된 생각을 하게 된다. 그래서 끊임없이 왜곡된 미래행복에 에너지를 소비하는 심리가 작용한다.

미래행복에 대해서 보통은 실현가능성이 있는 것을 생각하면서 미래에 충분히 잘 될 것이라고 생각하는 데 반하여 미래행복을 착각하는 것은 긍정감정이 유일한 자신의 행복이라고 생각하고 자신의 쾌락, 강력한 즐거움을 갖는 것을 미래행복이라 확신하는 것이다. 그래서 자신의 행복을 위해서는 범죄나 마약도 마다하지 않는다. 즉 몸과 마음에 문제가 발생한 것으로서 다른 누군가 피해를 입고 망가지는 것은 상관하지 않는다. 오로지 자신만 쾌락을 느끼면 되는 것이다.

따라서 미래행복과 희망을 착각하게 되면 자신이 잘못된 방향으로 에너지를 계속 소모하고 버리게 된다. 이런 남자의 특징적인 것은 얼굴표정이 과거와는 전혀 다르다. 막연하게 미래행복 추구하던 과거와 심리장애에 의하여 쾌락주의가 되어 소모에너지로 작용하는 경우에는 얼굴표정부터 급격히 좋지 않다. 특이하게 당사자는 매우 강력한 쾌락을 추구하고 있지만 몸과 마음은 황폐화가 되는 것이다.

여자의 부정심리와 소모에너지를 보면, 여자는 위로를 통해서 상처를 치료한다는 착각을 한다. 그래서 부정감정을 치료하기보다는 빠른 긍정감정을 요구한다. 그런데 긍정감정은 생겼다가 금방 사라지기 때문에 사라지면 또 요구하고 사라지면 또 요구하고 이렇게 심리에서 계속 작용한다. 따라서 여자는 사랑을 착각하면서 심리장애가 발생하는데 이때 부정심리가 작용하면서 현재행복을 착각한다.

그러면 끊임없이 에너지가 소비된다. 분명히 자신은 긍정감정이라고 생각하지만 이상하게 심리에서는 좋지 않은 문제가 발생한다. 부정심리가 작용하기 때문이다. 그래서 사랑의 에너지는 생성되지 않은 채 에너지의 소모가 많은 것이다.

평상시에는 심리가 좋지 않지만, 자신은 현재행복이라고 착각하고 있다. 그래서 착각되는 삶을 계속 살아갈 수밖에 없고 에너지를 계속 소비한다. 이런 상황이 되면 여자는 모성애를 차단한다. 주는 사랑부터 사라지는 것이다. 이와 같이 부정심리는 부정감정과는 다르다. 부정심리는 심리작용을 부정적으로 한다는 것을 말한다.

이때도 주의해야 할 것은 심리장애이다. 남자가 긍정감정이 발생하더라도 부정심리로 작용하게 되면 이를 심리장애라고 한다. 그래서 남자는 쾌락을 추구하면 에너지가 소모되고, 여자는 사랑은 착각하면서 상처를 위로받으면 행복을 착각하게 되면서 심리장애가 발생한다.

심리장애가 발생하면, 아무리 편안하고 좋은 긍정감정을 갖게 되더라도 부정심리가 작용하면서 심리에 문제가 발생하고 자신만 좋은 감정이 될 뿐, 인간관계의 다른 사람들은 모두 피해를 입고 힘들어하게 된다. 그래서 긍정감정으로 쾌락에 빠지게 되지만, 부정심리로 인하여 에너지가 소모되면서 몸과 마음은 병들게 되는 것이다.

심리의 과유불급

　과유불급(過猶不及)이라는 말은 논어의 선진 편에 나오는 말로서 '지나친 것은 미치지 못하는 것'과 같다는 말이다. 다시 말하면 '과한 것은 없느니만 못하다'는 뜻이다. 결국은 긍정감정이든 부정감정이든 어느 하나로 과하게 치우치면 문제가 발생한다.

　긍정감정으로 너무 치우쳐져 있으면 부정감정으로 치우쳐진 것과 별다를 것이 없다. 이는 심리대칭이론과 동일하고, 넘치는 것을 경계하라는 뜻이다. 부정감정으로 넘치든, 긍정감정으로 넘치든 인간의 심리에는 좋지 않다. 이것이 심리장애의 원인이다.

　마음은 태어날 때부터 죽을 때까지 변하지 않고 작용하기 때문에 과유불급이 적용되지 않지만, 의식 또는 습관이 어느 하나의 감정으로 치우치면 과유불급이 발생한다. 심리작용의 과유불급, 상처의 과유불급, 표현의 과유불급, 성(Sex)의 과유불급, 대화의 과유불급 등은 모두 심리장애를 유발하는 원인이 된다. 따라서 너무 많은 것은 없느니만 못하다는 말이다.

　심리작용을 할 때 자기중심으로만 심리작용을 한다든가 아니면 상대중심으로만 심리작용을 한다든가 하면 심리작용의 과유불급이 발생했다는 뜻이다. 이처럼 너무 많은 것도 심리장애고, 너무 없는 것도 심리장애이다. 이는 남자도 마찬가지고 여자도 마찬가지이다. 남자는 긍정기분을 기억하지만 긍정기분이 너무 많아도 심리장애고, 너무 없어도 심리장애이다. 또한 여자는 부정감정을 기억하지만 부정감정이 너무 많아도 심리장애고, 너무 없어도 심리장애가 된다.

남자든 여자든 적당히 있는 것이 심리안정이다. 남자는 즐거움과 재미를 적당히 추구하는 게 가장 좋고, 여자는 상처를 적당히 가지고 있는 게 가장 좋다는 말과 같다. 이 두 개가 합쳐져야 인간의 희로애락이 결합하면서 행복을 만들어 갈 수 있다. 그래서 인간은 한 사람으로는 인간으로서의 행복을 만들 수 없다.

심리의 과유불급은 대체적으로 성격과 관련된다. 인간 심리체계를 볼 때, 심리기억의 체계와 함께 심리인식의 체계가 있고 심리표현의 체계가 있다. 심리가 상호 작용할 때는 인식, 생각, 기억, 표현 등이 핵심이다. 이때 어느 하나의 일방으로 치우치는 것을 심리의 과유불급이라고 한다.

심리인식을 할 때 다섯 개의 감각기관으로 받아들이는데, 어느 하나로만 집중되면 문제가 생기고, 심리표현을 할 때 말과 행동과 표정이 어느 하나로만 일방적으로 표현되어도 문제가 발생한다. 또한 생각이 어느 하나로 편향이 돼도 문제가 생기고, 기억할 때도 어느 하나로 편향되어도 문제가 생긴다. 심리를 처리할 때 긍정 또는 부정 중 어느 특정한 감정으로 치우쳐지는 경우에는 심리장애라고 한다.

감정의 과유불급이 발생하면, 인간의 심리는 장애가 발생한다.

〈자기중심의 심리작용〉

심리작용의 과유불급은 두 가지가 있다. 하나는 상대를 중심으로만 심리작용을 하는 경우이고, 또 하나는 자기를 중심으로만 심리작용을 하는 경우이다. 이 중에 자기중심으로만 심리작용을 하는 경우를 살펴보자.

자기중심으로만 심리작용을 하는 사람은 인간관계에서 심리작용을 할 때 오로지 자신을 중심으로만 말과 행동을 하게 된다. 그래서 심리작용을 하는 상대가 누가 되었든 자신의 말과 행동을 중요하게 생각한다. 상대의 말과 행동이 자신과 맞지 않으면 인간관계에 문제가 발생하는 경향이 매우 많다.

무조건 인간관계에서 심리작용을 하면 무조건 자기중심으로 말과 행동을 한다. 그래서 과유불급이라고 한다. 이런 사람들은 매우 독선적이고 독단적이면서 상대는 무조건 억압과 강박이 형성되면서 상처를 입거나 어려움을 겪는다. 그러나 자신의 감정만 생각하기 때문에 다른 사람의 감정은 전혀 고려하지 않는다.

또한, 자신의 행복만 중요하게 인식하기 때문에 상대에 대한 이해와 배려는 없다. 그래서 대부분의 인간관계를 파괴하고, 목적의식 또는 꼭 필요한 인간관계만 유지한다. 결국은 인간관계의 심리작용이 사실상 불가능한 상태라고 할 수 있다.

자신이 틀린 것을 알면서도 고집을 부리는 사람들, 무조건 자기 생각이 옳다고 생각하는 사람들, 설령 틀리더라도 옳다고 억지를 부리는 사람들 그리고 자기 자신이 표현한 것을 상대가 받아들이지 않으면 매우 억울해한다. 한마디로 독불장군과 같다.

이는 심리에 문제가 있다는 뜻이고 심리장애의 가능성이 매우 높다. 심리의 과유불급이 발생하면서 생기는 현상이다. 오냐오냐해 주면 기고만장해지는 사람과 같이 자기중심으로만 심리작용을 하는 사람들이 주변에 많다.

〈상대중심의 심리작용〉

상대중심으로만 심리작용 하는 경우도 심리의 과유불급이다. 자기중심으로만 심리작용을 하는 경우는 너무 과한 것이고, 상대중심으로만 심리작용을 하는 경우는 자신의 심리가 없는 것이니 무조건 상대중심으로만 심리작용을 하려고 한다. 이 또한 심리의 과유불급이다.

이렇게 상대중심으로만 심리작용을 하는 사람들은 무조건 자신을 희생시킨다. 그래서 상대가 누구든 관계없이 가능하면 상대에게 맞춰 주고, 상대에게 매우 의존적이면서 자존감이나 자신감이 없다. 그리고 상대의 감정만 생각하고, 자신의 감정은 그렇게 중요하게 인식하지 않는다. 따라서 자신은 상처를 입고 강박과 억압을 갖게 된다.

또한 상대의 행복만 중요하게 생각하고 자신의 행복은 중요하게 생각하지 않는다. 따라서 만나는 인간관계가 매우 복잡해진다. 만나는 사람마다 자신을 좋아하지만, 자신은 계속 상처를 입는다. 그래서 인간관계로 인해서 어려움을 많이 겪게 되는 것이다. 이런 사람들도 인간관계에 심리작용이 사실상 불가능한 상태라고 할 수 있다. 인간관계가 형성되면 자신은 상처를 받기 때문이다.

그래서 이런 사람들은 강박의 불안감, 억압의 참는 것이 항상 존재한다. 상대중심으로만 심리작용을 하는 사람들은 강박과 억압의 상처가 항상 존재하고 있다. 자신은 무엇이든 틀릴 수도 있다고 생각하고, 자책하거나 죄의식을 많이 가진 사람들이 많다. 그리고 상대의 의견을 받아들임으로써 자신이 편안해진다. 그래서 대체적으로 상대에게 순종적인 사람들이 많다. 부모님이라든가, 상대의 뜻에 따라가기만 한다. 자기 생각과 자기 의견은 무시하고 상대에게 맞춰 주면 자기가 편해지기 때문이다.

이런 청소년들이 생각보다 많다. 부모님으로부터 길들여져 있는 것이다. 상대중심으로만 심리작용을 하도록 길들여진다. 그래서 아직은 자신이 힘이 미약해서 억압과 강박으로 살고 있지만, 성장하고 성인이 되었을 때 자신이 임의적으로 독단적으로 할 수 있게 되며, 매우 독선적으로 바뀌게 되는 근본 원인이 되기도 한다. 또한 사이코패스 또는 소시오패스 등의 경우에도 성장할 때는 상대중심으로 심리작용을 하면서 억압과 강박으로 살아온 경우가 대부분이다. 강박과 억압으로 성장하다가 특정한 계기, 상황을 통하여 감정이 표출된다.

자기중심으로만 심리작용을 하는 사람들은 처음부터 문제가 보인다. 그러나 상대중심으로만 심리작용을 하는 사람들은 문제가 발생해도 잘 알 수 없을 정도로 드러나지 않는다. 그래서 심리의 문제를 예상하지 못하는 경우가 많다.

행복의 원리

 행복의 원리는 상처와 행복의 공존으로의 심리대칭이론을 의미한다. 여자는 상처가 치료되는 과정에서 사랑의 에너지가 생성되면서 현재행복이 만들어진다. 또한 남자는 스트레스의 부정기분을 즐기는 힘에 의하여 열정이 만들어지면서 미래행복을 추구한다. 그래서 남자는 스트레스에 의하여 열정이 생기고, 여자는 상처에 의하여 사랑과 행복이 생긴다.
 남자든 여자든 혼자서는 인간으로서의 행복이 불가능하다. 그런데 부모님으로부터 양육되는 청소년은 가능한데, 부모님으로부터 사랑을 받으면 되기 때문이다. 그러나 성인이 되어 남성과 여성이 되면 혼자서는 인간의 행복은 없다.
 행복은 희로애락이 공존하는 것인데, 희(喜)와 낙(樂)은 남자의 열정이고, 노(怒)와 애(哀)는 여자의 상처이다. 이때 여자의 상처는 남자의 열정에 의하여 상처를 치료함으로써 사랑으로 전환되어 행복을 만든다. 그래서 여자의 현재행복과 남자의 미래행복은 남성과 여성이 상호교감하고 조화가 형성될 때 행복이 만들어진다.
 그래서 긍정감정과 부정감정이 상호작용을 하는데, 긍정감정은 기쁨과 즐거움이고 남자의 열정이면서 남자가 미래행복을 추구해 나가는 힘이다. 또한 부정감정은 여자의 상처와 관련되는 부분으로 이를 치료하여 사랑과 현재행복을 추구를 하도록 만들어진다. 따라서 희와 낙, 노와 애가 각각 분리되어 작용하고 있기 때문에 인간인 남자와 여자의 심리에 의해서 두 개가 합쳐질 때 행복이 만들어지는 것이다.

만일 긍정감정이 극대화되면 쾌락주의가 되면서 문제가 되기 때문에 안전장치가 부정감정이다. 또한 부정감정이 극대화되면 염세주의가 되어 고통이 뒤따르기 때문에 안전장치가 긍정감정이다. 그래서 여자에게는 긍정감정이 안전장치이고, 남자에게는 부정감정이 안전장치이다. 이때 상처는 여자가 현재행복을 추구하는 데 필요한 에너지의 원천이다.

행복의 원리에서는 즐겁다고 늘 즐거운 게 아니고, 힘들다고 미래가 늘 힘든 것이 아니다. 희로애락의 감정이 교차하고 반복되면서 살아가는 것이 행복한 인생이다. 현재 어려움을 겪고 있다는 것은 곧 행복이 찾아올 것이니 희망을 갖는 것이다. 이때 주의할 점은 편안함이다. 편안함은 희로애락의 감정이 없는 상태이고, 행복도 불행도 없는 상태를 말한다. 그래서 편안함은 행복을 만들 수는 없지만, 작은 스트레스에 의해서도 불행해질 수 있기 때문에 불행을 예고하는 것이라 할 수 있다.

〈행복의 생성〉

행복의 심리가 생성되는 원리를 이해하기 위하여 우울증과 조울증의 원리를 비교하여 설명하겠다. 심리는 동일하게 작용하기 때문에 원리를 알면 모든 심리장애 및 심리처리의 원리를 알 수 있다. 심리는 하나로 작용하기 때문에 원리와 규칙이 똑같다는 것을 알 수 있다.

먼저 우울증을 살펴보면, 우울증은 부정심리가 작용하는 심리장애(감정장애)이다. 감정기준이 평상시에는 0에 있다가 부정감정이 심리에 작용하면 −10(부정감정의 크기에 따라서 다르지만 10의 크기라고 설정함)이 만들어지는데, 이 부정감정에 의한 부정심리가 다시 0으로 회복하지 못하고 일정 기간 이상을 계속 −10을 유지하게 되면서 감정기준의 변화가 발생한다. 즉 0에서 −10으로 심리가 변화하여 지속되는 것이 우울증이다.

두 번째, 조울증은 긍정심리와 부정심리가 교차하여 발생하는 심리장애(감정장애)이다. 원래의 심리는 평상시에 0에 있다. 특정한 긍정감정의 유입으로 +10(긍정감정의 크기에 따라서 다르지만 10의 크기라고 설정함)의 긍정심리가 되었을 때 0의 심리로 회복되지 못한 채 일정 기간 이상을 긍정심리로 계속 유지되면서 감정기준이 0에서 +10으로 변화한다. 그래서 항상 긍정감정이 유입되는 것처럼 느껴지는 심리를 갖게 되면서 조증이 된다.

이러한 조증을 유지하고 있다가 특정한 부정감정의 유입으로 −10(부정감정의 크기에 따라서 다르지만 10의 크기라고 설정함)의 부정심리가 형성되어 일정 기간 이상을 지속하면서 부정심리가 지속적으로 작용한다. 이를 울증이라고 한다.

이렇게 되면 조증에서 울증으로 변화하게 되는데, 감정기준이 +10에서 갑자기 −10으로 변화한다. 결국 심리에서는 −20만큼의 변화가 발생하는 것이다. 그래서 우울증보다 조울증이 더 무서운 것이다.

조울증에서는 +인 조증일 때는 항상 즐거움을 유지하기 때문에 별문제가 되지 않지만, 갑자기 −인 울증으로 변화할 때 위험해진다. 우울증은

−10만큼만 유지가 되기 때문에 힘들기는 하지만 견딜 수 있다. 그러나 조울증은 조증에서 울증으로 변화하면서 −20만큼 변화했기 때문에 훨씬 강하게 느껴진다. 그래서 조울증이 가장 위험할 때는 조증에서 울증으로 변화할 때이다.

　상처가 발생했다는 것은 부정감정이 유입되었다는 뜻이다. 그러면 0에서 −10으로 감정기준이 변화한 것으로 어려움을 겪는 우울함을 느끼게 된다. 그러면 사람들은 0로 회복하기 위하여 노력하고, 일정 시간이 경과하면 0으로 회복한다. 이때 감정기준은 0이 되었지만 +10만큼 긍정심리가 작용하기 때문에 편안해지면서 행복감을 느끼게 된다. 특히 긍정감정의 유입으로 +10으로 변화하면 −10에서 +10으로 감정기준이 변화하면서 +20의 행복심리가 형성된다. 따라서 상처와 행복을 오가는 조울증의 원리가 행복의 원리와 동일하다고 할 수 있다.

　이 원리를 보면 조울증이 나쁜 것은 아니다. 그러나 울증에서 조증으로 변화하는 것은 행복이 커지지만, 조증에서 울증으로 변화하는 것은 위험성을 동반하기 때문에 심각한 문제가 되는 것이다.

　이와 같이 상처와 행복은 희로애락의 감정이 서로 교차하면서 만들어지는 것이다. 그러나 특정한 하나의 감정에서 머무르면 조울증으로 나타난다.

　행복의 원리에서는 3일을 주기로 교차하도록 한다. 이때 심리는 편안함을 느끼는 것이 아니라 행복을 지속하는 원동력이 된다. 이것이 상처와 행복의 기본 원리이다. 참고로 남자의 신체주기는 3일이고, 여자의 심리주기는 3일이다. 또한 남자의 심리주기는 28일이고, 여자의 신체생리주기는 28일이다. 이와 같이 남자와 여자가 신체와 심리의 주기가 상호 반대되도록 갖는 이유는 희로애락의 감정을 교류하여 상호 행복을 만들어

갈 수 있도록 하는 원리에서 비롯된 것이다.

〈여자의 행복원리〉

　여자의 사랑과 행복은 인간관계의 행복에서 매우 중요한 역할을 한다는 것은 이제 알 수 있을 것이다. 여자의 사랑과 행복은 남편, 남자, 자식 등에게 행복의 열쇠이며, 자신이 여자가 되는 것이 얼마나 크고 중요하고 위대한 것인지 알아야 한다.
　여자의 삶에서 행복을 위해서는 남편이라는 남자의 열정, 심리작용욕구의 이해와 배려에 의한 말과 행동, 헌신욕구에 의한 희생과 헌신의 노력이 지속되는 사랑이 중요하며 이를 통하여 여자는 남편이라는 남자에게서 사랑을 받게 되어 남편과 자식에게서 받은 상처를 치료하여 긍정심리를 갖게 되어 남편과 자식에게 희생과 헌신하는 사랑을 주게 되면서 자기 자신의 행복을 만들게 된다.
　따라서 여자로서 남편이라는 남자의 사랑을 받는 행복을 갖게 되면, 남편에게 희생과 헌신을 함으로써 아내의 행복을 갖게 되고, 자식에게 희생과 헌신을 하는 모성애를 통하여 엄마의 행복을 갖게 되는 순환구조를 만든다. 이때 가장 핵심은 바로 자신이 여자가 되는 것이며 남자의 열정을 유발하는 원천이다.
　여자가 현재행복을 추구하는 것이 아프고 힘든 상처를 치료하려는 마음으로 나타나는 현상이고, 사랑으로 치료하면서 발생하는 긍정심리, 사랑, 행복이 바로 여자의 현재행복인 것이다. 따라서 여자의 행복에 기초가 되는 사랑은 남자에게서 받는 사랑(애정관계), 남편에게 주는 사랑(부부관계), 자식에게 주는 사랑(자식관계) 등 모두가 사랑을 받고 주는 인간관계가 결합이 된 것임을 알 수 있다. 이때 남편이라는 남자는 사랑의 매우 중요한 역할을 하는데 이를 위해서는 반드시 자신이 여자가 되어야 한다는 것을 잊지 말아야 한다.

이와 같이 순환구조를 살펴보면, 여자는 자신이 여자가 되어야 하고, 남편인 남자가 자신을 여자로 인식하면 열정이 발생하여 여자에게 사랑을 주게 되며, 사랑을 받은 여자는 행복을 갖게 되고, 행복한 여자는 아내로서 남편에게 사랑을 주게 되며, 또한 엄마로서 지식에게 사랑을 주는 등의 순환 구조와 함께 사랑과 행복이 현실로 만들어진다.

따라서 여자가 된다는 것은 매우 중요하다. 남편이라는 남자에게 자신이 여자로 인식되면 남편이라는 남자는 마음에서 열정을 생성하게 되고, 심리작용욕구에 의하여 이해와 배려를 하는 말과 행동을 하도록 하며, 헌신욕구에 의한 희생과 헌신의 노력을 지속하도록 하는 사랑이 만들어진다.

또한 남편이라는 남자는 열정, 성욕, 성취욕이 강화되면서 미래행복을 추구하는 에너지를 갖게 되고, 여자와의 미래(Sex의 희망과 기대)를 지속하려는 순기능의 에너지를 갖게 된다. 이 과정이 지속되면 남자는 여자에 대한 무한책임이 형성되어 습관과 마음의 어려움 또는 극한 스트레스에서도 흔들림이 없는 남자의 진정한 사랑이 만들어진다.

〈남자의 행복원리〉

　남자의 행복은 열정과 성취욕을 기초로 하여 미래행복을 추구할 때 느끼는 상상의 행복으로서 행복의 실체가 없다. 이때 열정은 미래행복을 추구하는 에너지로서 마음의 충동기준에 의하여 열정의 에너지가 생성되며, 긍정감정이 필요하다. 또한 열정은 재미와 즐거움에 몰입하는 힘이고, 성욕이며, 성취욕을 추구하도록 하는 에너지이다. 또한 성취욕은 목표를 이루고자 하는 욕구로서 성공, 사업, 직업, 경제력, 경쟁, 학력, 지식, 기타 모든 대상에 대하여 자신이 목표한 것을 이루고자 하는 욕구이다.
　반면 남자에게 사랑은 현실에서 나타나지 않는다. 남자의 사랑이 현실로 보이는 것은 열정이지 사랑이 아니다. 남자의 사랑은 자신과 동일시하는 무의식으로서 무한책임으로 나타난다. 이 무한책임은 특정한 대상에 대하여 조건이 없고, 제한이 없으며, 기한도 없고, 목적도 없이 무한하게 주고자 하는 것이다. 여자에게 모성애와 같은 것이다. 이렇게 자기 자신화된 무한책임을 갖게 되었을 때, 그 대상이 안전하고 편안하고 행복하게 되면, 자신이 편안해질 수 있기 때문에 열정과 성취욕으로 미래행복을 추구할 수 있게 되는 원동력이 된다. 다만, 심리는 안정되어 편안하지만 생각이 없어지고 현재의 행복을 느끼지는 못한다.
　남자의 행복은 미래행복을 추구할 때 형성된다. 열정과 성취욕에 의하여 미래행복을 추구하면서 막연하고 실체가 없는 신기루와 같은 미래를 향하여 가는 것이 남자의 행복이다. 이때 자신과 동일시된 무한책임의 사랑이 존재하는데, 이는 무의식의 사랑으로 형성된다. 이 무한책임은 아내와 자식에게 형성된다. 이때 아내인 여자가 현재행복을 추구하기 때문에 현재행복을 갖는 아내에 의하여 남자의 무의식은 편안한 상태가 된다. 그래서 심리가 안정될 수 있기 때문에 열정과 성취욕에 의하여 미래행복을 추구할 수 있게 된다. 남자의 무한책임의 대상이 되는 특정한 대상은 대부분 아내, 자신과 같은 가족이다. 이 무한책임의 사랑은 평생 한 번만 형성된다. 한번 형성되면 평생 없어지지 않고, 변형되지도 않는다.

이때 남자의 열정과 성취욕에 의한 미래행복이 외부대상이 아니라 아내와 자식으로 전환하면 남자는 자신을 사랑하는 것과 같은 현상이 발생하면서, 팔불출이 된다. 자신의 아내와 자식을 자랑하고, 아내라는 여자와 함께 보내는 것이 가장 재미있고 즐거운 열정이 되며, 아내가 행복하면 그 자체가 자신의 행복이기 때문에 가장 강력한 행복을 추구하게 된다.

또한 여자도 동일하다. 자신이 아내가 아닌 여자가 되면 이것이 형성된다. 남편이라는 남자가 아내라는 여자에게 열정을 갖게 되면서 미래행복을 추구하는 대상이 여자가 되고, 열정과 성취욕의 모든 것이 여자에게 초점을 갖게 된다. 이러한 순환구조를 갖게 될 때, 남편이라는 남자와 아내라는 여자는 교감을 하면서 서로의 행복을 극대화할 수 있다. 이 순환구조가 남자의 행복이다.

그런데 행복의 핵심은 바로 여자이다. 그 핵심이 없어지면 모든 것이 사라진다. 만일 남편이 외도를 했다고 할 때, 남편이 외도를 한 것인가? 아니면 남편이라는 남자가 외도를 한 것인가? 결국은 남편이라는 남자가 다른 여자와 외도를 한 것이다. 이 말을 역으로 생각하면, 남편이라는 남자와 결혼생활을 할 때 아내로서 살고 있는가? 아내라는 여자로 살고 있는가? 생각해 보면 어렵지 않다.

남자는 열정과 성취욕에 문제가 발생하면 미래행복이 차단되기 때문에 이를 회복하고자 많은 노력을 한다. 수단과 방법을 가리지 않을 경우가 많다. 반면 무한책임인 무의식의 사랑에 문제가 발생하면, 자기 자신의 무의식에 문제가 발생하는 것과 동일하기 때문에 열정과 성취욕보다 더 우선적으로 해결하려고 한다.

심리에 '자중지란'이 발생한 것이기 때문에 어떻게든 안정을 시켜야만 열정과 성취욕을 만들 수 있는 것이다. 그래서 무의식의 사랑에 문제가 발생하면 극심한 스트레스를 받게 되더라도 쉽게 버려지지 않고, 변화도 어렵고, 끊기도 어려워진다. 하루에 몇 번이고 이혼 또는 헤어지는 것을 생각하더라도 벗어날 수 없다. 자신도 왜 그런지 이해하지 못한다. 바로 무의식으로 형성된 사랑으로서 무한책임 때문이라는 것을 알지 못하기 때문이다.

06
상처와 행복

　스트레스는 부정기분이지만, 여자는 상처와 행복에 연관되고, 남자는 열정에 연관된다. 그래서 여자는 스트레스가 쌓여서 상처의 부정감정으로 되고, 이를 치료하여 사랑과 행복을 만든다. 또한 남자는 스트레스를 즐기는 힘이 작용할 때 열정이 발생한다. 따라서 여자의 사랑과 남자의 열정은 스트레스에서 발생한다. 스트레스가 기억되면 상처가 된다. 그래서 여자의 사랑은 상처의 부정감정을 기억하고 이를 치료해서 무감정으로 전환하면서 긍정심리를 만들 때 생성된다. 이 사랑의 감정이 형성되면 여자는 현재행복을 느낀다. 상처는 현재행복을 만드는 원동력이 되는 것이다. 트라우마를 치료하고 사랑을 만드는 것은 여자의 마음에서 수용방어기제가 작용하기 때문이다.

　남자는 스트레스의 부정기분을 극복하고 즐거움을 갖게 될 때 열정이 만들어진다. 즉 남자에게 열정은 스트레스를 즐기는 힘이다. 스트레스를 즐기는 힘이 생기면 긍정심리가 만들어지면서 열정의 에너지와 함께 미래행복을 추구하도록 한다. 결국 남자는 현재의 스트레스를 부정기분으로만 인식하고 거부를 하느냐, 부정기분을 즐기면서 긍정심리로 전환하는 열정을 갖느냐에 따라서 미래행복을 추구하는 원동력이 결정된다. 따라서 남자의 미래행복은 현재의 스트레스를 처리하는 능력에서 결정된다.

이처럼 남자는 스트레스를 즐기는 힘이 열정이고, 여자는 상처를 치료하는 힘이 사랑이다. 이에 따라 여자의 상처는 사랑을 만들고, 남자의 스트레스는 열정을 만드는 원천이 되는 것이다.

예를 들면 석탄을 비교할 수 있다. 석탄 자체는 지저분하지만 불을 지피면 강한 에너지의 원료가 된다. 이처럼 석탄과 같은 것이 스트레스 또는 상처가 되는 것이라 보면 된다.

편안함의 행복을 느낀다는 말이 있다. 이는 사실 행복이 아니다. 편안한 상태는 상처와 스트레스가 없는 상태로서 열정도 없고 사랑도 없는 상태이다. 또한 희로애락에 감정이 없는 상태이기 때문에 행복이 없는 상태가 편안한 것이다. 따라서 편안해지면 아무것도 없다.

다른 사람들이 하는 충고와 조언을 스트레스로 받아들일 것인지, 긍정적으로 받아들일 것인지에 따라서 자신에게 사랑 또는 열정으로 전환할 수도 있다. 따라서 좋은 것과 좋지 않은 것은 자신의 심리에 의하여 결정되는 것이지 외부에서 만들어지는 것이 아니라는 것을 알 수 있다.

외부의 어떠한 부정현상에 대해서도 긍정적으로 받아들일 것인가, 부정적으로 받아들일 것인가에 따라서 자신의 상처 또는 스트레스가 되느냐 자신의 사랑 또는 열정의 에너지가 되느냐로 결정된다. 상대가 하는 잔소리, 상대가 내는 화, 상대가 하는 충고와 조언 등이 중요한 것이 아니라 자신이 이를 어떻게 받아들이고 있느냐가 중요하다.

〈여자의 상처와 행복〉

여자는 자신의 상처로 행복을 만든다. 여자는 부정감정을 받아들여 상처로 기억할 때 자신의 상처를 치료해서 기억하거나 또는 치료되지 않은 채 기억하는데, 치료를 할 경우에는 부정감정을 무감정으로 전환하면서 긍정심리가 작용한다. 이때 치료해 준 대상에 대한 긍정심리에 의하여 사랑의 감정이 만들어지고 현재행복을 만든다. 즉 행복의 원천은 상처이다.

그래서 여자는 현재의 행복을 요구하게 되면서 현재행복을 목표로 하는데, 여자로서의 행복, 아내로서의 행복, 엄마로서의 행복을 갖게 된다. 이 모든 행복의 근원이 자신의 상처이고 이를 치료할 때 만들어진다.

여자에게 상처는 사랑으로 만들고 현재행복을 만들어가는 원천 에너지이다. 그렇다고 상처가 일부러 만들어지는 것은 아니다. 의도적으로 만든 것은 힘들고 고통스러워질 뿐이다. 자신도 모르게 형성되는 부정감정의 상처이다.

그래서 여자는 현실의 행복을 느끼기 위하여 자신의 상처가 필요하고, 이 상처를 근거로 하여 남자의 사랑, 남편에 대한 사랑, 자녀에 대한 사랑과 직접 관련된다. 이 3가지의 사랑을 만들고 행복을 만들어가는 것이 여자의 행복이다.

여자는 남자에게 사랑을 받아서 느끼는 여자의 행복, 아내로서 남편에게 사랑을 줄 때 느끼는 아내의 행복, 엄마로서 자녀에게 사랑을 줄 때 느끼는 엄마의 행복 등 3가지의 행복을 추구하는데, 받는 것은 자신의 행복이지만, 주는 것은 상대의 행복이다. 그래서 여자로서 행복한 것도 남자가 주는 행복이다.

결국 여자의 사랑은 남자가 여자를 사랑해 주는 것이고, 아내가 남편을 사랑해 주는 것이며, 엄마가 자녀를 사랑해 주는 것이다. 따라서 가족과 상대를 행복하게 만드는 것이 여자의 행복이다. 자녀가 사랑을 받아 행복해지는 것이 여자의 행복이 되고, 남편이 사랑을 받아서 행복해지면 여자의 행복이 되며, 남자가 여자에게 무엇이든 해 주고 싶어 하는 열정을 느끼면 여자의 행복이 된다. 그래서 상대의 행복이 곧 여자 자신의 현재행복이 되는 것이다.

이는 자신이 받는 상처의 감정을 기억하고 치료함으로써 현재행복을 느끼는 것이다. 상처를 치료하면 긍정심리가 작용하면서 그 대상에 대해서 사랑의 감정이 만들어진다. 결국은 상처에서 행복으로 만드는 치료능력을 갖고 있기 때문에 현재행복을 추구할 수 있다.

〈남자의 스트레스와 행복〉

남자의 상처와 행복, 즉 남자의 스트레스와 행복을 살펴보자. 여자는 자신의 상처를 치료하여 상대의 행복을 추구하지만, 남자는 자신의 행복만 추구한다. 그래서 남자는 부정기분을 기억하지 못하고 주변 사람들이 아무리 상처를 많이 가지고 있다고 하더라도 그것을 중요하게 인식하지 못한다. 자신의 미래행복을 추구하기 때문이다.

그래서 남자는 주변이 힘들어하든 말든 일단은 열정과 성취욕을 강화시켜서 스트레스의 부정기분을 거부하여 받아들이지 않고 긍정기분만 기억한다. 주변 사람들이 아무리 상처를 많이 가져도 남자 자신만 행복하면 된다. 그래서 열정과 성취욕만 가지면 된다.

　따라서 남자가 미래행복을 추구한다는 것은 남자는 상처를 안 받고 행복을 추구한다는 것인데, 남자로 인하여 여자가 상처를 받는다. 그러면 여자는 상처를 근본으로 해서 현재행복을 추구한다. 그래서 여자는 자신의 상처를 근본으로 하여 현재행복을 추구하는 원천이 된다. 결국은 행복의 기준은 여자의 감정에서 시작된다는 것을 알 수 있다.

　남자는 자신이 행복해지면 주변 사람 모두가 행복해질 거라고 막연한 생각을 갖고 살아간다. 사실 나쁜 것은 아니다. 다만 생각의 전후가 뒤바뀌었다는 것일 뿐이다.

　남자는 열정과 성취욕을 갖고 미래행복을 구축하면 이것이 미래에도 계속 지속될 것이라고 생각한다. 그래서 여자는 상대의 행복이 자신의 행복이지만, 남자는 자신의 막연한 행복만 느끼려고 하는 것이다. 그러다 보니 남자는 주변 사람들에게 상처를 많이 주지만 자신은 기억하지 못한다. 그러면서 긍정감정을 갖고 미래행복을 추구한다. 그래서 남자는 주변 사람들에게 상처를 주면서 자기 행복을 추구하면서 산다.

　남자가 매우 나쁘게 느껴질 수 있겠지만, 남자와 여자가 순환구조를 갖게 되면 주변 사람들에게 상처를 주는 것이 거부방어기제로 작용하기 때문에 주변 사람들의 상처를 기억하지 못한다. 반면 여자는 이를 기억하고 치료하여 현재행복을 만든다. 이렇게 만들어진 현재행복을 남자는 자신의 편안함을 유지할 수 있도록 하여 열정과 성취욕을 강화함으로써 미래행복을 추구할 수 있게 된다. 그래서 남자에게는 무한책임이라는 무의식의 사랑이 만들어지는 것이고, 어느 일방의 행복추구만 할 수 없도록 만들어진 것이 남자와 여자의 행복심리이다.

교감과 행복

　교감(交感)은 '서로 접촉하여 감정을 나누는 것'을 말하는데, 남자와 여자의 교감은 서로의 접촉(남자와 여자의 접촉은 性으로써 이루어짐)을 통하여 남자의 열정과 여자의 사랑을 나누는 것을 말한다. 결국 교감의 방법은 남자의 열정과 여자의 사랑을 나누는 방법을 말한다.

　남자와 열정과 여자의 사랑은 감정인데, 남자의 열정은 재미와 즐거움에 몰입하는 힘이고, 여자의 사랑은 상처를 치료하는 힘이다. 따라서 남자의 열정이 외부로 표현할 때는 말과 행동으로 표현하고, 말과 행동이 즐거움과 재미에 몰입할 수 있도록 하고, 동시에 여자의 사랑이 외부로 표현할 때는 말과 행동이 상처를 치료할 수 있도록 이해와 위로를 위한 대화를 한다. 이것의 매개체로 성(性)이 활용되는 것이다.

　따라서 남자의 열정과 즐거움의 표현 그리고 여자의 사랑과 대화의 표현 등 4가지가 결합하는 방법이 교감의 방법이다. 성(性)과 관련하여 남자는 여자에게 열정을 갖고 재미와 즐거움을 추구할 때 여자는 남자에게 사랑을 갖고 위로의 대화를 추구하면 교감을 이룰 수 있다.

　남자는 상대를 여자로 인식하면 심리작용을 하고 싶어지고, 무엇이든 해 주고 싶은 헌신의 욕구가 생기면서 열정이 발생한다. 이때 성(性)의 즐거움과 재미가 함께 결합되면 강력한 열정의 에너지를 만들 수 있다. 또한, 여자는 사랑하는 마음을 갖게 될 때 성심리가 작용하면서 성관계(Sex)를 원하게 되고, 대화를 통하여 위로와 격려가 공유되면 강력한 사랑의 에너지를 만들 수 있다.

또한 이 과정에서 남자는 여자에 대한 헌신이 스트레스로 작용하지만 이를 즐기는 힘을 갖게 되면서 열정과 성취욕이 강화되고, 여자는 사랑의 감정과 대화에 의하여 상처가 치료되면서 사랑의 에너지가 강화된다. 따라서 여자는 사랑의 감정으로 상처를 치료하기 때문에 대화를 하게 되고, 사랑을 확인하고 유지하고 싶어지면서 성관계(Sex)를 통하여 현재행복을 만들게 된다.

남자의 열정과 즐거움, 여자의 사랑과 대화는 교감의 4대 요소라고 할 수 있다. 이 중에 어느 하나라도 배제되면 교감은 할 수 없으며, 4가지가 동시에 작용해야 교감을 할 수 있다. 이것이 교감의 기법이다.

여자에게 사랑과 대화가 없는 성관계(Sex)는 교감을 차단하고, 남자에게 열정과 즐거움이 없는 성관계(Sex)는 교감을 차단한다. 이는 서로에게 부정감정을 유발하고, 소모에너지로만 작용하기 때문에 심리장애를 갖게 되는 원인이 된다.

따라서 남자와 여자의 인간관계에서 문제가 발생하면, 제일 우선으로 대화가 사라진다. 특히 자신의 속마음에 대한 말이 사라진다. 한 사람이 자신의 속마음에 대한 말이 사라지면 점점 상대의 말도 사라진다. 그렇게 되면 그냥 사는 것이 된다. 이런 상황이 지속되면 두 사람의 사이에 성(性)이 사라진다. 그러면 두 사람의 인간관계, 남녀관계는 끝난 것이다. 그냥 사는 것일 뿐이지, 서로에 대한 교감은 없어진 것이다.

따라서 남녀관계에서 문제가 발생하면 제일 우선으로 성(性)보다는 대화를 회복해야 한다. 특히 자신에 대한 이야기를 하고, 상대가 들을 수 있도록 하는 소통부터 시작해서 자신의 속마음을 이야기하고, 상대가 이를 경청하는 대화를 회복하는 것이 우선이다. 그러면 자연스럽게 성관계(Sex)도 회복된다. 이 순서로 적용되지 않으면 남녀관계는 회복할 수 없다.

〈교감의 리드와 주관〉

남자와 여자의 교감은 성관계(性, Sex)에 의하여 남자의 열정과 즐거움, 여자의 사랑과 대화가 결합하는 것이다. 이때 교감을 할 때 리드와 주관을 해야 하는데, 이 방법은 교감의 기법이 결합할 때 매우 중요한 역할을 한다. 물론, 어느 것부터 시작하든 상관은 없지만, 그래도 순리대로 진행되는 것이 교감이 오래도록 지속될 수 있다.

리드하는 것과 주관하는 것은 다르다. 리드는 상대를 이끄는 것이고, 실제 실천하고 행하는 것이 주관이다. 동기유발을 해 주는 것은 리드이고, 직접 하는 것은 주관이라 보면 된다. 일상의 모든 것은 리드와 주관이 있겠지만, 성관계(Sex)의 교감에서는 리드와 주관이 중요하다.

성관계의 교감에는 두 가지의 방법이 있다. 성심리를 교류하는 방법과 성행동의 기술이다. 하나는 유혹하고 홀리는 기술이고, 하나는 즐기는 쾌락의 기술이다. 이 두 가지의 방법이 서로 결합하도록 하는 것이 리드와 주관이며, 유혹하고 홀리는 기술은 성심리를 교류하는 방법이고, 성행동(Sex)을 즐기는 쾌락의 기술은 성행동의 기술이다.

지금까지는 성심리의 교류방법은 여자들이 원하는 것이었고, 섹스를 즐기는 쾌락의 기술은 남자들이 원하는 것이었다. 이 방법이 나쁘다는 것은 아니다. 그러나 교감에서는 정반대로 작용해야 한다. 즉 남자가 성심리의 교류방법을 알아야 하고, 여자는 섹스를 즐기는 쾌락의 기술을 알아야 한다. 그래야만 남자와 여자의 교감이 오래도록 지속될 수 있다.

우선은 서로의 감정을 배제한 상황에서 대화를 통하여 재미와 즐거움을 추구하면서 상상한다. 대화를 하되 감정에 치우치지 않고 의견교환을 하는 것이다. 특히 마음속의 성(性)에 대한 이야기는 더욱 편안한 마음을 만들게 된다. 그러면 여자는 대화를 통하여 상처를 치료하게 되고, 남자는 성심리의 작용으로 열정이 강화된다.

남자는 열정이 강화되면 많은 상상을 하게 되면서 다양한 성(性)의 아이디어가 생성되는데, 여자는 이 아이디어들 중에 하나를 선택하고 결정한다. 이때까지는 감정이 배제되어야 한다. 만일 감정이 개입되면, 성(性)의 대화에서 '변태', '싫다.' 등의 부정감정이 개입하게 된다. 이렇게 감정이 배제된 상황에서 성(性)의 대화를 서로 편안하게 하는 것이 의식의 교감을 이루는 과정이다.

대화의 과정에서 도출된 남자의 아이디어들, 그리고 여자는 언제일지는 모르지만 이 중에 하나를 선택하고 결정한 후 시도를 하는 것이 순서이다. 이때가 바로 리드를 하는 것이다. 그러면 남자는 선택의 여지없이 여자가 시도하는 것을 실행하면서 주관하도록 한다. 그러면 사랑과 열정이 교감하기 시작한다.

일상생활로 예를 들어보면, 식사를 할 때 무엇을 먹을까 고민하는데, 여자가 그냥 "나 한식 중 OO를 먹고 싶어"라고 말하는 것이 리드이다.

그러면 남자는 한식당으로 여자와 함께 가서 OO를 선택하고, 대화하면서 맛있게 식사하고 식사를 마친 후에는 계산까지 하는 과정은 모두 실행과정으로 남자가 주관하는 것이다.

따라서 리드는 포인트를 주고서 동기유발을 시키면 되는 것이고, 주관은 모든 것을 실행하도록 하는 것이다. 그러면 남자는 자신이 모든 것을 다 한 것과 같은 열정과 성취욕이 발생하고, 여자는 자신의 의견이 받아들여져서 고맙고 마음의 상처가 치료되면서 사랑과 행복이 만들어진다. 이렇게 남자의 열정과 여자의 사랑이 교류하게 되는데 이것이 리드와 주관에 의하여 교류할 수 있도록 하는 방법이다.

참고로 남자들이 배워야 하는 성심리의 교류방법은 상황, 분위기, 환경 등의 요소와 함께 대화를 하는 방법, 분위기를 정하는 방법, 남자와 여자의 심리가 작용하는 방법, 마음을 함께 하는 방법 등 주로 마음을 움직이는 방법을 말한다.

또한, 여자들이 배워야 하는 쾌락의 기술은 성심리를 표현하는 방법이다. 이는 성(性)에 대하여 표현하는 기술이고 감정을 표현하는 기술이다. 패션법, 노출법, 자위법, 체위법, 소리법, 삽입법 등 다양한 테크닉에 대한 방법이다. 이러한 '남자의 성심리의 교류방법'과 '여자의 쾌락의 기술(테크닉)'은 성테라피(Xes Therapy)에서 학습할 수 있다.

〈부부행복과 교감〉

여자가 남자에게 사랑을 받았다는 말은 여자가 남자에게 사랑을 받을 때, 남자의 열정과 여자의 사랑에 교감을 이루고 애정관계에서 여자의 행복을 느낀다는 것이다. 또한, 아내로서 행복을 갖게 되는 것은 아내로서 남편에게 사랑을 줌으로써 행복을 갖는 것이기 때문에 결국은 부부관계의 교감을 갖는 것이다. 즉 애정관계이든 부부관계이든 성(Sex)을 매개로 하여 열정과 사랑이 교감을 이루었다는 것이다.

그러나 부부간에는 애정관계보다는 부부관계를 더욱 중요하게 생각한다. 애정관계는 마치 부부가 아닌 것처럼 인식하기 때문이다. 그러나 엄격하게 구분하면 성(Sex)은 부부관계가 아니라 애정관계에서 열정과 사랑이 교감하는 것이다. 애정관계에서는 성(Sex)을 매개로 한 열정과 사랑이 교감하지만, 부부관계에서는 정신적 교감을 이룬다. 따라서 부부관계는 반드시 애정관계를 기초로 해야만 행복할 수 있다.

부부관계에서는 남편에게 사랑을 주면 남편이 기뻐하고 즐거워하면 행복을 느끼는 교감을 이루고, 부모자식관계에서는 자식에게 사랑을 주면 자식들이 기뻐하고 즐거워하면 행복을 느끼는 교감을 이룬다. 이것이 여자가 현재행복을 느끼는 것이다.

그러나 남자의 미래행복은 열정과 성취욕을 기초로 하여 추구하는 것으로서 여자의 행복과 관련되지 않는다. 그러나 무의식으로 사랑하는 소중한 사람들, 남자 자기 자신화가 된 사람들, 이것을 자기 동일화 현상이라고 하는데, 이것을 남자의 교감이라고 한다. 자기도 모르는 무의식에서 형성되는 현상이다.

여자가 현재행복을 갖게 되면, 남자는 자신도 모르게 심리적으로 교감을 이루면서 현재행복을 갖게 되기 때문에 심리가 안정되고 편해지면서 열정과 성취욕이 훨씬 강화된다. 그래서 남자는 열정과 성취욕이 강화되고 활성화되면 심리적으로는 편안함을 느끼게 된다. 상대 여자를 만나면 마음이 편안해지면 열정과 성취욕이 상대 여자에게로 향한다.

따라서 남자들이 항상 하는 말이 있다. "내가 돈을 왜 버는데? 처자식이 편안하고 행복하게 잘살려면 돈이 필요하니까 이렇게 죽어라 버는 것 아니냐?" 반면 여자는 남자에게 "자기가 하고 싶어서 하는 것이지"라고 일축한다. 이는 남자와 여자가 서로 심리를 알지 못하기 때문에 하는 말이다.

교감은 수없이 발생한다. 여자로서 남자에게 사랑을 받으면서 교감이 발생하고, 아내가 남편에게 사랑을 줌으로써 남편과 교감하며, 엄마가 자식에게 사랑을 줌으로써 교감한다. 그렇게 여자가 행복해지면 남자는 자기 자신화가 되는 무의식의 교감을 하게 되어 열정과 성취욕이 활성화된다. 그러면 이렇게 활성화된 열정과 성취욕을 다시 여자에게 교감하면서 사랑을 주고… 이렇게 순기능의 구조를 갖게 되는 것이 남녀관계인 부부관계의 행복을 위한 교감이다.

이것을 여자가 모르면 행복할 수 없다. 남자가 느끼는 교감은 무의식의 사랑으로 나타나기 때문에 현재는 보이지 않으면서 실제 하고 있는 것이기 때문이다. 그런데 여자가 이를 모르고 있기 때문에 남자가 여자에게 열정과 성취욕을 줄 수 없게 되는 것이다. 주고 싶어도 줄 수 없게 된다. 왜? 바로 아내들은 자신이 여자라는 것을 잊고 살기 때문이다.

따라서 이 순환구조가 끊어지게 되면서 부부의 행복을 위한 교감이 중단된 채 살게 되는 것이다. 교감을 할 수 없게 되면 남자에게는 열정이 사라지고, 여자에게는 사랑이 사라진다. 결국 남자는 상대가 여자로 인식될 때, 교감을 할 수 있는 열정이 생긴다. 그래서 남자의 습관은 여자가 만들어 주는 것임을 알아야 하고, 남자는 여자 하기에 달려 있다.

부록 2
남자와 여자의 행복

① 행복심리

남자와 여자는 행복을 추구하는 심리기준이 다르다. 남자는 미래행복을 추구하기 위하여 열정이 필요하고, 여자는 현재행복을 추구하기 위하여 사랑이 필요하다. 즉 남자는 열정을 갖도록 마음이 작용하고, 여자는 사랑을 갖도록 마음이 작용한다. 또한 마음에서는 행복을 추구하는 행복기준에 맞추어서 감정기준(감정을 발생하는 기준, 감정을 기억하는 기준)을 갖고 있고, 방어기준(감정에 대한 수용방어기제 또는 거부방어기제의 기준)을 갖고 있으며, 충동기준(남자의 열정과 여자의 사랑을 생성하도록 하는 마음에너지)을 갖고 있다.

여자는 남자의 열정을 '남자의 사랑'으로 인식하고, 남자는 여자의 사랑을 '여자의 열정'으로 인식한다. 이는 남자와 여자가 행복을 추구하는 데 필요한 마음에너지를 교류하기 위하여 상호의 마음에너지를 자신의 마음에너지로 전환하는 기능의 하나로서 작용하기 때문에 여자는 사랑을 갖기 위해서는 남자의 열정이 필요하고, 남자는 열정을 갖기 위해서는 여자의 사랑이 필요한 것이다. 그래서 여자의 사랑과 남자의 열정 중에 우선순위는 남자의 열정이라 할 수 있다.

여자는 자신이 여자인 것을 인식하고 4대 구성요소를 자연스럽게 조화를 이루면 남자의 열정이 저절로 발생한다. 즉 남자의 열정을 유발하기 위해서는 여자가 되면 된다. 또한 여자는 남자에게 사랑을 원하지 말고, 사랑받기 위해서 남자에게 맞춰 주지 말아야 하며, 오로지 남자의 열정을 받기만 하면 된다.

남자는 미래행복을 추구하고, 여자는 현재행복을 추구하는 행복기준을 갖고 있다. 이 마음의 행복기준은 의식과 습관에서 모두 작용한다. 따라서 감각정보에 감정을 결합할 때, 생각의 감정을 결정할 때, 감정을 기억할 때, 기억된 감정을 유출할 때, 감정을 표현할 때 등에서 작용한다. 또한, 일정한 패턴에 의하여 감정에 대한 인식, 생각, 기억, 표현 등에서도 작용한다.

남자는 열정을 통하여 즐거움의 긍정감정을 갖고, 미래행복을 추구하기 때문에 현재행복보다는 미래행복을 더욱 중요하게 인식한다. 이는 남자가 긍정기분을 기억하고, 부정기분을 기억하지 않는 것과 밀접한 연관성을 갖고 있다. 만일 남자가 부정기분을 기억하게 되면, 기억된 부정기분을 치료하려는 욕구를 갖게 되므로 부정기분은 미래행복을 추구하는 심리의 기준에 방해요소가 된다. 그래서 부정기분을 기억하지 못하도록 마음의 방어기준이 작용한다. 또한, 긍정기분을 기억하는 것은 미래행복을 추구하도록 하는 힘이 되기 때문에 지속적인 긍정기분을 필요로 한다. 이것이 남자의 열정이고 삶의 활력과 에너지로 작용한다.

만일 남자가 현재행복을 갖게 되면, 편안하고 여유롭게 되지만, 편안함을 유지하기 위해서는 열정이 없어지면서 미래행복이 차단된다. 그래서 남자는 현재행복을 갖게 된 후 일정 기간이 지나면서 우울한 감정을 갖거나, 삶의 가치를 잃어버리는 심리장애가 발생한다. 따라서 남자는 미래행복을 추구하면서 살아가도록 열정을 갖고, 즐거움의 긍정기분을 필요로 하면서 미래행복을 추구하는 심리의 기준인 마음을 갖고 있는 것이다. 이것이 남자의 마음이고, 모든 남자의 심리기준이다.

여자는 받는 사랑과 주는 사랑을 통하여 현재행복을 추구하기 때문에 미래행복보다는 현재행복을 중요하게 인식한다. 또한 현재행복을 갖게 될 때, 비로소 미래행복을 생각할 수 있게 된다. 이는 부정감정을 기억하고 긍정감정을 기억하지 않는 것과 밀접한 연관성을 갖는다. 만일 여자가 긍정감정을 기억하면, 미래행복을 추구하기 위하여 지속적인 긍정감정을 필요로 하는 열정을 갖게 되어 주는 사랑과 받는 사랑이 중요하지 않게 된다. 그래서 긍정감정은 현재행복을 추구하는 데 방해가 된다. 따라서 여자는 긍정감정을 기억하지 못하도록 마음의 방어기준이 작용한다.

또한, 여자가 부정감정을 기억하는 것은 부정감정에 대한 치료가 필요하기 때문이다. 사랑의 감정에 의하여 부정감정을 치료하며, 부정감정을 치료하면 부정감정이 무감정으로 전환(이때 긍정감정을 갖는 효과가 발생한다.)되면서 행복감정을 느끼고 현재행복을 갖게 된다. 그러나 여자가 미래행복을 추구하면 현재행복을 위한 사랑보다는 열정을 통하여 미래행복을 추구하게 되어 주고받는 사랑을 모두 잊게 되어 현재행복이 차단된다. 이럴 때 여자는 심리장애가 발생하고, 심리장애가 심각해지면 정신질환이 발생하기도 한다. 그래서 여자는 현재행복을 추구하기 위한 삶을 살아갈 수 있도록 사랑을 주고받으면서 현재행복을 느낀다. 이것이 여자의 마음이고, 모든 여자의 심리기준이다.

남자의 행복기준을 살펴보면, 남자의 마음은 미래행복을 추구하는 심리의 기준을 갖는데, 미래행복을 위한 기준은 남자의 열정과 성취욕이다.

남자의 열정은 기쁨과 즐거움을 지속적으로 유발함으로써 긍정감정을 생성하는 원천이 되고 삶의 에너지가 되기 때문에 항상 열정을 갖고 있어야 한다. 이 열정은 몰입과 같기 때문에 여러 가지 대상에서 열정을 갖는다. 남자의 열정은 특정한 대상에 대한 호기심과 재미, 즐거움을 통하여 이를 반복할 때, 특정한 대상을 좋아하게 되면서 몰입하고, 긍정감정을 지속하게 된다. 그래서 남자의 열정은 남자가 미래행복을 추구하도록 하는 원동력이다.

성취욕은 열정을 갖게 된 대상에 대한 목표를 이루고자 하는 욕구이며 사업, 일, 공부와 학력, 명예, 경쟁, 기타에서 성공과 목표를 설정하고 이를 이루기 위하여 몰입하게 되는데 이것은 열정과 함께 작용한다. 이는 미혼인 남성, 기혼인 남성, 이혼한 남성, 사별한 남성 모두에게 동일하게 적용되기 때문에 현재의 상황과는 관계없이 미래의 행복에 초점을 갖는다. 따라서 남자의 마음에서 행복을 추구하는 심리의 기준은 미래의 행복을 추구하기 위한 열정과 성취욕이라 할 수 있으며, 이에 맞으면 긍정기분이 발생하여 미래의 행복추구 기준에 적용되기 때문에 수용방어기제가 작용하고, 심리의 기준에 어긋나면 부정기분이 발생하기 때문에 거부방어기제가 작용한다.

남자는 현재의 행복을 느낄 수 없는 것이 정상의 심리인데, 만일 현재의 행복을 실제 느낀다면 '무념무상(無念無想)'의 상황이 되어 미래도 없고 부정기분도 없는 상태에서 어떠한 생각도 하지 않게 되어 미래의 행복을 차단한다. 현재의 행복을 느끼는 것이 지속되면 남자는 심리문제와 심리장애가 발생한다. 따라서 남자는 현재행복을 지속적으로 느끼지 못하도록 미래행복을 추구하는 심리의 기준을 갖고 있다. 오롯이 미래의 행복을 추구하도록 마음이 작용하기 때문에 열정을 지속하며, 성취욕을 추구하면서 미래의 계획과 목표를 만들고 끊임없이 노력하고 몰입한다.

여자의 행복기준을 살펴보면, 여자의 마음은 현재행복을 추구하는 심리의 기준을 갖는데, 현재의 행복을 위한 심리의 기준은 사랑의 감정이다. 따라서 여자는 사랑의 감정을 통하여 부정감정을 치료하여 긍정감정을 생성하는 원천과 삶의 에너지가 되기 때문에 지속적으로 사랑을 추구한다. 이 사랑은 여자로서 남자의 열정에서 갖게 되는 사랑의 감정으로 발생하는 여자의 행복, 아내로서 남편에게 주는 사랑의 감정으로 발생하는 아내의 행복, 엄마로서 자식에게 주는 사랑의 감정으로 발생하는 엄마의 행복으로 구성되어 있다. 그래서 여자는 미래행복보다는 현재의 사랑과 행복을 추구하기 때문에 현재의 상황에 많은 영향을 받는다.

미혼인 여자는 남자로부터 사랑받는 현재의 행복을 추구하는 기준을 갖는다. 기혼인 여자는 남자로부터 사랑받는 여자의 행복, 아내로서 남편에게 주는 사랑으로 발생하는 아내의 행복, 엄마로서 자식에게 주는 사랑으로 발생하는 엄마의 행복을 모두 충족하는 현재의 행복을 기준으로 한다. 이혼한 여자는 남자로부터 사랑받는 여자의 행복, 엄마로서 자식에게 주는 사랑으로 발생하는 엄마의 행복을 충족하는 현재의 행복을 기준으로 한다. 사별한 여자는 남자로부터 사랑받는 여자의 행복과 아내로서 남편에게 주는 사랑으로 발생하는 아내의 행복을 현실에 적용하지 못하고 정신적으로 적용하면서 엄마로서 자식에게 주는 사랑으로 발생하는 엄마의 행복을 충족하는 현재의 행복을 기준으로 한다. 그래서 여자의 마음은 현재의 행복을 추구하는 심리의 기준을 갖고 있으며, 현재의 행복을 위한 기준은 사랑의 감정이다.

여자는 현재의 상황이 어떠한 경우가 될지라도 남자로부터 받는 사랑을 기초로 하며, 사랑을 느끼고자 하는 마음으로 인하여 부정감정을 심리로 받아들여 치료함으로써 부정감정을 긍정감정으로 전환하여 사랑의 감정과 행복의 감정을 느낀다. 여자에게 부정감정이 발생하는 원천은 대부분 남자, 남편, 자식이다. 또한 부정감정을 치료할 때 부정감정을 치료해 준 남자 또는 대상에 대하여 긍정감정이 발생하면서 좋아하고 사랑하는 감정을 갖게 된다. 그래서 여자의 사랑은 여자가 현재의 행복을 추구하도록 하는 원동력이기 때문에 여자는 사랑하는 대상에 몰입한다.

여자의 마음에서 행복을 추구하는 심리의 기준은 현재의 행복을 추구하기 위한 사랑이며, 사랑이 충족되면 긍정감정이 발생하여 현재의 행복을 추구하는 심리의 기준에 맞는 것이고, 이에 어긋나면 부정감정이 치료되지 않아 현재의 행복을 추구하는 심리의 기준에 어긋나게 되면 심리적 어려움과 고통을 느낀다.

정상의 심리를 가진 여자는 미래의 행복을 추구할 수 없는데, 만일 미래의 행복을 추구하게 되면 현재의 사랑은 불필요하게 되고, 남자의 심리처럼 열정과 성취욕을 추구하면서 부정감정에 대한 거부방어기제가 작용하고, 기존에 기억된 부정감정에 대해서는 해리현상 또는 거부현상이 발생하면서 현재의 행복을 차단한다. 이 미래의 행복을 추구하는 현상이 지속되면 여자는 심리문제와 심리장애가 발생하면서 남자의 심리처럼 다양한 대상에 몰입하고 즐거움과 재미를 추구하는 목표를 갖게 되지만 만족을 모르게 된다. 따라서 여자는 미래의 행복을 추구하지 못하도록 현재의 행복을 추구하는 심리의 기준을 갖고 있어서 오롯이 현재의 행복을 추구하도록 마음이 작용하여 사랑에 몰입하게 된다.

〈행복은 마음에 달려 있다〉

행복은 '삶에서 기쁨과 만족감'을 갖는 것을 말하기 때문에 긍정감정의 작용이라 할 수 있다. 인간의 감정을 희로애락(喜怒哀樂)에 많이 표현하는데, 희(喜)는 기쁨, 노(怒)는 노여움, 애(哀)는 슬픔, 낙(樂)은 즐거움을 뜻하고, 긍정감정은 희(喜)의 기쁜 감정과 낙(樂)의 즐거운 감정이며, 부정감정은 노(怒)의 노여움과 애(哀)의 슬픈 감정이다. 긍정감정인 기쁨과 즐거움을 갖고 살아가는 것은 행복이고, 부정감정인 노여움과 슬픔을 갖고 살아가는 것은 불행이다.

인간은 긍정감정을 갖고 살아가는 것을 고유한 심리로 갖고 있으며, 부정감정을 제거 또는 치료하여 긍정감정으로 전환하는 고유의 심리를 갖고 있다. 이러한 고유의 심리가 마음이며, 모든 인간심리의 기준이고 인간이 태어나서 생애기간 동안 변하지 않고 작용한다.

마음은 의식과 습관에 관계없이 인간이 고유하게 갖고 있으며, 남자와 여자의 마음이 전혀 다르다는 사실을 알지 못하면 서로를 이해하고 배려할 수 없다. 마음은 일명 행복심리라고도 하며, 이는 마음이 행복을 추구하는 심리의 기준이기 때문이다. 인간심리는 마음의 행복을 기준으로 의식과 습관을 통제하고, 마음의 행복기준에 맞으면 긍정감정을 갖게 되고, 마음의 행복기준에 어긋나면 부정감정이 발생하여 이를 처리하기 위한 심리가 작용한다. 이렇게 마음은 행복의 심리로 인간이 행복을 추구하면서 살아갈 수 있도록 만든다.

남자는 미래의 행복을 추구하는 기준을 갖고, 긍정기분을 요구하는 열정과 성취욕을 추구한다. 반면 여자는 현재의 행복을 추구하는 기준을 갖고, 부정감정을 치료하는 사랑을 추구한다. 그래서 남자는 내부에서 긍정기분을 생산할 수 없기 때문에 즐거움의 긍정기분을 외부로부터 받아들이도록 열정의 과정을 갖는 것이고, 여자는 상처의 부정감정을 받아들여 치료하도록 사랑의 과정을 갖게 되어 내부에서 긍정감정을 생산하기 때문에 외부에서 긍정감정을 받아들이지 않는다.

남자의 마음은 긍정기분을 지속적으로 받아들이기 위하여 긍정기분에 대한 수용방어기제와 부정기분을 받아들이지 않는 거부방어기제를 갖고 있으며, 여자의 마음은 부정감정을 지속적으로 받아들이기 위하여 부정감정에 대한 수용방어기제와 긍정감정을 받아들이지 않는 거부방어기제를 갖고 있다. 이와 같이 마음의 방어기제는 마음의 행복의 기준 때문이다.

따라서 마음이 행복을 추구하는 기준을 갖기 위하여 수용방어기제와 거부방어기제의 통제체계를 갖고 있다. 이 방어기제에 의하여 행복을 추구할 수 있도록 의식과 습관을 통제한다.

기혼여성의 행복

먼저 기혼여성의 범위를 정해야 한다. 결혼한 후 남편과 자식이 함께 살고 있는 여성, 사실혼 관계 또는 동거를 하면서 남자와 자식이 함께 살고 있는 여성, 이혼을 했지만 이혼 후에도 남편과 자식이 함께 사는 여성 등은 모두 기혼여성의 행복을 추구한다.

기혼여성의 행복은 남편과 자식이 있는 여자를 말하며 애정관계에서 여자의 행복, 부부관계에서 아내의 행복, 자식관계에서 엄마의 행복 등 3가지의 행복이 동시에 충족되면 기혼여성은 현실의 행복을 갖게 된다.

현실의 행복을 논하기에 앞서서 여성의 습관에 작용하는 상처를 알아야만 행복의 습관을 볼 수 있다. 초혼여성의 경우에는 과거 남자관계의 상처가 습관으로 작용하고, 재혼여성의 경우에는 과거 결혼생활의 상처가 습관으로 작용한다.

애정관계에서 여자의 행복을 살펴보자. 아내라는 여자는 남편이라는 남자의 사랑을 받음으로써 행복감정을 갖게 되는 관계로서 남편이라는 남자는 아내를 여자로 인식하면서 열정이 생성되어 심리작용욕구, 헌신욕구를 충족하면서 여자의 반응에 행복감을 가지면서 미래의 희망과 기대감으로 열정적인 사랑을 여자에게 주게 되며, 여자는 남자에게 열정,

헌신, 이해와 배려 등의 노력을 요구하게 되고, 여자가 남자를 사랑하는 대가를 요구하는 등의 상호 사랑의 거래관계가 형성된다.

부부관계에서 아내의 행복을 살펴보자. 아내는 남편에게 희생과 헌신의 내조를 하고 남편의 반응에 의하여 행복 또는 상처를 갖는다. 또한 남편은 내조를 하는 아내를 보호는 책임의식이 습관으로 만들어지면서 남편에게 아내의 내조에 대한 행복감을 주게 된다. 이때 아내는 남편에게 사랑을 요구하거나 대가를 바라지 않고 무조건적인 사랑을 주고 이 사랑에 대하여 남편으로서의 역할을 충실하게 되면 행복감을 갖게 된다.

부모자식관계에서 엄마의 행복을 살펴보자. 엄마는 자식에게 희생과 헌신의 모성애를 갖게 되면서 자식에게 희생과 헌신을 하고 자식의 반응에 의하여 행복 또는 상처를 갖는다. 이때 엄마는 자식에게 사랑을 요구하거나 대가를 바라지 않고 무조건적인 내리사랑을 주면서 자식의 양육에 집중하면서 행복감을 갖게 된다.

여자의 행복과 상처는 남편과 자식으로 인하여 발생하여 습관 또는 의식에 영향을 받는다. 따라서 기혼여성의 행복에서는 무엇보다 남편과 남편이라는 남자를 분리하여 생각하고 습관을 만드는 것이 중요하며, 자신은 여자와 아내와 엄마를 분리하여 생각하고 습관을 만드는 것이 중요하다.

기혼여성의 3가지 행복에 대한 우선순위를 살펴보면 대부분의 기혼여성이 1순위로 자식관계에서 엄마의 행복, 2순위로 부부관계에서 아내의 행복, 3순위로 애정관계에서 여자의 행복 등으로 볼 수 있는데 이로 인하여 기혼여성은 여자라는 생각을 거의 하지 못하게 되는 현상이 발생한다. 대부분의 기혼여성이 해당한다.

이 과정에서 남자의 사랑을 받지 못한 채 남편과 자식에게 사랑을 주면서 남자, 남편, 자식 등에 의하여 상처를 입는 경우가 대부분이다. 그래서 기혼여성의 상처는 남편이라는 남자, 남편, 자식에 의하여 형성된다.

따라서 행복한 여자로 살기 위해서는 우선순위의 변화가 반드시 필요한데 1순위로 애정관계에서 여자의 행복, 2순위로 부부관계에서 아내의 행복, 3순위로 자식관계에서 엄마의 행복 등이 가장 이상적이다. 부부관계를 지탱하는 가장 큰 원동력은 남자와 여자의 애정관계이다. 이 애정관계는 남자가 여자에게 열정을 갖고, 여자는 남자의 열정은 사랑으로 인식하면서 사랑받고 있다는 행복을 갖는다. 따라서 남편이라는 남자의 열정과 아내라는 여자의 사랑이 결합할 때 행복을 만들 수 있다. 이 여자의 행복을 기초로 하여 남편에게 사랑을 주면서 행복을 느끼는 아내의 행복, 자식에게 사랑을 주면서 행복을 느끼는 엄마의 행복을 자연스럽게 만든다.

미혼여성의 행복

먼저 미혼여성의 범위를 정해야 한다. 부모님과 함께 살면서 부모님으로부터 양육되는 과정에 있는 미혼여성의 경우에는 해당하지 않는다. 부모님으로부터 독립하여 혼자 사는 여성, 이혼을 하고 혼자 사는 여성, 사별을 하고 혼자 사는 여성, 기혼여성이지만 별거 또는 상황에 의하여 혼자 사는 여성 등이 미혼여성의 행복을 추구한다.

미혼여성의 행복은 여자의 행복만 충족되면 행복감을 갖게 되고, 이는 사랑을 바탕으로 하는 현실의 행복이다. 미혼여성의 행복을 분석할 때는 미혼여성 또는 혼자 살고 있는 이혼여성, 혼자 살고 있는 사별여성 등이 동일하게 여자의 행복만 충족되면 행복감을 갖는 것을 알 수 있다.

미혼여성의 행복을 분석하기 전에 상처의 감정을 알아야 하는데 미혼여성은 과거 남자관계(애정관계)에서의 상처가 습관으로 작용하기 때문에 과거 애정관계에 대한 습관을 분석해야만 한다.

여자의 행복은 남자에게서 사랑을 받는 것이 중요한데 남자의 사랑은 우선 남자가 여자로 인식하여 열정이 생기는 것이 필요하다. 이때 여자로 인식이 되기 위해서는 신체, 심리, 외형, 말과 행동 등의 4가지 요소가 조화를 이루는 매력을 갖게 되면 남자는 저절로 여자로 인식하면서 열정이 만들어진다. 의도적인 열정은 오래 지속되지 못한다. 남자는 열정이 만들어지면 여자에게 심리작용의 욕구와 헌신의 욕구가 생성되어 성취욕과 성욕으로 발전한다. 또한 여자는 남자의 열정과 헌신을 통하여 사랑의 감정을 갖게 되고 행복을 느낀다. 이것이 여자의 행복이다.

여자의 행복은 애정관계가 중요한데, 애정관계는 남자의 열정과 헌신에 의하여 성적충족과 미래행복을 추구하는 심리작용과 여자의 사랑과 행복에 의하여 성적확인과 현재행복의 심리작용이 결합된 관계이다. 이때, 여자가 치료되지 않은 심리상처를 갖고 있으면 여자는 위로와 치료의 욕구를 갖게 되고, 위로와 치료가 되면 치료해 준 대상을 좋아하고 사랑하는 감정을 갖게 된다. 결국 여자의 상처 또는 행복은 남자와의 심리작용의 결과로 발생하는 것이며, 이 과정이 지속적으로 반복되면서 습관으로 형성된다. 따라서 여자는 자신의 상처를 살펴서 사랑으로 치료해야 한다. 만일 위로에 의하여 치료된 것으로 착각하는 경우, 또는 왜곡된 남자의 열정에 의한 경우 등에서는 사랑의 착각, 행복의 착각 등이 발생하면서 여자는 행복의 감정을 착각하면서 매우 불행하게 된다. 따라서 여자는 과거 남자관계(애정관계)에서 발생한 상처(치료되지 않은 상처)로 형성된 습관을 정확히 분석하여 상처에 의한 습관을 치료하고 마음을 행복하게 할 필요성이 있다.

이혼여성의 행복

먼저 이혼여성의 범위를 설정해야 한다. 이혼여성은 이혼 후 남편 없이 자식과 함께 사는 여성, 결혼을 한 기혼여성이지만 별거 또는 상황에 의하여 남편 없이 자식과 함께 사는 여성, 미혼여성 중에 미혼모 또는 자식과 함께 사는 여성 등이 이혼여성의 행복에 해당한다.

이혼여성의 행복은 자식과 함께 살고 있는 이혼여성, 자식과 함께 살지 않는 이혼여성으로 구분할 수 있는데 자식과 함께 살지 않는 이혼여성은 미혼여성의 행복과 동일하게 작용한다. 따라서 이혼여성의 행복을 말할 때는 자식과 함께 살고 있는 이혼여성을 의미한다. 특히 이혼여성의 경우에는 딸(여자) 또는 아들(남자)의 양육방식에 문제가 발생할 가능성이 매우 높기 때문에 마음교육이 반드시 필요하다. 여자의 심리와 남자의 심리를 모른 채 자녀를 양육하는 것은 엄마(여자)의 심리만으로는 어려움이 많기 때문이다. 특히 아들(남자)의 심리는 엄마(여자)의 심리와 다르기 때문에 아들(남자)의 양육과정에서 어려움이 발생할 가능성이 높고, 아들(남자)의 경우에도 엄마(여자)의 심리만 영향을 받기 때문에 남자의 마음을 학습할 수 없는 경우가 발생할 가능성이 높다.

이혼여성의 행복은 여자의 행복과 엄마의 행복이 함께 충족될 때 행복을 갖게 된다. 이는 남자로부터 사랑을 받는 행복과 엄마로서 자식에게 사랑을 주는 행복이 공존해야 하는 것이다. 문제는 우선순위로 인하여 이혼여성이 불행하게 사는 경우가 많다. 특히 여자의 행복 또는 엄마의 행복 중 어느 일방으로 치우쳐진 행복만을 추구하게 되면서 심각한 심리장애를 갖게 된다. 즉 여자의 행복만을 추구하게 되면 엄마의 행복을 포기하게 되면서 모성애가 사라지게 되고 남자의 사랑을 받는 것이 행복이라고 인식하고 노력하게 된다. 반면 엄마의 행복만을 추구하게 되면 여자의 행복을 포기하게 되면서 자식들에 대한 집착이 형성되어 자식들에게 큰 심리적 부담과 함께 심리장애가 유발된다.

대부분의 이혼여성은 1순위로 엄마로서 자식에게 사랑을 주는 행복, 2순위로 여자로서 남자에게 사랑을 받는 행복으로 살고 있는데 이렇게 되면 여자의 행복보다는 엄마의 행복을 추구하면서 자식은 부담감(강박)이 형성되고 자식에 대한 왜곡된 애착관계를 갖게 되어 자식을 위한 삶을 살면서 희생하는 삶을 행복이라고 생각한다. 이는 매우 불행한 삶이 된다.

따라서 이혼여성의 행복은 1순위로 여자로서 남자에게 사랑을 받는 행복, 2순위로 엄마로서 자식에게 주는 행복의 순서로 습관을 갖도록 해야 한다. 그래야 남자에게서 사랑을 받는 행복을 갖고 이 행복으로 자식에게 헌신적인 사랑을 하여 엄마로서의 행복도 동시에 가질 수 있게 된다.

남자에게 사랑을 받는 것은 과거의 상처를 위로받는 것이 아니라 남자의 열정과 헌신, 이해와 배려가 결합된 진정한 사랑을 받는 것이 중요하다. 그래야만 현실의 행복을 갖게 되면서 엄마로서도 안정적인 모성애의 작용과 함께 자식을 행복하게 양육할 수 있게 되어 자식도 심리안정을 갖게 된다. 또한, 남자에게 사랑을 받게 되면 남자를 남편과 동일시하려는 욕구가 발생하게 되어 재혼을 생각하게 된다.

이혼여성은 행복과 상처가 대부분 자식에 의하여 만들어지기 때문에 남자에게 사랑을 받은 행복으로 상처를 치료하는 지혜가 필요하다. 그래야 자식에게 자신의 상처를 대물림하지 않게 된다.

이혼여성은 여자와 엄마를 분리하여 생각해야 하며, 여자로서 남자를 만날 때는 자식의 엄마로서의 말과 행동을 하지 않아야만 남자는 열정이 생성, 유지, 발전될 수 있다. 남자는 상대가 여자로 인식될 때 열정이 발생하기 때문이다. 또한, 사랑하는 남자를 남편으로 동일시하는 마음이 작용하게 되어 의식으로 전환되면 상처로 작용하여 오히려 불행을 갖게 된다는 것을 잊어서는 안 된다.

05 사별여성의 행복

　사별여성의 행복을 분석하는 것이 제일 난해하고 힘들다. 왜냐하면 사별여성은 사별한 남편(남자)에 대해 정신적으로 교감하기 때문이다. 이 정신교감은 사별을 할 당시의 감정기억으로서 수년 이상 오랫동안 유지하기 때문에 애정관계에서 남편이라는 남자에게 사랑을 받는 여자의 행복, 부부관계에서 아내로서 남편에게 사랑을 주는 아내의 행복이 모두 현실행복이 아니라 정신교감에 의한 행복의 감정이기 때문이다. 따라서 사별여성의 행복은 엄마로서의 행복만 현실에 존재하고 여자의 행복과 아내의 행복은 정신교감으로 대체가 되어 습관으로 존재하게 된다.

　결국 여자는 사랑을 기초로 하는 현실행복을 갖는 마음이 작용하는데 사별여성의 경우에는 사랑을 기초로 하고는 있지만, 엄마의 행복만 현실의 행복으로 추구하고, 여자의 행복과 아내의 행복은 정신교감으로서 과거의 행복에 머물러 있게 되면서 습관 또는 의식의 문제가 발생한다. 그래서 사별여성은 우울증과 같은 감정장애(이상심리)가 많이 발생한다.

　사별여성의 경우에도 이혼여성과 마찬가지로 자식이 있는 경우에는 딸(여자) 또는 아들(남자)의 양육방식에 문제가 발생할 가능성이 매우 높기 때문에 반드시 마음교육이 필요하다. 여자의 심리와 남자의 심리를 모른 채 자녀를 양육하는 것은 여자의 심리만으로는 어려움이 많기 때문이다. 아들(남자)의 심리는 엄마(여자)의 심리와 다르기 때문에 아들(남자)의 양육과정에서 어려움이 발생할 가능성이 높고, 아들(남자)의 경우에도 엄마(여자)의 심리만 영향을 받기 때문에 남자의 마음을 학습할 수 없는 경우가 발생할 가능성이 높다.

특히 사별여성은 남자와 남편이 정신교감을 이룰 뿐 현실에는 존재하지 않기 때문에 엄마로서의 행복에 집착을 하는 경우가 많은데 이렇게 자식에게 집착하게 되는 경우 자식은 부담감(강박)이 형성되고 자식에 대한 왜곡된 애착관계를 갖게 되어 자식을 위한 삶을 살면서 희생하는 삶을 행복이라고 생각한다. 이 또한 매우 불행한 삶이 된다.

따라서 사별여성은 우선순위가 존재하지 않고 엄마의 행복만 존재한다. 만일 자식이 있는 사별여성의 경우에는 이혼여성의 행복으로 전환해야 하고, 자식이 없는 사별여성의 경우에는 미혼여성의 행복으로 전환해야 한다. 이를 위하여 사별여성은 여자의 행복, 아내의 행복에 대하여 버릴 것인지 아니면 만들 것인지를 선택하고 결정해야만 한다. 다만 사별 당시의 감정기억으로 정신교감을 하는 기간에는 선택과 결정을 할 수 없다.

사별여성의 이상적인 행복은 사별 당시의 감정기억을 모두 수용하고 사별의 상처를 치료하면서 열정을 갖고 헌신의 노력을 하는 남자를 만나는 것이 필요하게 되고, 이 남자에게서 사별 당시 남편에 대한 감정을 동일시하면서 남자의 사랑을 받는 여자의 행복, 사별 당시 남편에 대한 감정을 동일시하면서 아내로서 남편에게 사랑을 주는 아내의 행복을 갖도록 하는 것이다. 이렇게 사별여성이 행복을 갖게 되면 사별의 상처는 행복의 추억으로 전환되고, 자식은 심리안정을 갖게 된다.

◆06◆ 남자의 행복추구

　남자의 행복추구는 기혼남성, 미혼남성, 이혼남성, 사별남성 모두가 동일하게 작용하는데 이는 현재행복보다는 미래행복을 추구하는 마음 때문이다. 따라서 아내, 자식, 사랑하는 여자 등은 오랜 습관을 통하여 자기 자신과 동일시하여 편안하고 안정적인 상태를 유지하는데 이는 습관과 마음이 결합한 남자의 사랑이고 무의식으로 작용하는 심리안정이다.

　아내, 자식, 사랑하는 여자 등에 대해서는 인식하지 못하고 자각하지 못하며 보이지 않는 습관과 마음에 의하여 작용하기 때문에 무한책임(무조건적이고 제한과 기한이 없는 보호심리와 책임감)을 갖게 되며 무한책임은 위기에만 나타난다. 이 무한책임을 무의식의 사랑이라고 한다. 여자의 모성애와 같은 것으로서 여자의 모성애는 현실의 행복으로 나타나지만, 남자의 무한책임은 위기 때에만 나타난다. 또한, 이 무한책임은 오로지 한 번만 형성되기 때문에 이혼, 별거, 사별 등에 의하여 아내, 자식 등과 헤어지게 되더라도 무의식의 사랑인 무한책임은 죽는 날까지 지속된다. 그래서 남자는 결혼을 무덤이라고 할 만큼 무한책임은 매우 중요한 무의식의 사랑이다.

　남자는 열정을 기초로 하는 성욕(Libido)과 성취욕을 갖게 되면서 미래행복을 추구하는 마음을 갖고 있는데, 이때 성욕은 섹스를 의미하는 것이 아니라 삶의 에너지이며 마음의 충동기준(성충동)에 기초하고 있다. 또한 열정과 성욕과 성취욕은 별개로 구분되는 것이 아니라 동시에 작용한다.

남자는 미래행복을 추구하기 위하여 열정과 성취욕을 갖고 성공, 사회지위, 명예, 학위와 지식, 경제력, 경쟁우위… 등을 추구하기 때문에 상처의 감정을 기억하지 않고 즐거움을 추구하는 마음을 갖고 있다. 따라서 남자는 현재의 행복보다는 지속적인 미래행복을 추구하는 것에 중요한 가치를 갖는다.

남자의 열정, 성욕, 성취욕은 모두 같은 마음으로 동시에 발생하고, 동시에 작용한다. 따라서 남자에게 우울증이 발생한다는 것은 열정, 성욕, 성취욕이 모두 없어지면서 미래행복이 차단될 때 나타나게 되며 심각한 심리장애가 발생하면서 자살률이 80% 이상일 만큼 매우 위험한 감정장애로 작용한다. 이는 여자의 우울증과는 전혀 다르게 작용하는 것을 알아야 한다.

따라서 남자는 상대를 여자로 인식하게 되면 마음이 작용하여 열정이 생성되고, 이와 동시에 성욕(재미와 즐거움, 삶의 에너지, Libido)이 발생하면서 성취욕이 강화된다. 그래서 여자에 대한 심리작용(말과 행동)의 욕구와 헌신의 욕구가 발생하여 이해와 배려를 하는 노력을 지속적으로 할 수 있게 되면서 여자와의 섹스를 원하게 된다. 이것이 여자에게는 남자의 관심과 사랑으로 인식되어 남자와의 섹스를 통하여 사랑을 확인하고 행복을 갖게 된다. 이 순환구조가 바로 사랑과 행복이다.

여자가 사랑의 과정을 중요하게 인식을 하는 것과 같이 남자는 열정의 과정을 중요하게 인식하기 때문에 열정을 갖고 심리작용과 헌신의 욕구

충족이 되는 과정이 중요하다. 즉 남자는 섹스를 목적으로 하는 것이 아니라 실제로는 열정의 과정(열정생성, 심리작용, 헌신, 이해와 배려)을 목적으로 하고 있고 이 결과로 섹스의 희망과 기대감을 갖는 미래행복을 추구하는 것이다. 따라서 여자는 사랑을 추구하고 남자는 섹스를 추구하는 것처럼 인식되는 것이다.

남자의 사랑

　남자의 행복은 열정을 기초로 하여 열정의 과정에서 발생하는 미래의 행복을 추구하면서 형성되기 때문에 현재의 행복이 중요한 것이 아니라 미래의 행복이 중요하다. 따라서 남자는 현재의 행복을 알지 못하고 오로지 미래의 행복만을 좇기 때문에 마치 행복이라는 신기루를 향하여 살아가는 것이 삶의 의미이고 행복이고 힘이 된다는 것을 알아야 한다.

　또한 남자의 사랑은 오랫동안 습관으로 형성되는데 자신과 동일시하는 현상에서 발생하는 무한책임을 갖게 되어 이를 안정화시키고 편안하게 만드는 마음이 작용할 때 비로소 사랑을 하게 되는데 이 사랑은 무한책임의 위기(불안)에서만 마음이 작용하기 때문에 습관으로 표현되는 것은 남자의 위기에서만 볼 수 있게 된다.

　그래서 남자의 사랑은 무의식의 사랑이라고 하고, 무의식의 습관에 존재하는 것이라 할 수 있다. 현실에 표현되는 사랑은 성욕과 열정이 발생하여 심리작용의 욕구에 의한 이해와 배려의 말과 행동일 뿐, 실제 남자의 사랑은 아닌 것임을 알아야 한다.

　그렇다면 남자의 사랑은 어떻게 형성되는지 살펴보아야 한다. 남자는 먼저 상대를 여자로 인식하게 되면, 마음에 의하여 열정이 발생하게 되는

데, 이 열정은 심리작용의 욕구에 의하여 이해와 배려의 말과 행동을 하게 되고, 헌신의 욕구에 의하여 희생과 헌신의 노력을 하게 된다.

이 과정이 반복되면서 습관이 만들어지게 되는데 이 과정에서 상대 여자의 헌신적인 사랑을 받게 된다. 이것이 오랜 시간 지속되면 남자는 여자를 보호하고 관계를 유지하여 미래행복을 추구하는 핵심으로 작용하면서 상대를 자신과 동일하게 만들어서(자신과 동일시하는 현상) 무한책임(조건, 제한, 한계, 기간을 갖지 않는 책임의식)이 발생하게 된다. 이때 열정, 성욕, 성취욕이 매우 강화되어 미래행복을 추구하는 가장 큰 힘이 발생하게 되면서 습관과 마음이 결합하여 이를 습관과 의식으로 모두 적용하도록 만들게 된다.

이것이 바로 남자의 사랑이 만들어지는 과정이다. 따라서 남자의 사랑은 자신과 동일시하는 현상과 무한책임이 동시에 작용하기 때문에 평상시에는 사랑이 전혀 표현되지 않고 오롯이 편안하고 안정적으로 유지될 수 있도록 해야 자기 자신이 안정되고 편안해지면서 외부 대상에 열정을 갖고 성취욕을 강화시켜 갈 수 있게 된다.

그러나 자신에게 무한책임의 위기(어려움)가 형성되거나 무의식의 사랑에 문제가 발생하게 되면 매우 큰 고통을 겪게 되면서 사랑의 습관과 마음이 작용하게 되면서 이를 지키려는 노력을 하게 된다. 이때는 미래행복의 가치보다 사랑을 지키려는 힘이 더욱 강화된다.

남자가 자신의 미래행복을 위하여 무한책임인 사랑을 단절하는 행동(스트레스를 받는다고 자신이 주도적으로 이혼하는 경우, 사랑하는 여자를 쉽게 버리는 경우)을 하면 사랑이 없는 상태로서 양아치와 같다. 또한, 남자 자신의 미래행복을 추구하기 위하여 무한책임인 무의식의 사랑을 이용하는 행동(사랑하는 사람을 이용하여 자신의 미래행복을 추구하는 것으로서 고의 사고에 의한 경제적 이익추구, 스와핑으로 아내를 이용하여 다른 여성들과 섹스를 즐기려는 행동, 자신의 사업과 목적을 위하여 아내 또는 자식을 이용하는 행동…)을 하면 이는 무의식의 사랑이 없는 양아치보다 훨씬 못한 쓰레기만 못한 인간이라 할 수 있다. 따라서 남자의 사랑은 위기 때만 나타나며, 위기를 겪을 때 그 남자의 진정한 무의식의 사랑이 나타난다. 비록 남자 자신의 잘못으로 인하여 위기를 겪게 되더라도 무의식의 사랑이 나타나면서 수단과 방법을 가리지 않고 아무리 자신에게 스트레스가 작용되더라도 사랑하는 사람을 지키고 안정을 갖기 위한 노력을 한다. 이는 남자 자신의 열정과 성취욕을 모두 차단하더라도 우선으로 처리한다. 즉 자신의 열정과 성취욕에 의한 미래행복의 가치보다 무의식의 사랑을 훨씬 중요하게 인식하는 것이다. 이러한 행동이 무의식적으로 나타난다.

◇08 여자의 행복구조

 여자의 사랑과 행복에 대한 순환구조를 분석하여 여자의 사랑과 행복의 실체에 대하여 알아보자. 먼저 여자는 자신이 여자로서 4개의 요소(신체, 심리, 외형, 말과 행동)를 조화롭게 하여 여자로서의 매력을 갖게 되면, 남자는 저절로 열정을 갖게 되고, 심리작용의 욕구에 의한 이해와 배려하는 말과 행동을 하게 되며, 헌신욕구에 의한 희생과 헌신의 노력을 하게 된다. 이 과정에서 여자는 긍정감정을 갖게 되어 여자로서의 행복이 발생하면서 남자를 특별하고 자신만을 위한 남자로 인식한다.

 이렇게 남자의 사랑에 의한 여자의 행복을 갖게 되면 사랑의 과정에 대한 확인과 지속을 원하게 되면서 남자와의 사랑을 확인하고 싶어 하고 이때 성심리가 작용하면서 성관계(Sex)를 통한 몸과 마음의 사랑을 확인하게 된다. 이 성관계(Sex)는 남자의 성욕과 열정을 확대 또는 유지의 역할을 하게 되고 남자는 미래행복에 대한 희망과 기대감을 더욱 크게 갖는다.

 남자의 사랑(열정, 희생과 헌신, 이해와 배려)과 확인(성관계의 만족과 성에너지)을 통하여 여자의 행복을 갖게 되면 여자는 현실의 행복을 지속하기 때문에 남자에 대한 희생과 헌신을 하면서 사랑을 주고 싶은 모성애가 작용한다. 이를 통하여 여자는 자신의 행복, 편안함, 깊은 사랑의 감정을 갖게 되면서 여자의 행복, 아내의 행복, 엄마의 행복을 갖게 되는 것이다.

　이 사랑의 순환구조는 결국 남자에게서 사랑을 받는 여자의 행복을 가진 후, 아내로서 남편에게 사랑을 주는 아내의 행복을 갖게 되고, 엄마로서 자식에게 사랑을 주는 엄마의 행복을 모두 충족하게 되는 순기능의 에너지로 작용하게 되는 것이다. 이것이 여자의 사랑과 행복이다. 따라서 여자는 '사랑 → 성관계 → 행복'이 모두 동일하게 작용하여 '애정관계 → 부부관계 → 자식관계'가 모두 하나로 통합이 되면서 행복을 갖는다.

　여자에게서 사랑이 없는 성관계(Sex)는 치명적인 심리장애가 발생하게 되는데 이로 인하여 매우 불행한 삶을 살게 된다. 최근 사랑이 없는 성관계(Sex)를 추구하면서 인생을 즐기면서 사는 여자를 쉽게 찾아볼 수 있는데 이는 행복이 아니라 위로에 의한 사랑의 착각과 행복의 착각으로 발생하는 왜곡된 심리장애로 발생하는 현상일 뿐임을 알아야 한다.

위로와 행복의 착각

여자의 상처가 얼마나 중요한 것인지 살펴볼 수 있어야 한다. 여자의 상처는 치료방법에 따라서 행복과 불행의 삶이 결정된다고 해도 과언이 아닐 정도로 여자의 상처에 대한 치료는 여자의 행복한 삶과 직결된다.

여자의 상처를 치료하는 방법은 두 가지가 있다. 첫째는 남자의 사랑이다. 이 남자의 사랑은 여자의 인식에 의한 열정, 심리작용의 욕구에 의한 이해와 배려의 말과 행동, 헌신의 욕구에 의한 희생과 헌신의 노력 등이 지속적으로 반복할 때 여자가 인식하는 사랑의 감정이고 행복이다. 이는 여자의 상처를 치료하여 긍정감정으로 전환을 하면서 상처를 기억하되 아프지 않고 오히려 긍정감정의 행복으로 기억되게 만들면서 여자를 행복하게 살 수 있도록 하는 순기능의 사랑이고, 행복이고, 에너지의 원천이 된다.

두 번째는 남자의 위로이다. 이 남자의 위로에 의한 상처치료의 착각현상은 여자를 불행하게 만드는 역기능의 사랑이고, 불행이며, 남자의 성적 쾌락의 대상화가 되는 원인이다. 우리는 이 과정을 상세히 분석하여 여자의 상처에 대하여 남자의 위로가 얼마나 위험한 것인지 알고 이를 대처할 수 있는 능력을 갖도록 해야 한다.

여자는 상처를 갖게 되면 위로와 치료의 마음이 작용하는데 이 마음이 습관을 통하여 말과 행동으로 표현된다. 그래서 대부분의 여자는 상처를 갖게 되면 위로와 치료를 해 달라는 욕구를 표현할 때 화, 짜증, 부정적인 감정표현 등이 나타나게 된다. 즉 여자가 짜증을 내고, 화내고, 감정 대립을 하게 되면 심리적으로 상처를 갖고 있으니 이를 위로하고 치료를 해 달라는 것으로 인식해야만 한다.

남자가 여자의 상처를 인식하고 위로하면 상처가 치료되는데, 여자는 자신의 상처를 치료해 준 남자를 좋아하고 사랑하는 긍정감정이 생기면서 행복을 느끼게 된다. 문제는 남자가 목적을 갖는 왜곡된 열정에 의하여 위로를 받게 되면, 상처가 치료된 듯 보이는 일시적 상처치료의 효과가 나타나게 되고, 일시적 상처치료의 효과에 의하여 여자는 자신의 상처가 치료되었다고 착각하게 되며, 이를 치료해 준 남자를 좋아하고 사랑하면서 행복을 느끼는 착각현상이 연쇄적으로 발생한다.

일시적 상처치료의 효과는 다시 상처에 대한 위로를 반복적으로 요구하여 남자의 위로를 지속적으로 원하는 습관이 만들어지게 된다. 이것이 여자에게는 매우 위험하고 불행한 삶을 살게 만드는 습관이다.

또한 상처를 준 실제 대상에 대해서는 무관심해지게 되고, 행복이라고 착각하게 되어 위로해 준 남자를 사랑하게 되면서 성관계(Sex)로 이를 확인하려 하고 사랑을 유지하기 위하여 치료를 해 준 남자에게 희생과 헌신을 하는 왜곡된 순환구조가 형성된다.

결국 '위로(사랑이라는 착각) → 성관계(Sex) → 행복의 착각' 등의 세 가지가 동시에 발생하게 되는데, 위로와 행복의 착각을 제외한 현실행복을 살펴보면 실제로는 성관계(Sex) 외에는 하나도 없다. 즉 성의 쾌락이 삶의 행복이라는 습관과 의식을 갖게 되는 불행한 여자의 삶이 된다.

맺는 말

저자는 한국심리교육원(www.kip.ac)의 대표이고, 다양한 심리장애를 연구하고 치료법을 개발하고 있다. 저자가 심리장애를 치료하기 위한 상담과 교육을 근거로 비대면 온라인 치료법인 심리테라피[1], 외도테라피[2], 제스테라피[3], PTSD 테라피[4] 등을 개발하였다. 저자는 심리학, 상담학, 정신의학 비전공자이지만, 오랜 기간 동안 심리장애를 치료하기 위한 심리상담과 치료교육을 통하여 마음이론(mimind), 성마음이론(xesmind)을 개발하고 검증했다.

또한, 마음의 문제로 인하여 일상생활에 어려움과 고통을 겪는 분들이 다시 행복한 마음으로 살아갈 수 있도록 도움을 드리고 있다. 특히 저자는 중증우울증, 외상트라우마, 성격장애, 망상장애, 중독증과 같이 심각한 중증심리장애를 전문으로 치료하고 있다.

---

1 심리테라피: 인식장애, 감정장애, 표현장애 등 3개의 심리장애 중 1개의 심리장애가 발생하였을 때의 치료법으로서 비대면 온라인 치료기법이다.
2 외도테라피: 배우자의 외도로 발생하는 외상트라우마의 치료법이면서 외도를 한 배우자의 관계중독을 치료하는 비대면 온라인 치료기법이다.
3 제스테라피: 남성의 성기능장애를 치료하는 비대면 온라인 치료기법이다.
4 PTSD 테라피: 외상후스트레스장애(PTSD) 및 3개의 심리장애가 모두 발생을 했을 때 이를 치료하는 비대면 온라인 치료기법이다.

가벼운 심리문제나 심리장애는 다른 상담실에서도 해결할 수 있겠지만, 중증심리장애는 인간의 마음을 정확히 알지 못하면 치료되지 않기 때문에 큰 어려움을 겪는다. 또한 이러한 중증심리장애를 치료하는 전문가가 그리 많지 않기 때문에 심리치료를 하고자 해도 쉽지 않은 것이 현실이다. 그래서 중증심리장애를 앓고 있는 많은 분들이 종교와 무속에 의지하여 겨우 살아가거나, 약물에 의존하여 살아가는 경우가 많다. 이들은 심리치료가 불가능하다고 지레짐작으로 포기한 채 고통 속에서 살아가는 경우가 많다.

이 책은 지난 5년 동안 심리포럼을 진행하면서 논제로 발표했던 내용을 정리하여 집필하였다. 연애의 심리, 결혼의 심리, 이혼의 심리, 재혼의 심리, 사별의 심리 등 라이프 사이클에서 작용하는 마음과 심리를 기술했다.

우리는 사람으로 태어나 많은 사람들 속에서 인간으로서 인생을 살아간다. 한 가정의 아들과 딸로 태어나 성장하여 또 다른 가정을 이루며 살아가는 것이 우리의 인생이다. 연애, 결혼, 이혼, 재혼, 사별의 과정에서 우리의 심리가 어떻게 작용하게 되는지 마음이론에 의한 심리의 관점에서 풀어 보았다. 각 과정 속에서 마음과 심리가 어떻게 작용되는지 정확하게 알 수 있다면 스트레스와 상처를 받고 아파하는 일들을 예방할 수 있음은 물론 이미 깊어진 스트레스와 상처를 회복시키며 다시금 행복하게 살아갈 수 있게 될 것이다.

행복이라는 것은 쫓아가면 갈수록 멀어진다. 슬픔, 불안, 좌절 등과 같은 상처의 감정을 기억하고 있는 것은 인간이기 때문에 당연한 것이다.

그러한 상처를 피해 행복만을 쫓아가는 것은 진정한 행복이 아니다. 내가 경험해 온 모든 사실과 상처가 내 삶의 행복을 만든다는 것을 알고 어떻게 행복을 만들어 갈 수 있는지 정확히 알아 갈 수 있는 초석이 되기를 바라는 마음으로 이 책을 집필하였다.

이 책이 출간되기까지 심리포럼에 관심을 갖고 참여하여 토론을 함께해 주신 분들에게 감사드린다. 또한 저자가 인간의 마음과 심리가 작용하는 원리를 연구하고 집중할 수 있도록 하고, 실패를 딛고 열정적으로 살 수 있도록 습관을 만들어 준 많은 분들에게 감사드린다. 마지막으로 저자가 지금까지 어떠한 일을 하더라도 믿고 응원해 준 가족들에게도 감사한 마음을 전하고 싶다.

2021년 6월
한국심리교육원 대표 김범영